经济学基础

JINGJIXUE JICHU

主编　邓美丹　贾庆林　崔艳芳

上海交通大学出版社
SHANGHAI JIAO TONG UNIVERSITY PRESS

内容提要

本书作为经济管理类专业基础理论课程的入门教材，立足中国经济发展的现实，以开放经济为背景，依据人才培养实际，由浅入深、循序渐进地阐述了经济学的基础知识、基本原理和分析方法，培养学生的经济学思维。本书共分为十三个项目，以微观经济学和宏观经济学为两条主线，将经济学理论和实际操作知识融入价格理论、弹性理论、消费者行为理论、生产理论、市场结构理论、国民收入核算与决定理论、失业与通货膨胀理论、宏观经济政策以及开放经济等内容中。

本书适合作为职业院校经济学专业的教材使用，也可供相关行业的其他人士学习使用。

图书在版编目（CIP）数据

经济学基础 / 邓美丹，贾庆林，崔艳芳主编 . — 上海：上海交通大学出版社，2023. 10

ISBN 978-7-313-28078-7

Ⅰ . ①经… Ⅱ . ①邓… ②贾… ③崔… Ⅲ . ①经济学—基本知识 Ⅳ . ① F0

中国国家版本馆 CIP 数据核字（2023）第 191940 号

经济学基础

JINGJIXUE JICHU

主　　编：邓美丹　贾庆林　崔艳芳

出版发行：上海交通大学出版社

邮政编码：200030

印　　制：北京荣玉印刷有限公司

开　　本：787mm × 1092mm　1/16

字　　数：462 千字

版　　次：2023 年 10 月第 1 版

书　　号：ISBN 978-7-313-28078-7

定　　价：56.00 元

地　　址：上海市番禺路 951 号

电　　话：021－6407 1208

经　　销：全国新华书店

印　　张：19

印　　次：2023 年 10 月第 1 次印刷

前言

职业教育人才培养目标的内涵就是培养出高素质、高技能型人才。经过多年的发展，其特色日益鲜明。党的二十大提出“统筹职业教育、高等教育、继续教育协同创新”，通过三类教育的有机联系、系统集成，进一步优化职业教育类型定位，强化对现代化建设的支撑，为今后一个时期职业教育构建新发展格局和高质量发展奠定基础、指明方向。经济管理类专业的学生，具备经济学知识和认识经济规律是体现其专业素养的重要因素之一。为适应社会发展需要，本书以“职业化”为特色，根据职业教育的特点，以案例为载体，着眼于培养学生职业素质、专业能力、方法能力和学习能力，提升学生分析和解决实际问题的职业技能，满足高端技能型人才的培养要求。

本书包括微观经济学和宏观经济学两部分，共分为十三个项目。项目一概括了什么是经济学；项目二至项目八为微观经济学部分，具体内容包括价格理论、弹性理论、消费者行为理论、生产理论、成本与收益、市场失灵；项目九至项目十三为宏观经济学部分，具体内容包括国民收入核算与决定理论、失业与通货膨胀、宏观经济政策、开放经济。

本书的编写突出以下特色。

（1）兼顾理论的基础性和实用性。本书从职业教育人才培养的实际情况出发，同时兼顾了职业院校学生理论知识的可接受程度，在保留经济学基本理论框架的基础上，改进和完善教学内容，尽量做到详略得当、深入浅出。

（2）注重理论与实践相结合。本书编写结合我国及国际的经济现状，以大量的现实经济现象为素材，采用“资料链接”的形式，将抽象复杂的经济学理论与鲜活的实例紧密结合，引导学生从能够感知的现实生活入手，学习运用经济学的基本原理来分析问题的思路和方法。

（3）结构新颖合理。每个项目在结构上设置了目标导航、知识导图、案例导入、同步的技能实训和思考练习等栏目，并在内容安排上设置了大量图表和案例，将晦涩难懂的经济学理论通俗化表达，体现知识、技能和素质培养与学习并重的理念。

（4）推进课程思政建设。本书每个项目都融入了素养目标和大量经济案例，深入贯彻习近平新时代中国特色社会主义思想进教材、进课堂，引导学生了解国情、党情和民情，增强学生对党的创新理论的政治认同、思想认同、情感认同；引导学生提高个人的爱国、诚信友善修养；增强中国特色社会主义道路自信、理论自信、制度自信和文化自信；养成敬业、精益、专注、创新的工匠精神，树立正确的人生观和价值观，努力做到价值引领和知识传授的有机融合。

本书由邓美丹统稿，具体编写分工：项目一至项目六由邓美丹编写，项目七至项目十一由贾庆林编写，项目十二至项目十三由崔艳芳编写。

本书在编写过程中，参考了大量的文献资料，吸收了许多专家学者的研究成果，在此对相关作者表示衷心的感谢。

由于编者水平有限，编写时间仓促，教材中出现的疏漏和不足的地方，恳请各位同行与读者批评指正，以使本书日臻完善。

此外，本书作者还为广大一线教师提供了服务于本书的教学资源库，有需要者可致电13810412048或发邮件至2393867076@qq.com。

编　者

2023年2月

目 录

项目一

开启经济学之旅

目标导航

知识目标

（1）了解经济学产生的根源；

（2）理解经济学研究的基本问题；

（3）熟悉微观经济学和宏观经济学的研究内容；

（4）掌握经济学常用的研究方法。

技能目标

（1）能初步判断资源的稀缺程度；

（2）能够运用机会成本分析做出最好的选择；

（3）能分辨资源配置问题和资源利用问题；

（4）能对经济学总体框架有一个基本的认识。

素养目标

（1）正确认知人类的欲望；

（2）树立环境和资源保护的意识；

（3）提高经济学思维，能分析中国经济发展过程中的一些现实问题。

知识导图

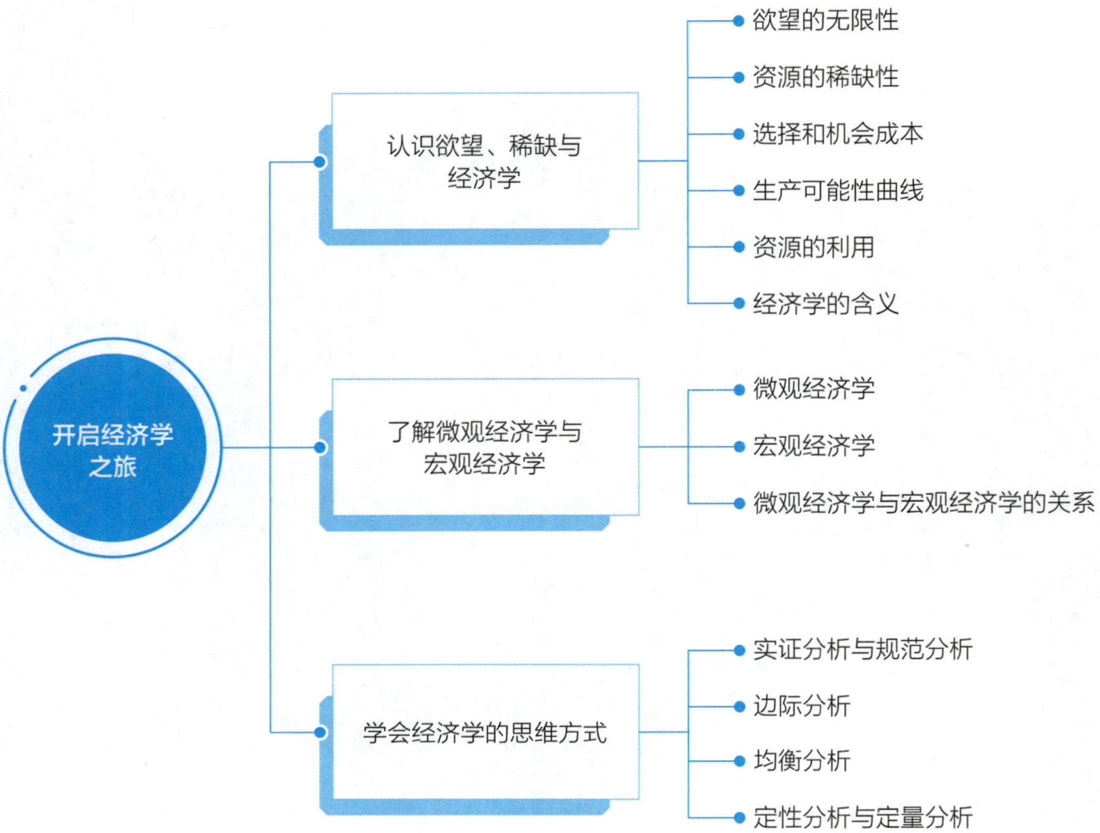

案例导入

21世纪，经济全球化时代来临，国与国之间不再处于“你死我活”的竞争状态，而是更加注重合作与共赢，有这么两个国家，一个是发达国家A国，一个是发展中国家B国。其中，A国每投入1个劳动力，能分别生产4件衣服或8件电子产品；而B国同样投入1个劳动力，能分别生产3件衣服或5件电子产品。从中可以看出，无论制衣还是电子加工，B国的效率都赶不上A国，但多年过去了，B国的制衣、电子行业不仅未被A国同行所挤掉，相反，两个国家在这两个领域相互交流并产生了合作。

思考：为什么A国制衣、电子行业不凭借其技术优势挤掉B国同行，以取得垄断地位？

资料来源：百度文库。

任务一　认识欲望、稀缺与经济学

一、欲望的无限性

人类社会的基本问题是生产和发展，而生产和发展就是不断运用物质产品或劳务来满足人们日益增长的需求，这些各种各样的需求则来自人的欲望。

欲望是指人类对生活资源和服务的永不停止的需求，这是一种心理现象，其主要特点是多种多样、多层次和永无止境。

20 世纪 40 年代，美国社会心理学家亚伯拉罕 · 马斯洛提出了需求层次理论，该理论把人的需求分为 5 个层次（见图 1-1）。马斯洛的需求层次理论告诉我们，当较低层次的需求满足以后，又会产生更高层次的需求，人类总是处于由低级向高级发展的永无止境的欲望中，即我们平时所说的“欲壑难填”。

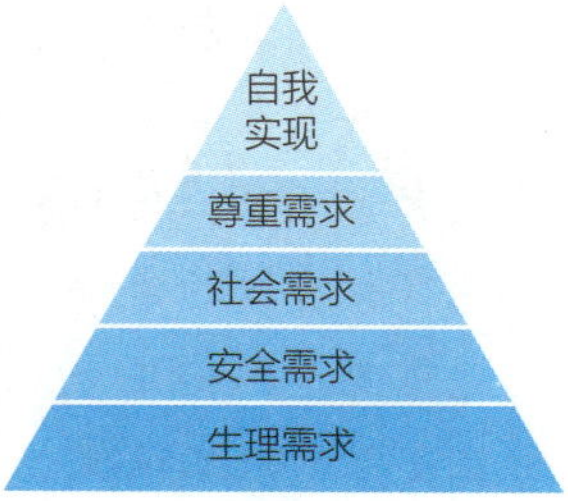

图 1-1　马斯洛需求层次

拓展实例

《解人颐》一书中收录了一首有关人生欲望的趣诗，这首诗诙谐地描绘出欲望所具有的无穷性特征。

不知足

终日奔波只为饥，方才一饱便思衣。
衣食两般皆具足，又想娇容美貌妻。
娶得美妻生下子，恨无田地少根基。
买得田园多广阔，出入无船少马骑。
槽头扣了骡和马，叹无官职被人欺。
县丞主簿还嫌小，又要朝中挂紫衣。
作了皇帝求仙术，更想登天跨鹤飞。
若要世人心里足，除是南柯一梦兮。

二、资源的稀缺性

要满足欲望就得有手段，经济学上把这种手段称之为资源。资源包括有形的商品和无形的服务，有形的商品如房子、电脑、手机、面条等；无形的服务如理发、教育、旅游等。但是相对于人类的无穷欲望而言，资源总是有限的，而不是无限拥有或可以无限供给的，即具有稀缺性。例如，对于个人而言，金钱资源就是一种有限的资源，我们的衣食住行都需要“量入而出”，即受到金钱资源的制约；对于企业而言，用于购买各种生产要素的资金也是有限的；对于整个社会而言，资源也是有限的，当发展中国家为把有限的财政收入应

稀缺性

用于基础设施建设还是教育、医疗卫生方面而争论不休时，发达国家也为把收入应用于国防还是社会福利而发愁。

资料链接

共享经济下，资源稀缺性得到缓解

在互联网等信息技术提供技术解决方案的情况下，共享经济可以利用社会闲置的资源，供需求者分享使用。需求者根据使用的时间来付费，使用多少，付费多少。资产的拥有者既可以提高闲置资源的使用效率，又可以收回一定的资产回报。需求方在不需要拥有所有权的条件下，也可以拥有使用权。共享机制缓解了资源的稀缺性。连接比拥有更重要，人们不可能拥有一切，但只要拥有连接的能力，就可以享受使用一切的机会，且支付的成本很低。

素养园地

创新驱动战略

我国提出创新驱动战略，加快建设创新型国家。过去40余年，我国的劳动密集型产业获得竞争优势，因为劳动力资源丰富、劳动力成本较低。现在，随着人口负增长，劳动力变得稀缺。部分企业出现用工难、用工贵等问题，劳动力价格也节节抬升，劳动密集型产业慢慢失去竞争优势。一些企业通过技术创新引入更多资本，通过机器取代工人，产业向资本密集型和技术密集型转变。例如，传统的银行业务正在被信息技术取代，传统银行的劳动力也正在被机器取代，金融科技驱使传统财经走向新财经。

资源的稀缺性是一个永恒的问题，也是一条普遍存在的规律，这个规律导致需要对资源进行管理，也就是使有限的资源得到最优的配置，经济学由此而生，即资源稀缺性是经济学研究的出发点。

对资源稀缺性可做如下四点理解。

（1）资源相对稀缺。相对稀缺是指相对于人类社会的无穷欲望而言，资源总是不足的。

（2）资源绝对稀缺。绝对稀缺是指资源的绝对数量是确定的，一旦用去将无法重新加以利用，如矿产资源等。绝对稀缺是资源本身的存在状况，是对资源有限存在的一种反映。例如，我国由于铁矿、石油资源匮乏，长期需要依赖进口。

（3）经济学因资源的稀缺性而产生。经济学的产生就是为了使资源能够得到最优配置和利用。

（4）稀缺性的存在决定了任何社会和个人都必须做出选择。

三、选择和机会成本

欲望人人都有，每个社会都有，而且无穷大；但资源却是稀缺的，满足欲望的手段不足，即欲望的无穷性和资源的稀缺性是矛盾的。在生产力低下的时代，解决这个矛盾的方法就是压抑人的欲望，让欲望和资源相接近。而现代社会则是通过发展生产、提高生产力、增加资源总量的方法来满足人的欲望，从而缓解资源稀缺。但这并不意味着所有的欲望都能得以满足，而是只能满足一部分。所以我们注定要面临选择，从而产生经济问题，而如何解决经济问题就是经济学所要研究的对象，也就产生了经济学。

机会成本

所谓选择就是指如何利用有限的资源去生产尽可能多的经济物品，以最大限度满足自身的各种欲望。在实际生产中，人们可以根据需求的不同，选择资源的不同用途。如1块地，种了萝卜，就不能同时种玉米，即一种资源一旦被用于生产某种商品后，就会失去生产另一种商品的可能。因此，人们需要在资源的多种用途中进行合理的选择，它包括以下三个相关问题。

第一，生产什么，生产多少。因为资源稀缺，不可能什么都生产，所以，生产一种东西，意味着必须放弃另外的东西，这就是机会成本。例如，一个小花盆，种了向日葵，就不能同时再种月季。因此，在资源稀缺、全部需求得不到满足时，为使有限的资源所能提供的满足程度最大，就要合理选择应满足的需求，并确定被选择的商品需要满足什么需求。这在经济学上叫“生产什么”。

第二，如何生产。生产可以采取不同的方式。例如，在一块土地上种植水稻，可以采用劳动密集型的耕种方式，即通过大量的劳动力进行手工种植；也可以采用少量的劳动力进行机器种植，即技术密集型的耕种方式。然而，由于劳动力和机器设备的价格不同，在生产过程中使用的数量不同，必然导致生产同种等量产品的成本不同。所以，无论生产什么，都要合理选择所用的资源和每种资源的使用数量，从而实现资源使用的合理组合，使生产成本最低。这在经济学上叫“如何生产”。

第三，为谁生产。东西生产出来以后，就该让它去满足人的欲望了。但是如何把东西分到每个人的手里，要看根据什么原则、采用什么机制进行分配，分配的数量界限如何把握，等等。而不同的规则对人们的影响和造成的后果是不一样的。社会要平稳地发展，就必须采取更妥当的办法，采用更合理的规则。这在经济学上叫“为谁生产”。

上述关于选择的三个问题是人类社会必须解决的基本问题，也被称为经济学上资源的配置问题。

资源的稀缺性迫使人们做出选择，而任何选择都是有代价的，有所得就会有所失。如一笔资金，可以用来储蓄；也可以用来投资基金；还可以用来投资股票。一旦将这笔资金用于储蓄，就必然要放弃投资基金和股票；反之，当选择用于投资基金，就必然要放弃储蓄和投资股票。

当具有多种用途的稀缺资源需要选择经济主体时，选择就会带来成本，经济学将这一成本称为机会成本。也就是说，大部分资源可以有多种用途，但当一种资源用于生产某商品后，就不可能用来生产其他商品。即当一种资源用来生产某商品时，就必须放弃其他商品的生产，所放弃的用于别的商品生产的最大产量（产值），就是这种资源的机会成本。还可表述为，某资源用于某用途时，所放弃的用于其他用途时所获得的最大收益。它适用于社会生活的多个方面，在生产中有生产的机会成本；在消费中有消费的机会成本；在政府活动中有政府的机会成本（如提高利率而减少的私人投资、政府投资方向的选择等）。

理解机会成本时需要注意三个问题。

第一，机会成本不同于实际成本，它不是在做出某项选择时实际支付的费用，而是一种观念上的成本或损失。因为资源是有限的，所以“鱼和熊掌不可兼得”，选择了一个，就必须放弃另一个。在这种情况下，做出一项选择时，机会成本并不是实际支出或损失，仅仅是观念上的损失或所放弃的另一种可能性。

第二，机会成本并不全是由个人的选择所引起的。其他人的选择也会给你带来机会成本，你的选择也会给其他人带来机会成本。

第三，机会成本是做出一种选择时所放弃的其他若干种选择中最好的一种。例如，某学生大学毕业后，面临三种选择：去证券公司工作，年薪是 10 万元；自己创业，年薪预估是 15 万元；去银行上班，年薪是 12 万元。则该学生去证券公司上班所放弃的其他选择的最大成本，即机会成本是 15 万元。进一步分析，该学生去创业的机会成本是 12 万元；去银行上班的机会成本也是 15 万元。

四、生产可能性曲线

我们可以用生产可能性曲线的概念来说明稀缺性、选择和机会成本。

生产可能性曲线

生产可能性曲线是在资源和技术条件既定的情况下所能达到的两种物品最大产量的组合。生产可能性曲线主要用来分析一个国家应该怎样分配其相对稀缺的资源问题。例如，对于一个国家而言，需要同时兼顾国防安全和人民生活水平的提升，既需要生产炮弹等物品来保家卫国，也需要生产粮食来解决温饱问题。但资源具有稀缺性，用于生产某一种物品的资源多了，用来生产另一种物品的资源就少了，也就是多生产炮弹必然会导致少生产粮食，而多生产粮食必然会导致少生产炮弹。

在一定的技术水平下，一个社会或国家的全部资源所能生产的物品的最大数量总是一定的。假设在资源和技术条件既定的情况下，一个社会用全部资源生产两种物品：炮弹和粮食。如果只制造炮弹，可以制造 5 万枚；如果只生产粮食，可以生产 15 万吨。在这两种极端的可能性之间，还存在着炮弹和粮食的不同数量组合。假设这个社会在决定炮弹与粮食的生产时，提出了 A、B、C、D、E、F 六种组合方式，如表 1–1 所示。

表 1–1　炮弹和粮食的各种生产组合

可能性组合	炮弹（万枚）	粮食（万吨）
A	0	15
B	1	14
C	2	12
D	3	9
E	4	5
F	5	0

根据表 1–1 可以画出生产可能性曲线图，如图 1–2 所示。在图 1–2 中，连接 *A*、*B*、*C*、*D*、*E*、*F* 点的 *AF* 线是在资源和技术既定的条件下所能达到的炮弹与粮食最大产量的组合，被称为生产可能性曲线或生产可能性边界。*AF* 线表明：多生产一单位粮食要放弃生产多少

单位炮弹，或者多生产一单位炮弹要放弃生产多少单位粮食，因此，*AF* 线又被称为生产转换线。

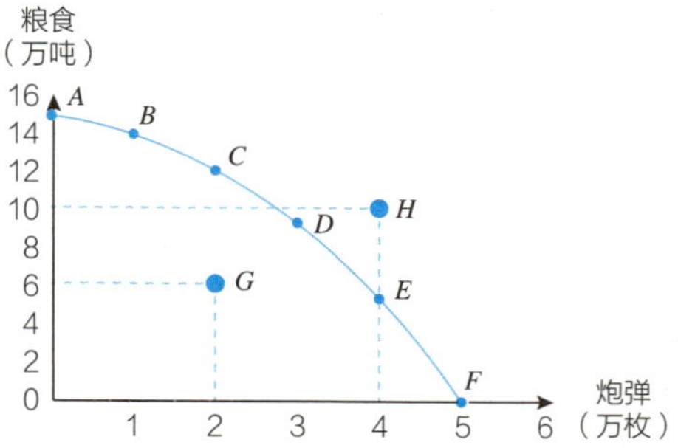

图 1–2　生产可能性曲线

由图 1–2 可知，*AF* 线内任何一点，如 *G* 点炮弹与粮食的组合（2 万枚炮弹和 6 万吨粮食）是资源既定条件下所能达到的组合，但不是最大数量组合，即资源没有得以充分利用；*AF* 线外任何一点，如 *H* 点炮弹与粮食的组合（4 万枚炮弹和 10 万吨粮食）是炮弹和粮食的更大数量组合，但现有资源条件是无法实现的。

因此，生产可能性曲线是表示一个经济社会在一定技术条件下，充分利用现有资源所能生产的各种商品的最大数量的组合。

生产可能性曲线说明了稀缺性、选择和机会成本这三个重要概念。

在存在稀缺性的情况下，人们必须做出生产多少炮弹和粮食的决策，这就是所面临的选择问题。生产可能性曲线上的所有点都有人们所做出的选择。

在资源既定时，多生产 1 单位炮弹就要少生产若干单位粮食，或者说为了得到 1 单位炮弹就要放弃若干单位粮食，所放弃的若干单位粮食正是得到 1 单位炮弹的机会成本。如 *B* 点代表生产 1 万枚炮弹和 14 万吨粮食，如果多生产 1 万枚炮弹，则必须放弃 2 万吨粮食的生产，即为了得到 1 万吨炮弹的机会成本就是 2 万吨粮食的生产。生产可能性曲线的斜率代表机会成本。

生产可能性曲线表明在某一特定时期内生产不同物品之间的权衡取舍，但随着时间的推移，这种权衡取舍可以改变。例如，假设生产炮弹的技术进步，提高了工人的生产效率，即每个工人单位时间内可以生产比以前更多的炮弹。如果此时不生产粮食，生产炮弹的数量由 5 万枚增加到 6 万枚，此时生产可能性曲线向右移动了，如图 1–3 所示。

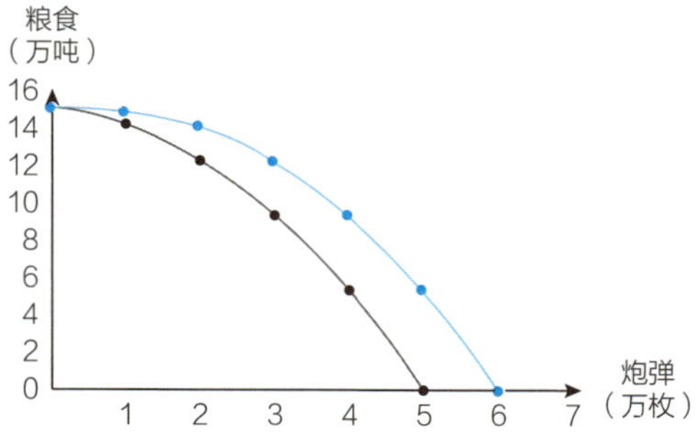

图 1–3　生产可能性曲线的移动

图 1–3 说明当技术进步时会发生的情况。技术进步可以使生产从原来的生产可能性边界上的一点移动到新的生产可能性边界上的一点。生产可能性曲线上的点代表稀缺资源的不同配置及产品的数量组合。到底选择哪一种组合，即生产什么、生产多少，由选择方式（计划或市场）决定。如何生产，用什么方法更有效率，要对各种生产要素进行组合，低效率生产方式会导致其产量组合落在生产可能性曲线以内。产品如何分配即为谁生产，可以根据生产可能性曲线上的组合点，判断社会资源是更多地用于粮食、炮弹的生产，还是用于教育的建设。

五、资源的利用

经济资源的稀缺与闲置并存是现代经济学面临的两大难题，即产量组合不在 AF 线上，而在 AF 线以内（如 G 点）。当出现失业时，意味着经济资源的闲置与浪费，所以经济学不仅研究资源的配置问题，还要研究资源的利用。所谓资源的利用是指人类社会如何利用现有的稀缺资源，使之生产出更多的物品与劳务，通常包括以下几个问题：为什么资源得不到充分利用？如何解决失业，实现充分就业？经济水平和产量为什么会波动？如何实现经济增长？货币如何影响经济社会？如何对待通货膨胀或通货紧缩等。

六、经济学的含义

由上可见，世界上的资源是稀缺的，而人们的欲望是无限的，在无限的欲望下，人们必须做出选择（即资源配置问题），而且还存在资源利用问题。因此，经济学通常又被称为“选择的科学”。它实际上就是指导人们如何有效地利用有限的资源去最大限度满足人们的欲望。

正如保罗·安东尼·萨缪尔森认为：经济学研究的是一个社会如何利用稀缺的资源生产有价值的商品，并将它们在不同的个体之间进行分配。目前我国较为通用的经济学概念：经济学是研究人类社会在各个发展阶段上的各种经济活动和各种相应的经济关系及其运行、发展的规律的学科。

任务二 了解微观经济学与宏观经济学

经济学研究的基本问题是资源的配置和资源的利用，当代经济学按照不同的研究对象分为微观经济学和宏观经济学。

一、微观经济学

（一）微观经济学的含义

微观经济学是以单个经济单位为研究对象，通过研究单个经济单位的经济行为和相应的经济变量单项数值的决定来说明价格机制如何解决社会资源配置的问题。

在理解微观经济学的定义时，应注意以下四点。

第一，研究对象是单个经济单位的经济行为。单个经济单位是指居民户、厂商或单个产品市场等。单个经济单位的经济行为是指其追求自身利益最大化的行为，其中居民户追求效用最大化，厂商追求利润最大化。单项数值是指单个经济物品的产量、成本、利润、效用、供求量、价格等。

第二，解决的问题是资源配置。资源配置问题即生产什么、如何生产、为谁生产的问题。解决资源配置问题就是要使资源配置达到最优，即在这种资源配置下能给社会带来最大的经济福利。

第三，核心理论是价格理论。在市场经济中，居民和企业的行为要受价格的支配，生产什么、如何生产和为谁生产都由价格决定。价格像一只“看不见的手”，调节着整个社会的经济活动。通过价格的调节，社会资源的配置实现了最优化。微观经济学正是要说明价格如何使资源配置达到最优。因此，价格理论是微观经济学的核心理论，其他内容都是围绕这一核心理论展开的。微观经济学的核心理论实际上是解释英国经济学家亚当·斯密的“看不见的手”这一原理的。亚当·斯密认为，每个人都在追求自己的个人利益，但在这样做时，由于“看不见的手”的指引，社会利益增大了。“看不见的手”就是价格。微观经济学的核心就是解释价格如何实现资源配置最优化。

第四，研究的方法是个量分析。个量分析研究经济变量的单项数值是如何被决定的，主要分析单个企业中的要素投入量、产出量、成本和利润的决定及单个企业有限资源的配置，单个居民户的收入合理使用，以及由此引起的单个市场中商品供求的决定，个别市场的均衡等问题。

即问即答

举例说明你身边的微观经济现象。

（二）微观经济学的基本假设

经济学的研究是以一定的假设条件为前提的，微观经济学有三个重要的假设前提。

即问即答

如何理解“两害相权取其轻，两利相权取其重”。

第一，完全理性假设，即经济人假设。完全理性假设是指在既定约束条件下，最优化个人既定目标（或效用目标）的行为。理性意味着要根据成本－收益原则进行决策，即采取某项行动的收益必定超过其成本。理性行为可分为两个层次。首先，人的理性表现在每个人都有自己的幸福追求，即其所追求的效用目标。其次，一旦目标选定，理性就表现在实现目标的过程中，即人们会力求以最小的代价实现这些目标。如生产者总是追求当成本一定时利润达到最大；消费者总是希望以最少的金钱支出获得最大的满足等。

第二，市场出清假设。市场出清假设是指价格可以自由而迅速地升降，发挥调节机制，使得市场的供求处于均衡状态。具体而言，商品价格的调节使商品市场均衡；利率的调节使资本金融市场均衡；工资的调节可以使劳动力市场上劳动力供求处于均衡状态。在这种均衡状态下，社会资源可以得到充分利用，不存在资源浪费或闲置的现象。因此，微观经济学就是在假定资源得到充分利用的条件下研究资源的最优配置的问题。

第三，完全信息假设。完全信息是指市场上每一个从事经济活动的个体（消费者和厂商）都对有关经济情况具有完全的信息，并具有对信息进行处理的能力，这是最优化行为产生的充分必要条件。例如，每一个消费者都能充分了解每一种商品的性能和特点，准确地判断不同的消费量给自己带来的不同满足程度，掌握商品价格在不同时期的变化等，从而确定最优的商品购买量；每个企业都能准确地掌握产量和生产要素投入量之间的技术数量关系，了解商品价格和生产要素价格的变化，以及在这种商品价格水平上消费者对产品的需求量等，从而做出最优的生产决策。

二、宏观经济学

（一）宏观经济学的含义

宏观经济学以国民经济的整体作为研究对象，通过研究如何充分利用社会资源、国民收入总量均衡、就业、通货膨胀和经济增长等问题，以及经济学中各有关总量的决定及其变化，来说明资源如何才能得到充分利用。

在理解宏观经济学的含义时，要注意以下几点。

第一，研究对象是整体经济。宏观经济学所研究的不是经济中的各个单位，而是由这些单位所组成的整体；不是单一的“树木”，而是由这些“树木”所组成的“森林”。这样，宏观经济学就要研究整体经济的运行方式与规律，从总体上分析经济问题，即把整个国民经济作为一个整体，研究失业、通货膨胀、经济周期、资源的利用程度和经济增长等各种经济现象的原因及其相互关系，并试图为政府解决各种经济难题的经济政策提供理论上的指导，包括理论分析和政策研究两个基本部分。

第二，解决的问题是资源利用。宏观经济学把资源配置作为既定的前提，研究现有资源未能得到充分利用的原因、达到充分利用的途径及经济如何增长等问题。

第三，核心理论是国民收入决定理论。宏观经济学将国民收入作为最基本的总量，以其决定为中心来研究资源利用问题，分析整个国民经济的运行，因而国民收入决定理论是宏观经济学的核心理论。

> **即问即答**
> 举例说明你身边的宏观经济现象。

第四，研究方法是总量分析。总量是指反映整个经济运行情况的经济变量，主要包括两类：一类是个量的总和。如国民收入是组成整个经济的各个单位的收入总和，总投资是各个企业的投资总和，总消费是各个居民消费的总和等等。另一类是平均量，如价格水平是各种商品与劳务的平均价格。宏观经济学涉及的总量很多，其中主要有国民生产总值、总投资、总消费、价格水平、增长率、利率、国际收支、汇率、货币供给量和货币需求量等。总量分析就是分析这些总量的决定、变动及相互关系，并通过这种分析说明经济的运行情况，以决定经济政策。因此，宏观经济学也被称为总量经济学。

（二）宏观经济学的基本假设

宏观经济学作为一门独立的理论经济学的分支学科，产生于 20 世纪 30 年代，是在英国经济学家约翰·梅纳德·凯恩斯的著作《就业、利息和货币通论》于 1936 年出版后正式形成的。其基本假设包括两点。

第一，市场机制不完善。自从市场经济产生以来，各国的经济就是在繁荣与萧条的交替中发展的，若干年一次的经济危机成为市场经济的必然产物，特别是 1929—1933 年西方资本主义国家爆发的经济危机，使各国普遍出现生产幅度下降、失业剧增的现象。经济危机中，如果只依赖市场机制的自发调节，就无法克服危机与失业，就会在资源稀缺的同时，产生资源的浪费。资源的稀缺性不仅要求使资源得到合理配置，而且还要求使资源得到充分利用，而要做到这一点，只依赖市场机制是不够的。

第二，政府有能力调节经济，纠正市场机制的缺点。人类并不是简单地、被动地顺从市场经济机制，而是可以在遵从经济规律的基础上，对经济进行调节。政府可以利用自身的地位，通过观察与研究来认识经济运行的规律，并采取适当的手段进行调节。整个宏观经济学正是建立在对政府调节经济能力信任的基础之上的。因此，宏观经济学的核心就是政府应该调节经济，政府可以调节经济。

三、微观经济学与宏观经济学的关系

微观经济学和宏观经济学是经济学中互为前提、彼此补充的两个分支学科。经济学之所以有微观和宏观之分，主要是因为研究对象、解决的问题、研究方法、中心理论等方面存在差别，但是它们作为一门学科的一套理论体系或知识体系的两大组成部分又是密切联系的。

（一）微观经济学是宏观经济学的基础

由于整体经济是单个经济单位的总和，所以微观经济学是宏观经济学的基础。宏观经济行为的分析总是要以一定的微观分析为理论基础的。例如，失业及通货膨胀等宏观经济理论，必然会涉及劳动供求与工资决定的工资理论，以及商品价格如何决定的价格理论。

（二）微观经济学与宏观经济学是互相补充的

研究经济学的目的是实现社会福利的最大化，为了达到这一目的，既要实现资源的最优配置，又要实现资源的充分利用。微观经济学是在假定资源已实现充分利用的前提下，分析如何达到最优配置的问题；宏观经济学是在假定资源已实现最优配置的前提下，分析如何达到资源充分利用的问题。它们从不同的角度分析社会经济问题。从这一意义上说，微观经济学与宏观经济学不是互相排斥的，而是互相补充的，它们共同组成经济学的基本原理。

任务三　学会经济学的思维方式

对于经济问题的研究，同其他任何一门科学一样，都有自己的研究方法。下面是几种常用的经济学研究方法。

一、实证分析与规范分析

（一）实证分析

人们在研究经济学时一般有两种方法，一种是只考虑经济现象是什么，即经济现状如何、为何会如此、其发展趋势如何，至于这种经济现象好不好、该不该如此，则不做评价。这种研究方法称之为实证分析。

实证分析从经济本身内在规律出发，用事实、证据或者从逻辑上证实或证伪结果。它要回答“是什么”的问题。因此，实证分析具有客观性，即实证的命题有正确和错误之分，其检验标准是客观事实，所以实证研究的目标是了解经济如何运行。

实证分析与规范分析

拓展实例

如图 1–4 所示，2012—2022 年我国居民人均可支配收入呈不断增长的趋势，2022 年全国居民人均可支配收入达到 36 883 元，同比增长 5.0%。2020 年由于疫情影响，导致全国居民人均可支配收入同比增速较低，仅为 4.7%，其他年份的全国居民人均可支配收入的同比增速都保持较快的增长速度。这里所有的分析都是客观的，可以用客观事实来进行检验，因而是实证分析。

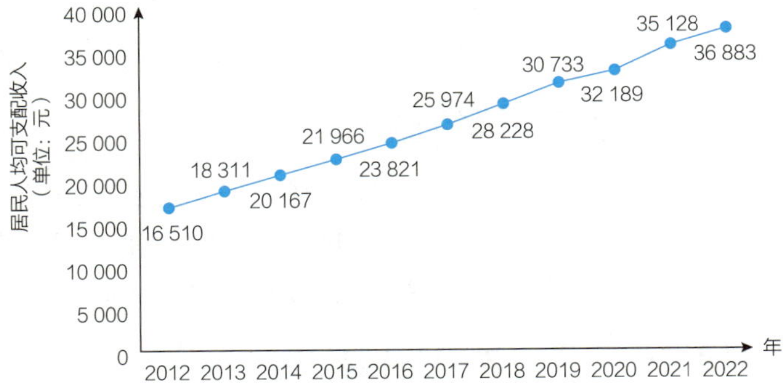

图 1–4　2012—2022 年我国居民人均可支配收入

（二）规范分析

规范分析以一定的价值判断为出发点，提出行为的标准，并研究如何才能符合这些标准。它要回答“应该是什么”的问题。价值判断就是对经济事物社会价值的判断，即对某一经济事物是好是坏的判断，涉及是非善恶、应该与否、合理与否的问题。价值判断属于社会伦理学范畴，具有强烈的主观性，由于人的价值观是不同的，因而对同一经济现象会有不同的看法，所以规范分析不具有客观性，不同的分析者会产生不同的看法和判断。

资料链接

应不应该降低艺人的高片酬

2021 年，网友爆料某女星的片酬太高了，竟然一部片子拿到了 1 亿多元片酬。明星高片酬已是众人皆知的事，有人认为明星不该拿高片酬，有人认为应该拿，仁者见仁，智者见智。

认为不该拿高片酬的人提出以下观点：中国普通老百姓一个月的收入也就一千到几千元，中国广大奋战在科技战线的科学家，大多不过也就一年几十万；可一个演员拍一部电影或电视剧，就可以拿几千万甚至过亿的高片酬，这样的社会状况不利于下一代的成长。

认为应该拿高片酬的人提出艺术是无价的，艺人获得天价酬劳自有它的道理，如果艺人履行了作为一个纳税人的义务，不欠税不逃税，也应该给予他获得合法酬劳的权利。

（三）实证分析与规范分析的关系

实证分析和规范分析作为两种不同的经济分析方法，具有三个方面的区别。

第一，有无价值判断。实证分析为了使经济学具有客观科学性，就要避开价值判断问题；而规范分析要判断某一具体经济事物的好坏，就要从一定的价值判断出发来研究问题。

第二，解决的问题不同。实证分析要解决“是什么”的问题，规范分析要解决“应该是什么”的问题。

第三，实证分析研究经济问题所得出的结论具有客观性，可以根据事实来进行检验。规范分析研究经济问题所得出的结论要受到不同价值观的影响，没有客观性。谁是谁非没有绝对标准，也就无法进行检验。

在经济学分析方法中，实证分析是主要的方法，当然规范分析也是不可缺少的。二者是互相联系、互相补充的，规范分析要以实证分析为基础，而实证分析也离不开规范分析的指导。一般来说，越是具体的问题，实证的成分越多；而越是高层次、带有决策性的问题，就越具有规范性。

即问即答

下列各项说法属于实证分析还是规范分析？

1. 政府应该征收房产税。
2. 高利率会抑制投资。
3. 消费者的收入增加会促进商品的需求增加。
4. 经济增长会提高一个国家的综合实力，因此经济增长是好事。
5. 目前的社会救济金太少。

二、边际分析

边际的原意是边界、增量等。严格地说，边际是指自变量发生微小变动时，因变量在边际上的变化率。经济学引入边际分析，一般指增加最后一单位自变量所带来的因变量的变动量。例如，生产要素（自变量）增加 1 个单位，产量（因变量）增加了 2 个单位，因变量增加的 2 个单位就是边际产量。再如，运输公司增加了 1 辆汽车，每天可以多运 200 多名乘客，这 200 多名乘客就是边际量。

边际分析

在日常生活中，人们习惯于计算总量和平均量，如利润总额、平均成本等，在早期的经济学分析中也是如此。随着微积分的出现和发展，经济学家发现：运用增量分析，更能洞察经济事物变化的趋势。边际分析就是只分析最后一个或新增加的一个所引起的变化，从而判断事情的整体性质。有了边际分析法，可以为均衡分析提供有力的支持。

例如，探讨是否应该读大学的问题，也就是一个人受教育的年限多长最合适呢？这显然是因人而异的。精确的分析就要借助于边际分析。接受教育需要付出成本，而且随着年龄的增长，每增加一年教育，其成本一般是会上升的。与此同时，从小学、初中、高中、大学乃至研究生，每个阶段的收益是不同的。因此，只有当增加教育带来的新增收益大于或等于新增成本时，继续接受教育在经济上才是应当的，这也是一个理性的决策者应该选择的。

资料链接

从广州开往深圳的大巴即将出发。无论哪家公司的大巴，票价均为50元。一个匆匆赶来的乘客见一家国有公司的车上尚有空位，要求以40元上车，被拒绝了。他又找到一家也有空位的私人公司的车，售票员收了40元，允许他上车了。哪家公司的行为更理性呢？看起来私人公司允许这名乘客用40元享受到50元的运输服务好像是亏了。但如果用边际分析法分析，结果则不然。

当我们考虑是否让这名乘客以40元的票价上车时，实际上我们应该考虑的是边际成本和边际收益这两个概念。边际成本是增加一名乘客（自变量）所增加的成本（因变量）。在这个例子中，增加这一名乘客，所需磨损的汽车、汽油费、工作人员工资和过路费等都无需增加，对汽车来说多拉一个人少拉一个人都一样，所增加的成本仅仅是发给这个乘客的食物和饮料，假设这些东西值10元，边际成本也就是10元。边际收益是增加一名乘客（自变量）所增加的收入（因变量）。在这个例子中，增加这一名乘客所增加的收入为40元，边际收益就是40元。

根据边际分析法做出决策时就是要对比边际成本与边际收益。如果边际收益大于边际成本，即增加这一名乘客所增加的收入大于所增加的成本，让这名乘客上车就是合适的，这是理性决策。如果边际收益小于边际成本，让这名乘客上车就要亏损，这是非理性决策。

从理论上说，乘客可以增加到边际收益与边际成本相等时为止。在我们的例子中，私人公司让这名乘客上车是理性的（边际收益40元 > 边际成本10元），不论那个售票员是否懂得边际的概念与边际分析法，他实际上就是按边际收益大于边际成本这一原则做出决策的。国有公司的售票员不让这名乘客上车，或是受严格制度的制约（例如，售票员无权降价），或是缺“边际”这一个概念。

三、均衡分析

均衡分析

均衡即平衡，是一个物理学的概念，指一个物体在大小相等、方向相反的所有力的作用下，而暂时保持一种静止不动的状态。19世纪末，英国经济学家阿弗里德·马歇尔将均衡概念引入经济学。经济学中所说的均衡是指这样一种状态：各个经济决策者所做出的决策正好相容，并且在外界条件不变的情况下，每个人都不愿意再调整自己的决策，从而不再改变其经济行为。

一件事情，如果有好处，或好处大于坏处，人们就会着手去做。可是再好的事情，如果一直做下去也会变成不好的事，这叫物极必反。例如，吃饭，觉得饭菜好吃，就大快朵颐，可是人们不会一直吃下去，因为吃到一定程度就会觉得这一口不如上一口好吃了，这就是边际效用递减，也就是新吃的这一口没有上一口好吃，而且这个递减会一直持续下去。肯定有那么一口，会是最后一口。在理论上，这一口吃不吃都是一样的，它的效用是0。但下一口不会再吃了，因为下一口吃了还不如不吃，它比上一口的效用要低，它的效用是负数，也就是人们只觉得撑得难受。某一口之所以成为最后一口，就是由于吃了它，人们觉得增加的好处（也就是边际好处）正好等于或者还赶不上增加的坏处（也就是边际坏处）。

所以，做事做到什么程度，就要看边际好处和边际坏处在哪里相等。在此前，应该继续做，因为做的话净好处（好处减去坏处）就增加了；在此后则应该减少做，减少才会使净好处增加。这样利益才会达到最大化，相当于吃饱了又不难受。虽然人们想都吃下去，但是不应该如此，因为全吃下去会有害身体。

人们常常嘲笑老年人保守，害怕变化。其实，害怕变化是人的普遍特征，变化意味着不确定性，当人面临不确定性的时候，就可能会紧张、行动失据、遭受损失。人们买保险，就是花钱买确定性，可见人们喜欢的是确定性。而均衡就是一种稳态，一种确定，因为至少暂时不会变化。只有当事情处于不变状态时，人们才有较多的机会观察、认识它们。如果事情变化无常，要认识它们是困难的。

均衡还意味着事物的变化是缓慢的，是一点一点发生的，这是考虑边际的结果。经济学上把前文讲的边际好处叫边际收益，把边际坏处叫边际成本。均衡是人们不断比较边际收益和边际成本的结果。消费者购买的最后 1 个单位的商品，就是让自己花的钱所损失的效用和获得的边际效用相等；企业生产的最后 1 个单位的商品，是让自己的边际成本与边际收益相等的那 1 个单位。均衡也意味着各种力量达到一种妥协。我们做事情，就是要考虑各种因素，求得一种均衡的、让各方都接受的结果，这样大家才会互惠互利。如果不能做到均衡，事情就不会结束。就如谈判，难就难在各方利益的均衡，必须有人做出妥协才能有结果。

均衡对我们的启发是，为了达到有意义的结局，必须调整自己的行为，同时不能顾此失彼。

素养园地

孔子评“见义勇为”

春秋时期，鲁国非常弱小，有很多鲁国人在其他国家沦为奴隶。为了振兴国力，鲁国国君颁布了这样一条法律：如果鲁国人在其他国家遇见沦为奴隶的同胞，可以先把这个奴隶赎回来，回国后国家报销赎金。

孔子的一名学生子贡，家里比较富裕，他曾多次将沦为奴隶的鲁国人赎回，而且事后并不去找国君报销。子贡觉得自己是在践行老师的仁义，他为此还非常得意。

后来，孔子知道了此事，他却批评了子贡：“我知道你追求高尚，也不缺钱花，可是这个补偿你一定要去领。现在你掏钱救人，受到社会的赞扬，但是从今以后，当别人在国外再遇见沦为奴隶的鲁国人时，他就会想我是不是应该去赎人呢？如果赎了人，回国后还去不去找国君要钱呢？不去找国君，自己会损失一大笔钱；去找国君，别人又会拿你来比，讥笑他。这样一来，他们再看到身为奴隶的鲁国人就会装作没有看见，你的行为正好是阻碍解救沦为奴隶的鲁国人的根源！”子贡听完老师的话，顿感羞愧。

还有一次，孔子的另一名学生看到有人掉进河里，于是他把遇难者救上岸来。被救的人为了表示感谢，送给孔子的这名学生一头牛，这名学生收下了。孔子对这个学生的行为大加赞赏，因为这会激励更多的人去救人。

讨论：请结合当今社会上“见义勇为”的情况，对以上孔子的行为进行评价。

提示：孔子的行为暗含了经济学原理，这两件事体现的正是经济学中的帕累托效率准则。帕累托曾针对资源的最佳配置提出了帕累托效率准则：经济的效率体现于配置社会资源以改善人们的境况，主要看资源是否已经被充分利用，如果资源已经被充分利用，要想再改善就必须损害别人的利益。

鲁国的这项制度，最初其实已经发挥出很好的作用，人们开始积极赎回沦为奴隶的同胞，而子贡如果按自己的想法不去报销赎金，则很可能会破坏人们的这种积极性，从而使鲁国已有的制度出现问题；而有人掉入河中，人们积极去救还没有形成一定的风气，这个时候就需要进行鼓励。

四、定性分析与定量分析

定性分析是说明经济现象的性质及其内在的规定性与规律性。例如，供给增加会使价格下降，这就属于定性分析。其主要优点是简单明了，主要缺点是不够精确。

定量分析是分析经济现象之间数量的关系。例如，需求增加 1%，会使价格上升 2%。这就属于定量分析。它更具有应用价值，但其结论只适用于特定环境，且缺乏普遍意义。相比定性分析来说，定量分析使经济学更能运用于实际，通过定量分析，许多经济现象可以表示为一定的数量，各种经济现象之间量的关系也可以更精确地反映经济运行的内在规律。

技能实训

实训名称：我的大学生活

实训形式：

（1）分组：将全班同学分成若干组，每组选一名组长负责组织本小组完成项目。

（2）在组长的组织下，阅读以下资料。

张晓丽今年28岁，担任一家事业单位的文员5年多了。最近，晓丽越来越觉得文员工作没有太大的发展前景，加上年龄逐渐增长，她对自己的职业发展方向产生了困惑。她一直想转行，但是一想到自己在大学里学的是中文专业，也没什么特长，若要转行还真需要下一番苦功。她先去做了市场调查，根据市场需求和实际情况，决定转行做律师。一来自己这么多年一直对法律感兴趣；二来司法考试相对而言比较节省时间和金钱。当然还有最重要的一点，就是律师越老越值钱，再也不会为年龄发愁。然而真正面临转行时，张晓丽又犹豫了：28岁才谋划转行晚不晚呢？

（3）在组长的组织下讨论两个问题。

①分析资料中机会成本的大小，并思考自己上大学的机会成本是什么？

②既然自己选择来读大学，那么该如何做？

（4）组织各小组汇报和讨论，教师引导点评。

思考练习

一、单项选择题

1. 经济学上所说的稀缺性是指（　）。

A. 欲望的无限性

B. 资源的绝对稀缺性

C. 资源的相对有限性

D. 欲望的相对有限性

2. 稀缺性的存在意味着（　）。

A. 决策者必须做出选择

B. 政府必须干预经济

C. 不能让自由市场来做重要的决策

D. 人们的生活水平会不断下降

3. 某同学有1万元，如果存入银行，年利息为500元；如果买债券，年回报为550元；如果买基金，年回报为600元。最终该同学将这1万元用来购买基金，那么，该同学用1万元投资基金的机会成本是（　）。

A. 500

B. 550

C. 600

D. 1 050

4. 作为经济学的一个分支，微观经济学主要研究（　）。
A. 国际贸易
B. 经济增长
C. 通货膨胀
D. 家庭和企业的经济行为
5. 经济学家讨论“人们的收入差距大一点好还是小一点好”这一问题属于（　）研究。
A. 实证分析
B. 规范分析
C. 定量分析
D. 宏观分析
6. 宏观经济学的核心理论是（　）。
A. 国民收入决定理论
B. 失业与通货膨胀理论
C. 经济增长理论
D. 开放经济理论
7. 下列说法中属于实证表述的是（　）。
A. 低利率会刺激投资
B. 现在的存款利率太低
C. 应该降低利率以刺激投资
D. 税收太高
8. 作为经济学的两个组成部分，微观经济学与宏观经济学是（　）。
A. 互相对立的
B. 互相补充的
C. 没有任何联系的
D. 不清楚
9. 经济学中的个体理性假设认为，每个人都追求（　）。
A. 个人利益最大化
B. 个人收入最大化
C. 个人名誉的最大化
D. 个人效用的最大化
10. 研究单个经济单位经济行为的经济学称为（　）。
A. 宏观经济学
B. 微观经济学
C. 规范经济学
D. 实证经济学
11. 微观经济学要解决的基本问题是（　）。
A. 资源配置问题
B. 资源利用问题
C. 单个经济单位的经济行为

D. 价格理论

12. 位于生产可能性曲线上的任何一点表示（ ）。

A. 资源没有得到充分利用

B. 资源得到了充分利用

C. 可以利用的资源有限

D. 在这一组合下资源条件无法实现

13. 经济学研究方法中的规范分析方法是（ ）。

A. 研究“是什么”的问题

B. 描述经济如何运行

C. 研究“应该是什么”的问题

D. 预测行动结果

14. 学校里一块新停车场的机会成本是（ ）。

A. 由此引发的所有费用

B. 由用于其他用途产生的最大价值来决定

C. 由用于建造车场的机器设备折旧来决定

D. 由在停车场停车所需的费用来决定

15. 从根本上讲，经济学与（ ）有关。

A. 政府对市场体制的干预

B. 企业获取利润活动

C. 稀缺资源的配置

D. 人们靠收入生活

16. 下列例子属于边际分析的是（ ）。

A. 如果利润是正的，企业将建一个新工厂

B. 如果新工厂增加的收益超过增加的成本，企业将建一个新工厂

C. 如果在没有新工厂时，企业正承受货币损失，那么它将建一个新工厂

D. 如果企业能便宜地建新工厂，它就会这样做

17. 下列属于最不稀缺的资源的是（ ）。

A. 大米

B. 荔枝

C. 石油

D. 空气

18. 任何社会所面临的基本问题是（ ）。

A. 如何利用丰富的资源满足人们的需要

B. 如何利用稀缺的资源满足人们不断增长的需要

C. 如何利用稀缺的资源满足人们有限的需要

D. 如何利用丰富的资源满足人们有限的需要

19. “世界上没有免费的午餐”的说法的前提是（ ）。

A. 任何事物都有机会成本

B. 认识是自私的

C. 政府不总是补贴食品生产

D. 人类欲望的无限性

20. 生产可能性边界内的一点是（　　）的。

A. 有效率，但不可能

B. 可能，但无效率

C. 既有效率又可能

D. 既无效率又不可能

二、判断题

1. 如果不存在稀缺性，就不会产生经济学。（　　）
2. 因为资源是稀缺的，所以产量是既定的，永远无法增加。（　　）
3. 资源的稀缺性决定了资源一定可以得到充分利用。（　　）
4. 生产什么、如何生产和为谁生产，这三个问题被称为资源利用问题。（　　）
5. 实证分析方法要解决的是“应该是什么”的问题。（　　）
6. 微观经济学要解决的是资源利用问题，宏观经济学要解决的是资源配置问题。（　　）
7. 微观经济学的核心理论是价格理论，宏观经济学的核心理论是国民收入决定理论。（　　）
8. 宏观经济学的基本假设是市场失灵。（　　）
9. 有选择就有成本，这种成本是会计成本。（　　）
10. 在生产可能性曲线外的一点生产，表明资源是充分利用的。（　　）

三、技能训练题

假设某学生有10小时的时间用于准备即将到来的经济学与英语的考试。

（1）在给定该学生时间资源的条件下，试画出其分数的生产可能性边界。

（2）如果该学生去看电影和与朋友聊天，学习缺乏效率，那么，相对于他的生产可能性边界而言，他的分数“产量”在何处？

（3）如果该学生将学习时间从10小时增加到15小时，那么，他的分数的生产可能性边界会发生何种变化？

项目二
把握价格规律

目标导航

知识目标

（1）掌握需求和供给的基本概念，掌握需求定理和供给定理；

（2）掌握需求和供给的影响因素，掌握需求和供给的变动；

（3）掌握需求和需求量的变动、供给和供给量的变动；

（4）掌握供求均衡、均衡数量和均衡价格的概念及其变动；

（5）掌握价格政策的含义，并能对市场经济条件下价格对经济的调节作用有一定认识。

技能目标

（1）能够掌握需求或供给变动的图形表示；

（2）能够运用供求理论，初步分析商品市场上的需求和供给的变动；

（3）能运用价格理论解释生活中常见的经济问题。

素养目标

（1）树立市场意识和竞争意识；

（2）以社会主义核心价值观为引领，形成开阔的视野和境界，能对实际生活中的经济现象做出分析和评价；

（3）能客观认识和评价中国经济发展形势和所面临的问题，以及中国经济政策。

知识导图

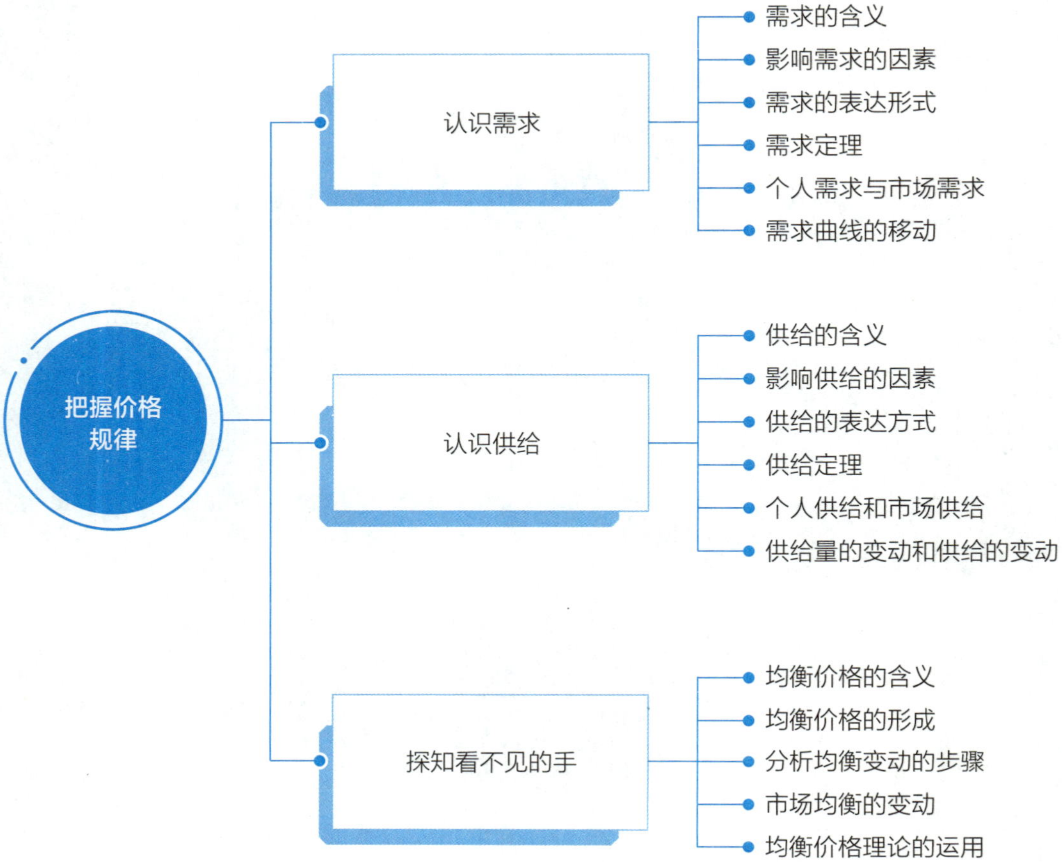

案例导入

2020 年年初，全球口罩需求旺盛。据外媒消息，西班牙当地药店口罩价格上涨，两只装口罩达 12.6 欧元（约 100 元人民币），市民因此被迫头戴塑料袋出门。医用口罩在美国电商平台的价格飙升，有的甚至最高加价到 1 000 美元（约合 7 021 元人民币）。

据日本时事通讯社报道，日本的口罩价格疯涨，普通的一盒医用口罩（40 只装）最高卖到 20 万日元，平均每只 5 000 日元（约合人民币 323.5 元）。

资料来源：《全球医用口罩需求激增 13769%，你家口罩出口了吗?》，中国服装协会，2020 年 3 月 17 日。

任务一　认识需求

一、需求的含义

需求的含义

需求（demand，D）是指在某一特定时期内，消费者在每一价格水平上愿意并且能够购买的商品数量。

注意，需求的含义须从以下几方面进行理解。

（一）需求是购买意愿和购买能力的统一

既有购买意愿，又有购买能力，才能形成有效需求。需求不同于需要或欲望。需要是主观和无条件的，比如人类为了生存和发展，需要食品、衣物、住所等，而对商品的需求，除了主观意愿外，还必须具有一定的支付能力。欲望是指想要得到这些基本需要的具体满足物的愿望。但是只有在具有购买能力时，人的欲望才能转化为需求。例如，很多人想要拥有一栋别墅，但只有部分人能够并愿意购买一栋别墅。因此，需求能够形成商品的消费市场；而需要或欲望不能形成市场，只能形成潜在的市场。

（二）不同时期内，消费者的需求是可变的

因为不同时期消费者的购买能力与购买意愿会发生变化。例如，20 世纪 90 年代前，由于收入等限制很多家庭买不起冰箱和洗衣机，而今天冰箱和洗衣机几乎已经走进了每家每户。

（三）需求不同于需求量

需求是一系列价格水平上对应的一系列商品的需求量。它是价格与需求量的关系，从量的角度上看是一个数量集合，而不是单一的数量。而需求量是指在某一既定的价格水平下，消费者愿意并且能够购买的价格 - 数量组合。所以需求量是单一的数量。

二、影响需求的因素

影响需求的因素

一种商品的需求数量是由许多因素共同决定的，概括起来主要有以下几点。

（一）商品本身的价格

商品的价格是决定该商品需求量的一个重要因素，且一般情况下，在其他条件不变时，某种商品的需求量与其价格呈负相关。即价格上升，需求量下降；价格下降，需求量上升。例如，某品牌电脑价格上升，人们对该品牌电脑的需求量就会减少。

（二）相关商品的价格

对于某种商品而言，其自身价格保持不变，而和它相关的其他商品的价格发生变化时，这种商品本身的需求量也会发生变化。相关商品可分为替代品和互补品。

1. 替代品

替代品是指那些功能相似，可以相互替代，以满足人们同种需要的商品。例如奶茶和咖啡。当奶茶本身价格不变时，其替代品咖啡价格上升，则消费者对咖啡的需求会减少，因为

人们可以通过更多地购买奶茶来替代咖啡。所以两种替代品中，一种商品价格上涨，会引起另一种商品的需求量增加；反之，则减少。

2. 互补品

互补品是指那些功能相互补充才能满足人们某种需求的商品，如汽车和汽油。当汽油本身价格不变，其互补品汽车的价格上升，则人们对汽油的需求量通常会减少。因此两种互补品中，一种商品价格上升，会引起另一种商品的需求量减少，反之，则增加。

（三）收入水平

消费者的收入水平是决定其购买能力的重要因素。通常情况下，收入水平与商品的需求量的变化分两种情况。

1. 正常商品

当收入增加时，一种商品的需求增加，这种商品被称为正常商品。例如当月收入为5 000元时，消费者购买2千克苹果；如果月收入增加至1万元时，消费将购买5千克苹果。因此对于正常商品，消费者的需求与收入水平呈正相关。

2. 低档商品

当收入增加时，一种商品的需求减少，这种商品被称为低档商品。由于消费者失业会影响其收入水平，假设失业前，消费者每天会选择打车上班；而失业后，消费者的收入下降，消费者将可能更多地选择公交车出行。因此对于低档商品，消费者的需求与收入呈负相关。

素养园地

“六稳”“六保”提高居民收入

2020年国务院政府工作报告指出，引导各方面集中精力抓好“六稳”“六保”。“六稳”是稳就业、稳金融、稳外贸、稳外资、稳投资、稳预期。“六保”是保居民就业、保基本民生、保市场主体、保粮食能源安全、保产业链供应链稳定、保基层运转。我国要千方百计稳定经济发展，稳定居民就业，提高居民收入。只要收入提高了，需求就会增加，需求曲线右移。扩大内需最为重要的就是提高收入，促进消费。

资料来源：《政府工作报告》，新华网，2020年5月29日。

（四）消费者偏好

偏好是个人对商品喜欢或厌恶的程度。这是一种主观上对某种商品的偏爱心理，受历史、文化习惯、社会等因素的影响。当社会时尚发生变化时，人们对某种商品的偏好会增强或减弱。例如，某食品在某一地区深入人心，该地区的人们对该食品的需求量就会增加。通常来说，消费者的需求与商品偏好呈正相关。

（五）消费者对未来的预期

预期主要包括消费者对商品价格的预期和对自己未来收入的预期。通常情况下，如果消费者预期某种商品价格将上涨，就会增加当前的购买量，导致当前需求增加；反之，则减少。

如果消费者预期未来收入稳定增长，就会导致当前需求增加；如果预期未来收入不确定或将下降，就会导致当前需求减少。

以上只是影响商品需求的一般因素。此外，政府的政策、人口数量及其结构、社会制度、历史传统等也不同程度地影响着商品的需求量。

即问即答

在互补商品之间，其中一种商品价格上升，需求量降低，会引起另一种商品的需求如何变化？

三、需求的表达形式

（一）需求函数

一个人对一种商品的需求量与影响需求量的各种因素之间的关系称为个人需求函数。以 Q_d 代表需求量，P 代表商品价格，P_t 代表相关商品的价格，M 代表消费者的货币收入，F 代表消费者偏好，P_e 代表预期价格，那么需求函数可表示为

$$Q_d = f(P, P_t, M, F, P_e)$$

经济学家在研究需求函数时，采用将某些因素先保持不变，而分析另外一些因素发生变化时的情况，得到特殊的个人需求曲线。且无论影响消费者实际需求的因素有哪些，最重要的因素始终是商品本身的价格，因为商品本身的价格决定了在购买该商品时，消费者须支付的实际货币量的多少，是消费者最为敏感的因素。所以，最常用的个人需求函数为

$$Q_d = f(P)$$

即问即答

设某商品的需求函数为 $Q = 100 - P$，当价格 $P = 20$ 时，求该商品的需求量。

（二）需求表

在不同的价格水平下，张三每个月对巧克力的需求如表 2-1 所示。如果巧克力是免费的，张三买 10 块巧克力。当价格为 1 元时，张三买 8 块巧克力。随着价格继续上升，张三的需求量越来越少。当价格上升到 5 元时，张三购买巧克力的数量变为 0。这个表就是需求表。它表示的是当其他因素保持不变时，某种商品价格与其所对应的需求量之间对应关系的表格。

表 2-1　张三对巧克力的需求表

巧克力的价格（元）	巧克力的需求量（块）
0	10
1	8
2	6
3	4
4	2
5	0

（三）需求曲线

需求曲线是商品价格和需求量之间变动关系的图形表示方式。如图 2-1 所示的图形是根据表 2-1 的需求表绘制而成的。

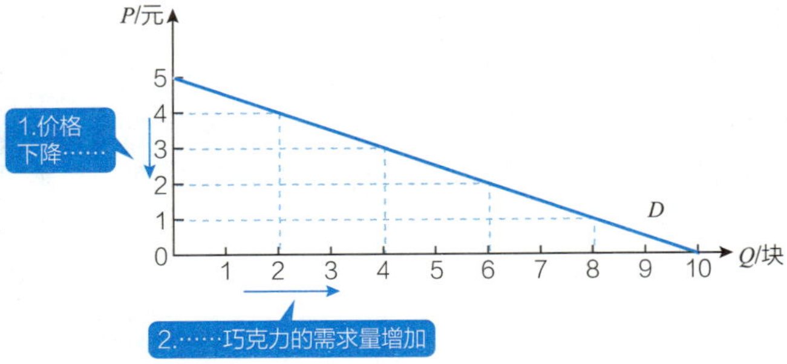

图 2-1　张三对巧克力的需求曲线

根据习惯，纵轴代表巧克力的价格 P，而横轴表示对巧克力的需求量 Q。需求曲线（D）向右下方倾斜，斜率为负，表明在其他条件不变的情况下，更低的价格意味着多的需求量。需求曲线可能是线性的，也可能是非线性的。

四、需求定理

需求定理

需求定理也称为需求法则，在其他条件不变时，一种物品的价格上升，对该物品的需求量减少；一种物品的价格下降，对该物品的需求量增加。

需求定理之所以存在，是收入效应和替代效应共同作用的结果。

（一）收入效应

收入效应是指价格变动导致居民实际收入的变化，从而引起需求量的变化。当商品价格下降时，消费者既定收入的购买力上升，需求量增加；反之，当商品价格上升时，既定收入的购买力下降，需求量减少。收入效应的大小取决于这种商品的支出在实际收入中所占的比例，若商品的支出在实际收入中所占的比例越大，则该商品的价格提高时，这种商品的需求量降低的幅度越大。

（二）替代效应

替代效应是指商品价格的变化使消费者在替代品中间的选择方向发生了变化，此时居民的实际收入并未发生变化。例如，当猪肉价格上升，而其替代品牛肉价格不变时，那么牛肉的相对价格下降，消费者将会用牛肉来替代猪肉，从而对猪肉的需求量减少。因此，商品价格上升时，消费者会转为购买其他的替代产品；反之，商品价格下降时，消费者会减少购买其他替代品转为购买该商品。

收入效应使得消费者价高时少买，价低时多买，也就是价格的高低变化影响每一个消费者对该商品的购买量；而替代效应使价格上升的商品需求量减少，使价格下降的商品需求量增加。所以，收入效应和替代效应说明了需求定理成立的原因。

需求定理对于大部分商品来说都是成立的，但是，现实生活中也存在需求定理的例外。

1. 吉芬商品

英国统计学家罗伯特·吉芬于 19 世纪发现一种特殊现象。1845 年，爱尔兰发生灾荒，土豆价格上升，但是土豆的需求量却反而增加了。这一现象在当时被称为“吉芬难题”。由于是吉芬最早发现这种现象，所以把这类需求量与价格呈同方向变动的特殊商品称作吉芬商品。

2. 炫耀性消费的商品

炫耀性消费最早在 1899 年由美国经济学家凡伯仑（Thorstein B Veblen）提出。他认为炫耀性商品不仅能给消费者带来物质效用，还能带来虚荣效用。对于炫耀性商品，其价格越高，越受人追捧，比如一辆高档轿车、一部昂贵的手机、一栋超大的房子、一双昂贵的球鞋、一个天价的手表，等等。当这些商品的价格下跌到不足以显示其身份时，消费者就会减少购买。

除非特别强调，接下来所涉及的需求函数或需求曲线均符合需求定理。

五、个人需求与市场需求

图 2-1 中的需求曲线表示的是张三个人对巧克力的需求。为了分析市场如何运行，还需要确定市场需求。市场需求是所有个人对某种特定物品或服务的需求的总和。

市场上张三和李四两个人的巧克力需求量以及由此确定的市场需求量如表 2-2 所示。市场需求量是在每一种价格水平下这两人的个人需求量的总和。

表 2-2 市场需求

巧克力的价格（元）	张三的巧克力的需求量（块）	李四的巧克力需求量（块）	市场需求量（块）
0	10	9	19
1	8	7	15
2	6	5	11
3	4	3	7
4	2	1	3
5	0	0	0

市场需求量 ＝ 张三的巧克力的需求量 ＋ 李四的巧克力的需求量

根据表 2-2，可以得到相应的需求曲线（见图 2-2）。市场需求曲线表示当其他因素保持不变时，一种物品的市场需求量如何随该物品价格的变动而变动。从图中可知，要得到市场需求曲线，只需要把个人需求曲线进行水平相加。即为了得到任何一种价格水平下的总需求量，要把相应价格水平下个人需求曲线的横轴上标出的个人需求量相加。

即问即答

请判断：市场需求曲线是所有个别消费者需求曲线的纵向相加。

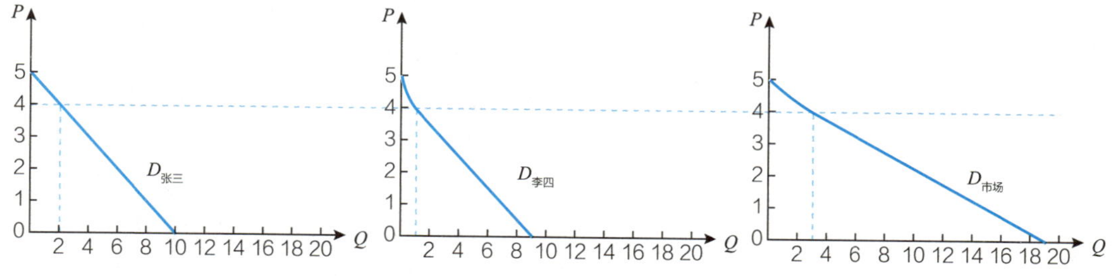

图 2-2 个人需求曲线和市场需求曲线

素养园地

需求侧管理

2020 年 12 月召开的中央经济工作会议强调，加快构建以国内大循环为主体、国内国际双循环相互促进的新发展格局。我国要紧紧扭住供给侧结构性改革这条主线，注重需求侧管理，打通堵点，补齐短板，贯通生产、分配、流通、消费各环节，形成需求牵引供给、供给创造需求的更高水平动态平衡，提升国民经济体系整体效能。需求侧管理以形成强大国内市场、满足国内各类市场主体需求、全面释放需求潜力、推动需求与消费升级、形成供需良性互动等为目的。

资料来源：《微观经济学课程思政案例集》，2022 年 2 月。

六、需求曲线的移动

需求曲线的移动

市场需求曲线的假设是其他条件保持不变，但随着时间的推移，如果某种因素改变了，那将会改变任何一种既定价格水平下的需求量，从而导致需求曲线发生移动。例如，假设有研究发现吃巧克力能够延缓衰老，这个发现将会增加对巧克力的需求。在任何一种既定的价格水平下，消费者现在想购买更多巧克力，于是巧克力的需求曲线就会移动。

需求曲线的移动如图 2-3 所示。当其他因素发生改变，将使得每一价格水平下的需求量发生变动，从而导致需求曲线发生移动。如果需求曲线向右移动，称为需求增加；反之，需求减少，就是任何变动使得在每一价格水平下需求量减少，即需求曲线向左移动。

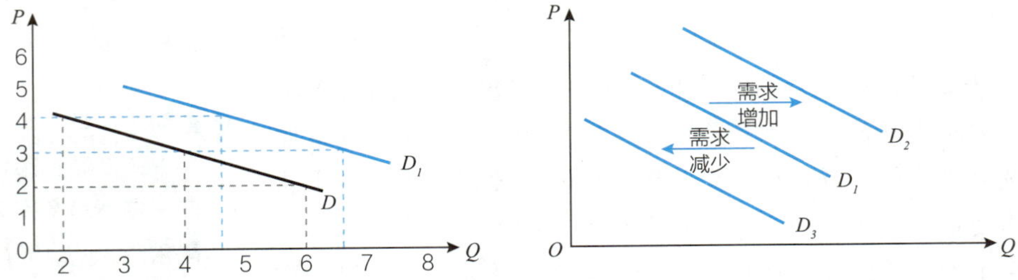

图 2-3 需求曲线的移动

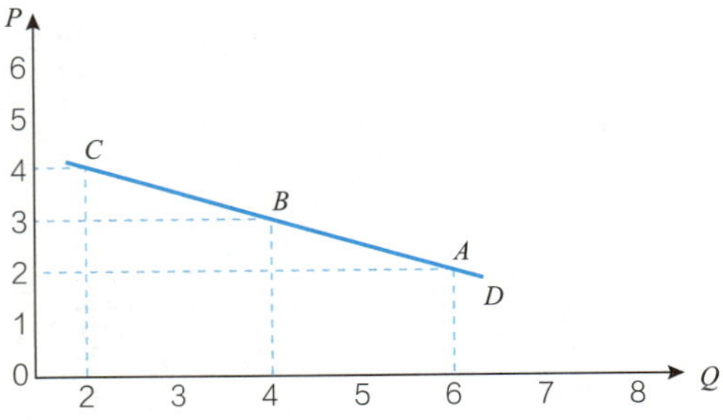

图 2-4 需求量的变动

在经济分析中，需分清需求的变动和需求量的变动这两个概念。在经济学中，不管是需求量的变动还是需求的变动，都会引起需求数量的变动，区别在于引起需求数量变动的原因并不相同。

在其他因素保持不变的情况下，一种商品价格上升，根据需求定理，该商品的需求量将减少，表现在图形上为沿着需求曲线变化，如图 2-4 所示的由 A 点变化到 B 点。

当一种商品本身价格并没有发生变化，而是由于其他因素发生了变动，如表 2-3 所示，该商品的需求也会发生变化。假设牛肉价格下降，根据需求定理，你将会购买更多的牛肉，同时，你也许会少买猪肉，因为牛肉和猪肉是替代品。即猪肉本身价格并没有发生变动，仅仅是因为替代品的价格下降，而导致其需求减少。

表 2-3 影响需求变动的因素

变量			需求曲线将
收入		增加	右移
		减少	左移
相关商品的价格	替代品	上升	右移
		下降	左移
	互补品	上升	左移
		下降	右移
偏好		增加	右移
		减少	左移
预期价格		上升	右移
		下降	左移

即问即答

汽车价格下降、汽车保险价格下调都会使消费者对汽车的购买量增加。从经济学的角度说明这两种因素引起的汽车购买量增加有什么不同。

资料链接

2018 年 8 月，“非洲猪瘟”首次进入中国。次月，中国猪肉价格便上涨了 2.5%，但“非洲猪瘟”的影响并未止步于此。据国家统计局数据，2019 年生猪存栏 31 041 万头，比上年下降 27.5%，全年生猪出栏 54 419 万头，比上年下降 21.6%。

“非洲猪瘟”导致猪肉价格连日上涨，如图 2-5 所示，2019 年 3 月，猪肉消费价格同比增长 5.10%，到了 4 月份，猪肉消费价格大幅上升，同比增长为 14.40%，而到了 2019 年 11 月，猪肉消费价格同比增长达到了 110.20%。

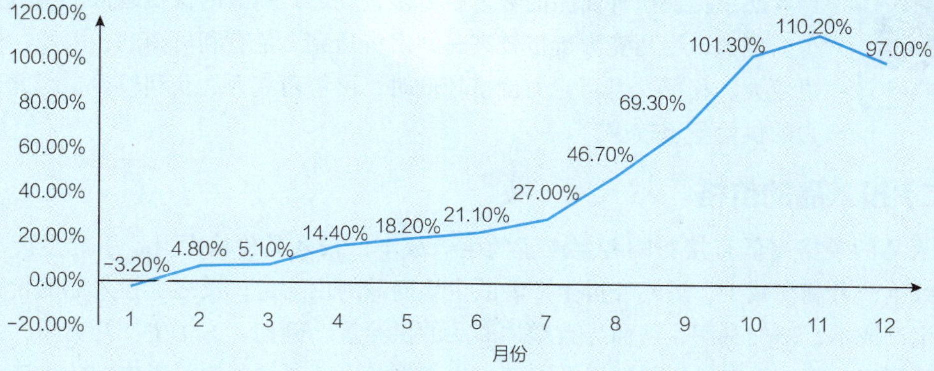

图 2-5 2019 年各月猪肉消费价格涨跌幅统计情况

数据来源：本书编写组。

任务二 认识供给

一、供给的含义

供给的含义

供给是和需求相对应的概念。供给（supply，S）是指在某一特定时期内，在每一价格水平上生产者愿意并且能够出售的商品数量。

狭义的供给的含义可以从三个方面进行理解。

（一）供给是出售意愿和供给能力的统一

经济学上的供给必须具备两个条件：一是生产者有出售商品的欲望，如花农有出售鲜花的愿望；二是生产者有提供商品的能力，如花农有种植鲜花的能力。如果只有供给能力而无出售愿望，那么就不能形成实际的供给。

（二）不同时期内，生产者的供给是可变的

由于不同时期内，生产者的出售意愿和供给能力会发生变化。例如，随着技术的发展，我国越来越多的厂商开始生产新能源汽车，截至 2023 年 7 月，中国新能源汽车生产量已达到 2 000 万辆。

（三）供给不同于供给量

供给量是指在某一既定的价格下，生产者愿意并且能够出售的商品数量，所以供给量是一个单量；而供给则是不同价格下所对应的不同供给量的统称，即价格与其供给量之间的价格—数量组合，因而供给是一个多量组合。

二、影响供给的因素

影响供给的因素

（一）商品本身的价格

一般来说，在其他条件不变的情况下，一种商品的价格越高，通常生产者愿意提供该种商品的数量就越多，反之，商品的价格越低，供给量就越少。例如，当巧克力价格较高时，出售巧克力是有利可图的，因此，供给量也较大。相反，当巧克力价格较低时，出售巧克力的获利较少，因此，巧克力的供给量也较少。

（二）投入品的价格

投入品的价格高低直接影响着生产者的生产成本，投入品价格上升，引起生产成本上升，导致生产者利润减少，最终使得生产者减少该商品的供给量；反之，投入品的价格下降会降低生产成本，增加利润，从而导致增加商品的供给量。例如，为了生产巧克力，生产者需投入可可豆、糖、香料等原材料以及劳动、生产设备等，当这些原材料中的一种或几种价格上升时，生产巧克力的成本增加，生产者的利润减少，供给将会减少。如果投入品的价格大幅上升，生产者的利润可能为负，从而停止生产，不再供给巧克力。

（三）技术

一般情况下，生产技术进步将提高生产效率，从而降低单位产品的生产成本，增加生产者的利润，供给就会增加。例如，巧克力工厂由于采用先进的机器设备，大大提升了生产效率，使得生产成本大幅下降，生产者愿意增加巧克力的供给量。

（四）预期

如果生产者预期乐观，即预期某种商品行情看涨，生产者将会减少现在的供给量，等价格真正上涨之后增加供给。例如，如果预期未来巧克力的价格会上升，企业就会把现在生产的一些巧克力储存起来，减少当前的市场供给。反之，若生产者预期悲观，即预期某种商品行情看跌，生产者将会增加现在的供给量。

即问即答

经济学家认为，降低价格一定会使供给量下降是一条规律。请问价格降低一定会使供给量下降吗？

此外，其他如气候、卖者的数量、政府政策、生产者目标、历史传统文化等因素也都不同程度地影响着商品的供给量，这里就不一一列举。

三、供给的表达方式

（一）供给函数

如果把影响供给的各种因素看做自变量，把供给量看做因变量，则可以用函数关系来表示影响供给的各因素与供给量之间的变动关系，这就是供给函数

$$Q_s = f(P, P_t, t, P_e)$$

其中，Q_s代表供给量，P代表商品本身价格，P_t代表相关商品的价格，t代表技术，P_e代表预期价格。

经济学家在研究供给函数时，通常假定其他因素不变，而分析另一些因素变化时的情况，由于商品价格是影响供给量的主要因素，所以若只单独研究某种商品的供给量与商品价格之间的函数关系，供给函数可以表示为

$$Q_s = f(P)$$

（二）供给表

供给表是用来描述当其他因素都保持不变的情况下，某种商品的各种价格与供给数量之间对应关系的表格。市场上的一个巧克力生产者在各种巧克力价格时的供给量如表 2-4 所示。当价格低于 1 元时，该生产者不供应巧克力，随着价格上升，供给的数量也随之增加。

表 2-4 巧克力供给表

巧克力的价格（元）	巧克力的供给量（块）
0	0
1	2
2	4
3	6

续表

巧克力的价格（元）	巧克力的供给量（块）
4	8
5	10

（三）供给曲线

可以根据表 2-4 进行图形绘制，可得供给曲线（见图 2-6）。供给曲线表示当其他因素不变时，商品价格与供给量之间对应关系的曲线。

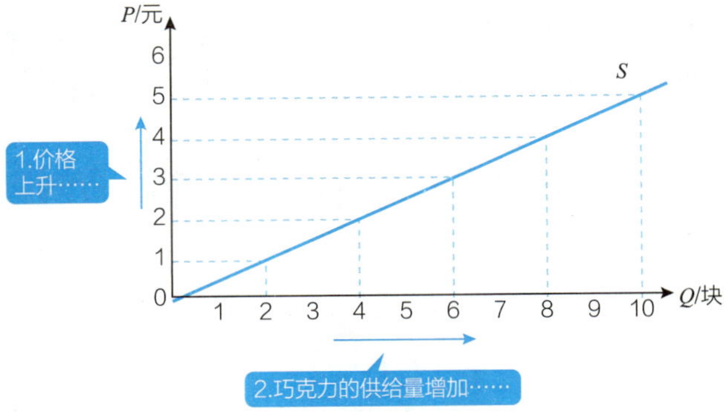

图 2-6　巧克力供给曲线

根据习惯，横轴表示商品的供给量 Q，纵轴表示商品的价格 P，S 表示供给曲线。供给曲线向右上方倾斜，即在其他条件不变的情况下，商品价格越高意味着供给量越多。

当供给曲线为线性函数时，供给曲线是一条直线；当供给函数为非线性函数时，则是一条曲线。

四、供给定理

供给定理是指在其他条件不变时，某商品价格上涨，供给量增加；随着价格下降，供给量减少。

对于绝大多数商品而言，其供给量与价格之间的关系符合供给定理的描述，但是供给定理也有例外。

1. 垂直的供给曲线

有些商品的供给量是固定不变的。例如北宋画家张择端的清明上河图，世上仅此一幅，即使价格再高，也无法增加供给量。因此，古董、名画、土地等，其供给量都是固定的，供给曲线是一条垂直于横坐标的直线，如图 2-7 所示。

2. 劳动力的供给曲线

劳动力的价格表现为工资（W），在一定范围内，劳动力供给（L）会随着工资的增加而增加，但工资增加到一定程度后，随着工资水平的进一步上升，劳动力供给不仅不会继续增加，反而会逐渐减少，从而形成一条向后弯曲的供给曲线，如图 2-8 所示。

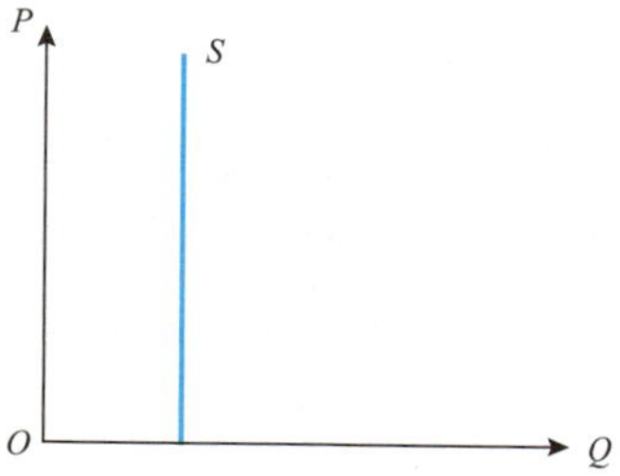

图 2-7　垂直的供给曲线

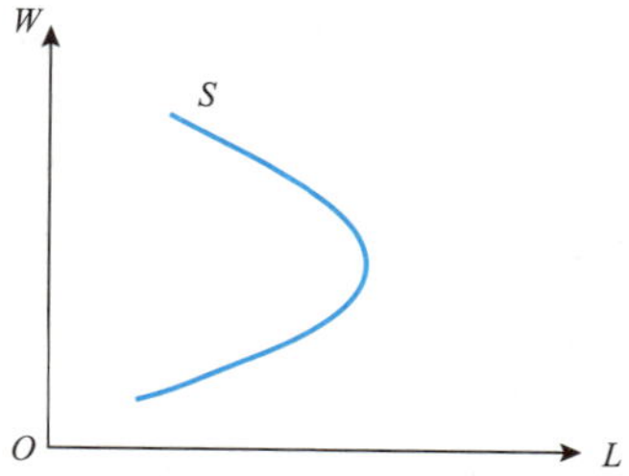

图 2-8　劳动力的供给曲线

3. 大规模供给的供给曲线

由于技术发展、规模经营以及外部经济变化等，大规模供给得以实行且生产成本锐减，此时商品价格虽然下降，但生产者仍愿意供给更多产品。其供给曲线是一条向右下方倾斜的曲线。

即问即答

请画出青铜立人像的供给曲线。

素养园地

供给侧结构性改革

随着中国经济进入中等收入阶段，人们的消费需求也发生了很大的变化。在改革开放初期，中国还处于短缺和贫困的状况，那时对供给的要求并不高，只要能生产出来的商品，基本上都能满足人们的需求。那个阶段的主要问题不在供给方面，而在如何提高人们的收入和消费能力。

人们的需求随着收入的提高在不断变化。从最初的吃饱穿暖，到耐用消费品，再到汽车住房，人们对生活所需物资的追求逐渐得到满足后，开始进入一个追求生活质量的新阶段。除了对商品的高质量、高科技、高品位的要求外，人们对医疗健康、居住环境、文化教育、交通信息等需求不断增加，对供给也提出了更高的要求。如果说，当年随便生产一个产品都能卖掉，那么现在一个产品如果不环保，可能免费都没人要。要满足人民群众对高质量美好生活的需求，中国目前的供给侧就必须进行改革。

党的十九大报告提出深化供给侧结构性改革，把提高供给体系质量作为主攻方向，加快发展先进制造业，推动互联网、大数据、人工智能和实体经济深度融合，在中高端消费、创新引领、绿色低碳、共享经济、现代供应链、人力资本服务等领域培育新增长点、形成新动能。国家支持传统产业优化升级，加快发展现代服务业，促进我国产业迈向全球价值链中高端。国家坚持去产能、去库存、去杠杆、降成本、补短板，优化存量资源配置，扩大优质增量供给，实现供需动态平衡。

党的二十大报告中再次提出，我们要坚持以推动高质量发展为主题，把实施扩大内需战略同深化供给侧结构性改革有机结合起来，增强国内大循环内生动力和可靠性，提升国际循环质量和水平，加快建设现代化经济体系，着力提高全要素生产率，着力提升产业链供应链韧性和安全水平，着力推进城乡融合和区域协调发展，推动经济实现质的有效提升和量的合理增长。

资料来源：《海闻：二十大进一步明确了扩大内需对未来经济增长的重要性》，新京报，2022 年 10 月 20 日。

五、个人供给和市场供给

和需求一样，供给也分为个人供给和市场供给。表 2-4 显示的是个人供给，即单个厂商对某种商品的供给。市场供给是所有生产者对某种产品或服务供给的总和。假设整个市场只有两家厂商供给巧克力，市场上两家巧克力厂商 A 和 B 的供给量以及由此确定的市场供给量如表 2-5 所示。它表示在任何一种价格水平下，厂商 A 的供给量和厂商 B 的供给量，市场供给量就是这两家厂商的个人供给之和。

表 2-5　市场供给量

巧克力的价格（元）	巧克力厂商 A 的供给量（块）	巧克力厂商 B 的供给量（块）	市场供给量（块）
0	0	0	0
1	2	1	3
2	4	3	7
3	6	5	11
4	8	7	15
5	10	9	19

对应表 2-5 的供给曲线如图 2-9 所示。由图 2-9 可知，将单个厂商的供给曲线水平相加，即可得到市场的供给曲线，即为了得出任何一种价格水平下的总供给量，只要把相应价格水平下个人供给曲线横轴上标出的个人供给量相加即可。

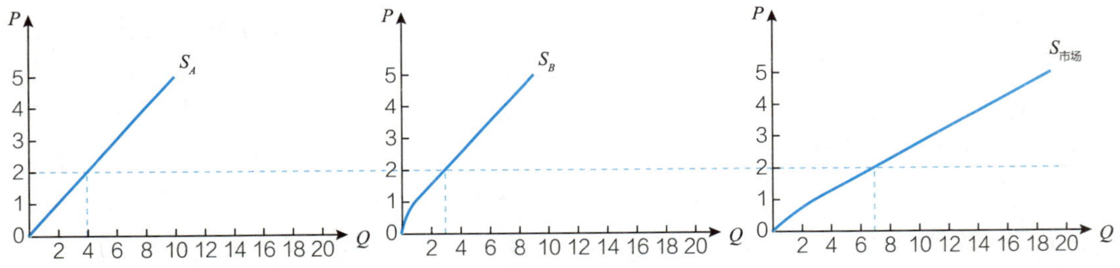

图 2-9　个人供给曲线和市场供给曲线

素养园地

去产能

我国部分产业供过于求，传统制造业产能普遍过剩，特别是钢铁、水泥、电解铝等高消耗、高排放行业尤为突出。2015 年年底，中央经济工作会议将“去产能”作为供给侧结构性改革重点任务之一，开启了过剩产业的“出清”之路。去产能是指为了解决产品供过于求而引起产品恶性竞争的不利局面，把过剩的生产能力减下来，并寻求转型升级。“去产能”的主要原则是效益优先，目的是去除低端无效的供给能力、增加有效供给，从而提升企业和行业的整体质量和效益、优化产业结构和生产布局。

资料来源：《微观经济学课程思政案例集》，2022 年 2 月。

六、供给量的变动和供给的变动

根据前面的内容可知，需求量的变动是区别于需求的变动的，供给量的变动和供给的变动也存在区别。虽然它们都代表供给数量的变动，但是区别在于引起数量变动的原因不同。

供给量的变动和供给的变动

供给量的变动是由自身价格变化引起的。如图 2-10 所示，当巧克力价格从 2 元上涨到 3 元时，巧克力的市场供给量也从 7 块增加为 11 块，在图中可表示为由 *A* 点到 *B* 点的移动；反之，当巧克力的价格下降，则表现为从 *B* 点到 *A* 点的移动。但无论价格如何变动，从图形上看，供给量的变动始终都表现为同一条供给曲线上点的移动。

供给的变动是假设其他条件不变，当这些因素中其中一个因素变动而商品本身价格不变，这将导致生产者对该商品供给量增加或减少。假设可可豆的价格下降了，可可豆是巧克力的一种投入品，所以，可可豆的价格下降使成本下降，利润变得更可观，厂商将增加巧克力的供给。从图形上看，这将引起供给曲线向右移动，称为供给增加；反之，如果可可豆的价格上涨导致生产成本增加，利润下降，厂商将减少巧克力的供给，表现在图形上就是供给曲线向左移动，称为供给减少。

供给的变动如图 2-11 所示。商品自身价格保持不变，影响供给量的其他因素中一个或多个发生变化（见表 2-6），如果这种变化使每一价格水平下的供给量都增加，供给曲线向右移动；反之，如果这种变化使每一价格水平下的供给量都减少，供给曲线向左移动。

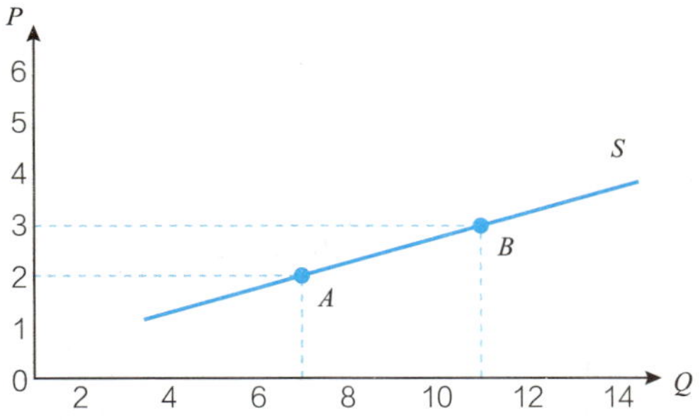

图 2-10　供给量的变动

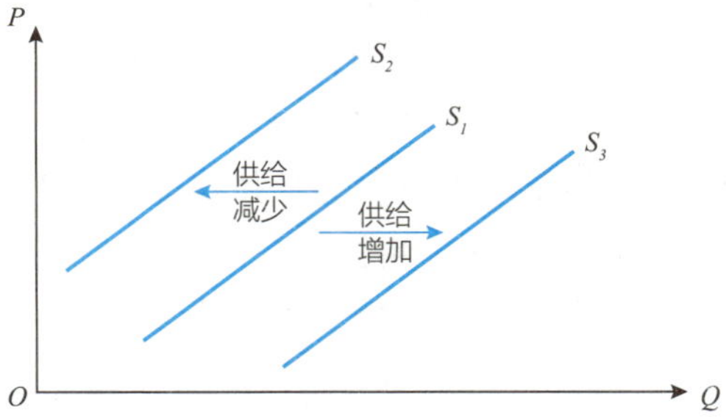

图 2-11　供给的变动

表 2-6　影响供给变量的因素

变量		供给曲线将
投入品价格	上升	向左移动
	下降	向右移动
技术	提升	向右移动
预期价格	上升	向左移动
	下降	向右移动

即问即答

在某玉米种植户的玉米供给曲线上，下列因素中可以变动的是（　）。

A. 土壤的肥沃程度

B. 技术水平

C. 玉米的种植面积

D. 玉米的价格

资料链接

据中国汽车工业协会统计数据显示，2020 年全年中国新能源汽车产销量分别完成 136.6 万辆和 136.7 万辆，分别增长 7.5% 和 10.9%，增速较上年实现了由负转正。截至 2021 年 8 月，中国新能源汽车产销完成 30.9 万辆和 32.1 万辆，同比增长 180.6% 和 181.9%。

新能源汽车市场急速增长背后的原因主要有政府的免征购置税政策、牌照政策以及新能源汽车技术的提升，但是在快速发展的同时也有隐忧，例如充电桩问题，据调查，当前公共充电领域存在四类痛点。

（1）部分充电桩不可用；

（2）可用充电桩充电较慢；

（3）快充桩存在安全隐患；

（4）建桩数量和充电利用率很难平衡，持续亏损削弱运营商建桩积极性。

资料来源：《2020 年新能源汽车产销情况》，国家发改委，2021 年 1 月 14 日。

任务三 探知看不见的手

经济学中的“均衡”这一术语，来源于物理学。物理学中的“均衡”是指当某一物体同时受到大小相等、方向相反的两个外力的作用时，或者一个物体受到多种力的作用，其合力为零时，该物体处于静止或匀速直线运动状态，这时称该物体处于均衡状态。当物体的受力状况不变时，该物体就会保持这种状态。在经济分析中一个经济变量或一种经济事物会受到各种力量的作用，当这些对立的、变动着的力量处于一种力量相当、相对静止、不再变动的状态，则称这一经济变量或这种经济事物处于均衡状态。

经济变量达到均衡包含两层含义：一层是如果各影响因素没有变化，经济变量将处于这一状态不变；另一层含义是当实际状态不同于均衡状态时，经济中自发的力量会使其回到均衡。

一、均衡价格的含义

均衡价格

需求曲线描述了消费者在每一价格水平上的需求数量，供给曲线描述了生产者在每一价格水平上的供给数量，但它们均没说明这种商品本身的价格究竟是多少。经济学中的价格是指均衡价格。在市场经济中，均衡价格的形成是由供求双方在竞争过程中自发形成的。

巧克力的市场供求状况如表 2-7 所示。从表中可以看出：当巧克力价格是 1 元时，市场需求量是 15 个，但市场供给量只有 3 个，供不应求，必然引起商品价格的上升；而当巧克力价格为 4 元时，市场需求量是 3 个，但市场供给量有 15 个，供过于求，商品价格必然会下降。只有当巧克力价格为 2.5 元时，此时的市场需求量和市场供给量均为 9，两者恰好相等，供求达到平衡。此时的价格称为均衡价格，即一种商品的需求和供给相等时的价格。

表 2-7　巧克力的市场需求和市场供给

巧克力的价格 / 元	市场需求量 / 个	市场供给量 / 个	供求分析
1	15	3	供不应求
2	11	7	
2.5	9	9	供求平衡
3	7	11	供过于求
4	3	15	

如图 2-12 所示，需求曲线和供给曲线相交于点 E，点 E 称为市场的均衡点，点 E 所对应的价格就是均衡价格，所对应的数量称为均衡数量，即在该点上，商品的需求量和供给量刚好相等。均衡价格表明买者愿意而且能够购买的商品量正好与卖者愿意而且能够出售的数量相平衡。均衡价格有时也被称为市场出清价格，因为在这一价格水平下，市场上的每一个人都得到了满足：买者买到了他想要的所有商品，而卖者卖出了他想要卖出的所有商品。

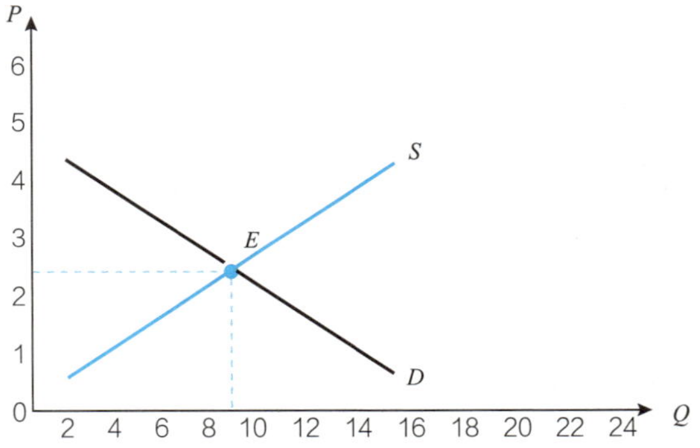

图 2-12　巧克力市场供求图

二、均衡价格的形成

（一）均衡价格的形成过程

均衡价格的形成过程就是价格的决定过程，它是通过市场上供求双方的自由竞争来实现的。只要其他条件保持不变，均衡价格就不会发生变动，但当市场价格偏离均衡价格时，市场上就会出现需求量和供给量不相等的状态。

均衡价格的形成

均衡状态可以设想为是这样实现的：在巧克力的交易市场中，由一个被称为“喊价”的人先报出一个价格，假定为 1 元，在这种情况下，物品的需求量超过了供给量。此时存在物品的短缺，即供不应求［见图 2-13（a）］。这意味着在现行价格下，需求者不能买到他们想买的所有物品，买者之间形成竞争，使得卖者可以提高价格而又不会减少销售量，价格上升引起需求量减少，供给量增加。一直到叫价为 2.5 元，此时供给量等于需求量，市场达到均衡。

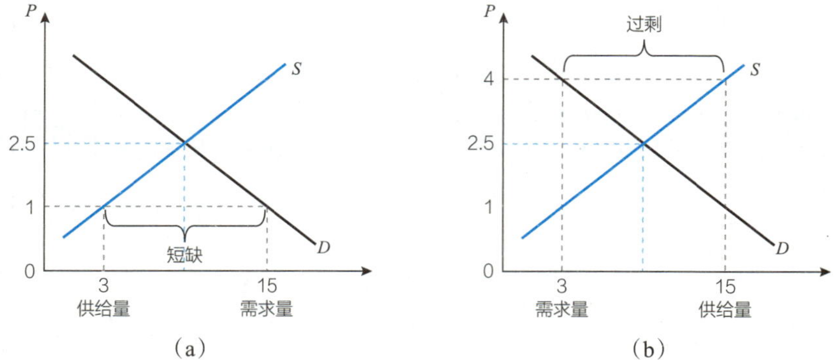

图 2-13　均衡价格的形成过程

假定“喊价”的人报出的价格为 4 元，此时物品的供给量超过了需求量，即供过于求[见图 2-13（b）]。在现行价格下，卖者不能卖出他们想卖的所有物品，为了卖掉商品，卖者之间形成的竞争迫使他们降低价格，而价格的下降增加了需求量，并减少了供给量，一直到叫价为 2.5 元，此时供给量刚好等于需求量，市场实现均衡。

因此，无论起初价格是太高还是太低，许多卖者和买者的活动都会自发地使市场价格向均衡价格移动。一旦市场达到均衡，所有的卖者和买者都得到满足，价格不再发生变化。

（二）均衡价格的计算

除了根据供求表和供求图表示均衡价格的变动外，还可使用需求函数和供给函数来表示均衡价格的决定。

假定：某商品的需求函数为 $Q_d = 25 - 0.25P$，供给函数为 $Q_s = -20 + 0.5P$，求均衡价格和均衡数量。

解：市场均衡的条件为

$$Q_d = Q_s$$

即

$$25 - 0.25P = -20 + 0.5P$$

解得：$P = 60$。

将 $P = 60$ 代入需求函数，可得

$$Q_d = 25 - 0.25 \times 60 = 10$$

将 $P = 60$ 代入供给函数，可得

$$Q_s = -20 + 0.5 \times 60 = 10$$

所以，该商品的均衡价格为 60，均衡数量为 10。

即问即答

设某产品的需求方程为 $Q_d = 40-P$，供给方程为 $Q_s = 10+2P$，求该产品的均衡价格。

三、分析均衡变动的步骤

根据前面的内容可知，需求和供给共同决定市场均衡，市场均衡决定了商品的均衡价格和均衡数量。但是，当供给和需求发生变动时，即影响供给和需求的因素发生了变动时，必

然会引起市场均衡的变动，那么将可能形成新的均衡价格和均衡数量。

当分析某个因素如何影响一个市场的均衡时，可按以下三个步骤进行分析。

首先，分析该因素是影响需求的变动还是影响供给的变动，或者同时影响供给和需求的变动；从图形上而言，就是分析该因素导致需求曲线移动还是供给曲线移动，或者需求曲线和供给曲线都移动。

其次，确定需求曲线和供给曲线移动的方向，即向左移动还是向右移动。

最后，用供求图来比较原来的均衡与新的均衡，从而说明这种移动如何影响均衡价格和均衡数量。

四、市场均衡的变动

市场均衡的变动

（一）供给不变，需求的变动对均衡价格的影响

需求变动是指在商品本身价格不变的情况下，影响需求的其他因素发生变动所引起的变动，这种变动在图形上表现为需求曲线的平移。

例 2－1　由于需求增加引起的市场均衡变动

科学家们发现，可可含量高的巧克力富含类黄酮，具有降低血压的功效。这一研究将如何影响巧克力市场呢？

首先，这一研究将改变人们对巧克力的偏好从而影响需求曲线。即在巧克力自身价格不变的条件下，由于吃巧克力具有降低血压的功效，导致人们在任何一种既定价格水平下想购买的巧克力的数量增加。但因为这一事件并不直接影响销售巧克力的企业，所以供给曲线不变。

其次，由于人们在任何一种既定价格水平下想购买的巧克力的数量增加，所以需求曲线将向右移动。如图 2–14 所示，随着需求曲线从 D_1 移动到 D_2，需求增加了。这种移动表明，在每种价格水平下，巧克力的需求量都增加了。

新的均衡点 E_2 对应新的均衡价格为 3 元。在原有价格 2.5 元时，旧的均衡 E_1 被打破，使得巧克力市场存在供不应求，即短缺，从而引起企业提高价格。需求增加使均衡价格由 2.5 元上升到 3 元，均衡数量由 9 块增加到 11 块。所以，巧克力具有降血压的这一发现提高了巧克力的市场均衡价格，增加了巧克力的市场均衡量。

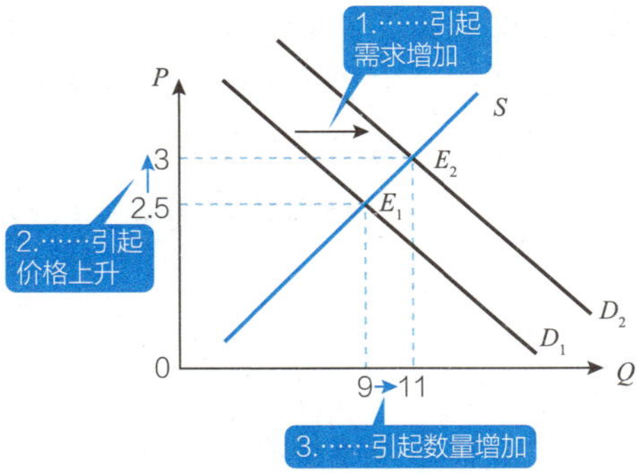

图 2–14　需求增加对均衡价格的影响

例 2－2　由于需求减少引起的市场均衡变动

研究发现，巧克力内含的酪胺是引发人头疼的罪魁祸首。所以，吃多了巧克力很容易引发头痛。因此，经常头痛的人更要少吃巧克力，最好是别吃。

首先，这一发现同样将改变人们对巧克力的偏好从而影响需求曲线。即巧克力自身价格不变的条件下，由于多吃巧克力易引发头痛，导致人们在任何一种既定价格水平下想购

买的巧克力的数量减少。但因为这一事件并不直接影响销售巧克力的企业，所以供给曲线不变。

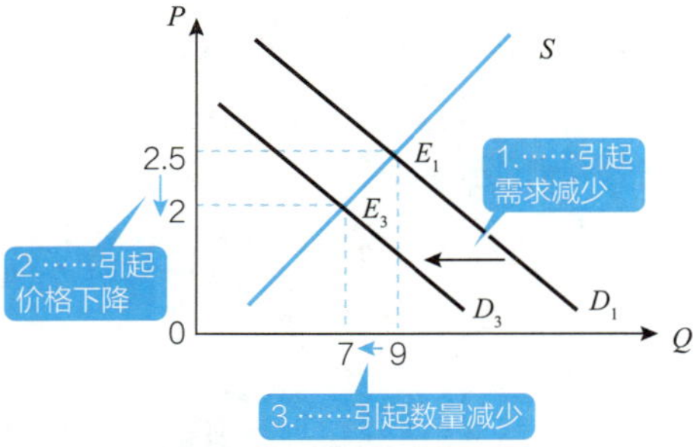

图 2-15　需求减少对均衡价格的影响

其次，由于需求下降，所以需求曲线将向左移动。如图 2-15 所示，随着需求曲线从 D_1 移动到 D_3，需求减少了。这种移动表明，在每种价格水平下，巧克力的需求量都减少了。

新的均衡点 E_3 对应新的均衡价格为 2 元。同样的，在原有价格 2.5 元时，旧的均衡 E_1 被打破，使得巧克力市场存在过剩，导致企业降低价格，需求减少使均衡价格由 2.5 元下降为 2 元，均衡数量由 9 块减少到 7 块。所以，这一发现降低了巧克力的市场均衡价格，减少了巧克力的市场均衡量。

由以上分析可知：在其他条件不变的前提下，需求变动引起均衡价格与均衡数量的同方向变动。

（二）需求不变，供给的变动对均衡价格的影响

供给变动是指商品自身价格不变的情况下，影响供给的其他因素发生变动所引起的变动。这种变动在图形上表现为供给曲线的平移。

例 2－3　由于供给减少引起的市场均衡的变动

假设由于气候干旱，可可豆大量减产，并使得其价格上升。这一事件将如何影响巧克力市场呢?

首先，可可豆是生产巧克力的原材料之一，可可豆的价格上升影响了巧克力的供给曲线。但需求曲线不变，因为可可豆的价格上升并没有直接改变消费者购买巧克力的数量。

其次，可可豆的价格上升导致巧克力的生产成本提高，企业的利润减少，使得企业在任何一种既定价格水平下生产并销售的巧克力数量减少，表现在图形上就是供给曲线向左移动（见图 2-16）。

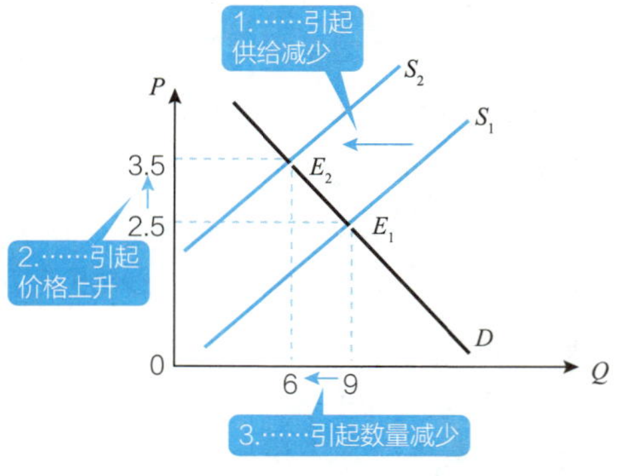

图 2-16　供给减少对均衡价格的影响

新的均衡点 E_2 对应新的均衡价格为 3.5 元。同样的，在原有价格 2.5 元时，旧的均衡 E_1 被打破，使得巧克力市场存在短缺，导致企业提高价格。如图 2-16 所示，供给减少使均衡价格由 2.5 元上升为 3.5 元，均衡数量由 9 块减少到 6 块。所以，这一发现提高了巧克力的市场均衡价格，减少了巧克力的市场均衡量。即当需求不变，供给减少时，将引起均衡价格上升，均衡数量减少。

例 2－4　由于供给增加引起的市场均衡的变动

假设政府实行减税政策，这一事件又该如何影响巧克力市场的均衡呢？依照上述的分析方法可知，政府实行减税政策将降低企业的生产成本，企业有利可图，供给增加，表现在图

形上就是供给曲线将向右移动。如图 2-17 所示，供给曲线将由 S_1 移动到 S_3，但这一事件并不会影响需求，所以需求曲线 D 不变，供给曲线 S_3 与需求曲线 D 形成新的均衡。新的均衡点 E_3 对应新的均衡价格为 2 元，均衡数量为 12 块。即当需求不变，供给增加时，将引起均衡价格下降，均衡数量增加。

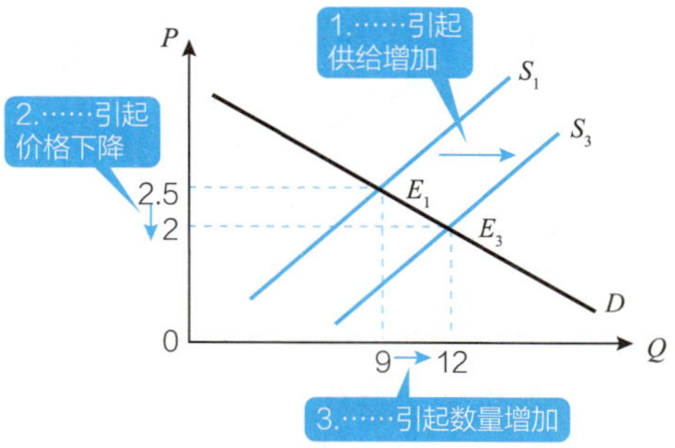

图 2-17 供给增加对均衡价格的影响

由以上分析可知：在需求不变的前提下，均衡价格随着供给的增加而下降，随着供给的减少而上升，均衡数量随着供给的增加而增加，随着供给的减少而减少。即供给变动引起均衡价格反方向变动，引起均衡数量同方向变动。

（三）供给和需求同时变动对均衡价格的影响

如果需求与供给同时变动，商品的均衡价格和均衡数量的变化是难以确定的，这需要结合需求变化和供给变化来具体分析。

例 2-5 需求和供给同时增加引起的市场均衡的变动

假设巧克力具有降低血压的发现与政府减税发生在同一时间段，这将给巧克力市场的均衡带来怎么样的影响呢？

首先，需求和供给均会发生变动。巧克力能够降低血压影响需求的变动，需求增加；政府减税影响供给的变动，供给增加。

其次，从图形上分析，需求增加引起需求曲线向右平移，供给增加引起供给曲线向右平移，但是，由于需求曲线和供给曲线移动幅度的大小不同，可能出现两种结果。

如图 2-18（a）所示，如果供给增加的幅度大于需求增加的幅度，均衡点从 E_1 变动到 E_2，新的均衡点 E_2 对应新的均衡价格为 2 元，均衡数量为 16 块。即当需求和供给同时增加时，将引起均衡价格下降，均衡数量增加。

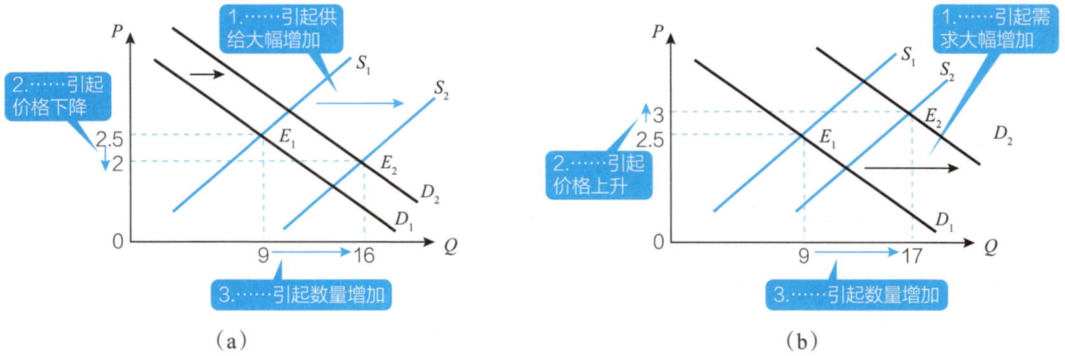

图 2-18 供给和需求同时增加对均衡价格的影响

反之，如图 2-18（b）所示，如果需求增加的幅度大于供给增加的幅度，均衡点从 E_1 变动到 E_2，新的均衡点 E_2 对应新的均衡价格为 3 元，均衡数量为 17 块。即当需求和供给同时增加时，将引起均衡价格和均衡数量同时增加。

因此，若需求上升的幅度大于供给上升的幅度，均衡价格和均衡数量同时上升；若需求上升的幅度小于供给上升的幅度，均衡价格下降，但均衡数量增加。即需求和供给同时增加，将导致均衡数量增加，但是均衡价格不确定。

例 2-6　需求和供给同时减少引起的市场均衡的变动

假设巧克力内含的酪胺是引发人头疼的罪魁祸首的研究发现和气候干旱导致可可豆大量减产而使价格上涨发生在同一时段。

按照上述的分析步骤，首先，需求和供给均会发生变动。巧克力会引发头疼影响需求的变动，需求减少；可可豆价格上涨影响供给的变动，供给减少。

其次，从图形上分析，需求减少引起需求曲线向左平移；供给减少引起供给曲线向左平移，但是，由于需求曲线和供给曲线移动幅度的大小不同，可能出现两种结果。

如图 2-19（a）所示，如果供给减少的幅度大于需求减少的幅度，均衡点从 E_1 变动到 E_2，新的均衡点 E_2 对应新的均衡价格为 3.5 元，均衡数量为 3 块。即当需求和供给同时减少时，将引起均衡价格上升，均衡数量减少。

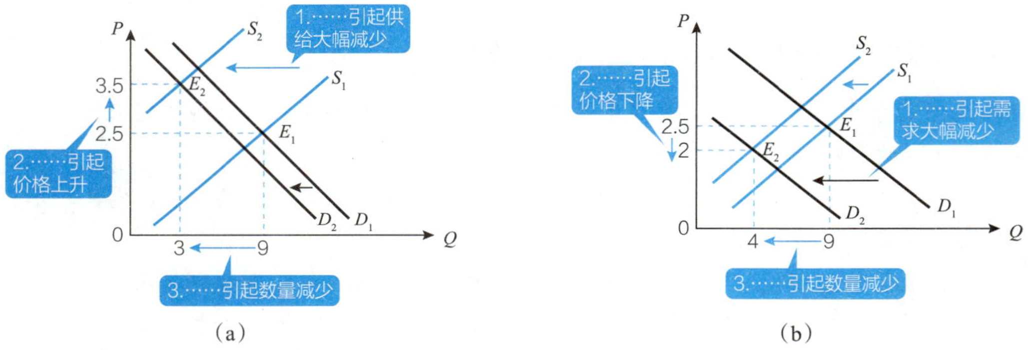

图 2-19　供给和需求同时减少对均衡价格的影响

反之，如图 2-19（b）所示，如果需求减少的幅度大于供给减少的幅度，均衡点从 E_1 变动到 E_2，新的均衡点 E_2 对应新的均衡价格为 2 元，均衡数量为 4 块。即当需求和供给同时减少时，将引起均衡价格和均衡数量同时减少。

因此，若需求减少的幅度大于供给减少的幅度，均衡价格和均衡数量同时下降；若需求减少的幅度小于供给减少的幅度，均衡价格上升，但均衡数量减少。即需求和供给同时减少，将导致均衡数量减少，但是均衡价格不确定。

（四）供给和需求反方向变动对均衡价格的影响

1. 需求上升的幅度大于供给下降的幅度

如图 2-20（a）所示，均衡点从 E_1 变动到 E_2，新的均衡点 E_2 对应新的均衡价格为 4 元，均衡数量为 10 块。即当需求上升的幅度大于供给下降的幅度时，将引起均衡价格和均衡数量同时增加。

2. 需求上升的幅度小于供给下降的幅度

如图 2-20（b）所示，均衡点从 E_1 变动到 E_2，新的均衡点 E_2 对应新的均衡价格为 4 元，均衡数量为 8 块。即当供给减少的幅度大于需求上升的幅度时，将引起均衡价格上升，但均衡数量下降。

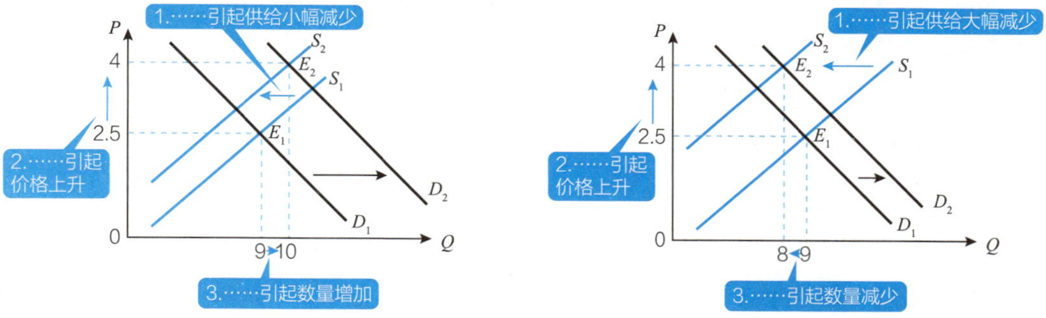

（a）　　　　（b）

图 2–20　供给和需求反方向变动对均衡价格的影响

3. 需求下降的幅度大于供给上升的幅度

如图 2–21（a）所示，新的均衡点 E_2 对应新的均衡价格为 1 元，均衡数量为 7 块。即当需求减少的幅度大于供给上升的幅度时，将引起均衡价格和均衡数量均下降。

4. 需求下降的幅度小于供给上升的幅度

如图 2–21（b）所示，新的均衡点 E_2 对应新的均衡价格为 1 元，均衡数量为 11 块。即当需求减少的幅度小于供给上升的幅度时，将引起均衡价格下降，但均衡数量上升。

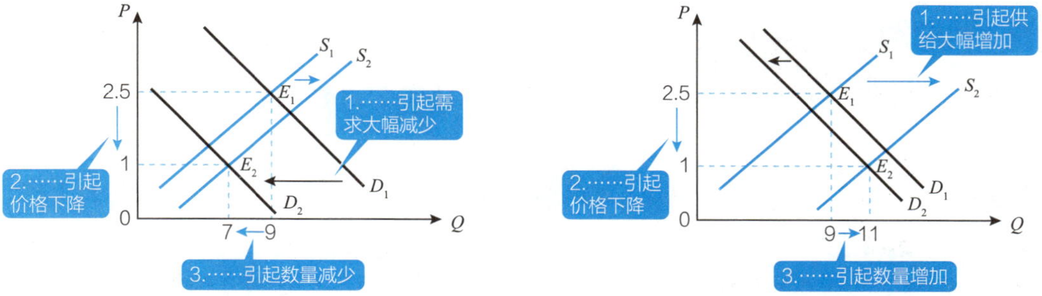

（a）　　　　（b）

图 2–21　供给和需求反方向变动对均衡价格的影响

需求和供给的变动对均衡的影响如表 2–8 所示。

表 2–8　需求和供给的变动对均衡的影响

需求的变动	供给的变动		
	供给不变	供给增加	供给减少
需求不变	均衡价格和均衡数量不变	均衡价格下降 均衡数量增加	均衡价格上升 均衡数量减少
需求增加	均衡价格上升 均衡数量增加	均衡价格不确定 均衡数量增加	均衡价格上升 均衡数量不确定
需求减少	均衡价格下降 均衡数量减少	均衡价格下降 均衡数量不确定	均衡价格不确定 均衡数量减少

即问即答

科学家发现，多吃橙子可以降低糖尿病的风险，同时农民用了新的技术，提高了橙子的产量。说明并解释这些变化对橙子的均衡价格和均衡数量有什么影响。

五、均衡价格理论的运用

在市场经济中，供给和需求两种力量共同决定市场价格，而价格反过来又会调节消费者的需求和厂商的供给，最终实现市场均衡，使资源达到最优配置。但是为了调节和稳定某种产品和服务的供求，政府部门会根据经济形势对某些商品或服务的价格进行强制性的规定，支持价格和限制价格就是政府运用的两种主要政策。

（一）支持价格

支持价格也称最低限价，是指政府为了扶持某一行业的发展而规定的该行业产品的最低价格标准，且这一标准是高于市场均衡价格的。

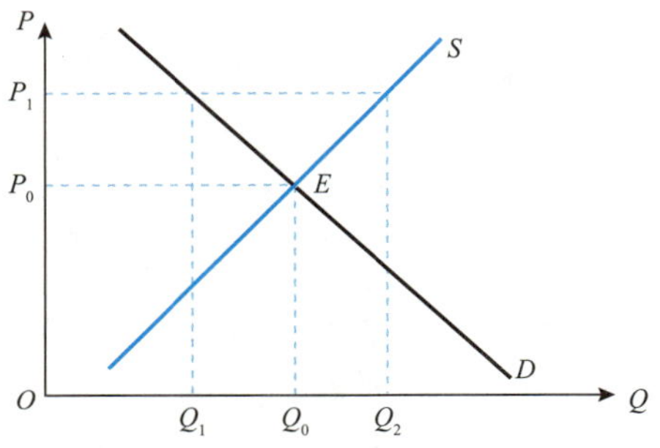

图 2-22　支持价格

如图 2-22 所示，某产品的市场均衡点为 E，对应的均衡价格为 P_0，均衡数量为 Q_0。政府为了扶持该行业的发展，实行支持价格 P_1，该价格对应的需求量为 Q_1，供给量为 Q_2。由于 Q_2 大于 Q_1，即该行业供大于求，产品过剩。

支持价格通常被用于农产品的价格政策中。对本国的农产品生产采取支持价格，以扶持本国的农业生产、稳定农民的收入，并扩大了农业投资、促进了农业现代化的发展和劳动生产率的提高，具有积极的意义。但是支持价格会导致产品过剩，这部分过剩产品一般由政府收购，或用于储备，或用于出口，但在储备或出口受阻的情况下，收购过剩商品必然会增加政府财政开支。

即问即答

政府对部分食品实施最低限价政策会造成什么现象？

资料链接

截至 2022 年 4 月 1 日，人力资源和社会保障部发布了全国各地区最低工资标准情况，上海以 2 590 元位居榜首。13 个地区月最低工资标准已经达到 2 000 元及以上。北京小时最低工资标准为 25.3 元，居全国之首。

最低工资标准是指劳动者在法定工作时间或依法签订的劳动合同约定的工作时间内提供了正常劳动的前提下，用人单位依法应支付的最低劳动报酬。省、自治区、直辖市范围内的不同行政区域可以有不同的最低工资标准。最低工资标准一般采取月最低工资标准和小时最低工资标准的形式。月最低工资标准适用于全日制就业劳动者，小时最低工资标准适用于非全日制就业劳动者。

如果最低工资标准高于市场均衡工资水平，则执行最低工资标准会导致劳动力供给大于需求，从而滋生失业。如果最低工资标准低于市场均衡工资水平，则最低工资法不存在限制作用。

资料来源：《最新！各地最低工资标准公布》，光明日报，2022 年 4 月 16 日。

（二）限制价格

限制价格也称最高限价，是政府为限制某些生活必需品的价格上涨，而对这些产品所规定的最高价格，限制价格一般低于均衡价格，是政府为保护消费者利益而制定的最高限价。

均衡价格的应用

如图 2-23 所示，P_0 为市场自发形成的均衡价格，此时商品的供给量等于需求量，为 Q_0。P_1 为限制价格，该价格对应的需求量为 Q_1，供给量为 Q_2。由于 Q_2 小于 Q_1，表明在限制价格下，商品供不应求，产品短缺。

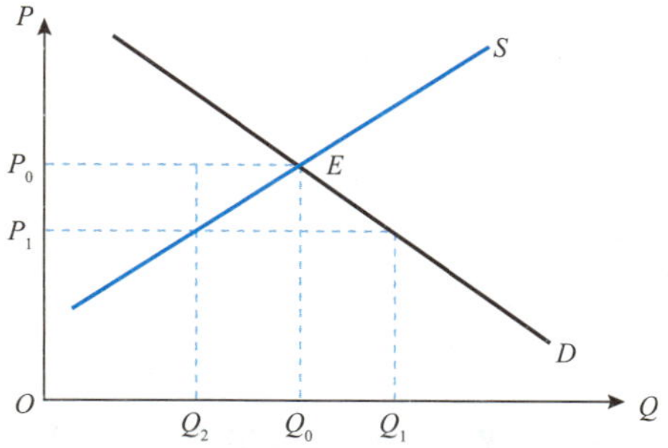

图 2-23　限制价格

即问即答

当市场中猪肉的价格上涨幅度过大，有可能影响城镇居民的生活水平时，政府一般可以采取哪种方式进行干预？

限制价格往往用于生活必需品，保障人们的基本生活需求，此外在发生战争或自然灾害的特殊条件下，政府也会使用限制价格政策。实行限制价格后，市场价格下跌，需求大于供给，导致该商品出现短缺，可能出现抢购、排队、黑市交易等现象，所以经济学家一般反对长时间地采用限制价格策略。

技能实训

实训名称：最低工资标准

实训形式：

1. 分组：将全班同学分成若干组，每组选一名组长负责组织本小组完成项目。

2. 在组长的组织下，查找目前我国各地最低工资标准表。

3. 分析表中的数据，讨论以下几个问题。

（1）国家为什么要实现最低工资政策？

（2）最低工资对劳动力的供给和需求有没有影响？

（3）为什么大学生就业会遇到困难？

（4）作为大学生，面对就业困难状况，我们该如何做？

4. 组织各小组汇报和讨论，教师引导点评。

思考练习

一、单项选择题

1. 一个商品价格下降对互补品最直接的影响是（　　）。

A. 互补品的需求曲线向右平移

B. 互补品的需求曲线向左平移

C. 互补品的供给曲线向右平移

D. 互补品的供给曲线向左平移

2. 商品的均衡价格会随着（　　）。

A. 商品需求与供给的增加而上升

B. 商品需求的减少与供给的增加而上升

C. 商品需求的增加与供给的减少而上升

D. 商品需求的增加与供给的减少而下降

3. 政府运用限制价格政策，会导致（　　）。

A. 产品大量积压

B. 消费者随时都能买到自己需要的产品

C. 黑市交易

D. 市场秩序稳定

4. 在下列因素中，（　　）的变动会引起商品供给量的变动。

A. 生产技术

B. 原料价格

C. 商品价格

D. 居民收入

5. 由市场来配置资源意味着（　　）。

A. 该经济中的每个成员永远能得到他们所需要的任何东西

B. 稀缺资源售卖给那些出价最高的人

C. 政府必须决定每个人应得到的各种资源的数量

D. 对满足基本需求的物品必须排队购买

6. 假如汽车工人的工资得到较大的增加，在其他条件不变时，汽车的价格将会上涨，这是因为（　）。

A. 汽车的需求增加

B. 汽车的供给曲线向右移动

C. 汽车的供给曲线向左移动

D. 汽车的需求减少

7. 假如黄豆和土豆都能在相同的土地上种植，在其他条件相同时，土豆价格的上涨将会引起（　）。

A. 黄豆的价格沿着黄豆供给曲线向上移动

B. 黄豆的价格沿着黄豆供给曲线向下移动

C. 黄豆供给曲线向右移动

D. 黄豆供给曲线向左移动

8. 假设个人电脑的供给和需求都增加，再假设个人电脑供给的增加大于个人电脑需求的增加，在个人电脑市场上，我们可以预期（　）。

A. 均衡数量增加，而均衡价格上升

B. 均衡数量增加，而均衡价格下降

C. 均衡数量增加，而均衡价格保持不变

D. 均衡数量增加，而均衡价格的变动是无法确定的

9. 其他条件不变，牛奶价格下降将导致牛奶的（　）。

A. 需求下降

B. 需求增加

C. 需求量下降

D. 需求量增加

10. 当需求的增加幅度远大于供给增加幅度的时候，（　）。

A. 均衡价格将提高，均衡交易量减少

B. 均衡价格和均衡交易量都将上升

C. 均衡价格将下降，均衡交易量将增加

D. 均衡价格和均衡交易量都将下降

11. 如果政府对某种产品的生产给予补贴，那么（　）。

A. 产品的供给曲线将向右移动，产品价格下降，交易量增加

B. 产品的供给曲线将向左移动，产品价格上升，交易量增加

C. 产品的需求曲线将向右移动，产品价格下降，交易量增加

D. 产品的需求曲线将向左移动，产品价格上升，交易量增加

12. 当出租车租金上涨后，对公共汽车服务的（　）。

A. 需求量增加

B. 需求增加

C. 需求量减少

D. 需求减少

13. 以下几种情况，（　）是需求规律的例外。

A. 某商品价格上升，另一商品需求量也上升

B. 某商品价格上升，需求量也上升

C. 消费者收入增加，对某商品的需求增加

D. 消费者偏好改变，对某商品的需求增加

14. 供给规律说明（　）。

A. 生产技术提高会使商品的供给量增加

B. 政策鼓励某商品的生产，因而该商品供给量增加

C. 消费者更喜欢消费某商品，使该商品的价格上升

D. 某商品价格上升将导致对该商品的供给量增加

15. 政府为了扶持农业，对农产品规定高于均衡价格的支持价格。政府要维持支持价格，应该采取下面的相应措施（　）。

A. 增加对农产品的税收

B. 实行农产品配给制

C. 收购过剩的农产品

D. 抑制农业生产

16. 当羽毛球拍的价格下降时，对羽毛球的需求量将（　）。

A. 增加

B. 不变

C. 减少

D. 不确定

17. 新的大油田的发现将使汽油的（　）曲线移动，引起均衡价格（　）。

A. 供给；上升

B. 供给；下降

C. 需求；上升

D. 需求；下降

18. 如果人们的收入下降，低档商品市场会发生（　）变动。

A. 价格和数量都提高

B. 价格和数量都下降

C. 价格提高；数量下降

D. 价格下降；数量提高

19. 某些类型的商品，供给者在某些特殊环境下对它们的供给存在供给定理例外情况，这些商品有（　）。

A. 古董

B. 字画

C. 文物

D. 以上都是

20. ( ) 会导致油条的需求曲线向右移动。

A. 面粉价格的上涨

B. 菜籽油价格下降

C. 豆浆价格下降

D. 收入下降

二、判断题

1. 当一种产品的价格下降时，另一种产品的需求量减少，则这两种产品为替代品。 ( )

2. 手机的芯片价格上升，有可能造成手机的需求曲线向右上方移动。 ( )

3. 支持价格和最高限价都是政府以干预的方式使商品价格脱离市场供求力量形成的均衡价格的结果，但它们都是建立在均衡价格理论基础之上的。 ( )

4. 打印机和墨盒是互补品，如果墨盒降价，打印机的价格一般会上升。 ( )

5. 如果牛肉的价格上升，牛肉干的供给就会增加。 ( )

6. 如果香蕉是苹果的替代品，那么香蕉价格上升将使苹果需求增加。 ( )

7. 任何物品的供给都要符合供给定理的描述，无一例外。 ( )

8. 需求定理说明，一种商品价格上升必定使该商品的需求增加。 ( )

9. 当一种商品价格高于均衡价格时，就会引起短缺。 ( )

10. 如果消费者预期猪肉的价格上升，那么今天猪肉的需求将会增加。 ( )

三、技能训练题

1. 已知某一时期内某商品的需求函数为 $Q_d = 40-5P$，供给函数为 $Q_s = -8+5P$。

（1）分别求均衡价格和均衡数量，并做出几何图形。

（2）假定需求函数不变，由于原材料价格下降，使供给函数变为 $Q_s = -2+5P$，求相应的均衡价格和均衡数量，并做出几何图形。

（3）假定供给函数不变，由于消费者偏好发生变化，使需求函数变为 $Q_d = 50-5P$，求相应的均衡价格和均衡数量，并做出几何图形。

（4）根据以上的结果，阐述需求变动和供给变动对均衡价格和均衡数量的影响。

2. 根据表格计算。

某手机的需求表和供给表

价格 / 元	需求量（万台）	供给量（万台）
2 000	100	60
3 000	80	80
4 000	60	100

（1）手机的均衡价格和均衡数量分别是多少？

（2）如果手机的价格是 2 000 元，存在过剩还是短缺？有多少单位的过剩或短缺，造成最直接的影响是什么？

（3）如果手机的价格是 4 000 元，存在过剩还是短缺？有多少单位的过剩或短缺，造成最直接的影响是什么？

3. 请说明下列因素如何影响平板电脑的需求。

（1）手提电脑的价格下降。

（2）平板电脑芯片价格上升。

（3）消费者收入上升。

（4）政府增加对平板电脑生产企业的税收。

4. 运用供求图，说明下列事件对汽车市场的影响。

（1）汽油价格下降。

（2）钢材价格上涨。

（3）工程师开发出新的汽车生产技术。

（4）股灾导致人们财产减少。

5. 我国对农产品一般采取的是支持价格还是限制价格？这样做的原因是什么？

6. 啤酒和小龙虾是互补品，因为人们常常边吃小龙虾，边喝啤酒。当啤酒价格上升时，小龙虾市场的供给、需求、供给量、需求量以及价格会发生什么变动？

7. 考虑以下事件：科学家发现，多吃柚子可以降低患糖尿病的风险；同时农民用了新的技术，提高了柚子的产量。说明并解释这些变化对柚子的均衡价格和均衡数量有什么影响。

项目三
充分认识弹性

目标导航

知识目标

（1）掌握需求弹性和供给弹性的相关概念；

（2）掌握商品的特性及其弹性特征；

（3）掌握商品需求弹性与总收益的关系。

技能目标

（1）能够熟练掌握需求弹性的应用；

（2）能够运用弹性理论指导消费者和生产者的决策。

素养目标

（1）增强对社会主义制度认同感；

（2）树立民族自尊心和自豪感；

（3）增强凝聚力和向心力。

知识导图

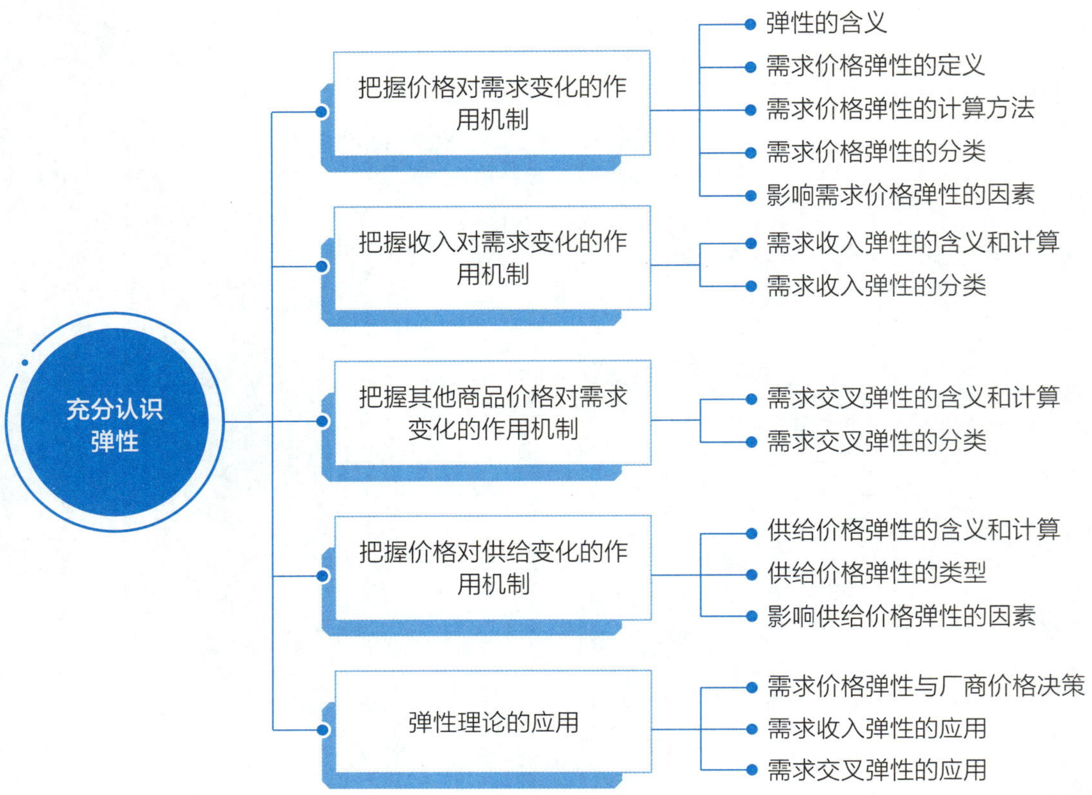

案例导入

当地时间6月3日至4日，欧佩克与非欧佩克产油国（或称“欧佩克+”）在维也纳举行会议。经过艰难谈判，会议达成减产协议：欧佩克与非欧佩克产油国2023年已达成的减产协议将延续到年底，各国同意从2024年1月1日至2024年12月31日，欧佩克与非欧佩克产油国原油日产量调整为每天4046.3万桶。与目前的产量相比，2024年的原油日产量下调了约140万桶。此外，沙特宣布从7月起加码减产力度。

思考：为什么石油出口国们要减少石油的产量？石油限产对石油价格会产生什么影响？

资料来源：《内讧、分歧……“欧佩克+”艰难完成谈判，原油市场有救了？》，证券时报，2023年6月5日。

任务一 把握价格对需求变化的作用机制

一、弹性的含义

弹性最初是应用在物理学中的一个名词，是指一物体对外部力量的反应程度。引入经济学中，用以描述因变量随自变量的变动程度。

弹性理论最初是由经济学家阿尔弗雷德·马歇尔提出的，是指在经济变量之间存在函数关系时，一个变量对另一个变量变动的反应程度。弹性的大小可以用两个变量变动的百分比之比表示。例如，X 为自变量，Y 为因变量，E 为弹性系数，ΔX 表示自变量 X 的变动量，ΔY 表示因变量 Y 的变动量，则弹性系数可以用公式表示为

$$E=\frac{\frac{\Delta Y}{Y}}{\frac{\Delta X}{X}}=\frac{\Delta Y}{\Delta X}\cdot\frac{X}{Y}$$

根据不同的函数关系，可将弹性划分为需求弹性和供给弹性。需求弹性是指衡量需求量变动对影响需求的各影响因素变动的反应程度大小的指标。由于影响需求的因素包括商品自身价格、消费者的收入以及相关商品价格，所以需求弹性可分为需求价格弹性、需求收入弹性和需求交叉弹性。供给弹性的相关内容将在后文介绍。

二、需求价格弹性的定义

需求价格弹性衡量的是需求量随自身价格变动的反应程度，即某种商品需求量变动的比率（需求量变动百分比）与该商品价格变动的比率（价格变动百分比）之比。通常需求价格弹性可简称为需求弹性，一般情况下，如无特别说明，需求弹性指的就是需求价格弹性。

需求价格弹性过的定义

需求价格弹性 = 需求量变动百分比 / 价格变动百分比

若以 E_d 表示需求价格弹性，Q 表示商品的需求量，P 表示商品的自身价格，则需求价格弹性的计算公式表示为

$$E_d=\frac{\frac{\Delta Q}{Q}}{\frac{\Delta P}{P}}=\frac{\Delta Q}{\Delta P}\cdot\frac{P}{Q} \qquad (3-1)$$

例如，假定螺蛳粉的价格上升了 5%，使消费者购买的螺蛳粉的数量减少了 10%，根据公式可计算螺蛳粉的需求价格弹性为

$$E_d=\left|\frac{-10\%}{5\%}\right|=2$$

上述例子表明，需求价格弹性是 2，表示需求量变动的百分比是价格变动百分比的 2 倍。

根据需求定理，当其他条件不变时，商品的需求量与价格呈负相关的关系，所以需求量变动的百分比与价格变动的百分

即问即答

假设某商品价格下降 25%，导致该商品的需求量增加 10%，则该商品的需求价格弹性是多少？

比的符号总是相反的。在上述例子中，价格变动的百分比是正的 5%（表明价格上升），而需求量变动的百分比是负的 10%（表明需求量减少）。基于此，需求价格弹性通常为负数，为了便于分析比较，通常去掉负号取正数，或者对需求价格弹性取绝对值。因此，按此惯例处理后，需求价格弹性越大，表明需求量对价格变动的反应越大。

三、需求价格弹性的计算方法

需求价格弹性的计算

需求价格弹性的计算方法有两种：点弹性和弧弹性。

（一）点弹性计算方法

当需求曲线上的两点之间的变化量趋于 0 时，需求价格弹性要用点弹性来表示。需求点弹性衡量的是当价格变动无穷小时所引起的需求量变动的反应程度。

根据公式（3-1），令 $\Delta P \to 0$，则有

$$E_d = \lim_{\Delta P \to 0} \frac{\frac{\Delta Q}{Q}}{\frac{\Delta P}{P}} = \lim_{\Delta P \to 0} \frac{\Delta Q}{\Delta P} \cdot \frac{P}{Q} = Q' \cdot \frac{P}{Q}$$

式中，Q' 表示需求曲线上某一点的导数，P 与 Q 分别表示给定点的价格和需求量。

例如，已知某商品的需求函数为 $Q = 20 - 5P$，则该商品的需求价格弹性为

因为 $Q = 20 - 5P$，所以 $Q' = (20 - 5P)' = -5$

得：$E_d = \left| Q' \cdot \frac{P}{Q} \right| = \left| (-5) \times \frac{P}{20-5P} \right| = 5 \times \frac{P}{20-5P}$

据此可计算出任何价格水平下该商品的需求价格弹性，如求 $P = 2$ 和 $P = 3$ 的弹性。

当 $P = 2$ 时，$E_d = 5 \times \frac{2}{20-5\times2} = 1$；当 $P = 3$ 时，$E_d = 5 \times \frac{3}{20-5\times3} = 3$。

因此，点弹性的优点在于只要确定了需求函数的形式，则可根据公式计算出相应价格的需求价格弹性。

（二）弧弹性计算方法

弧弹性就是需求曲线上任意两点的弹性，是需求曲线上两点之间的需求量变动对价格变动的反应程度的指标。

若采用公式（3-1）计算弧弹性，将会出现一个问题：即两点之间的弹性值会随取值基点的不同而不同。

例如：荞麦面的价格从 8 元上升为 9 元，使得其需求量从 10 份下降到 8 份，其需求价格弹性为

$$E_d = \left| \frac{\Delta Q}{\Delta P} \cdot \frac{P}{Q} \right| = \left| \frac{8-10}{9-8} \times \frac{8}{10} \right| = 1.6$$

反之，如果荞麦面的价格从 9 元下降为 8 元，使得其需求量从 8 份上升到 10 份，其需求价格弹性为

$$E_d=\left|\frac{\Delta Q}{\Delta P}\cdot\frac{P}{Q}\right|=\left|\frac{8-10}{9-8}\times\frac{9}{8}\right|=2.25$$

由本例可知，虽然荞麦面的价格涨跌幅度与需求量变动幅度一致，但是最终所得的需求价格弹性并不相同。产生这种差别的原因是取值基点不同。

为避免这一问题，可采用中点法计算弧弹性。中点法是用变动量除以变量变动前的值与变动后的值的中点（即平均值）来计算变动百分比。弧弹性的计算公式为

$$E_d=\frac{\Delta Q}{\Delta P}\cdot\frac{P}{Q}=\frac{\Delta Q}{\Delta P}\cdot\frac{\frac{Q_1+Q_2}{2}}{\frac{P_1+P_2}{2}}=\frac{\Delta Q}{\Delta P}\cdot\frac{P_1+P_2}{Q_1+Q_2} \tag{3-2}$$

根据中点弹性公式，不管荞麦面价格从 8 元上涨为 9 元时，还是从 9 元降为 8 元，其需求价格弹性均为 $E_d=\left|\frac{8-10}{9-8}\times\frac{8+9}{8+10}\right|\approx 1.89$。

四、需求价格弹性的分类

根据需求价格弹性的大小，通常将其分为五种类型。

需求价格弹性的分类

（1）完全无弹性，即 $E_d=0$。表明无论价格如何变动，需求量都不会发生变动。此时，需求曲线是一条垂直于横轴的直线，如图 3-1（a）所示。这是一种极端情形。

（2）完全有弹性，即 $E_d=\infty$。表明价格极小的变动都会引起需求量极大的改变。此时，需求曲线是一条平行于横轴的直线，如图 3-1（b）所示。这也是一种极端情形。

（3）单位弹性，即 $E_d=1$。表明需求量的变动率与价格的变动率相等。此时，需求曲线是一条正双曲线，如图 3-1（c）所示。此类型在生活中并不常见。

（4）富有弹性，即 $E_d>1$。表明需求量的变动率大于价格的变动率，说明需求量对价格变动的反应比较敏感。此时，需求曲线较为平缓，如图 3-1（d）所示。通常高档消费品（即奢侈品）属于此类型。

（5）缺乏弹性，即 $0<E_d<1$。表明需求量的变动率小于价格的变动率，说明需求量对价格变动的反应不敏感。此时，需求曲线较为陡峭，如图 3-1（e）所示。通常生活必需品属于此类型。

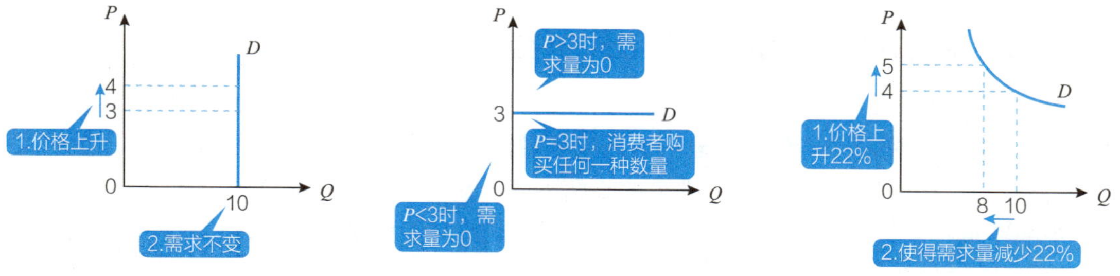

（a）　　　　（b）　　　　（c）

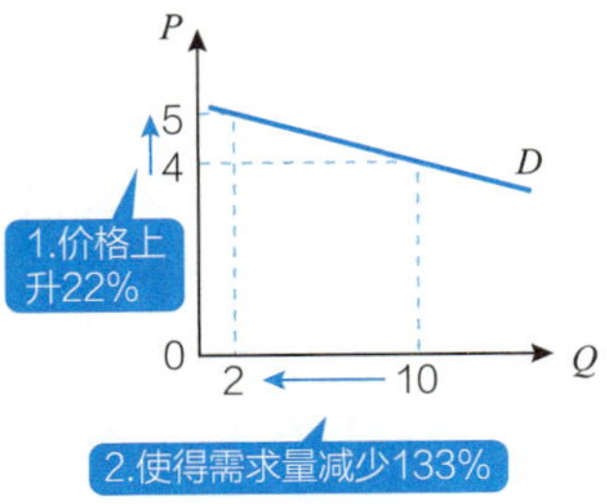

（d）

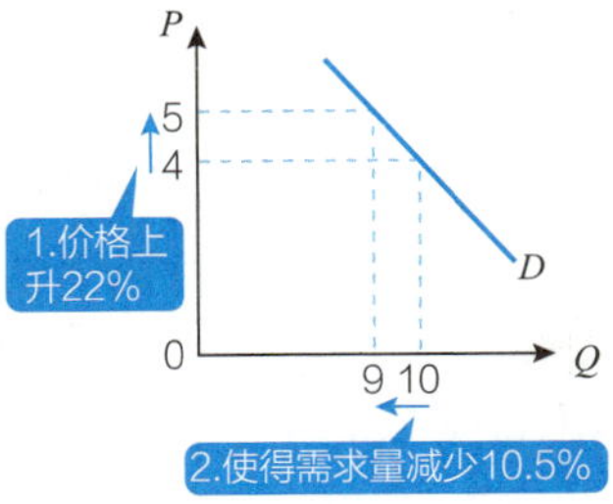

（e）

图 3-1　需求价格弹性的五种类型

即问即答

当需求量变动百分比大于价格变动百分比时，需求价格弹性属于哪种类型?

由图 3-1 可知，需求价格弹性决定了需求曲线是陡峭还是平坦，当通过某一点的需求曲线越平坦，需求价格弹性越大；通过某一点的需求曲线越陡峭，需求价格弹性就越小。值得注意的是，即使是同一种商品，在不同的价格区间，需求价格弹性也不相同。一般而言，当价格处于高水平区间时，商品的需求价格弹性越大；反之，当价格处于较低水平区间时，其需求价格弹性相对较小。

五、影响需求价格弹性的因素

需求价格弹性的影响因素

影响需求价格弹性的因素很多，一般而言主要有以下几点。

（一）消费者对商品的需求程度

一般来说，生活必需品往往缺乏弹性，非生活必需品往往富有弹性。例如，粮食、蔬菜、食盐等生活必需品，消费者对它们的需求量不管在长期还是在短期都是比较稳定的，所以其需求量受价格影响不大，需求价格弹性较小。与此相比，当电影、旅游等非生活必需品价格上升时，其需求量会大幅度减少，所以非生活必需品受价格影响较大，需求价格弹性较大。

（二）商品的可替代程度

如果商品的可替代品越容易获取，可替代程度越高，需求价格弹性越大。例如，猪肉和牛肉很容易相互替代，假设牛肉价格不变，当猪肉的价格微涨时，消费者将转为消费牛肉，使得猪肉的需求量大幅度下降。与此相比，例如某疾病的特效药，假设没有与之相近的替代品，其价格的小幅上升并不会引起该特效药需求量大幅减少。

（三）商品的支出占消费者总支出的比重

商品的支出占消费者总支出的比重越高，消费者对其价格变化越敏感，商品的需求价格弹性越大；反之，则越小。例如，电视、冰箱、珠宝等商品往往占消费者总支出的比重较大，当其价格小幅上升时，会引起其需求量的大幅下降；而对于牙刷、圆珠笔等商品，占消费者总支出的比重很小，当其价格小幅上升时，并不会引起其需求量大幅下降。

（四）时间范围

同一商品的需求往往在长期内富有弹性，而在短期内缺乏弹性。例如，当汽油价格上升时，在短期内，汽油的需求量只会微量下跌。但随着时间的推移，人们可能会更多地选择使用新能源汽车或改为乘坐公共交通工具等方式出行，从而使得汽油的需求量大幅度减少。

（五）市场的定义

市场定义的狭窄与宽泛决定了市场的需求弹性，一般而言，狭窄定义的市场的需求弹性往往大于宽泛定义的市场的需求弹性。例如，苹果是一个比较狭窄的市场类型，由于很容易用其他水果来替代苹果，因此，苹果的需求弹性较大。水果是一个宽泛的市场类别，水果的需求价格弹性非常小，因为很难找到水果的替代品。

上述几项是影响需求价格弹性的主要因素，值得注意的是，某种商品的需求价格弹性并不是由其中一个影响因素决定的，而是多种因素共同决定，不能只考虑其中一种因素。此外，商品的耐用程度、商品质量、消费者偏好等也会影响商品的需求价格弹性。

资料链接

日常生活中时常看到两则新闻。

新闻一：某天猪肉价格又上涨了。记者在菜市场中采访猪肉档主的时候，最常见的现象就是档主在抱怨，肉价涨了，买肉的人少了，以往一天能卖两头猪的，现在只能卖一头。而采访买菜的居民的时候，居民们都说：猪肉涨了，那就少吃点猪肉了，多吃点鸡蛋什么的。为什么猪肉价格涨了，人们就买得少了呢？

新闻二：某天国内食用油集体调价了，结果人们一方面怨声载道，另一方面又赶快买点屯在家里，预防后面再涨。记者采访的时候，居民的反应就是：涨价没办法，还是要买的。为什么食用油价格涨了，人们却没有减少购买呢？

解析：新闻一中提到的猪肉，由于猪肉存在大量的可替代品，如牛肉、羊肉、鱼肉、鸡肉等。如果猪肉价格上涨，人们可以少吃点猪肉，多吃点鸡肉或牛肉，照样可以满足身体所需的营养。就算这几种肉类价格都上涨，人们也可以少吃，甚至暂时不吃肉。因此猪肉的价格弹性就比较大，价格的变动就会引起需求量的更大的变动。

新闻二中提到的食用油，因为在我们的日常生活中，食用油是必需品，几乎家家户户每天都要用到。而且替代品也有限，食用油的种类也只有花生油、调和油、葵花籽油、玉米油等。当食用油价格上涨，人们依然需要食用，只是或许会减少一点用量；另外食用油占消费支出的比重较小，因此食用油是属于价格缺乏弹性的商品，即便价格上涨，对需求量的影响也非常有限。

即问即答

对于大米和电脑，你认为哪一种物品的需求价格弹性更富有弹性？

任务二 把握收入对需求变化的作用机制

需求收入弹性

收入是影响需求的重要因素之一，需求收入弹性是反映消费者收入水平对需求量的影响程度的指标。

一、需求收入弹性的含义和计算

需求收入弹性衡量的是消费者收入变动时需求量的变动程度。需求收入弹性用需求量变动百分比除以收入变动百分比来计算，即

$$\text{需求收入弹性}=\frac{\text{需求量变动百分比}}{\text{收入变动百分比}}$$

如果以 E_I 表示需求收入弹性，以 $\frac{\Delta Q}{Q}$ 表示需求量变动百分比，以 $\frac{\Delta I}{I}$ 表示收入变动的百分比，则其计算公式为

$$E_I=\frac{\frac{\Delta Q}{Q}}{\frac{\Delta I}{I}}=\frac{\Delta Q}{\Delta I}\cdot\frac{I}{Q} \qquad (3-3)$$

例如，在其他条件不变的情况下，某消费者的收入增加10%，使其对咖啡的需求量增加了20%，则咖啡的需求收入弹性为

$$E_I=\frac{\frac{\Delta Q}{Q}}{\frac{\Delta I}{I}}=\frac{20\%}{10\%}=2$$

即问即答

假设某消费者收入增加25%，会导致某种商品的需求量增加10%，请思考该商品的需求收入弹性。

二、需求收入弹性的分类

根据需求收入弹性的大小，需求收入弹性一般分为两种类型。

（1）需求收入弹性为正，即 $E_I>0$。此时说明消费者的收入水平与其对某种商品的需求量呈正方向变动关系，即这种商品的需求量随着消费者收入的增加（减少）而增加（减少），经济学中称这种商品为正常商品。

但是在正常商品中，需求收入弹性的大小也差别很大。将 $0<E_I<1$ 的商品称为生活必需品，如食盐、食用油等，表明需求量变动的幅度小于收入变动的幅度；将 $E_I>1$ 的商品称为奢侈品，如珠宝首饰、名贵手提包、出国旅游等；表明需求量变动的幅度大于收入变动的幅度，因为消费者收入太低时，完全可以不消费这类商品。

即问即答

假设某消费者收入增加25%，会导致某种商品的需求量增加10%，该商品属于奢侈品吗？

（2）需求收入弹性为负，即 $E_I<0$。表明消费者的收入水平与其对某种商品的需求量呈反方向变动关系，即这种商品的需求量随着消费者收入的增加（减少）而减少（增加），经济学中称这种商品为低档商品或者劣等品，例如劣质酒、

劣质衣物等。

需要注意的是，需求收入弹性在不同时期、不同地域范围内，其弹性系数未必相同，它主要取决于消费者的实际购买水平与购买能力。

任务三 把握其他商品价格对需求变化的作用机制

需求价格弹性分析的是商品自身价格变动对其需求量的影响，而需求交叉弹性则是分析相关商品价格变动对某种商品需求量的影响。

需求交叉弹性

一、需求交叉弹性的含义和计算

需求交叉弹性表示一种商品的需求量对另一种商品价格变化的反应程度。需求交叉弹性用一种商品需求量变动百分比除以另一种商品价格变动百分比来计算，即

$$需求交叉弹性=\frac{商品需求量变动百分比}{商品价格变动百分比}$$

如果以 x、y 代表两种商品，以 E_{xy} 表示需求交叉弹性，以 $\frac{\Delta Q_y}{Q_y}$ 表示商品 y 需求量变动百分比，以 $\frac{\Delta P_x}{P_x}$ 表示商品 x 价格变动百分比，则需求交叉弹性的计算公式为

$$E_{xy}=\frac{\frac{\Delta Q_y}{Q_y}}{\frac{\Delta P_x}{P_x}}=\frac{\Delta Q_y}{\Delta P_x}\cdot\frac{P_x}{Q_y} \tag{3-4}$$

二、需求交叉弹性的分类

需求交叉弹性的值的正负取决于这两种商品是替代品、互补品还是无关商品，如表 3-1 所示。

（1）需求交叉弹性为正，即 $E_{xy}>0$。意味着 x、y 两种商品具有替代关系，因为商品 x 的价格和商品 y 的需求量呈同方向变动关系。即当商品 x 的价格上涨时，消费者会减少购买商品 x，转为购买商品 y，使得商品 y 的需求量增加。例如，大白菜的价格上涨，需求量将会减少；假设作为替代品的油麦菜的价格不变，消费者会转为消费油麦菜，油麦菜的需求量上升。即大白菜价格的上升使得油麦菜的需求量增加，呈同方向变动。如果需求交叉弹性越大，说明两种商品之间的替代程度越强，反之则越弱。

（2）需求交叉弹性为负，即 $E_{xy}<0$。意味着 x、y 两种商品具有互补关系，因为商品 x 的价格和商品 y 的需求量呈反方向变动关系。即当商品 x 的价格上涨时，消费者会减少购买商品 x，也会减少购买商品 y，使得商品 y 的需求量下降。例如，乒乓球拍的价格上涨，需求量将会减少，乒乓球需求量也会下降。即乒乓球拍价格的上升使得乒乓球的需求量下降，呈反方向变动。需求交叉弹性的绝对值越大，说明两种商品之间的互补程度越强。

（3）需求交叉弹性为零，即 $E_{xy}=0$。意味着 x、y 两种商品没有关系，因为商品 x 的价格变动并没有对商品 y 的需求量产生影响。即当商品 x 的价格上涨时，消费者并不会改变商品 y 的需求量。例如，乒乓球拍和大白菜这两种商品，乒乓球拍的价格上涨，需求量将会减少，但不会影响大白菜的需求量，说明两者是一对无关商品。

表 3-1　需求交叉弹性与商品间的关系

需求收入弹性	商品类型	特性	实例
$E_{xy}>0$	替代关系	商品 x 的价格和商品 y 的需求量呈同方向变动	大白菜和油麦菜 苹果和香蕉
$E_{xy}<0$	互补关系	商品 x 的价格和商品 y 的需求量呈反方向变动	乒乓球拍和乒乓球 汽车和汽油
$E_{xy}=0$	无关	商品 x 的价格不会对商品 y 的需求量产生影响	大白菜和乒乓球 苹果和汽油

即问即答

通常情况下可以推论：百事可乐和可口可乐之间的需求交叉弹性是正还是负？

任务四　把握价格对供给变化的作用机制

一、供给价格弹性的含义和计算

与需求弹性一样，也可用供给弹性定量分析供给。

供给价格弹性也称为供给弹性，用来衡量商品供给量变动对价格变动的反应程度，供给弹性用商品供给量变动百分比除以价格变动百分比来计算，即

$$\text{供给价格弹性}=\frac{\text{供给量变动百分比}}{\text{价格变动百分比}}$$

若以 E_s 表示供给价格弹性，Q 表示商品的供给量，P 表示商品的自身价格，供给价格弹性的计算公式表示为

$$E_s=\frac{\frac{\Delta Q}{Q}}{\frac{\Delta P}{P}}=\frac{\Delta Q}{\Delta P}\cdot\frac{P}{Q} \tag{3-5}$$

假定巧克力的价格上升了 5%，使得巧克力的供给量增加了 10%，根据公式 3-5 可计算巧克力的供给弹性为

$$E_s=\frac{10\%}{5\%}=2$$

上述例子表明供给弹性是 2，表示供给量变动的比率是价格变动比率的 2 倍。

供给弹性也分为弧弹性和点弹性，弧弹性的计算公式为

$$E_s=\frac{\Delta Q}{\Delta P}\cdot\frac{P}{Q}=\frac{\Delta Q}{\Delta P}\cdot\frac{\frac{Q_1+Q_2}{2}}{\frac{P_1+P_2}{2}}=\frac{\Delta Q}{\Delta P}\cdot\frac{P_1+P_2}{Q_1+Q_2} \tag{3-6}$$

假设巧克力的价格从 40 元上涨为 50 元，供给量从 3000 块增加到 4000 块，此时巧克力的供给弧弹性为

$$E_s=\frac{\Delta Q}{\Delta P}\cdot\frac{P_1+P_2}{Q_1+Q_2}=\frac{4000-3000}{50-40}\times\frac{40+50}{3000+4000}\approx 1.29$$

点弹性的计算公式为

$$E_s=\lim_{\Delta P\to 0}\frac{\frac{\Delta Q}{Q}}{\frac{\Delta P}{P}}=\lim_{\Delta P\to 0}\frac{\Delta Q}{\Delta P}\cdot\frac{P}{Q}=Q'\cdot\frac{P}{Q} \tag{3-7}$$

例如，已知牛奶的供给函数为 $Q=-20+5P$，则该商品的供给价格弹性为

因为 $Q=-20+5P$，所以 $Q'=(-20+5P)'=5$

得：$E_s=Q'\cdot\frac{P}{Q}=5\times\frac{P}{-20+5P}$

据此可计算出任何价格水平时该商品的供给弹性，如求 $P=8$ 和 $P=10$ 的弹性。

当 $P=8$ 时，$E_s=5\times\frac{8}{-20+5\times 8}=2$；当 $P=10$ 时，$E_s=5\times\frac{10}{-20+5\times 10}\approx 1.67$。

由供给定理可知，商品的供给量与价格呈同方向变动关系，所以供给弹性系数通常为正值。

即问即答

假定某商品的价格上升 5%，其供给量会增加 15%，则该商品的供给弹性是多少？

二、供给价格弹性的类型

根据供给价格弹性的大小，供给价格弹性也分为五种类型。

（1）完全无弹性，即 $E_s=0$。在这种情况下，供给曲线是一条垂直于横轴的直线。它表示无论价格如何变动，供给量都不会发生变动。如图 3-2（a）所示。例如，土地、文物等的供给属于此种类型。

供给弹性的类型

（2）完全有弹性，即 $E_s=\infty$。表明价格极小的变动都会引起供给量极大的变化。此时，供给曲线是一条平行于横轴的直线，如图 3-2（b）所示。这是一种极端情形。

（3）单位弹性，即 $E_s=1$。表明供给量的变动率与价格的变动率相等。此时，需求曲线是一条与横轴成 45° 并向右上方倾斜的线，如图 3-2（c）。

（4）富有弹性，即 $E_s>1$。表明供给量的变动率大于价格的变动率，说明供给量对价格变动的反应比较敏感。此时，供给曲线斜率较小，较为平缓，如图 3-2（d）所示。

（5）缺乏弹性，即 $0<E_s<1$。表明供给量的变动率小于价格的变动率，说明供给量对价格变动的反应不敏感。此时，供给曲线斜率较大，较为陡峭，如图 3-2（e）所示。

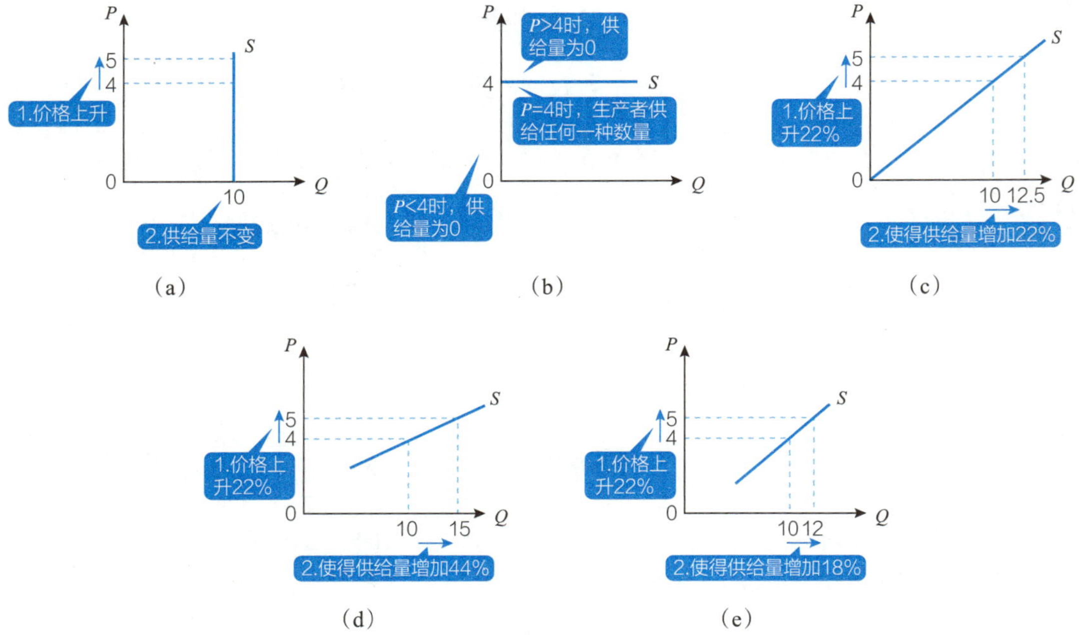

图 3-2　供给价格弹性的五种类型

即问即答

假定某商品的价格上升 20%，其供给量会增加 15%，则该商品的供给弹性属于哪种类型？

由图 3-2 可知，供给价格弹性决定了供给曲线是陡峭还是平缓，当通过某一点的供给曲线越平缓，供给价格弹性越大；通过某一点的供给曲线越陡峭，供给价格弹性就越小。需要注意的是，即使是同一种商品，在不同的价格区间，供给价格弹性也不相同。一般而言，当价格处于高水平区间时，商品的供给价格弹性较小；反之，当价格处于较低水平区间时，其供给价格弹性相对较大。

三、影响供给价格弹性的因素

供给价格弹性的大小，主要取决于以下几个因素。

供给弹性的影响因素

（一）生产的难易程度

一般来说，技术要求低、生产周期短且容易生产的产品，在短期内，更容易改变其供给量，供给价格弹性较大；反之，对于那些技术要求高、生产周期长且难生产的产品，供给价格弹性较小。例如服装，其生产周期较短、技术要求较低；与此相对的如飞机等，其生产周期长、技术要求非常高，因此，服装的供给价格弹性通常大于飞机的供给价格弹性。

（二）时间范围

厂商供给能力的调整受时间的约束，因为通常情况下，商品的生产和运输是需要一定的时间的，厂商很难在商品价格发生变化的同时实现供给量的较大改变。时间越短，厂商对产量的调整能力越有限，供给价格弹性越小。例如，当汽油价格上涨时，作为一个理性的厂商，肯定希望通过增加供给量来提高收益，但是在短时间内，他只能通过释放库存的方式来增加供给量，别的很难做到。但是，在价格上涨之后较长的时期内，厂商可以提高供给量的方法越多，供给量的调整就越大，所以，时间范围越长，供给价格弹性往往越大；反之则越小。

（三）生产规模和规模变化的难易程度

企业的生产通常可以分为资本密集型和劳动密集型。一般来说，生产规模较大的资本密集型企业，因受设计和专业化设备等因素的制约，其生产规模较难变动，调整周期长，因此其产品的供给价格弹性较小；而对于规模较小的劳动密集型企业，由于其应变能力强，所以其产品的供给价格弹性较大。例如，制鞋企业属于劳动密集型企业，当鞋子价格上涨时，厂商可以迅速调整企业的生产规模以加大鞋子的供给量；但是如高铁供应商这样资本密集型的企业，当高铁价格上涨时，厂商很难调整企业的生产规模以调整高铁的产量，所以鞋子的供给价格弹性通常大于高铁的供给价格弹性。

以上是影响供给价格弹性的主要因素，需要注意的是，某种商品的供给价格弹性是由多种因素共同决定的，不能只考虑其中一种因素。通常，由于重工业产品一般采用资本密集型技术，生产较困难，且生产周期长，所以供给价格弹性较小；轻工业产品一般采用劳动密集型技术，生产较为容易，且生产周期短，所以供给价格弹性较大；农产品尽管采用劳动密集型技术，但由于生产周期长，因此供给缺乏价格弹性。

素养园地

2020 年，口罩的需求大增，而口罩的供给量在短期内是有限的，导致市场上的口罩供不应求，价格也出现一定程度的上涨。当口罩难求时，人们忧心忡忡，担心复工后仍然买不到口罩，上下班通勤都不方便。然而，经济学告诉人们，不用担心，口罩是易生产品，其供给价格弹性比较大。

口罩生产技术并不复杂，工艺相对简单，上马新的生产线较为容易，产品的生产周期比较短，因此生产者调整口罩的供给量较为容易。这跟海边别墅、高速公路、景区酒店等不一样，这些商品在短期内是固定的，而且要增加供给量的难度非常大，甚至不可能，因此这些商品的供给是缺乏价格弹性的，即使涨价，也增加不了供给量。

2020 年 2 月 12 日，格力电器宣布加紧生产温度计、口罩生产设备、护目镜、杀病毒空气净化器等一系列抗击疫情产品。格力口罩可以日产上百万个，从启动到开售，时间只用了不到半个月。

2020 年 2 月 13 日，五菱汽车宣布第一批口罩批量出货，仅用 3 天就生产出口罩。其口罩包装上写着“人民需要什么，五菱就造什么”。为了抗击新冠病毒感染，五菱汽车公司改建了 2 000 平方米无尘车间，设置了 14 条口罩生产线，其中 4 条生产 N95 口罩，10 条生产普通医用口罩，日生产量最高可达 200 万个。

2020 年 3 月 10 日，翰宇药业发布公告，为应对目前市场需求扩大及业务发展需要，公司的子公司成纪药业拟新增建设 6 条医用口罩生产线。这个项目完成后，成纪药业将拥有 11 条医用口罩生产线，其中包括 3 条 N95 医用口罩生产线和 1 条每分钟生产 1 000 个的一次性医用口罩高速生产线。预计年产量约 4 亿个，项目投资总金额约 4 506.31 万元。

资料来源：《微观经济学课程思政案例集》，2022 年 2 月。

任务五 弹性理论的应用

一、需求价格弹性与厂商价格决策

需求弹性与厂商价格决策

对于厂商而言，其目标是追求利润的最大化，而利润等于总收益减总成本。厂商为了实现利润最大化，其中一个方法就是实现追求总收益最大化。总收益又称总收入，就是厂商销售商品得到的全部收入，即总收益 = 商品价格 × 销售量。以 TR 表示总收益，P 表示商品价格，Q 表示销售量，则 $TR = P \cdot Q$。

厂商要提高总收益，有两种方式，一是通过提高商品的价格，但此时商品的销售量会下降；二是通过降低商品的价格，提高商品的销售量，做到薄利多销。但究竟应该采取升价还是降价的策略来提高总收益呢？这就需要考虑商品的需求价格弹性，因为不同商品的需求价格弹性往往不相同，所以价格变动引起的需求量（销售量）的变动程度也会不同，从而影响总收益与价格之间的变动关系。

由于完全无弹性、完全有弹性和单位弹性的商品是极端情况，现实中较为少见，因此，接下来我们要分析的是富有弹性和缺乏弹性的商品应该如何调整价格才能带来总收益的最大化。

（一）富有弹性商品的价格决策

对于富有弹性的商品，当商品价格发生变动时，引起需求量（销售量）的变动会更大。即商品价格上升时，导致需求量（销售量）减少的幅度大于价格上升的幅度；而当商品价格下降时，导致需求量（销售量）增加的幅度大于价格上升的幅度。

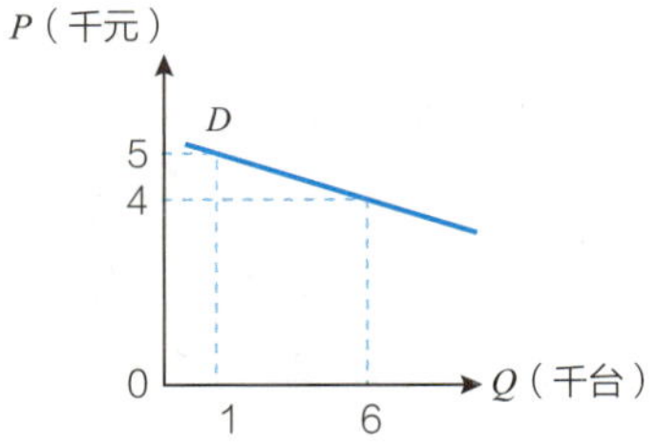

图 3-3 富有弹性的商品价格与总收益的关系

某品牌的电脑的需求曲线如图 3-3 所示，该商品的价格由 5 千元下降到 4 千元时，其需求量由 1 千台增加到 6 千台，此时价格的变动率为 22%，需求量的变动率为 143%，需求量的变动率大于价格的变动率，$E_d = \dfrac{143\%}{22\%} = 6.5$，表明该商品是需求富有弹性的商品。

当 $P = 5$ 时，$Q = 1$，此时该商品的总收益 $TR_1 = P \cdot Q = 5 \times 1 = 5$。

现将手机价格由 5 千元下降到 4 千元，当 $P = 4$ 时，$Q = 6$，此时该商品的总收益 $TR_2 = P \cdot Q = 4 \times 6 = 24$。

该电脑通过降价带来的总收益的增量为 $TR_2 - TR_1 = 24 - 5 = 19$。由此可见，需求富有弹性的商品，通过采取降价的策略可以提高商品的总收益，即俗称的“薄利多销”。

反之，对于富有弹性的商品，如果采用涨价的策略，则会导致厂商的总收益下降。

假定该电脑原先的价格为 4 千元，涨价到 5 千元，那么该电脑通过升价带来的总收益增量为 $TR_1 - TR_2 = 5 - 24 = -19$。因此，对于需求富有弹性的商品，通过采取升价的策略将会降低商品的总收益。

以上表明，需求富有弹性的商品，它的价格与总收益呈反向变动。价格下降，导致需求量增加，但需求量增加的百分比大于价格下降的百分比，总收益上升，适合薄利多销；而价格上升，引起需求量减少，且需求量减少的百分比大于价格上升的百分比，最终总收益下降。

资料链接

化妆品历来是双十一销量榜上的常客。2021年11月11日当天，某化妆品品牌天猫旗舰店34分钟即销售破亿元，顺利跨入“天猫双11亿元俱乐部”，品牌7小时成交额即突破去年“双11”总成交额。

我们知道，化妆品属于奢侈品且有众多替代品，因此，需求富有弹性。需求富有弹性的商品价格变动百分比小，而需求量变动百分比大。总收益等于销售量（需求量）乘以价格。当这种物品小幅度降价时需求量大幅度增加，从而总收益增加，这就是薄利多销的含义。

该品牌主营业务主要包含两个部分。一是，主品牌业务，以抗衰、彩妆、功能性护肤、洗护为主，针对年轻白领女性群体。二是，新品牌业务，以彩妆、高功效护肤作为吸引点，目标为学生和乡镇女性群体。不管是年轻白领女性群体还是学生和乡镇女性群体，她们都不会在化妆品上支出太多，因此，当该品牌通过预付定金，发放优惠券以及买一送一等形式降低其商品价格时，商品的销售量大幅增加，最终增加其销售收入。

资料来源：本书编写组。

（二）缺乏弹性商品的价格决策

对于缺乏弹性的商品，说明当商品价格发生变动时，引起的需求量（销售量）变动会相对较小。即商品价格上升时，需求量（销售量）减少的幅度小于价格上升的幅度；而当商品价格下降时，需求量（销售量）增加的幅度小于价格下降的幅度。

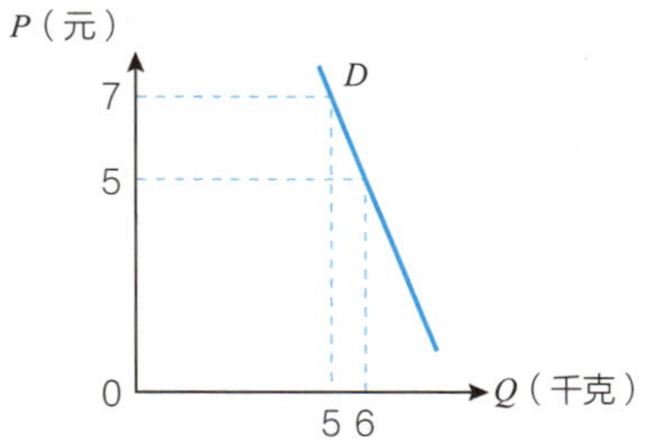

图 3-4 缺乏弹性的商品价格与总收益的关系

某品牌的大米的需求曲线如图3-4所示。该商品的价格由5元上升到7元时，其需求量由6千克下降为5千克，此时价格的变动率为33%，需求量的变动率为18%，需求量的变动率小于价格的变动率，$E_d = \dfrac{18\%}{33\%} = 0.55$，表明该商品的缺乏弹性的商品。

当 $P = 5$ 时，$Q = 6$，此时大米的总收益 $TR_1 = P \cdot Q = 5 \times 6 = 30$。

当 $P = 7$ 时，$Q = 5$，此时该商品的总收益 $TR_2 = P \cdot Q = 7 \times 5 = 35$。

根据以上分析，大米涨价带来的总收益的增量为 $TR_2 - TR_1 = 35 - 30 = 5$。由此可见，需求缺乏弹性的商品，通过采取升价的策略可以提高商品的总收益。

与之相对，对于缺乏弹性的商品，如果采用降价的策略，则会导致厂商的总收益下降。

假定大米原先的价格为7元，降到5元，那么大米通过降低价格带来的总收益增量为 $TR_1 - TR_2 = 30 - 35 = -5$。因此，对于需求缺乏弹性的商品，通过采取降价的策略将会降低商品的总收益。

以上表明，需求缺乏弹性的商品，它的价格与总收益呈同方向变动。价格上升，导致需求量减少，但需求量减少的百分比小于价格上升的百分比，总收益上升；而价格下降，引起需求量上升，但需求量增加的百分比小于价格下降的百分比，最终总收益下降。

即问即答

如果某水杯的价格上升 4% 会导致其销售总收益下降 8%，则该水杯的需求是富有弹性还是缺乏弹性？

综上所述，厂商若追求收益最大化，首先需要通过全面、客观的市场调查分析出所生产产品的弹性特征，然后再制定与之相适应的价格策略。

资料链接

那些戴旧毡帽的大清早摇船出来，到了埠头，气也不透一口，便来到柜台前面占卜他们的命运。

“糙米五块，谷三块，”米行里的先生有气没力地回答他们。

“什么！”旧毡帽朋友几乎不相信自己的耳朵。美满的希望突然一沉，一会儿大家都呆了。

“在六月里，你们不是卖十三块么？”

“十五块也卖过，不要说十三块。”

“哪里有跌得这样厉害的！”

“现在是什么时候，你们不知道么？各处的米像潮水一般涌来，过几天还要跌呢！”

刚才出力摇船犹如赛龙船似的一股劲儿，现在在每个人的身体里松懈下来了。今年天照应，雨水调匀，小虫子也不来作梗，一亩田多收这么三五斗，谁都以为该得透一透气了。哪里知道临到最后的占卜，却得到比往年更坏的课兆！

这段文字出自叶圣陶的《多收了三五斗》，描绘的是 20 世纪 30 年代旧中国江南一群农民在丰年遭到比往年更悲惨的厄运，它所反映出来的实际上就是人们平常所说的“谷贱伤农”。

为什么农民在丰年反而会遭受损失？经济学用弹性的概念对这个问题做出了解释。弹性衡量的是在其他因素不变的情况下供给量和需求量对价格变动的敏感程度，人们对粮食的生理需求决定了粮食是一种必需品，其可替代性很低，因而粮食的需求价格弹性很小。从历史上来看，无论是哪个国家都经历过丰年与灾年，粮价也都有涨有落，但人均粮食的消费量均未出现大起大落。这说明了一个问题，作为生活必需品的粮食，人们对它的需求通常不受价格的影响，也就是说粮食的需求量对价格的变化不是很敏感，需求曲线非常陡峭，缺乏弹性。

农民的收入取决于农产品的产量和价格。由于粮食的需求曲线缺乏弹性，粮价变动时，对粮食的需求会相应变动，但变动得不多。当遇上丰年，农产品的丰收使得供给曲线向右平移，需求曲线也向右平移，供应曲线与需求曲线形成新的均衡价格和均衡产量，但由于需求曲线缺乏弹性，粮食均衡价格的下降幅度往往大于粮食的均衡产量增加的幅度，会使农民面临增产不增收的窘境。

二、需求收入弹性的应用

（一）需求收入弹性与企业经营决策

需求收入弹性不仅可以反映商品的需求量与消费者收入水平之间的关系，而且可以用于企业产品生命周期的分析。一种商品所处的产品生命周期阶段的不同，相应的企业营销策略也不同，因此，判断或估计一种商品所处的产品生命周期阶段，对企业经营决策有着重要的意义。

产品生命周期是指产品从准备进入市场开始到被淘汰而退出市场为止的全部运动过程，是由需求与技术的生产周期所决定的，典型的产品生命周期一般可分为四个阶段，即进入期、成长期、饱和期和衰退期。

判断产品生命周期处于哪个阶段的定量指标有多种，如我们可以用销售增长率的大小来直接判断产品生命周期所处的阶段。实际上，需求收入弹性也是一个很重要的定量指标，尤其是在判断产品生命周期是否处于饱和期、衰退期时，需求收入弹性可以作为一个预警的指标。

如果一种商品的需求收入弹性等于 0，则意味着不论消费者收入如何变化，商品的需求数量均保持不变，这说明市场已经处于饱和状态，也就是饱和期，此时厂商应该做出降低商品价格的决策。

若一种商品的需求收入弹性处于 1 和 0 之间时，这预示着这种产品有较快出现市场饱和的可能。厂商此时应进行广泛的宣传和产品创新，从而有效延长到达市场饱和状态的时间。

如果一种商品的需求收入弹性为负，这表明这种商品的市场已处于衰退状态，厂商应该准备转移目标市场和进行有效的产品更新换代。

（二）恩格尔定律与恩格尔系数

由于不同商品的收入弹性并不相同，所以当收入不断增加时，不同商品需求的增长速度是不同的，不同商品的支出占总支出的比例也会发生变化。

19 世纪，德国统计学家恩格尔根据统计资料得出一个规律：随着消费者收入水平的提高，食物支出在全部消费支出中所占的比重会越来越小。用弹性的概念来表述恩格尔定律，即对于一个家庭或一个国家来说，富裕程度越高，则食物支出的收入弹性就越小；反之，则越大。反映这一定律的系数被称为恩格尔系数，恩格尔系数用公式表示为

$$\text{恩格尔系数}=\frac{\text{食物支出总额}}{\text{家庭或个人消费支出总额}}\times 100\%$$

一般来说，恩格尔系数越小，表明富裕程度和生活水平越高；恩格尔系数越大，表明富裕程度和生活水平越低。

国际上常常用恩格尔系数来衡量一个国家和地区的人民生活水平的状况。根据联合国粮食及农业组织提出的标准，恩格尔系数在 59% 以上为贫困，50% ～ 59% 为温饱，40% ～ 50% 为小康，30% ～ 40% 为富裕，低于 30% 为最富裕。在我国运用这一标准进行国际和城乡对比时，要考虑到那些不可比因素，如消费品价格比价不同、居民生活习惯的差异，以及由于社会经济制度不同所产生的特殊因素，在分析和比较时应做相应的剔除。另外，在观察历史情况的变化时要注意，恩格尔系数反映的是一种长期的趋势，而不是逐年下

降的绝对倾向。它是在熨平短期的波动中求得长期的趋势。

根据国家统计局数据显示，1978 年，中国城镇居民家庭的恩格尔系数为 57.5%；农村居民家庭的恩格尔系数为 67.7%。到了 1995 年，中国城镇居民家庭的恩格尔系数为 49.9%；农村居民家庭的恩格尔系数为 58.6%。而到了 2020 年，全国居民恩格尔系数下降为 30.2%，其中城镇为 29.2%，农村为 32.7%，跨入富裕水平。由此可见，在党和政府的带领下，经过全国各族人民的共同努力，我国脱贫攻坚取得了全面的胜利，人民生活水平不断提高，生活越来越富裕。

三、需求交叉弹性的应用

需求交叉弹性衡量的是消费者对某一商品的需求量随其相关商品价格变动的反应程度。根据需求交叉弹性可以判断两种商品之间的关系，即当需求交叉弹性大于零，且弹性越大时，两种商品之间的替代程度越高；若需求交叉弹性小于零，且弹性的绝对值越大时，两种商品之间的互补程度越高。

掌握了需求交叉弹性的理论和方法，有利于企业制定自身产品的价格策略。特别是对于某些大型企业，它们往往拥有多条生产线，同时生产相互替代或相互补充的产品，用需求的交叉弹性分析各种产品的营销策略是十分必要的。

同时，企业可以利用需求的交叉弹性测定各部门之间的产品交叉关系，制定正确的产品竞争策略。

综上所述，可以看出需求的交叉弹性在经济工作中应用广泛，掌握需求交叉弹性的理论和方法，并把它运用于我们的市场经济之中，能够减少盲目性和随意性，达到发展经济、提高经济效益的目的。

素养园地

懂得需求的交叉弹性为企业决策和个人投资有很大的帮助。例如，有人看到人家经营一种商品十分赚钱，他也做起同样的生意来，这就是经营别人产品的替代品，这样势必加剧了市场竞争，恐怕竞争中被淘汰的就是他。其实，经营畅销产品的互补产品不失为一种很好的思路，有的中小企业，靠着与汽车配套的思路，生产车用地毯、车灯、反光镜配件，结果取得了良好的经营业绩。

珠海中富集团一开始是一家十几个农民建立的小企业，最初为可口可乐提供饮料吸管，后来生产塑料瓶和瓶盖。可口可乐在哪里建厂，中富就在哪里建配套厂。靠这种积极合作的策略，中富集团如今已发展成为年收入超过十亿元人民币的大公司。

技能实训

实训名称：水果的价格变动分析

实训形式：

（1）分组：将全班同学分成若干组，每组选一名组长负责组织本小组完成项目。

（2）在组长的组织下，通过对水果市场的实地调研，搜集不同价位的水果从上市至今的价格变动数据，包括节假日水果价格的波动。

（3）运用弹性理论，对数据进行整理和分析，并针对不同收入的家庭给出水果购买的建议。

（4）组织各小组汇报和讨论，教师引导点评。

思考练习

一、单项选择题

1.（　）是衡量沿着需求曲线的移动而不是曲线本身的移动。

A. 需求价格弹性

B. 需求收入弹性

C. 需求交叉价格弹性

D. 需求预期价格弹性

2. 若 X 和 Y 两种商品的交叉价格弹性为 −3.5，则（　）。

A. X 和 Y 是替代品

B. X 和 Y 是正常商品

C. X 和 Y 是劣等品

D. X 和 Y 是互补品

3. 如果某商品的需求富有价格弹性，则该商品的价格上升会使（　）。

A. 其销售收益增加

B. 其销售收益不变

C. 其销售收益下降

D. 其销售收益可能上升也可能下降

4. 如果价格下降 10% 能使买者的总支出增加 1%，则这种商品的需求量对价格（　）。

A. 富有弹性

B. 具有单位弹性

C. 缺乏弹性

D. 的弹性不能确定

5. 当 A 商品的替代品（　）B 商品的替代品，则 A 商品需求量对其价格变化的敏感性（　）B 商品需求量对其价格变化的敏感性。

A. 多于；小于

B. 少于；大于

C. 多于；大于

D. 远少于；大于

6. 当菠菜价格上升时，以其他蔬菜代替菠菜会比在所有蔬菜价格上升时容易，以其他食品替代蔬菜（　　）。我们因此预期（　　）的需求量对价格的敏感性会比（　　）的需求量（　　）。

A. 容易；其他蔬菜；菠菜，大

B. 容易；菠菜；其他蔬菜；大

C. 困难；其他蔬菜；菠菜，小

D. 困难；菠菜；其他蔬菜，大

7. 如果一种商品的需求价格弹性为 2，价格由 1 元上升至 1.02 元会导致需求量（　　）。

A. 上升 4%　　B. 上升 2%

C. 下降 4%　　D. 下降 2%

8. 如果某商品的需求价格弹性等于 2，价格（　　）会导致总收入（　　）。

A. 下降；增加　　B. 下降；减少

C. 上升；增加　　D. 上升；不变

9. 如果一种商品的需求完全没有价格弹性，需求曲线将会（　　）。

A. 呈水平状　　B. 呈垂直状

C. 向上倾斜　　D. 向下倾斜

10. 长期而言，寻找某种商品的合适的替代品会比短期而言（　　），结果是需求的价格弹性在长期而言可能（　　）。

A. 容易；较低　　B. 困难；较高

C. 困难得多；低于　　D. 容易；较高

11. 如果一种商品供给的价格弹性等于 0，那么供给曲线是（　　）。

A. 完全无弹性　　B. 完全有弹性

C. 呈水平状　　D. 向上倾斜

12. 如果一种商品的供给完全没有价格弹性，而且该商品的一种替代品的价格上升，那么均衡数量将（　　），均衡价格将（　　）。

A. 保持不变；上升　　B. 减少；上升

C. 增加；保持不变　　D. 保持不变；下降

13. 如果一种商品的供给完全没有价格弹性，而且该商品的一种互补品的价格上升，那么均衡数量将（　　），均衡价格将（　　）。

A. 增加；保持不变　　B. 增加；上升

C. 保持不变；下降　　D. 保持不变；下降

14. 如果一种商品的需求完全无弹性，而在这种商品的生产过程中一种投入要素的价格上升，那么产量将（　　），均衡价格将（　　）。

A. 保持不变；上升　　B. 减少；保持不变

C. 增加；保持不变　　D. 保持不变；下降

15. 一种没有任何相近替代品的挽救生命的药物将具有（　）。

A. 很小的需求弹性　　B. 很大的需求弹性

C. 很小的供给弹性　　D. 很大的供给弹性

16. 服装、大米、花生油、牙膏，最应当薄利多销的是（　）。

A. 服装　　B. 大米　　C. 花生油　　D. 牙膏

17. 近年来流传一种说法，认为购房是“刚需”，那么，关于所谓的“刚需”以下说法正确的是（　）。

①长期来看，房屋的需求弹性也不会变化，都一直缺乏弹性

②房屋的需求弹性不管在什么时候，价格上都是缺乏弹性的

③“刚需”的说法意思是针对购房自住的人，房子是必需品，价格弹性很低，因此不管多贵都会买

④如果需要住房子的人观念变化，认为租房是购房的替代品，那么房子这种商品需求弹性就会增大

A. ①②　　B. ②③　　C. ③④　　D. ②④

二、判断题

1. 如果西瓜和哈密瓜是替代品，西瓜价格的上升将使哈密瓜的需求减少。（　）

2. 如果足球鞋和足球是互补品，足球鞋价格上升将使足球的需求减少。（　）

3. 如果随着咖啡需求减少，供给却增加了，那么，咖啡市场上均衡价格和数量都将下降。（　）

4. 用中点法计算弹性，如果钢笔的价格由 1 元上升到 2 元，需求量从 1 000 支钢笔减少到了 500 支，那么，钢笔的需求是单位价格弹性。（　）

5. 手机的需求应该比小米手机的需求更缺乏弹性。（　）

6. 如果两种物品之间的需求交叉价格弹性是正的，这两种物品可能是互补品。（　）

7. 如果需求曲线是线性的，沿着这条曲线的需求价格弹性是不变的。（　）

8. 使市场供给曲线向右移动的技术进步总会使生产者得到的总收益增加。（　）

三、技能训练题

1. 一种冰激凌价格为 9 元时需求量为 11 吨，价格为 11 元时需求量为 9 吨。求需求价格弹性。并说明其经济含义，判断该商品处于哪种弹性类型。

2. 某商场降价 10% 促销，导致另一商场的营业额下降 20%，求两商场的需求交叉弹性并解释其经济意义，判断此次促销效果如何。

3. 假设生产帽子的某企业估计，如果它把帽子价格从 20 元提升至 30 元，那么订单数将从 50 万件下降到 30 万件。试分析：

（1）当用中点法计算弹性时，帽子的需求价格弹性是多少？

（2）如果想获得总收益最大化，该企业应该把帽子的价格从 20 元提高到 30 元吗？为什么？

4. 假设某产品的需求价格弹性为 −1.2，需求收入弹性为 3，试计算：

（1）其他条件不变，价格提高 2% 对需求的影响；

（2）其他条件不变，收入增加 1% 对需求的影响；

（3）假设价格提高 5%，收入增加 8%，2022 年该产品销售量为 900 万件，利用有关弹性的数据估计 2023 年该产品的销售量。

5.《清明上河图》的供给价格弹性是多大？

6. 你有以下关于 X 物品和 Y 物品的信息：

（1）X 物品的需求收入弹性是 −2；

（2）X 物品与 Y 物品的需求交叉弹性是 3。

收入增加和 Y 物品价格下降肯定会减少 X 物品的需求吗？请解释原因。

7. 上个月某商品的价格急剧上升，而销售量没变。5 个人中的每个人都提出一种解释：

A. 需求增加了，但供给完全无弹性；

B. 需求增加了，但需求完全无弹性；

C. 需求增加了，但供给同时减少；

D. 供给减少了，但需求是单位弹性；

E. 供给减少了，但需求是完全无弹性。

根据以上观点，请分析哪些人的观点可能是正确的。

项目四 学会理性消费

目标导航

知识目标

（1）掌握边际效用、无差异曲线、边际替代率的概念及特征；
（2）理解总效用和边际效用的关系；
（3）掌握边际效用递减规律，以及基数效用论的消费者均衡条件；
（4）掌握边际替代率递减规律，以及序数效用论的消费者均衡条件。

技能目标

（1）能够理解消费者均衡条件；
（2）能够运用消费者行为理论解释和分析实际经济问题。

素养目标

（1）树立正确的消费观，以科学求实的态度对待消费；
（2）养成勤俭节约、艰苦奋斗的精神；
（3）树立生态文明理念，增强保护环境的意识；
（4）养成文明、健康、节约资源和保护环境的消费方式，反对浪费。

知识导图

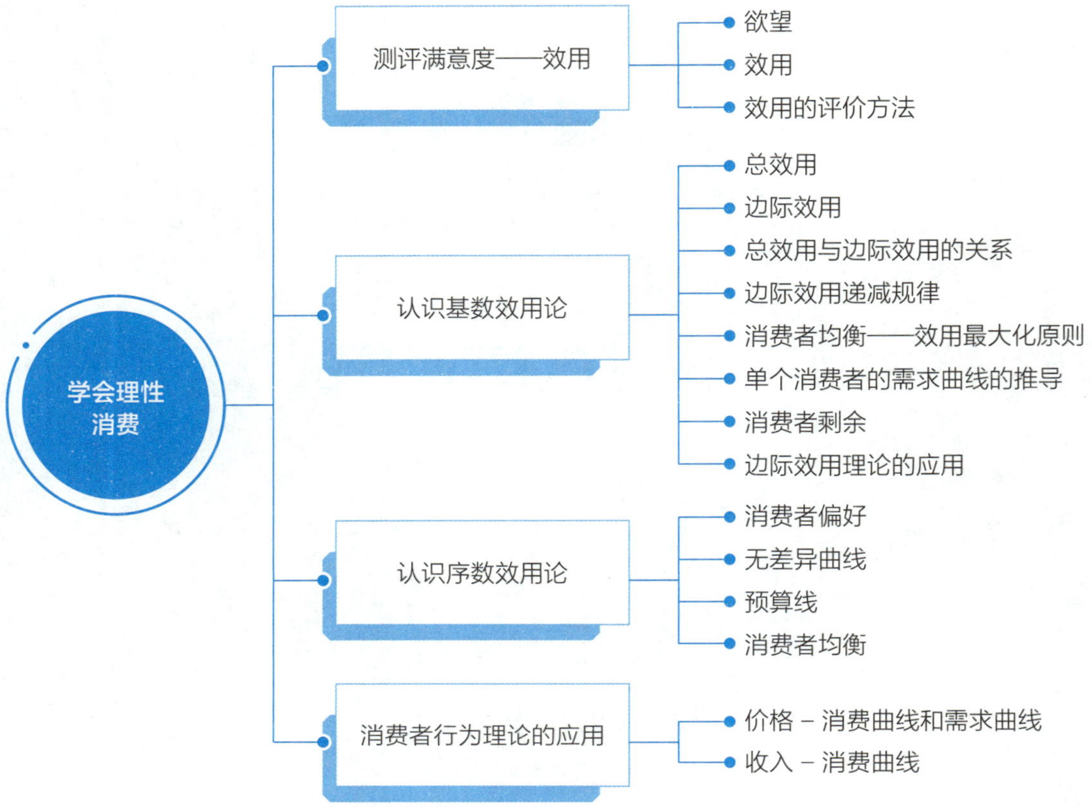

案例导入

当下手机的更新速度非常快，手机市场中利润较高的苹果手机每年都有一次手机发布会，而国内的安卓手机产商小米、OPPO 和其他手机厂商几个月就更新一款新手机。每年的三至五月份更是国内手机厂商不断发布新品的时间，小米、OPPO 和华为等一系列手机数不胜数。

在通信市场上，各商家为了在竞争中取胜，不管是苹果手机还是国内的安卓手机，他们的手机更新速度都非常快，为了获取市场的占有率不断地提高手机的功能、款式和型号。我们身边很多追求时尚的人，也经常地更换手机。

从经济学的角度来看，消费者连续消费同一款式的手机给消费者所带来的边际效用是递减的。如果企业连续只生产一种型号的手机，它带给消费者的边际效用就在递减，消费者愿意支付的价格就低了。因此，企业要不断创造出多样化的产品，即使是同类产品，只要不相同，就不会引起边际效用递减。

思考：什么是边际效用？如何理解边际效用递减规律？企业如何避免边际效用递减规律对消费者的影响？

资料来源：《为什么现在手机更新速度这么快，原来是这样》，360doc，2020 年 4 月 10 日。

任务一 测评满意度——效用

一、欲望

欲望是指人们从心理到身体的一种渴望满足的主观愿望。欲望须具备两个条件，一是不足之感，二是求足之愿。

人类的欲望是多样的，生存需要、享受需要、发展需要构成一个复杂的需要结构，并随着人们生活的社会环境和社会历史条件的变化而变化。

根据美国心理学家马斯洛提出的需求层次理论，需求分为五个层次。

（1）生理的需求：食物、水分、空气、睡眠、性的需求等。它们在人的需求中最重要，最有力量。

（2）安全需求：人们需要稳定、安全、受到保护、有秩序、能免除恐惧和焦虑等。

（3）社会需求：一个人要求与其他人建立感情的联系或关系。

（4）尊重的需求：尊重自己和被别人尊重。

（5）自我实现的需求：人们追求实现个人理想、抱负，发挥个人的能力到最大程度，完成与自己的能力相称的一切事情的需求。

二、效用

效用是指商品满足人的欲望的能力，即消费者从商品消费中能得到的满足感。一种商品对消费者是否具有效用，取决于消费者是否有消费这种商品的欲望，以及这种商品是否具有满足消费者的欲望的能力。在理解效用概念的时候要强调以下几点。

（1）效用的主观性。效用和欲望都是消费者对商品的主观感受，但效用和欲望的不同之处在于：欲望产生在商品消费之前，而效用是消费者对商品消费之后的主观评价。

（2）效用因人、因时、因地而异。例如，一百元钱，对于穷者效用可能较大，但对于富者效用可能较小。

（3）效用本身不具有伦理学意义。只要能满足人的某种欲望，物品就是有效用的，而不管这种欲望本身是否合法，是否符合社会的伦理道德规范。

资料链接

相声大师刘宝瑞有一个著名的单口相声段子《珍珠翡翠白玉汤》，故事说的是朱元璋在打天下时，有一次好几天没吃上饭，后来饿晕在一个破庙里，几个叫花子给他吃了一碗剩菜汤，里面加了些馊掉的豆腐、米粒和白菜帮子，把朱元璋救活了，当时朱元璋感觉那汤很好喝。后来朱元璋平定了天下，当了皇帝，天天珍馐美味，但还想念吃那汤的美好感受，于是想办法把那几个叫花子找来又做了这个汤，再喝，差点吐了。

这是笑话，但同样说明人在不同的状态下消费同样的东西，效用不同。

即问即答

1. 冷的时候想穿羽绒服，热的时候不想穿羽绒服，这体现了效用的什么特征？
2. 南方人喜欢吃米饭，北方人喜欢吃面食，这体现了效用的什么特征？

三、效用的评价方法

关于效用的度量问题，经济学家先后提出了用基数度量和用序数度量两种观点，形成了关于消费者行为的两种理论，即基数效用论和序数效用论。

（一）基数效用论

基数效用论是 19 世纪和 20 世纪初期西方经济学普遍使用的一种理论。该理论的基本观点是：效用如同长度、重量等概念一样是可以计量的，即大小可以用基数（1、2、3……）来表示，并且可以加总求和。表示效用大小的计量单位，被称为效用单位。如某消费者喝一杯奶茶的效用是 20 个效用单位，听一场音乐会的效用是 50 个效用单位，那么这两种消费的效用之和为 70 个效用单位。

基数效用论采用的是边际效用分析方法，用来研究消费者如何实现效用最大化。

（二）序数效用论

即问即答

认为效用可以直接度量，存在绝对的效用量的大小，如一个面包的效用是两个效用单位，这属于哪种效用理论？

序数效用论是希克斯于 1939 年在《价值与资本》一书中为了弥补基数效用论的缺点而提出来的另一种研究消费者行为的理论。该理论认为效用的大小是无法具体衡量的，不能用基数准确地表示出来，效用之间的比较只能通过顺序或等级来表示，即用序数（第一，第二，第三……）来表示。如对于喝一杯奶茶和听一场音乐会，消费者要选择的是偏好哪一种消费，即哪一种消费的效用是排第一，哪一种消费的效用排第二。

序数效用论采用的是无差异曲线分析方法，用来研究消费者如何实现效用最大化。

任务二　认识基数效用论

基数效用论用总效用和边际效用来衡量效用。

一、总效用

总效用（total utility，TU）是指消费者在一定时期内，消费一定数量的商品或服务所得到的效用总和。假定消费者对一种商品的消费数量为 Q，则总效用函数为

$$TU = f(Q)$$

总效用的大小取决于所消费的商品数量的多少，所以它是所消费的商品数量的函数。

二、边际效用

边际效用（marginal utility，MU）是指消费者在一定时间内增加一单位商品的消费所得

到的效用量的增量。以 ΔQ 表示商品的增量，ΔTU 表示总效用的增量，则边际效用函数为

$$MU=\frac{\Delta TU}{\Delta Q}$$

当商品的增加量趋于无穷小，即 $\Delta Q\to 0$ 时有

$$MU=\lim_{\Delta Q\to 0}\frac{\Delta TU}{\Delta Q}=\frac{\mathrm{d}TU}{\mathrm{d}Q}=(TU)'$$

三、总效用与边际效用的关系

以李芸吃豆包为例，与一定消费量相对应的总效用和边际效用如表 4-1 所示。

表 4-1　总效用与边际效用

商品消费数量 Q	总效用 TU	边际效用 MU
0	0	—
1	15	15
2	25	10
3	32	7
4	37	5
5	39	2
6	39	0
7	37	-2

根据表 4-1，在坐标系中以横轴表示商品的数量，纵轴表示效用量，画出各组对应的数据，连接各点，可得总效用曲线 TU 和边际效用曲线 MU，如图 4-1 所示。

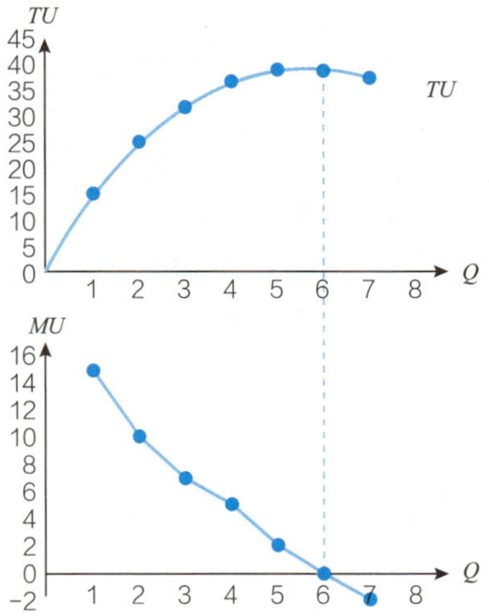

图 4-1　总效用和边际效用曲线

由表 4-1 和图 4-1 可知，总效用和边际效用具有如下特征。

（1）随着商品消费数量的增加，总效用开始时不断增加，继而达到最大值，之后开始下降。总效用曲线是一条从原点出发，先向左上方递增，当总效用达到最大值时，又向右下方倾斜的曲线。

（2）随着商品消费数量的增加，边际效用呈递减趋势。表现在图形上，边际效用曲线是向右下方倾斜的。

（3）总效用和边际效用之间存在的关系是：

当 $MU>0$ 时，TU 上升；当 $MU<0$ 时，TU 下降；当 $MU=0$ 时，TU 达极大值。

（4）总效用等于边际效用之和。当李芸吃了 4 个豆包时，总效用为 37，而吃四个豆包的边际效用分别为 15、10、7 和 5，相加可得 $15+10+7+5=37$。

即问即答

边际效用随消费者的增加而（　　），总效用达到最大时，边际效用为（　　）。

四、边际效用递减规律

边际效用递减规律

观察人们的行为和心理，可以发现一个现象：当我们越来越多地消费同一种商品时，获得的额外边际满足感会下降。例如，小张在口渴的时候，喝第一杯水时的感觉是犹如甘泉，喝第二杯时感觉依然良好，到第三杯或第四杯时获得满足程度逐渐减弱，喝到第五杯或第六杯时，可能已经难受恶心了。

事实上，这种现象是普遍存在的，经济学家马歇尔把这种现象称为边际效用递减规律。边际效用递减规律是指在一定时间内，在其他商品的消费量保持不变的条件下，随着消费者对某种商品消费量的增加，消费者从该商品连续增加的每一消费单位中所得到的效用增量减少，即边际效用是递减的。如图 4-1 所示，*MU* 曲线是向右下方倾斜的。马歇尔把这一规律作为解释消费者行为与需求定理的基础。

边际效用可以是正值，也可以下降为负值。负值意味着消费者对于某种商品的消费量超过一定量以后，不仅不能从消费商品中获得满足，反而会引起厌恶。

为什么消费者在消费过程中会出现边际效用递减这种现象呢？根据基数效用论的解释，边际效用递减的原因如下。

第一，生理或心理的原因。效用是消费者的心理感受，消费某种物品实际上就是提供一种刺激，使人有一种满足的感受或心理上有某种反应。消费某种物品时，开始的刺激比较大，从而人的满足感就高。但不断地消费同一种物品，即同一种刺激不断反复时，人在心理上的兴奋感或满足感必然减少。或者说，随着消费数量的增加，效用不断累积，新增加的消费所带来的效用增加越来越微不足道。

第二，商品本身用途的多样性。当一种商品同时具有多种用途，且不同用途的重要性不同时，消费者总是把第一个单位的商品用在最重要的用途上，此时边际效用最大，把第二个单位的商品用在次要的用途上，其边际效用变小，由于商品用途的重要性递减，消费者获得的边际效用随之递减。

即问即答

如果你有一辆需要四个轮子才能开动的车子且已经有了三个轮子，那么当你有第四个轮子时，这第四个轮子的边际效用似乎超过第三个轮子的边际效用，这是不是违反了边际效用递减规律？

资料链接

笑话一则

一个饿汉三天没有吃东西，走进了一家小吃店。买了一个馒头吃了，感觉还是有点饿，再吃了一个，还是感觉没有吃饱，一直吃到第十个馒头总算吃饱了。这个饿汉就感叹道："早知道吃这第十个馒头就饱了，我直接吃这第十个馒头就好了。"这饿汉之所以会闹笑话，其实就是因为他不明白边际效用递减的道理。饥饿的时候，吃第一个馒头时，感觉馒头是天下最美味的食品，这个馒头带来的效用肯定是最大的，但随着馒头吃的越来越多，每个新增的馒头边际效用在减少。特别是当吃到第十个馒头饱了的时候，如果再吃一个，这个馒头带来的效用就会更低。这时不仅不会觉得馒头是美味，而且会感觉难受。因为这时这个馒头带来的就是负效用了。

资料来源：百度文库。

可以设想一下如果边际效用不是递减的而是递增会有什么后果呢？后果就是越吃越上瘾，吃再多的馒头也不够。从这个方面上来说，幸亏我们生活在一个边际效用递减的世界里，在消费量达到一定数量后会因效用递减而停止我们的行为。

素养园地

唯有坚持，方能成事

边际效用递减规律是指消费者在连续地消费某种物品时，随着物品消费量的增加，消费者从物品消费中得到的边际效用是递减的。我们可以把西方经济学对消费品边际效用的分析和研究思路运用到日常生活中，对我们的学习和生活进行分析和指导。

按照边际效用递减规律，我们在学习和生活中重复地坚持做一件事情的时候，所获得的享受和满足感会逐渐减少，以至于喜新厌旧、习惯性放弃成为人们某种意义上的“本能”，常常使得事业和学业的发展中途荒废，难以善始善终。

柏拉图说：“自制是一种秩序，一种对于快乐与欲望的控制。”有规律的自制就是自律，而自律的潜台词就是坚持，长期的坚持需要的是毅力，就是要对一个长远目标保持持久的热情与活力。

做一件有意义的事情不难，难的是一直坚持做下去。

梦想与目标的达成需要长期的付出与努力，需要时刻提醒自己坚持下去。但是做到一直坚持并不容易，要和欲望、懒惰、惯性作斗争。例如，羡慕别人健身后的好身材，于是你下定决心跑步健身，一开始效果明显，但后来出现瓶颈，体重下降不如前期明显，想到要早起、要和美味的食物告别，你最终放弃了；羡慕别人读书多、知识渊博、思想丰富，于是你下定决心看书修行，但是想到要静心沉思、要和聚会狂欢告别，最终还是以放弃告终。

一个人的成长，过程从来都不会舒服。不要在该奋斗的时光里选择了安逸；不要在最好的年纪里，只是吃饭、睡觉、玩手机。什么都不做的确轻松，但那只是一时的舒适，是现在欠下的债，不管多久，总是要还的。

所谓成长，就是逼着一个人，踉踉跄跄地受伤，跌跌撞撞地坚强。痛苦，才是成长该有的体验。趁着年轻，逼着自己做一些“痛苦”的事，在痛苦的体验和坚持中，让自己真正地成长，因为唯有坚持，方能成事。

资料来源：《经济学基础》，冯瑞，高等教育出版社，2019年8月第二版。

五、消费者均衡——效用最大化原则

消费者均衡

消费者均衡又称为“效用最大化组合”，是研究消费者如何把有限的货币收入分配到各种商品的购买中以获得最大的效用。这里的均衡是指消费者实现最大效用时既不想再增加，也不想再减少任何商品购买数量的一种相对静止的状态。

为了简化在研究中遇到的问题，消费者均衡的假设条件如下。

（1）消费者的收入是既定的，且全部收入均用来购买相应的商品。

（2）消费者的偏好是既定的，即消费者对各种物品的效用和边际效用的评价是已知和既定的。

（3）商品的价格是既定的，即消费者决定买进各种商品的价格是已知和既定的。

（一）购买一种物品的效用最大化条件

如果不考虑成本支付，即不考虑价格，根据总效用和边际效用的关系可知：消费者连续消费同一种商品的效用最大化条件是边际效用为零，即当 $MU=0$ 时，总效用达到最大值。

如果考虑成本支付，消费者必须对购买商品的“收益”与“成本”进行比较。“收益”即边际效用 MU，“成本”即价格 P，成本用货币计量。货币与商品一样具有效用，消费者以货币购买一种商品，就是用货币的效用去交换这种商品的效用。假设一元钱的边际效用是 λ 效用单位，当 $MU=\lambda P$（获得的效用 = 付出的效用）时，即当“收益”等于“成本”时，所购买商品数量的总效用最大，实现最优购买；当 $MU>\lambda P$ 时，消费者会增加购买，因为获得的效用大于付出的效用，增加购买量使得 MU 慢慢地趋近于 λP；反之，当 $MU<\lambda P$ 时，消费者会减少购买，因为获得的效用小于付出的效用，减少购买使得 MU 慢慢地趋近于 λP。

假设李芸消费豆浆的总效用和边际效用如表 4-2 所示，假设 $\lambda=1$，豆浆的市场价格为 1 元，李芸消费豆浆的最佳数量为 5 杯，此时 $MU=\lambda P=1$，总效用为 36。而当消费数量小于 5 杯，此时 $MU>\lambda P$，意味着可以增加购买，从而使得总效用变大；反之当消费数量大于 5 杯，此时 $MU\leqslant\lambda P$，应该减少购买，总效用增加。

因此，消费者确定一种商品最优购买量的原则是 $MU=\lambda P$。对此均衡条件恒等变形，可得：

$$\frac{MU}{P}=\lambda \tag{4-1}$$

该式表示消费者确定一种商品最优购买量的原则是使购买商品所花费的每一元钱所带来的边际效用等于货币的边际效用。

表 4-2　购买一种商品时的消费者均衡

商品消费数量 Q	总效用 TU	边际效用 MU	市场价格 P（元）	λP	收益与成本比较	消费决策
1	15	15	1	1	$MU>\lambda P$	增加购买
2	25	10	1	1		
3	32	7	1	1		
4	35	3	1	1		
5	36	1	1	1	$MU=\lambda P$	最优购买

续表

商品消费数量 Q	总效用 TU	边际效用 MU	市场价格 P（元）	λP	收益与成本比较	消费决策
6	36	0	1	1	$MU < \lambda P$	减少购买
7	34	−2	1	1		

（二）购买多种物品的效用最大化条件

在收入和所购买的商品价格既定时，消费者同时消费多种商品所面临的问题就是如何对所购买的各种商品的数量做出最恰当的选择，从而实现效用的最大化。

基数效用论认为，消费者实现效用最大化的条件是：如果消费者的货币收入是固定的，市场上各种商品的价格是已知和既定的，那么，消费者应使自己花费在各种商品购买上的最后一元钱所带来的边际效用相等。或者说，消费者应该使自己所购买的各种商品的边际效用与价格的比相等，且等于货币的边际效用。

假定消费者用既定的收入 I 购买 n 种商品，P_1，P_2，P_3，…，P_n 分别表示 n 种商品的既定的价格，λ 为货币的边际效用，X_1，X_2，X_3，…，X_n 分别表示 n 种商品的既定的数量，MU_1，MU_2，MU_3，…，MU_n 分别表示 n 种商品的既定的边际效用，则效用最大化的均衡条件可以用公式表示为

$$P_1X_1+P_2X_2+\cdots+P_nX_n=I \tag{4-2}$$

$$\frac{MU_1}{P_1}=\frac{MU_2}{P_2}=\cdots=\frac{MU_n}{P_n}=\lambda \tag{4-3}$$

其中，公式 4-2 为限制条件，公式 4-3 是在限制条件下消费者实现效用最大化的均衡条件。

为便于理解，下面以消费者购买两种商品为例，具体说明效用最大化的均衡条件。

例 1：假设李芸准备购买豆浆和油条，已知豆浆的价格 $P_1=1$ 元，油条的价格 $P_2=1$ 元，消费者收入 $I=8$ 元，并将其全部用于购买豆浆和油条两种商品。两种商品的边际效用如表 4-3 所示，则李芸应购买多少豆浆和油条，才能使总效用最大？

表 4-3　豆浆和油条的边际效用表

数量	1	2	3	4	5	6	7	8
豆浆的边际效用 MU_1	11	10	9	8	7	6	5	4
油条的边际效用 MU_2	19	17	15	13	12	10	7	5

在商品的边际效用递减的情况下，消费者必须使每一元钱所带来的边际效用最大，才能使总效用最大。

解析：

第 1 元钱，李芸将购买第 1 根油条，可得效用 19；

第 2 元钱，李芸将购买第 2 根油条，可得效用 17；

第 3 元钱，李芸将购买第 3 根油条，可得效用 15；

第 4 元钱，李芸将购买第 4 根油条，可得效用 13；

第 5 元钱，李芸将购买第 5 根油条，可得效用 12；

第 6 元钱，李芸将购买第 1 杯豆浆，可得效用 11；

第 7 元钱，李芸将购买第 2 杯豆浆，可得效用 10；

第 8 元钱，李芸将购买第 6 根油条，可得效用 10；

所得的总效用为 19+17+15+13+12+11+10+10 = 107，为最大效用。至此，李芸的全部收入 8 元都用完，当购买组合为 $Q_1 = 2$ 和 $Q_2 = 6$ 时获得最大效用，此时 $\frac{MU_1}{P_1}=\frac{10}{1}=10$，$\frac{MU_2}{P_2}=\frac{10}{1}=10$，即购买豆浆和油条的边际效用和价格之比相等。

$$P_1X_1 + P_2X_2 = 1\times 2 + 1\times 6 = 8 = I$$

$$\frac{MU_1}{P_1}=\frac{MU_2}{P_2}=\frac{10}{1}$$

如果李芸购买 3 杯豆浆，5 根油条，就会出现 $\frac{MU_1}{P_1}=\frac{9}{1}<\frac{MU_2}{P_2}=\frac{12}{1}$ 的情况，说明对于李芸而言，同样 1 元钱购买豆浆所得到的边际效用小于购买油条所得到的边际效用，此时，李芸应该调整这两种商品的购买数量：减少豆浆的购买量，增加油条的购买量。但如果李芸购买 1 杯豆浆，7 根油条，就会出现 $\frac{MU_1}{P_1}=\frac{11}{1}>\frac{MU_2}{P_2}=\frac{7}{1}$，说明对于李芸而言，同样 1 元钱购买油条所得到的边际效用小于购买豆浆所得到的边际效用，此时，李芸应该增加豆浆的购买量，减少油条的购买量。

因此，当 $\frac{MU_1}{P_1}<\frac{MU_2}{P_2}$ 时，意味着对于消费者来说，同样 1 元钱购买商品 1 所得到的边际效用小于购买商品 2 所得到的边际效用。理性的消费者应该调整这两种商品的购买数量：减少商品 1 的购买量，增加商品 2 的购买量。在这样的调整过程中，一方面，在消费者减少 1 元钱用于商品 1 的购买并增加 1 元钱用于商品 2 的购买时，由此带来的商品 1 的边际效用的减少量是小于商品 2 的边际效用的增加量的，最终消费者的总效用是增加的。另一方面，在边际效用递减规律作用下，商品 1 的边际效用会随其购买量的不断减少而增加，商品 2 的边际效用会随其购买量的不断增加而减少。当消费者一旦将其购买组合调整到同样 1 元钱购买这两种商品所得到的边际效用相等时，即达到 $\frac{MU_1}{P_1}=\frac{MU_2}{P_2}$ 时，他便得到了由减少商品 1 的购买量和增加商品 2 的购买量所带来的总效用增加的最大值，即消费者此时获得了最大的效用。

反之，当 $\frac{MU_1}{P_1}>\frac{MU_2}{P_2}$ 时，意味着对于消费者来说，同样 1 元钱购买商品 1 所得到的边际效用大于购买商品 2 所得到的边际效用。同样的，理性的消费者会进行与前面相反的调整，即增加对商品 1 的购买量，减少对商品 2 的购买量，直至 $\frac{MU_1}{P_1}=\frac{MU_2}{P_2}$。

资料链接

某汽车配件厂厂长胡某于7月11日突然接到通知，省设备动力检查组要在7月16日到该厂进行检查。可是资料整理、图纸描绘和报表工作尚未完成，仅一个备品备件明细表就得集中全科人员干一天半，不管怎么安排也难以在五天内完成检查的准备工作。

此时，胡某想起刚刚学过的效用最大化原则，就根据检查标准逐项研究现有设备管理、动力管理、润滑管理所能获得的分数，并粗估集中全科力量突击三项管理所能增加的分数，如表4-4所示。

表4-4 三项管理的总分数和边际分数

天数	设备管理		动力管理		润滑管理	
	分数	边际分数	分数	边际分数	分数	边际分数
0	40	——	20	——	1	——
1	43	3	26	6	4	3
2	45	2	30	4	6	2
3	46	1	33	3	7	1
4	47	1	34	1	8	1
5	47	0	35	1	8	0

根据上表，运用效用最大化原则，选择边际分数均为3分作为安排工作依据，就能获得最高检查分数。于是决定用3天准备动力管理，各用1天准备设备管理和润滑管理，并给每人规定了工作量和进度。原来预计：如果什么准备工作也不做，仅凭原来的工作基础，可得61分；运用效用最大化原则进行突击准备，可得80分。实际检查结果是得到76分，比预计少4分，但比不准备增加15分。

例2： 已知某消费者的总收入为180元，用于购买A和B两种商品，假设其效用函数为$U=XY$，且$P_A=2$，$P_B=3$，求购买的A和B的数量各为多少时，消费者获得最大效用，实现消费者均衡？

解析：

首先求出两种商品的边际效用：

$$MU_A=Y\ ,\quad MU_B=X$$

根据消费者均衡条件，可得：

$$\frac{MU_A}{P_A}=\frac{Y}{2}=\frac{X}{3}=\frac{MU_B}{P_B}$$

化简为

$$2X=3Y \qquad (1)$$

根据限制条件，可得：

$$2X+3Y=180 \qquad (2)$$

联立方程（1）和（2），可得消费者最优选择为

$$X = 45, \quad Y = 30$$

因此，当消费者购买商品 A 的数量为 45 且购买商品 B 的数量为 30 时，效用取得最大化，即为消费者的最优选择。

资料链接

水和钻石之谜

众所周知，可饮用的水对于地球上的生物来说是多么的重要。人的生命离不开水，没有了水，人类就难以生存和繁衍，更不用说发展了；没有了水，地球将停止转动，所以水的巨大作用，是再怎么形容也不过分的。然而水的价值却是如此低廉。相比之下，钻石则是另一种情形，也许可以说，即使没有钻石，人类照样可以生存，人类社会基本上也依旧可以发展至今。从这个意义上说，钻石对人类社会甚至是可有可无的，然而，钻石的价值却是如此之高。

著名的古典经济学家亚当·斯密在研究不同物品的相对价格如何决定的问题时，提出了这个问题——价值悖论。没有什么能比水更有用，然而水很少能交换到任何东西。相反，钻石几乎没有任何使用价值，但却经常可以交换到大量的其他物品。美国经济学家萨缪尔森得出结论，许多生活必需品的市场价格很低，比如小麦；而许多奢侈品的使用价值很小，但市场价格很高，比如钻石，这就是价值悖论。为什么会出现价值悖论呢？

资料来源：《国富论》，亚当·斯密著，文竹译，中国华侨出版社，2019 年 1 月。

我们可以运用边际效用分析这个难题。

水是我们生活所必需的。我们从消费水中得到的总效用是巨大的。但是，我们消费如此大量的水，以至于它的边际效用递减到极小。而钻石，相对于水来说，总效用很小，但由于我们购买和使用的钻石，数量非常少，导致钻石的边际效用很高。

价格与总效用无关，但与边际效用有关。在消费者的收入固定和他们面临的各种商品的市场价格既定的条件下，为了实现效用最大化，消费者的支出在各种商品之间的分配，必须使每一种商品的边际效用与其价格之比都相等。即

$$\frac{MU_1}{P_1} = \frac{MU_2}{P_2} = \cdots = \frac{MU_n}{P_n} = \lambda$$

如果花费在某一种商品上的每一元能够提供更多的边际效用，消费者就会多购买这种商品，少购买其他商品，直到边际效用递减规律使得花费在该商品上的每一元的边际效用下降到与其他商品相等为止。这样就会增加消费者的总效用。反之，如果花费在某种商品上的每一元所带来的边际效用低于其他商品带来的边际效用，消费者就可以少购买这种商品，多购买其他商品，直到花费在该商品上的每一元所提供的边际效用上升到与其他商品相等为止。

上述这种对各种商品的每一元支出的边际效用的相等性，对于水和钻石也是适用的。水有低价格和低边际效用；钻石有高价格和高边际效用。水的低边际效用除以其低价格等于钻石的高边际效用除以其高价格。总之，水和钻石的价格都决定于它的边际效用而不决定于它的总效用。

六、单个消费者的需求曲线的推导

基数效用论通过边际效用递减规律和建立在该规律上的效用最大化的均衡条件为基础推导出单个消费者的需求曲线。

基数效用论认为商品的需求价格取决于商品的边际效用。如果某一单位的某种商品的边际效用越大，则消费者为购买一单位的该种商品所愿意支付的价格就越高；反之，如果某一单位的某种商品的边际效用越小，则消费者为购买一单位的该种商品所愿意支付的价格就越低。表 4-5 表明了商品的需求价格与边际效用之间的关系。由于边际效用递减规律的作用，随着消费者对某一种商品消费数量的连续增加，该商品的边际效用不断递减，此时，消费者为购买这种商品所愿意支付的价格即需求价格将越来越低。

表 4-5　边际效用与需求价格

边际效用	商品的消费量	价格
20	1	15
15	2	10
12	3	8
8	4	6
3	5	4

根据前面分析可知，当消费者仅购买一种商品时，消费者达到效用最大化的条件为

$$\frac{MU}{P}=\lambda$$

上式表示：消费者对任何一种商品的最优购买量应该使得最后一元钱购买该商品所带来的边际效用和所付出的这一元钱的边际效用相等。

由于对于任何一种商品来说，边际效用随着需求量的连续增加而不断递减，而为了达到消费者均衡，在货币的边际效用保持不变的前提下，商品的需求价格必然同比例于边际效用的递减而递减。这说明了商品的需求量与商品的价格呈反方向变动关系。

图 4-2 为需求曲线，其中的横轴表示商品的数量 Q，纵轴表示商品的需求价格 P，D 是需求曲线。需求曲线向右下方倾斜，表明商品的需求量随商品的价格上升而减少，随商品的价格下降而增加。

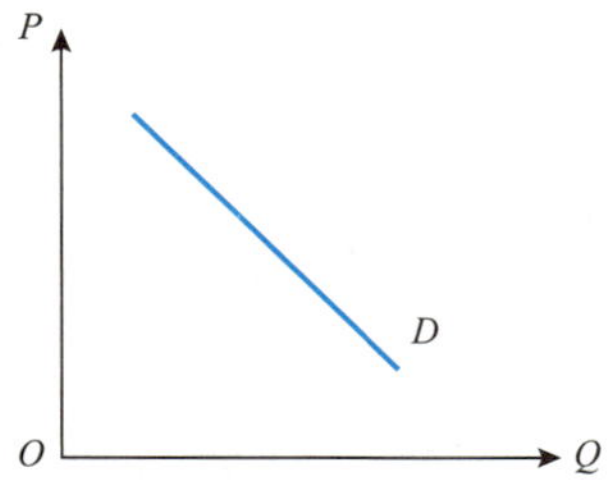

图 4-2　需求曲线

七、消费者剩余

消费者剩余是指消费者购买某一商品时，所愿意支付的价格与实际支付价格之间的差额。

对于消费者而言，他愿意支付的价格取决于他对该商品效用的评价，但实际价格并不一定等于他愿意支付的价格。因为存在边际效用递减规律，所以消费者愿意支付的价格就随该物品消费数量的增加而递减。但市场价格并不是由某个消费者的支付意愿决定的，而是由市场供求关系等因素决定的。即市场价格是固定的，当市场价格低于消费者愿意支付的价格

时，消费者从商品的购买与消费中不仅得到了满足，而且还得到了额外的“福利”，这种“福利”被称为“消费者剩余”。

李芸购买豆浆的消费者剩余如表4-6所示。李芸感到口渴，所以愿意为第一杯豆浆支付4元的价格；对于第二杯豆浆，李芸愿意支付3元；而第三杯和第四杯豆浆，李芸因为只愿意支付2元和1元。如果李芸购买4杯豆浆，她愿意支付的价格总额为4+3+2+1=10元。因为豆浆的市场价格实际为1元，所以，李芸购买4杯豆浆实际只需要支付4元。可见李芸愿意支付的金额与实际支付的金额之间有差额，即10−4=6元，我们把这部分差额称为消费者剩余。

即问即答

假如一位消费者在购买一条裤子时，他心里愿意为该条裤子支付200元，而实际上他只支付了150元，那么，在这次购买行为中，这位消费者得到消费者剩余为多少？

表4-6 消费者剩余

商品消费数量	边际效用	愿意支付的价格	市场价格	消费者剩余
1	11	4	1	3
2	10	3	1	2
3	9	2	1	1
4	8	1	1	0
合计	38	10	4	6

消费者剩余 ＝ 愿意支付的价格 − 市场价格

消费者剩余可以用几何图形表示。简单来说，消费者剩余可以用消费者需求曲线以下、市场价格线之上的面积来表示，如图4-3所示。在图4-3中，需求曲线以反需求函数的形式 $P=f(Q)$ 给出，表示消费者对每一单位商品所愿意支付的价格。假定该商品的市场价格为 P_0，消费者的购买量为 Q_0，根据消费者剩余的定义可知，在购买量0到 Q_0 区间需求曲线以下的面积表示消费者为购买 Q_0 个商品所愿意支付的价格总额；而实际支付的总额是矩形面积 OQ_0BP_0，即市场价格 P_0 与购买量 Q_0 的乘积，这两块面积的差额就是消费者剩余，也就是图中阴影部分的面积。

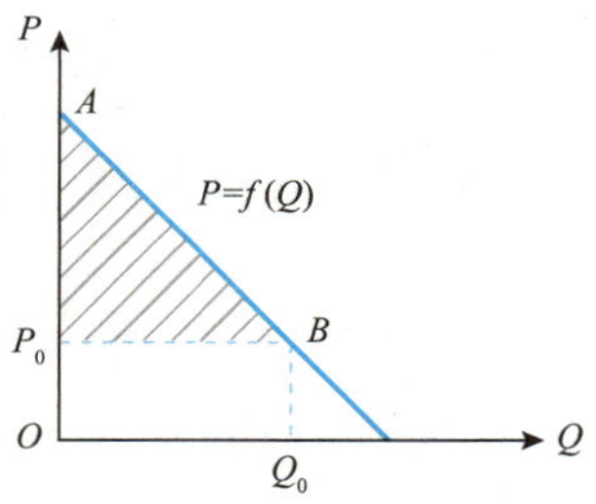

图4-3 消费者剩余

需要注意的是，消费者剩余只是消费者心理上的一种主观感受，不同的消费者对某种商品的消费估计不同，所愿意支付的最高价格也不相同。另外，生活必需品的消费者剩余大，比如食盐，消费者对其效用评价很高，愿意支付的价格也很高，但是这类物品的市场价格往往较低，使得消费者剩余较大。

资料链接

假设在拍卖会上，有一张崭新的邓丽君首张专辑进行拍卖，小明和另外三个歌迷（张三、李四、王五）出现在拍卖会上。他们每一个人都想拥有这张专辑，但每个人愿意为此付出的价格有限。小明愿意用1 000元，张三愿意用750元，李四愿意用700元，王五愿意用500元。

拍卖者为了卖出这张专辑，从100元开始叫价。由于他们四个愿意支付的价格比100元要高得多，价格很快上涨。当拍卖师报出800元价格时，小明得到了这张专辑。

资料来源：本书编写组。

那么，小明用800元买到这张专辑，得到了什么收益？

小明本来愿意为这张专辑出1 000元，但实际只付出了800元。小明得到了200元的消费者剩余。而其余的三个人在参与拍卖中没有得到消费者剩余，因为他们没有得到专辑，也没有花一分钱。

再如，消费者在商场里看中了价格为200元的一件上衣，在购买时向老板讨价还价，问120元卖不卖。卖衣服的人理解消费者的这种心理，往往会同意让些利，促使消费者尽快决断，否则消费者就会产生到其他柜台看看的念头。讨价还价可能以140元成交。在这过程中消费者追求的是效用最大化吗？显然不是，这实际是消费者对这件衣服的主观评价而已，就是为所购买的物品愿意支付的最高价格。如果市场价格高于消费者愿意支付的价格，消费者就会觉得不值，从而放弃购买，此时消费者剩余为负数；相反，如果市场价格低于消费者愿意支付的价格，消费者就会觉得物有所值，就会购买，这时就有了消费者剩余。消费者剩余是主观的，并不是消费者实际货币收入的增加，仅仅是一种心理上满足的感觉。

八、边际效用理论的应用

边际效用理论现已被广泛、自觉或不自觉地运用到生活和工作中。

从消费者的角度出发，消费者可以运用边际效用理论确定商品的最优购买数量，实现效用最大化。另外，由于存在边际效用递减规律，所以为了追求效用最大化，消费者应该求新求异，比如经常变换不同类型的着装、看不同类型的电影等，在收入允许的条件下，追求更加丰富多彩、有品质的生活。

厂商可运用边际效用理论进行商品的定价。例如，京东电商平台出售某品牌洗发水，单瓶售价为62元，如果购买两件，总价可以打八折，平均每瓶售价为49.6元。

由于存在边际效用递减规律，厂商应该注重产品和服务的不断创新，提高产品的质量和性能，并提供多样化的产品和服务。因为新产品可以阻止边际效用递减，而边际效用高，消费者愿意支付的价格就高，新产品可制定更高的售价，从而获得更多的利润。

资料链接

宝洁是全球的日用消费品公司巨头之一，在日用化学品市场上知名度相当高，其产品包括洗发用品、护发用品、护肤用品、化妆品、婴儿护理产品、妇女卫生用品、医药用品、织物、家居护理、个人清洁用品等。

该公司的洗发水有很多品牌，飘柔、潘婷、海飞丝、沙宣等都是宝洁公司旗下的产品。为什么宝洁要设立这么多不同的品牌，这不是同质化的产品吗？其实，这主要是为了尽量减少边际效用递减规律的影响。如果宝洁公司只有一个品牌的洗发水，消费者持续消费的效用将越来越小，宝洁公司的产品需求就会越来越少，盈利将会减少。

事实上，宝洁公司经营的多种品牌策略不是把一种产品简单地贴上几种商标，而是追求同类产品不同品牌之间的差异，包括功能、包装、宣传等方面，从而形成每个品牌的鲜明个性。这样，每个品牌有自己的发展空间，市场就不会重叠。

任务三 认识序数效用论

一、消费者偏好

消费者偏好

（一）消费者偏好的含义

序数效用论认为，效用是消费者的主观心理感受，无法用具体数字来衡量，更不能加总求和，效用之间的比较只能通过顺序或等级来进行，即可以用序数第一，第二……比较大小。如李芸消费了豆浆和油条，她从中得到的效用是无法衡量，也无法加总求和，更不能用基数来表示；但她可以比较在消费这两种物品中所得到的效用。如果她认为消费一根油条所带来的效用大于消费一杯豆浆所带来的效用，那么，油条的效用第一，豆浆的效用第二。

序数效用论用“消费者偏好”来取代基数效用论的“效用单位”。偏好是指消费者根据自己的意愿，对可能消费的商品组合的排序，即消费者对商品的喜欢或不喜欢程度。偏好不受商品的价格和消费者收入的影响，它是消费者的一种心理状态，往往取决于一些非经济因素，比如当时、当地的社会环境、风俗习惯、时尚变化等。

（二）消费者偏好的假定

序数效用论在讨论消费者行为时，通常对消费者偏好的性质，作了一些基本假定。

（1）完备性。消费者在选中商品组合时，总是可以比较和排列所给的不同商品的组合。换言之，对于任意两个商品的组合 A 和 B，消费者总是可以做出，而且也只能做出下列三种判断的一种：对 A 的偏好大于 B；或者对 A 的偏好小于 B；或者对 A 和 B 的偏好相同（A 和 B 是无差异的）。而且消费者对于偏好的表达方式是完备的，消费者总是可以把自己的偏好评价准确地表达出来。比如消费者面临两个套餐，其中甲套餐里有 1 瓶牛奶和 3 个面包，乙套餐里有 2 瓶牛奶和 2 个面包，消费者应该能够判断：或者甲套餐比乙套餐好；或者乙套餐比甲套餐好；或者两者不相上下。

（2）可传递性。偏好的传递性是指对于任何三个商品组合 A、B、C，如果消费者对 A 的偏好大于 B，对 B 的偏好大于 C，那么在商品组合 A、B、C 中，对 A 的偏好一定大于 C。可传递性保证了消费者的偏好是一致的，且是理性的。

（3）非饱和性。如果两个商品组合的区别仅在于其中一种商品的数量不同，则消费者总是偏好于含有这种商品数量较多的商品组合。简单来说，对于任何一种商品组合，消费者认为多比少好，消费量越多，效用水平越高。例如，有 A 套餐和 B 套餐，其中 A 套餐里有 2 瓶牛奶和 2 个鸡蛋，B 套餐里有 2 瓶牛奶和 4 个鸡蛋，根据非饱和性的原则，消费者更偏好于B套餐。此外，这个假设意味着消费者认为值得拥有的商品都是“好的东西”，而不是“坏的东西”。所谓“坏的东西”指的是如水污染、空气污染、噪声等。

二、无差异曲线

（一）无差异曲线的含义

序数效用论用无差异曲线来描述消费者对于不同商品组合的偏好程度的大小。消费者需求多样，所消费的商品种类繁多，为了简化分析，假定消费者只消费两种商品。

无差异曲线，又称为等效用线，是用来表示消费者偏好相同的两种商品的所有组合的曲线，或者说，它是表示能给消费者带来相同的效用水平或满足感的两种商品的所有组合点的轨迹。与无差异曲线相对应的效用函数为

$$U = f(X, Y) = U_0$$

其中，X、Y分别为商品1和商品2的数量，U_0是一个常数，表示某个效用水平。两种商品可以任意组合，但任何一种组合方式带给消费者的效用或满足感是相同的。

例： 李芸在消费豆浆和油条时不同数量的商品组合A、B、C、D、E，每个组合方式给李芸带来的效用是相同的，如表4–7所示。

根据表4–7所示的商品组合，通过在平面坐标系上描出各个组合点，连接各点，就可得到对应的无差异曲线U，如图4–4所示。

即问即答

判断对错：任意两条无差异曲线可以相交。（　）

表4–7　李芸的无差异表

商品组合方式	豆浆（X）	油条（Y）
A	1	10
B	2	6
C	3	4
D	4	3
E	5	2.5

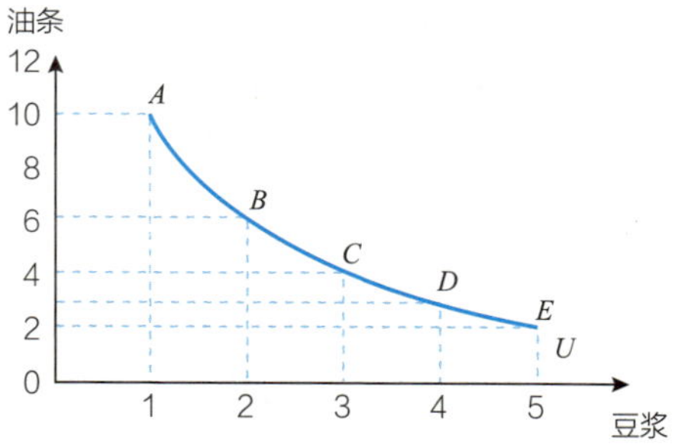

图4–4　无差异曲线

在无差异曲线上，任一商品组合的效用都是相同的，即消费者从该曲线上任一商品组合得到的满足感都是相等的。

（二）无差异曲线的特征

（1）无差异曲线是一条自左上方向右下方倾斜的曲线，斜率为负（不考虑中性商品和负商品）。这意味着在消费者收入和商品价格既定的条件下，消费者为了得到相同的总效用，在增加一种商品的消费时，必须减少另一种商品的消费，两种商品不能同时增加或减少。

即问即答

判断对错：离原点越近的无差异曲线，消费者的偏好程度越高。（　）

（2）在同一坐标系中，存在无数条差异曲线，离原点越远的无差异曲线代表的效用水

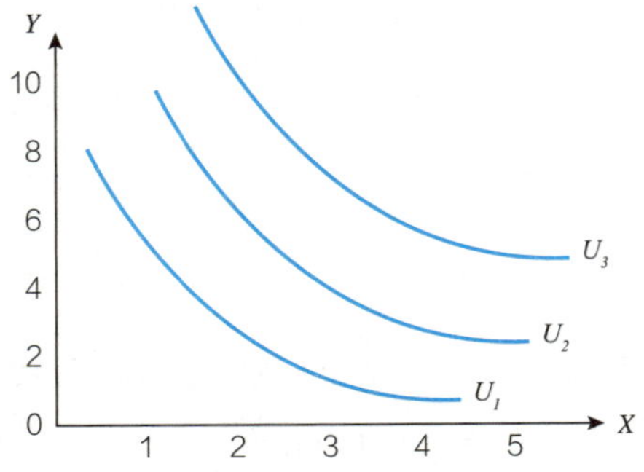

图 4-5　无差异曲线

平越大，离原点越近的无差异曲线代表的效用水平越小。在图 4-5 中，有 U_1、U_2、U_3 分别代表三条不同的无差异曲线，其效用水平由大到小排列，依次是 U_3、U_2、U_1。

（3）同一坐标系中任何两条无差异曲线不会相交。因为如果两条无差异曲线相交，交点代表着相同的效用水平，这与可传递性是相矛盾的。

（4）无差异曲线是一条凸向原点的曲线，且斜率的绝对值是递减的。这一特征是由商品的边际替代率递减规律决定的。边际替代率是无差异曲线的斜率，无差异曲线的左上部分斜率较大且陡峭，其右下部分斜率较小而平坦。

（三）边际替代率

在维持满足感不变的前提下（即在同一条无差异曲线上），消费者增加一单位的某一种物品所需放弃的另一种物品的消费数量的比率，称为边际替代率（marginal rate of substitution, MRS）。商品 X 对商品 Y 的边际替代率可表达为

$$MRS_{XY}=-\frac{\text{对商品Y的替代量}}{\text{对商品X的替代量}}=-\frac{\Delta Y}{\Delta X} \tag{4-4}$$

式中，MRS_{XY} 为商品 X 对商品 Y 的边际替代率，ΔX 和 ΔY 分别为商品 X 与商品 Y 的变化量。由于 ΔX 是增加量，ΔY 是减少量，当商品 X 和商品 Y 的消费量沿着一条既定的无差异曲线上下移动的时候，两种商品的数量组合将不断发生变化，但此时的效用水平却保持不变，这说明，在维持效用水平不变的前提下，消费者在增加一种商品的消费数量的同时，必然会放弃一部分另一种商品的消费数量，即两种商品的消费数量之间存在着替代关系。

为便于比较，在公式中增加了负号，使边际替代率取正值。如果 $\Delta X\to 0$，即当商品数量的变化趋于无穷小时，商品 X 对商品 Y 的边际替代率可表示为

$$MRS_{XY}=-\lim_{\Delta x\to 0}\frac{\Delta Y}{\Delta X}=-\frac{dY}{dX}$$

可见，无差异曲线上某一点的边际替代率就是无差异曲线在该点斜率的绝对值。

根据表 4-7 的资料，计算商品的边际替代率，结果如表 4-8 所示。

表 4-8　商品的边际替代率

变动情况	豆浆（ΔX）	油条（ΔY）	MRS_{XY}
A → B	1	−4	4
B → C	1	−2	2
C → D	1	−1	1
D → E	1	−0.5	0.5

从表 4-8 可以看出，商品的边际替代率呈递减的变动趋势，即消费者等量的增加商品 X 的消费，消费者为得到商品 X 而愿意放弃的商品 Y 越来越少。这一规律称之为边际替代率递减规律。

即问即答

已知一杯奶茶的价格为 10 元，一份手抓饼的价格为 5 元，在某消费者关于这两种商品的效用最大化均衡点上，一份手抓饼对奶茶的边际替代率 MRS 是多少？

（四）边际替代率递减规律

边际替代率递减规律

商品的边际替代率递减规律是指在维持效用水平不变的前提下，随着一种商品的消费数量的连续增加，消费者为得到每一单位的这种商品所愿意放弃的另一种商品的消费数量是递减的。

之所以会产生边际替代率递减的现象，原因在于随着一种商品的消费数量的逐步增加，消费者想要获得更多的这种商品的愿望就会递减，导致他为了多获得一单位的这种商品而愿意放弃的另一种商品的数量就会越来越少。即当商品 X 消费量不断增加时，增加的商品 X 的边际效用不断下降，而随着商品 Y 的不断减少，减少的商品 Y 的边际效用不断增加，因此，商品 X 对商品 Y 的替代能力将不断下降。

为了维持同样的效用水平，增加商品 X 的消费量所带来的效用上升与减少商品 Y 的消费量所产生的效用降低之和的总效用不变，即

$$\Delta X \cdot MU_{\mathrm{X}} + \Delta Y \cdot MU_{\mathrm{Y}} = 0$$

$$-\frac{\Delta Y}{\Delta X} = \frac{MU_{\mathrm{X}}}{MU_{\mathrm{Y}}}$$

根据上式可知，边际替代率等于两种商品的边际效用之比，即

$$MRS_{\mathrm{XY}} = \frac{MU_{\mathrm{X}}}{MU_{\mathrm{Y}}} \tag{4-5}$$

随着商品 X 的消费量增加，MU_{X} 是减少的，而 MU_{Y} 是增加的，因此 MRS_{XY} 减少，即边际替代率减少，这也就解释了边际效用递减规律与边际替代率递减规律之间的一致性。

三、预算线

（一）预算线的含义

预算线

无差异曲线只表示消费者主观上商品的偏好，消费者在进行商品组合选择时，还会受到消费者的收入水平和商品价格的限制，即预算约束。预算约束可用预算线来说明。

预算线又称为消费可能线，表示在消费者的收入和商品的价格给定的条件下，消费者的全部收入所能购买到的两种商品的各种组合的曲线。

为简化分析，假定消费者用既定收入购买两种商品 X 和 Y，那么，相应的预算线等式为

$$P_{\mathrm{X}}Q_{\mathrm{X}} + P_{\mathrm{Y}}Q_{\mathrm{Y}} = I \tag{4-6}$$

移项可得预算方程：

$$Q_{\mathrm{Y}} = -\frac{P_{\mathrm{X}}}{P_{\mathrm{Y}}} \cdot Q_{\mathrm{X}} + \frac{I}{P_{\mathrm{Y}}} \tag{4-7}$$

式中，I 为消费者的既定收入，Q_X、Q_Y 分别表示两种商品的购买数量，P_X、P_Y 分别表两种商品的价格。

根据上式可得预算线的图形，假定消费者将既定收入全部用于购买商品 X，购买数量为 $\frac{I}{P_X}$，可得 B 点；若将既定收入全部用于购买商品 Y，购买数量为 $\frac{I}{P_Y}$，可得 A 点，连接 AB 两点可得预算线，如图 4-6 所示。

即问即答

假设商品 X 的价格 $P_X=10$，商品 Y 的价格 $P_Y=10$，消费者收入 $I=100$，请写出该消费者的预算线。

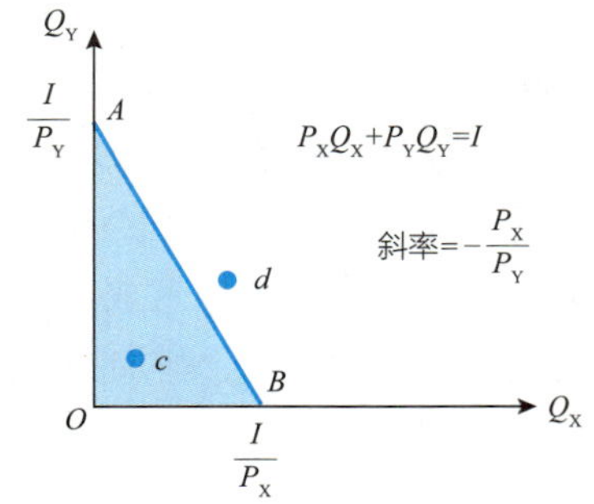

图 4-6　预算线

预算线 AB 将平面坐标图划分为三个区域：

（1）预算线 AB 以外的区域中的任何一点，如 d 点，表示消费者利用全部收入都不可能实现的商品购买的组合点，即收入不够。

（2）预算线 AB 以内的区域中的任何一点，如 c 点，表示消费者利用全部收入在购买了该点的商品组合后还有收入剩余，即钱没花完。

（3）预算线 AB 上的任何一点，表示消费者用全部收入刚好能购买到的商品最大数量的组合点。

图中的阴影部分的区域（包括直角三角形的三条边），称为消费者的预算可行集或预算空间。

值得注意的是，在既定的收入和商品价格下，预算线仅代表了消费者的各种可能的消费机会，但这条线上有无数个商品组合，究竟应该选择哪一个组合才能实现消费者的效用最大化，预算线本身是无法说明的，需要结合无差异曲线一起做进一步的分析。

素养园地

实现共同富裕是社会主义的本质要求，是中国特色社会主义制度的题中之义，是中国式现代化道路的重要特征，是全体人民群众的共同期盼。扩大中等收入群体、改善收入分配格局，是推动共同富裕取得更为明显的实质性进展的关键。2021 年中央财经委员会第十次会议明确提出："合理调节高收入，取缔非法收入，形成中间大、两头小的橄榄型分配结构，促进社会公平正义，促进人的全面发展，使全体人民朝着共同富裕目标扎实迈进。"在坚持我国社会主义基本经济制度的基础上，扩大中等收入群体，符合我国经济社会发展的基本方向，有助于加快实现共同富裕的战略目标。

资料来源：映象新闻，2022 年 5 月 6 日。

（二）预算线的移动

预算线以消费者的收入和商品价格既定为条件，如果消费者的收入和商品价格发生变化，消费者的预算线也会相应发生变化。预算线的变动可分为以下几种情况，现举例说明。

假定李芸每月用于牛奶（商品 X）和面包（商品 Y）的收入为 400 元，两种商品的价格分别为 8 元和 5 元，则李芸面临的预算线的表达式为

$$8Q_X + 5Q_Y = 400$$

该预算线的斜率为 $-\frac{P_X}{P_Y}=-\frac{8}{5}=-1.6$，横轴的截距为 50；纵轴的截距为 80。

（1）假定牛奶和面包的价格不变，李芸的收入增加到 600 元，预算表达式将变为 $8Q_X+5Q_Y=600$，此时预算线的斜率仍然为 $-\frac{P_X}{P_Y}=-\frac{8}{5}$，但横轴的截距将由 50 增加到 75；纵轴的截距由 80 增加到 120，横轴和纵轴的截距同比例上升了 50%，表现在图形上，预算线将向右平移。反之，如果李芸的收入减少到 200 元，预算表达式将变为 $8Q_X+5Q_Y=200$，同样的，预算线的斜率依然不变：$-\frac{P_X}{P_Y}=-\frac{8}{5}$，但横轴的截距将由 50 减少到 25；纵轴的截距由 80 减少到 40，横轴和纵轴的截距同比例下降了 50%，表现在图形上，预算线将向左平移。

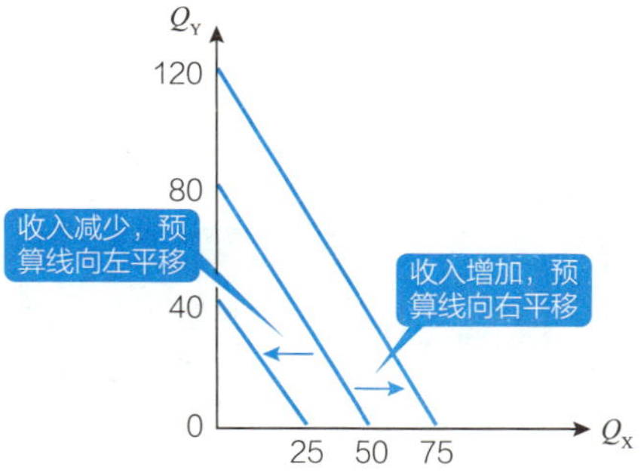

图 4-7 收入变动引起预算线的移动

结论：若两种商品的价格既定不变，消费者的收入 I 发生了变动，表现在图形上为预算线的平行移动。当消费者收入增加时，意味着可以购买更多的商品，预算线将向右平移；反之，如果消费者收入下降，即购买商品的数量将会下降，预算线将向左平移。

（2）假定消费者的收入不变，商品的价格发生了变动。这里可分为三种情形。

①商品 X 的价格发生了变动而商品 Y 的价格既定不变。

若此时牛奶的价格发生了变动，但面包的价格以及李芸的收入不变。假定牛奶的价格由 8 元降为 4 元，预算表达式将变为 $4Q_X+5Q_Y=400$，此时预算线的斜率将变为 $-\frac{P_X}{P_Y}=-\frac{4}{5}$，横轴的截距将由 50 增加到 100；但纵轴的截距依然为 80，表现在图形上则是预算线将以 A 点为轴，沿逆时针方向转动。假定牛奶的价格由 8 元上升 10 元，预算表达式将变为 $10Q_X+5Q_Y=400$，此时预算线的斜率将变为 $-\frac{P_X}{P_Y}=-\frac{10}{5}=-2$，横轴的截距将由 50 减少为 40；纵轴的截距还是不变，表现在图形上则是预算线将以 A 点为轴，沿顺时针方向转动，如图 4-8(a)

所示。

结论：若商品 X 的价格发生了变动而商品 Y 的价格和消费者的收入既定不变。如果商品 X 的价格上升，预算线将以 *A* 点为轴，沿顺时针方向转动。反之，如果商品 X 的价格下降，预算线将以 A 点为轴，沿逆时针方向转动。

②商品 X 的价格既定不变而商品 Y 的价格发生变动。

若此时面包的价格发生了变动，但牛奶的价格以及李芸的收入不变。假定面包的价格由 5 元降为 2 元，预算表达式将变为 $8Q_X+2Q_Y=400$，此时预算线的斜率将变为 $-\frac{P_X}{P_Y}=-\frac{8}{2}=-4$，纵轴的截距将由 80 增加到 200；但横轴的截距还是 50，表现在图形上则是预算线将以 *B* 点为轴，沿顺时针方向转动。假定面包的价格由 5 元上升 10 元，预算表达式将变为 $8Q_X+10Q_Y=400$，此时预算线的斜率将变为 $-\frac{P_X}{P_Y}=-\frac{8}{10}$，纵轴的截距将由 80 减少为 40；横轴的截距还是不变，表现在图形上则是预算线将以 B 点为轴，沿逆时针方向转动，如图 4-8（b）所示。

结论：假设商品 Y 的价格上升而商品 X 的价格和消费者收入既定不变，预算线将以 *B* 点为轴，沿逆时针方向转动。反之，如果商品 Y 的价格下降，预算线将以 *B* 点为轴，沿顺时针方向转动。

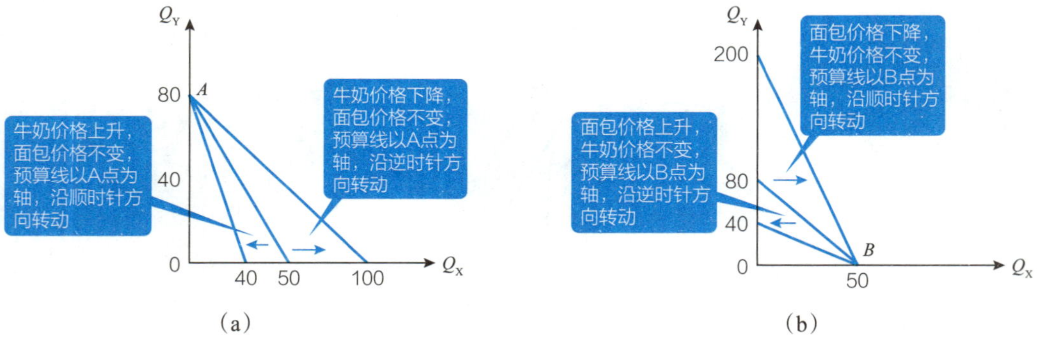

图 4-8　价格变动引起预算线的移动

③当消费者的收入不变，两种商品的价格同比例变化。

若牛奶和面包的价格发生了同比例变动，但李芸的收入不变。假定牛奶和面包的价格均下降 50%，牛奶的价格将由 8 元变为 4 元，面包的价格由 5 元变为 2.5 元，预算表达式将变为 $4Q_X+2.5Q_Y=400$，但预算线的斜率依然不变：$-\frac{P_X}{P_Y}=-\frac{4}{2.5}=-1.6$，而横轴的截距将由 50 增加到 100，纵轴的截距将由 80 增加到 160，表现在图形上则是预算线将向右平移。假定牛奶和面包的价格均上升 50%，牛奶的价格将由 8 元变为 12 元，面包的价格由 5 元变为 7.5 元，预算表达式将变为 $12Q_X+7.5Q_Y=400$，此时预算线的斜率依然不变：$-\frac{P_X}{P_Y}=-\frac{12}{7.5}=-1.6$，而横轴的截距将由 50 减少到 33，纵轴的截距将由 80 减少到 53，表现在图形上则是预算线将向左平移。价格同比例变化引起预算线的移动，如图 4-9 所示。

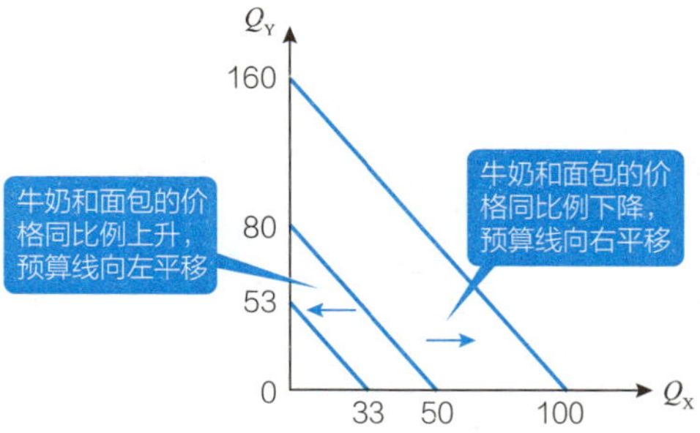

图 4-9　价格同比例变化引起预算线的移动

结论：当消费者收入既定不变，两种商品的价格同比例下降，预算线向右平移；反之，两种商品的价格同比例上升，预算线向左平移。

四、消费者均衡

序数效用论在分析消费者均衡时，需要把无差异曲线与预算线结合起来，进而分析消费者追求效用最大化的购买选择行为。

消费者均衡

在序数效用论中，无差异曲线代表消费者对商品组合的偏好，由于欲望的无穷性，消费者面临着无数条无差异曲线，为了获得更大的满足，消费者总愿意选择远离原点的无差异曲线，但消费者的购买选择需要受其收入水平和商品价格的限制和约束，由消费者的收入和商品价格决定的预算线只有一条。因此，消费者的最优购买行为必须满足以下两个条件。

①最优的商品购买组合必须是能够给消费者带来最大效用的商品组合；

②最优的商品购买组合必须位于给定的预算线上。

消费者偏好给定的假设，意味着给定了一个由该消费者的无数条无差异曲线所构成的无差异曲线簇。为了简化分析，我们选择了四条反映不同效用程度的无差异曲线。当消费者的收入和两种商品的价格既定，意味着给定了该消费者一条预算线 AB，如图 4-10 所示。

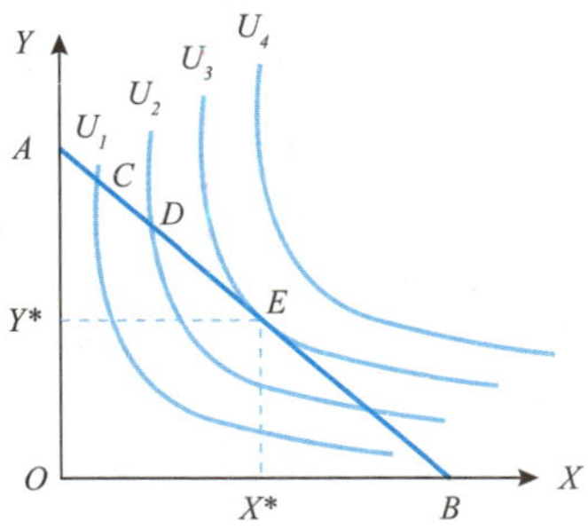

图 4-10　消费者均衡

消费者均衡的条件之一是追求效用最大化，图中四条无差异曲线中，U_4 效用最大，但消费者现有的收入水平无法达到。因此，消费者只能购买预算线及预算线以内的点所对应的购买量。U_1 和 U_2 虽然可以达到，但是却没有获得最大效用。如图 4-10 中的 C 点，可获得的效用 U_1，但是在花费同样的钱的条件下，选择 D 点获得的效用比 C 点更大，因为无差异曲线 U_2 的效用大于 U_1，但是 D 点并非最大效用组合点。对图 4-10 中的一条预算线和四条无差异曲线来说，只有预算线 AB 和无差异曲线 U_3 的切点 E，才是消费者在给定的预算约束下能够获得的最大效用的均衡点。在均衡点 E，相应的最优购买组合为（X^*，Y^*）。

在消费者均衡点 E 上，由于预算线正好与无差异曲线相切，所以预算线的斜率正好等于无差异曲线的斜率。预算线的斜率等于两种商品的价格之比，而无差异曲线的斜率恰好是两种商品的边际替代率，因此，消费者均衡的条件就是两种商品的边际替代率等于两种商品的价格比率，即

$$MRS_{XY}=\frac{P_X}{P_Y} \tag{4-8}$$

又因为边际替代率还等于两种商品的边际效用之比，即

$$MRS_{XY}=\frac{MU_X}{MU_Y}$$

所以，消费者均衡的条件也可以表示为

$$MRS_{XY}=\frac{MU_X}{MU_Y}=\frac{P_X}{P_Y} \tag{4-9}$$

也可将上式表示为

$$\frac{MU_X}{P_X}=\frac{MU_Y}{P_Y} \tag{4-10}$$

式（4-10）意味着，当每一种商品的边际效用与价格之比相等时，消费者实现了均衡。

值得注意的是，虽然序数效用论和基数效用论运用各自不同的方法分析消费者均衡，但最终二者所得出的消费者均衡条件在本质上是相同的。

资料链接

为持续扩大内需，全国各地陆续发放了多轮消费券，涵盖旅游、餐饮、商超、汽车、酒店等多个行业。保持消费品价格不变，当预算收入增加时，消费者的预算线往右平移，消费者可以购买的消费品组合数量会增加。

为提振消费，自2022年4月28日起，深圳通过美团、京东平台，向深圳消费者累计陆续发放5亿元消费券，种类包括餐饮堂食、餐饮外卖、景区门票、酒店民宿、健身行业等，以促进各类消费有序恢复。

同年5月，山东省出台《山东省促进汽车消费的若干措施》，提出在落实好国家和本省现有汽车消费政策基础上，加大财政投入力度，筹措消费券资金5亿元，发放汽车消费券15万张，助力全省汽车消费市场。7月4日，省商务厅等多部门再次发出《关于继续实施促进汽车、家电消费政策的通知》，明确7月份全省将再发放2亿元乘用车消费券，并新增燃气灶、抽油烟机2类商品家电消费券列入支持范围，为全省提振消费市场再添“一把火”。

与此同时，成都数字生活消费节暨首届“成都520网购节”启动，活动将持续到6月。其间，成都将开展线上促销活动，并分两批次发放约6亿元的“成都520”消费券，吸引超过200家电商及平台企业参与，商家数量超10 000家。成都市商务局表示，通过举办“数字生活消费节”，开展线上促消费活动，鼓励传统商贸零售和餐饮企业加快转型升级，创新线上线下融合经营模式。同时，也鼓励零售、餐饮中小微企业和个体工商户参与让利促销。

从各地的数据来看，消费券对消费的拉动效果比较明显。2022年5月，广州市启动“羊城欢乐购——广购羊城悦来粤好”促消费活动，并向市民发放消费券，促进消费扩容提质。数据显示，在“羊城欢乐购”消费券带动下，广州市消费金额在一周内环比增幅为17.35%，消费笔数环比增幅为13.49%。人民银行广州分行数据显示，截至

2022 年 5 月 7 日，在今年首轮促消费中，广东累计投放涉及金额 6.07 亿元的政府消费券，撬动消费交易 35.81 亿元，惠及实体商户 21.99 万家。

资料来源：https://news.cctv.com/2022/05/17/ARTIJYCUMv8hRWGGLHkhgCPr220517.shtml.

任务四　消费者行为理论的应用

一、价格－消费曲线和需求曲线

在消费者收入不变的条件下，商品的价格发生变化，商品的购买量随之发生变动。

假设消费者的收入既定，商品 Y 的价格不变，如图 4-11 所示，商品 X 的初始价格为 P_X^1，相应的预算线为 AB，该线与无差异曲线 U_1 相切于点 E_1，实现了消费者均衡。如果商品 X 的价格由 P_X^1 下降为 P_X^2，相应的预算线将由 AB 移动到 AB_1，新的预算线与另一条较高效用的无差异曲线 U_2 相切于新的均衡点 E_2。如果商品 X 的价格由 P_X^2 下降为 P_X^3，相应的预算线将由 AB_1 移动到 AB_2，于是与另一条更高效用的无差异曲线 U_3 相切于新的均衡点 E_3，以此类推，随着商品 X 的价格的不断变化，可以找到无数个诸如 E_1、E_2 和 E_3 那样的均衡点，我们把这些点的轨迹连线，得到的就是价格－消费曲线。价格—消费曲线是指在消费者偏好、收入不变的条件下，某种商品价格变动引起的消费者效用最大化均衡点移动的轨迹。

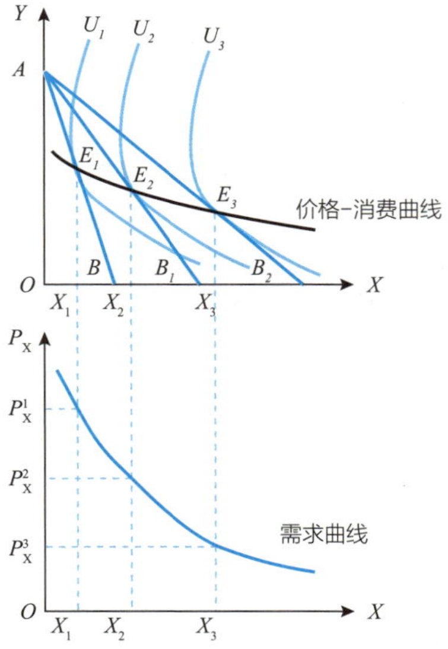

图 4-11　价格－消费曲线和需求曲线

价格－消费曲线用来说明一种商品价格变化对消费者均衡的影响，并反映了商品价格变化所引起的需求量的变动情况。在每一个均衡点上，都存在着商品 X 的价格 P_X 和商品的需求量 X 之间一一对应的关系。如在均衡点 E_1、E_2 和 E_3 上，商品的价格从 P_X^1 下降为 P_X^2，然后再下降为 P_X^3，相应地，商品 X 的需求量由 X_1 上升为 X_2，再增加到 X_3，将每一个 P_X 值和相应均衡点上的 X 值绘制在商品的价格－数量坐标图上，则得到了单个消费者的需求曲线。

二、收入－消费曲线

如果消费者的偏好和商品的价格不变，仅收入发生变化，那么消费者的收入变动所引起的消费者效用最大化的均衡点的变动，这些点的轨迹连线称为收入－消费曲线。

如图 4-12 所示，该图具体说明了收入－消费曲线的形成。假设消费者的偏好和商品价格既定，若消费者的初始收入为 I_1，可得到预算线 A_1B_1，该线与无差异曲线 U_1 相切于点 E_1，实现了消费者均衡。如果消费者的收入由 I_1 增加到 I_2，相应的预算线将由 A_1B_1 移动到 A_2B_2，新的预算线与新的无差异曲线 U_2 相切于新的均衡点 E_2。如果消费者的收入由 I_2 增加到 I_3，相应的预算线将由 A_2B_2 移动到 A_3B_3，与另一条无差异曲线 U_3 相切于新的均衡点 E_3，以此类推，随着消费者收入的不断变化，可以找到无数个诸如 E_1、E_2 和 E_3 那样的均衡点，我们把这些点的轨迹连线，得到的就是收入－消费曲线。

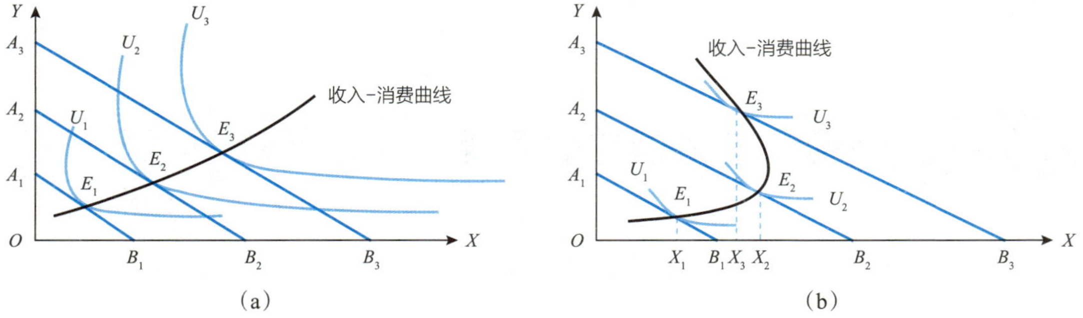

图 4-12　收入－消费曲线

图 4-12（a）中的收入－消费曲线是向右上方倾斜的，它表示随着收入水平的提高，消费者对商品 X 和商品 Y 的需求量都是上升的，所以，图 4-12（a）中的两种商品都是正常品。

但图 4-12（b）中的收入－消费曲线是向后弯曲的，它表示随着收入水平的提高，消费者对商品 X 的需求量开始时是增加的，但在收入上升到一定水平之后，消费者对商品 X 的需求量反而减少了。这说明，在一定的收入水平上，对于消费者来说，商品 X 由正常品变成了劣等品。例如，对某些消费者来说，在收入水平较低时，土豆是正常品；而在收入水平较高时，土豆就有可能成为劣等品。这是因为，在他们变得较富裕的时候，他们可能会减少对土豆的消费量，而增加对肉类与其他食物的消费量。

素养园地

在实际生活中，消费者受到价值观、风俗习惯、广告宣传、个人修养等各种因素的影响，很难做到对所购物品的信息完全地了解。为了保护消费者利益，引导消费行为，1993 年 10 月 31 日第八届全国人民代表大会常务委员会第四次会议通过《中华人民共和国消费者权益保护法》，并于 2013 年 10 月 25 日进行第 2 次修订，该法明确规定，我国消费者拥有以下基本权利。

（1）安全保障权。消费者在购买、使用商品和接受服务时享有人身、财产安全不受损害的权利。消费者有权要求经营者提供的商品和服务，符合保障人身、财产安全的要求。

（2）知情权。消费者享有知悉其购买、使用的商品或者接受的服务的真实情况的权利。消费者有权根据商品或者服务的不同情况，要求经营者提供商品的价格、产地、生产者、用途、性能、规格、等级、主要成分、生产日期、有效期限、检验合格证明、使用方法说明书、售后服务，或者服务的内容、规格、费用等有关情况。

（3）选择权。消费者享有自主选择商品或者服务的权利。消费者有权自主选择提供商品或者服务的经营者，自主选择商品品种或者服务方式，自主决定购买或者不购买任何一种商品、接受或者不接受任何一项服务。消费者在自主选择商品或者服务时，有权进行比较、鉴别和挑选。

（4）公平交易权。消费者享有公平交易的权利。消费者在购买商品或者接受服务时，有权获得质量保障、价格合理、计量正确等公平交易条件，有权拒绝经营者的强制交易行为。

（5）获得赔偿权。消费者因购买、使用商品或者接受服务受到人身、财产损害的，享有依法获得赔偿的权利。

（6）成立维权组织权。消费者享有依法成立维护自身合法权益的社会组织的权利。

（7）获得知识权。消费者享有获得有关消费和消费者权益保护方面的知识的权利。消费者应当努力掌握所需商品或者服务的知识和使用技能，正确使用商品，提高自我保护意识。

（8）受尊重权及信息得到保护权。消费者在购买、使用商品和接受服务时，享有人格尊严、民族风俗习惯得到尊重的权利，享有个人信息依法得到保护的权利。

（9）监督权。消费者享有对商品和服务以及保护消费者权益工作进行监督的权利。消费者有权检举、控告侵害消费者权益的行为和国家机关及其工作人员在保护消费者权益工作中的违法失职行为，有权对保护消费者权益工作提出批评、建议。

资料来源：《中华人民共和国消费者权益保护法》。

素养园地

时代发展，技术进步，越来越多的新科技、新事物吸引着学生们的眼球。校园贷在一段时间内成了校园“高利贷”。很多的学生有着贷款需求，却并不具备认清借贷、规避风险的能力。

2017 年 8 月，某高校大三学生被发现留下遗书溺亡。在他离世后，家人在他的手机上不断收到威胁恐吓他还款的信息。从 2016 年 7 月开始，该生从一个名为“速 X 借”的网络借款平台借了第一笔钱（1 500 元），随后就从另外一家网络借款平台借了 3 000 元钱用于归还“速 X 借”的钱，然后再从另外的借款平台再借出更多的钱用来归还上一笔欠款。除了“速 X 借”外，他还在“今 X 客”“哈 X 米”等网络借款平台上借过款。

多数大学生选择校园贷是源于超前消费需求，而也正是这样的消费观使他们误入歧途。同时，校园贷所造成的严重后果不仅给借贷人自身带来困扰，也会给借贷人家庭造成严重影响。

2021 年 3 月 17 日，银行保险监督管理委员会（现为国家金融监督管理总局）发布《关于进一步规范大学生互联网消费贷款监督管理工作的通知》。其中明确指出，禁止小额贷款公司、非持牌机构对大学生放贷，放贷机构外包合作机构要加强获客筛选，不得采用虚假、引人误解或者诱导性宣传等不正当方式诱导大学生超前消费、过度借贷，不得针对大学生群体精准营销，不得向放贷机构推送、引流大学生。

资料来源：中青在线，2017 年 8 月 18 日。

技能实训

实训名称：手机的偏好与选择

实训形式：

（1）分组：将全班同学分成若干组，每组选一名组长负责组织本小组完成项目。

（2）在组长的组织下，各组同学进行一次市场调查，搜集几款手机（覆盖高中低价位）的市场定位、目标市场的顾客需求，了解各个年龄段、职业、性别、受教育程度、文化背景的人群对于手机的选择。

（3）运用偏好与效用理论，分析不同价位的手机在偏好与效用上的共同性和差异性。

（4）组织各小组汇报和讨论，教师引导点评。

思考练习

一、单项选择题

1. 当总效用增加时，边际效用应该（　）。

A. 为正值，且不断增加

B. 为正值，但不断减少

C. 为负值，且不断减少

D. 为正值可能增加也可能减少

2. 以下哪种情况指的是边际效用（　）。

A. 我吃了第二个包子，满足程度从 10 个效用单位增加到了 14 个效用单位，增加了 4 个效用单位

B. 我吃了两个包子，共获得满足 14 个效用单位

C. 我吃了两个包子，平均每个包子带给我的满足程度为 7 个效用单位

D. 以上都不对

3. 某消费者逐渐增加某种商品的消费量，直至达到了效用最大化，在这个过程中，该商品的（　）。

A. 总效用和边际效用不断增加

B. 总效用不断下降，边际效用不断增加

C. 总效用不断增加，边际效用不断下降

D. 总效用和边际效用同时下降

4. 一个消费者想要一单位 X 商品的心情甚于想要一单位 Y 商品，原因是（　）。

A. 商品 X 有更多的效用

B. 商品 X 的价格较低

C. 商品 X 紧缺

D. 商品 X 是满足精神需要的

5. 水比钻石有更高的价值，但是水的价格却比钻石的价格更便宜，原因是（　）。

A. 人们不知道怎么给水定价

B. 人们更喜欢钻石
C. 人们根据边际效用递减规律来定价
D. 人们认为钻石的总效用最大

6. 消费者剩余是（　）。
A. 消费过剩的商品
B. 消费者得到的效用
C. 消费者买商品所得到的总效用减去支出的效用的货币的总效用
D. 支出的货币的总效用

7. 消费者剩余是消费者的（　）。
A. 实际所得
B. 主观感受
C. 没有购买的部分
D. 消费剩余部分

8. 无差异曲线的形状取决于（　）。
A. 消费者偏好
B. 消费者收入
C. 所购商品的价格
D. 商品效用水平的大小

9. 无差异曲线上任一点上商品 X 和 Y 的边际替代率是等于它们的（　）。
A. 价格之比
B. 数量之比
C. 边际效用之比
D. 边际成本之比

10. 消费者行为的“均衡状态”可表述为（　）。
A. 在该状态下，价格既定，消费者为了达到更高的满足水平需要更多的收入
B. 消费者实际上总是处于该状态下
C. 如果消费者有足够的收入，会希望调整到这种状态
D. 在该状态下，消费者不愿意拥有更多的任何商品

11. 消费者剩余的概念反映这样的事实（　）。
A. 在某些购买量下，消费者从购买中所获利益超过生产者从销售中所得到的利益
B. 对消费者来讲，许多商品的购买非常便宜，如果必要的话，为得到这些商品，他们愿意支付的价格远远大于他们实际支付的价格
C. 当消费者收入增加或者他们必须支付的该商品价格下降时，总效用增加
D. 当需求价格弹性缺乏时，较少的货币支出可使消费者获得更多的商品

12. 如果商品的价格和收入都翻番，效用最大化的消费者将（　）。
A. 成倍地增加他对两种商品的消费
B. 不会改变他的消费组合
C. 把他对两种商品的消费减为一半
D. 以上说法都不对

13. 当某消费者对商品 X 的消费达到饱和点时，则边际效用 MU_X 为（　）。

A. 正值

B. 负值

C. 零

D. 不确定，视具体情况而定

14. 某消费者把他的所有收入 50 元都花在饮料和瓜子上，假设每杯饮料 10 元，每袋瓜子 5 元，以下哪个饮料和瓜子的组合在该消费者的消费可能线上（　）。

A. 2 杯饮料和 3 袋瓜子

B. 3 杯饮料和 2 袋瓜子

C. 3 杯饮料和 4 袋瓜子

D. 4 杯饮料和 3 袋瓜子

15. 若无差异曲线上任意一点的斜率为 $dY/dX = -1/2$，这意味着消费者有更多的商品 X 时，他愿意放弃（　）单位 X 而获得一单位 Y。

A. 0.5

B. 2

C. 1

D. 1.5

16. 在一定的预算约束下，为了实现效用最大化，消费者应该选择商品的最优组合，使得（　）。

A. 两种商品边际替代率等于两种商品的价格比

B. 两种商品边际替代率大于两种商品的价格比

C. 两种商品边际替代率小于两种商品的价格比

D. 两种商品边际替代率等于预算线的斜率

17. 如果无差异曲线上任何一点的斜率等于 −1/2，则该点的商品边际替代率是（　）。

A. 1/2

B. 1

C. 2

D. 1.5

18. 在消费者行为分析中，基数效用论和序数效用论的主要差异在于（　）。

A. 边际效用是否递减

B. 效用是否平均

C. 消费者的目标是否相同

D. 消费者是否知道效用的绝对值

19. 消费者在消费商品或者服务时所感受到的满足程度是（　）。

A. 偏好

B. 收益

C. 效用

D. 预期

20. 无差异曲线所具有的从左上向右下倾斜并凸向原点的特征是由（ ）决定的。

A. 偏好完备性

B. 递减效用性

C. 偏好可传递性

D. 商品边际替代率递减规律

二、判断题

1. 在无差异曲线图上存在无数多条无差异曲线，是因为消费者的收入有时高有时低。（ ）

2. 总效用决定产品的价格，而边际效用决定消费的数量。（ ）

3. 如果边际效用递减，则总效用相应下降。（ ）

4. 若消费者收入增加而商品的价格不变，则无差异曲线向右平移。（ ）

5. 当消费者从商品中获得的总效用不断增加时，边际效用总是正的。（ ）

6. 基数效用论采用的分析方法是无差异曲线分析法。（ ）

7. 效用是心理学的概念，某种物品或劳务是否有效用，以及效用大小，没有一个客观标准，因而无法准确测定。（ ）

8. 在预算线上的任何一点，所有收入全部支出了。（ ）

9. 只要商品数量在增加，消费者得到的总效用就一定在增加。（ ）

10. 两种商品的价格按相同的比例上升，而收入不变，则预算线不发生变动。（ ）

三、技能训练题

1. 张三即将参加三门课程的期末考核，它能够用来复习的时间只有 6 天。每门课程所占用的复习时间和可能会有的成绩如下表所示。

天数	0	1	2	3	4	5	6
经济学分数	30	44	65	75	83	88	90
计算机分数	40	52	62	70	77	83	88
英语分数	70	80	88	90	91	92	93

为使得总成绩最高，请问张三应该如何安排复习时间？

2. 已知一件衬衫的价格为 100 元，一条裤子的价格为 60 元，在某消费者关于这两种商品的效用最大化的均衡点上，一条裤子对衬衫的边际替代率 MRS 是多少？

3. 假设一个消费者只买两种物品：牛奶和馒头。假设牛奶的价格是 5 元，馒头的价格是 2 元，消费者的收入是 20 元。

（1）写出预算线方程。

（2）假设消费者的收入和牛奶的价格保持不变，馒头的价格下降至 1 元时的预算线方程。

（3）假设牛奶和馒头的价格保持不变，消费者的收入增加 40 元时的预算线方程。

4. 假定李四购买苹果（A）、橙子（O）和香蕉（B）三种水果，它们的价格分别为每 500 克 2 元、4 元和 1 元，这些水果给他带来的效用如下表所示。如果李四有 17 元可以购买这些水果，为了使其效用最大，每种水果他应该买多少？

数量	1	2	3	4	5	6
MC_A	50	40	30	20	16	12
MC_O	60	40	32	24	20	16
MC_B	10	9	8	7	6	5

5. 玲玲购买第一件装饰品愿付 10 元，第二件愿支付 9 元……，直到第 10 件 1 元，第 11 件就不愿付钱。问：（1）假如每件装饰品需付 3 元，她将买多少件装饰品？她的消费者剩余是多少？（2）装饰品的价格每件涨到 5 元，情况又怎样呢？（3）你能表述玲玲所获得的消费者剩余和商品价格之间的关系吗？

6. 已知某消费者每年用于商品 1 和商品 2 的收入为 540 元，两种商品的价格分别为 P_1 = 20 元和 P_2 = 30 元，该消费者的效用函数为 $U = 3x_1x_2^2$，为获得最大效用，该消费者每年购买这两种商品的数量应各是多少？

项目五

了解企业生产决策

目标导航

知识目标

(1) 理解短期和长期的概念;
(2) 掌握总产量、平均产量、边际产量的概念;
(3) 掌握总产量、平均产量和边际产量之间的变化规律及相互关系;
(4) 掌握边际技术替代率的概念和计算方式;
(5) 理解边际收益递减规律;
(6) 能够理解规模经济的三种情况以及产生规模经济以及不经济的原因;
(7) 理解一种可变生产要素投入的合理区域;
(8) 理解等产量线、等成本线以及两种生产要素的最佳组合。

技能目标

(1) 能够对企业的合理生产规模区间进行划分;
(2) 能运用等产量线及等成本线确定基本的最优产量;
(3) 能够理解规模经济的经济理论与实际意义。

素养目标

(1) 学会做人做事,做一个"守初心、担使命"的社会"经济人";
(2) 树立正确的人生观、价值观和世界观;
(3) 弘扬劳动精神,引导崇尚劳动、尊重劳动,懂得劳动最光荣。

知识导图

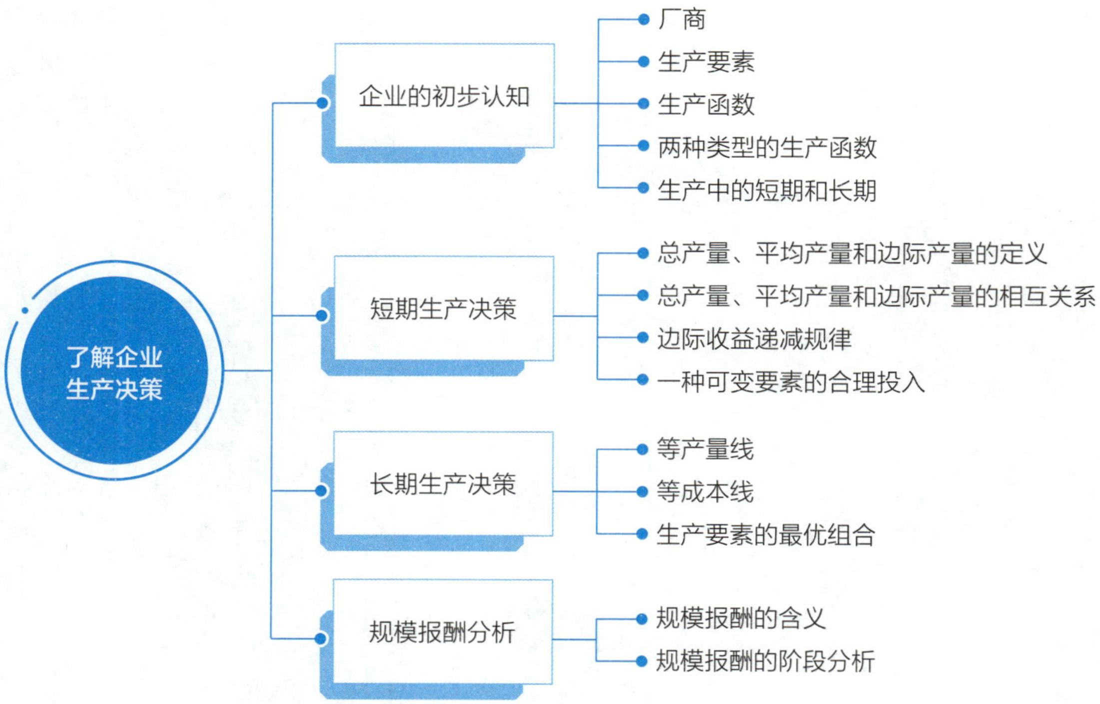

案例导入

有人曾经做过一个拉绳试验：先把被试验者分成 2 人组、3 人组和 8 人组，要求各组用尽全力拉绳。然后，再要求这些被试验者单独用尽全力拉绳。不管是分组拉绳，还是单独拉绳，测试都使用灵敏度极高的测力器分别测量各组和每个被测试者的拉力，并且进行了比较。

测量和比较的结果是：2 人组的拉力只是这两个人单独拉绳时拉力总和的 95%；3 人组的拉力只是这 3 个人单独拉绳时拉力总和的 85%；而 8 人组的拉力则降到这 8 个人单独拉绳时拉力总和的 49%。在拉绳试验中，出现了“$1+1<2$”的现象，这种情况说明：有人在“偷懒”！而且在一起干活的人越多，“偷懒”的现象越严重。那如果我们投入的不是人力而是物力，情况会不会有所不同呢？

在农业中，当使用的工具和耕作方法没有发生重大变化，土地、人力、种子等生产要素都不变，只增加肥料。以此为前提，如果把土地分为相同的若干块，每块土地用的肥料递增，所获得的产量一定是：随着肥料增加，先是边际产量递增，然后边际产量递减，最后肥料太多把庄稼都烧死了，连种子也收不回来，边际产量成了负的。这个例子就是农业经济学家杨格的“杨格堆肥试验”。该试验为我们证明了在物质生产领域，当技术水平不变时，过多地投入某种生产要素也会带来产量的递减。那么究竟要怎么投入资源才能为厂商带来既定资源下的产量最大从而实现利润最大化呢？

任务一 企业的初步认知

一、厂商

生产者亦称厂商或企业，是指组织生产要素进行生产并销售产品和劳务，以取得利润的机构；是能够作出统一的生产决策的单一经济单位；是市场经济中生产组织的基本单位。

厂商从组织形式上可以划分为三种组织形式，即独资企业、合伙制企业以及公司制企业。

独资企业是指个人出资经营、归个人所有和控制、由个人承担经营风险和享有全部经营收益的企业。如零售商店、理发店、私人诊所等。其一般特点是，企业主可以完全根据个人的意志确定经营策略，进行管理决策，但企业主对企业的债务负无限责任，即当企业的资产不足以清偿其债务时，企业主以其个人财产偿付企业债务。

合伙制企业是指由两人或两人以上按照协议投资，共同经营、共负盈亏的企业。合伙制企业财产由全体合伙人共有，共同经营，合伙人对企业债务承担无限连带清偿责任。合伙制企业可以从众多的合伙人处筹集资本，一定程度上突破了企业资金受单个人所拥有的量的限制，并使得企业从外部获得贷款的信用增强、扩大了资金的来源。同时将风险分散在众多所有者身上，合伙人共同偿还责任，使合伙制企业的抗风险能力较之单一企业主制企业大大提高。

公司制企业是指按照法律规定，由法定人数以上的投资者（或股东）出资建立、自主经营、自负盈亏、具有法人资格的经济组织。我国公司制企业包括有限责任公司和股份有限公司两种形式。当企业采用公司制的组织形式时，所有权主体和经营权主体发生分离，所有者只参与和做出有关所有者权益或资本权益变动的理财决策，而日常的生产经营活动和理财活动由经营者进行决策。

二、生产要素

厂商进行生产的过程就是从投入生产要素到生产出产品的过程。在微观经济学中，生产要素一般被划分为劳动、土地、资本、企业家才能四种类型。

（一）劳动

劳动是指人类在生产过程中提供的体力劳动和脑力劳动。劳动是最基本的生产要素，劳动的报酬是工资，企业雇佣劳动力，劳动力将自己的体力和脑力投入生产过程，企业支付工资作为报酬。劳动对产出的影响取决于提供劳动的知识水平、劳动投入和劳动态度等。

（二）土地

土地作为生产要素范畴，是未经人类劳动改造过的各种自然资源的统称，既包括一般的可耕地和建筑用地，也包括森林、矿藏、水面、天空等。土地可以给生产提供场所、原料和动力。土地是任何经济活动都必须依赖和利用的经济资源，相对于其他经济资源和生产要素，土地是最难以增加的，其稀缺性比其他生产要素更显著。特别是随着人口的增多、经济活动规模的扩大和深度的发展，土地的稀缺性具有明显加强的客观趋势。土地的报酬是地租，即使用土地的生产者须向土地所有者支付租金。

（三）资本

资本是指生产者的投资，包括有形资本和无形资本，其中有形资本包括机器设备、厂房、原材料等，无形资本包括企业的信誉、商标、专利等。资本的报酬是利息，生产者借贷货币资金购买生产设备等，要向贷款方支付利息。

（四）企业家才能

企业家才能是指经营管理企业的能力和创新的能力。微观经济学认为，在生产相同数量的产品时，可以多用资本、少用劳动，也可以多用劳动、少用资本。但是，劳动、土地和资本三要素必须予以合理组织，才能充分发挥生产效率，因此，为了进行生产，还要有企业家将这三种生产要素组织起来。同样的生产要素和环境条件，由不同的企业家来经营，其结果常常有很大的差别，这就表明了企业家才能这个要素在生产中的重要作用。正常利润是企业家才能的报酬。

厂商通过对以上各种生产要素的综合运用，可以生产出各种有形的商品，如食品、机器设备等，也可以提供各种无形商品——劳务，如教育、医疗、咨询、旅游等。

素养园地

数据成为重要的生产要素

传统的生产要素包括劳动力、资本、土地、企业家才能等。随着网络时代的来临，数据成为重要的生产要素。数据在生产、流通、分配、消费全过程中发挥着越来越重要的作用。数据是经济主体最优决策的基础。平台企业利用大数据，可以实现最优的商业流程，包括定价和供应链管理。基于大数据对客户的精准评估，可以实现对客户的精准广告投放或信贷等。流量入口平台掌握海量数据，可以从第三方广告投放中获得巨额收益。

2020 年 11 月 20 日，习近平总书记在亚太经合组织（亚太经济合作组织）第二十七次领导人非正式会议上发言，提出数字经济是全球未来的发展方向，创新是亚太经济腾飞的翅膀。我们应该主动把握时代机遇，充分发挥本地区人力资源广、技术底子好、市场潜力大的特点，打造竞争新优势，为各国人民过上更好日子开辟新可能。

三、生产函数

生产是把各种投入转换为产出的过程。描述投入和产出的关系，需要考虑在一定的生产技术条件下，既定的投入能带来多大的产出。在经济学中，需要考虑哪些要素作为投入，哪些变量作为产出，从而构建一个投入量和产出量之间数量关系的数学表达式作为生产函数。所以生产函数是指在既定的技术和知识水平条件下，生产中所使用的各种生产要素的数量与所能生产的最大产量之间的关系。

以 Q 表示最大产出量，X_1，X_2，X_3，…，X_n 表示各种生产要素的投入量，那么生产函数可以表示为

$$Q = f(X_1, X_2, X_3, \cdots, X_n)$$

令 L，K，N，E 分别表示生产要素劳动、资本、土地、企业家才能，Q 代表所能产生的最大产量，则生产函数可表示为

$$Q = f(L, K, N, E)$$

在经济学分析中，土地通常看作是不变的，而企业家才能很难进行估算，因此为方便研究，假定生产过程中只有两种投入要素，即劳动 L 和资本 K，则生产函数简化为

$$Q = f(L, K)$$

由于不同厂商的生产过程并不相同，差异很大，经济学用生产函数的概念可以打开厂商生产的“黑匣子”，从而了解厂商是如何将投入要素有效转化为产品的。例如，生产函数可能描述的是一家具有特定厂房面积和特定工人的企业每年生产的衣服的件数，也有可能描述的是一个具有特定数目的机器设备和服务员的蛋糕店每月制作蛋糕的总量。

关于生产函数，需要注意以下几点。

①生产函数中的产量是指一定技术水平下，一定数量的投入要素所可能得到的最大产量。在没有浪费和资源闲置的情况下，生产函数本质上是一种技术关系。因此当技术发生改变，那么生产函数也会随之改变，即在不同的生产技术条件下，有不同的生产函数。例如，我们可以考察一下甲、乙两家服装企业。在甲企业，我们可以看到厂房里面都是大型生产流水线以及少量操纵机器设备的工人，这个企业日产量可以达到 500 件。而在乙企业，我们看到的是大量的工人以及数量不多的机器设备，这个企业日产量仅达到 100 件。由此可见，这两种技术水平不同的企业，其生产函数也不相同。

②理论上讲，有成千上万个生产函数。在经济学领域，随着技术的飞速发展，生产函数可能在使用后不久就被淘汰。但是经济学家发现，生产函数对于描述厂商的生产能力依然是一个有用的方法。

四、两种类型的生产函数

（一）里昂惕夫生产函数

里昂惕夫生产函数又称固定投入比例生产函数，是指在一个产量水平上任何一对要素投入量之间的比例都是固定的生产函数。假定生产过程中只使用劳动和资本两种生产要素，则固定投入比例生产函数的公式为

$$Q = Min\left(\frac{L}{U}, \frac{K}{V}\right)$$

式中，Q 表示一种产品的产量，L 和 K 分别表示劳动和资本的投入量，U 和 V 分别表示为固定的劳动和资本的生产技术系数，他们分别表示一单位产品所需要的固定的劳动投入量和资本投入量。

该生产函数表示产量 Q 取决于两个比值 $\frac{L}{U}$ 和 $\frac{K}{V}$ 中较小的那一个，即使其中的一个比例数值较大，也不会提高产量。在这里，产品的产量 Q 被假定为必须按照 L 和 K 之间的固定比例，当一种生产要素的数量不能变动时，另一种生产要素的数量再多，也不能增加产量。因此，对于一个固定投入比例的生产函数而言，当产量发

即问即答

如何用经济学原理解释木桶原理？

生变化时，各要素的投入量以相同的比例发生变化，所以，各要素的投入量之间的比例维持不变。

（二）柯布－道格拉斯生产函数

柯布－道格拉斯生产函数（简称 C–D 生产函数）最初是美国数学家柯布和经济学家保罗·道格拉斯共同探讨投入和产出的关系时提出的，他们通过研究 1899—1922 年美国的资本和劳动这两种生产要素投入量对生产量的影响，得到以下生产函数的表达式：

$$Q = AL^{\alpha}K^{\beta}$$

式中，Q 为产量；L 和 K 分别为劳动和资本的投入量；A、α 和 β 是 3 个参数：参数 A 代表生产的综合技术水平，参数 α 和 β 分别表示劳动的产出弹性和资本的产出弹性。具体而言，劳动的产出弹性 α 表示产量对劳动投入量变化的反应程度，也就是说，如果资本投入量不变，当劳动投入量增加 1% 时，则产量将会增加 α%；同样，所谓资本的产出弹性 β 表示产量对资本投入量变化的反应程度，也就是说，如果劳动投入量不变，当资本投入量增加 1% 时，则产量将会增加 β%。

此外，α 和 β 的取值还决定了生产所具有的规模报酬的类型：当 $\alpha + \beta > 1$ 时，生产为规模报酬递增；当 $\alpha + \beta = 1$ 时，则为规模报酬不变；当 $\alpha + \beta < 1$ 时，为规模报酬递减。

五、生产中的短期和长期

生产中的短期和长期

微观经济学在研究生产时将生产中需要的投入分为不变投入和可变投入，不变投入是指一定时期内数量不随产量变化而变化的投入，如厂房、机器设备等。而可变投入是指一定时期内数量随产量变化而变化的投入，如原材料、劳动力等。

根据这一划分，经济学中的短期和长期的概念就能得以区分。这里的长期和短期并不是指一个具体的时间跨度，而是指厂商是否能够变动全部投入要素的数量。如果所有投入要素都可变，就是长期；如果至少有一种投入要素不变，就是短期。例如，螺蛳粉的市场需求由于消费者偏好发生变化而快速上升，在短期内，厂商可以通过让工人加班加点等提高现有设备使用强度的方式来增加产量以满足市场需求；长期内，厂商不仅可以通过增加工人数量，还可增加机器设备、扩大生产规模等方式来满足增长的市场需求。

在经济学分析中，土地通常看作是不变的，而企业家才能很难进行估算，为方便研究，假定生产过程中只有两种投入要素，即劳动 L 和资本 K，所以，如果劳动和资本两种生产要素的数量都可变，就是长期生产过程，所对应的就是长期成本曲线；如果资本投入量固定不变，而劳动投入量是可变的，就是短期生产，所对应的就是短期成本曲线。

当然，对于不同行业而言，长期和短期的具体时间并不相同。例如，对于服装制造、食品加工企业来说，一两年就算长期了，但对于飞机、高铁制造企业来说，可能五年还是短期。

任务二 短期生产决策

在短期生产过程中，假定资本不变，则短期生产函数为劳动的函数，产量随着劳动投入量的变动而变化，厂商的目的是获得最大利润，那么，怎样的劳动投入量才是最优的呢？

总产量、平均产量和边际产量

一、总产量、平均产量和边际产量的定义

总产量（TP）是指在一定的技术和资本不变条件下，一定的劳动投入量可以生产出来的全部产量。用 TP_L 来表示，即

$$TP_L = f(L) \tag{5-1}$$

平均产量（AP）是指平均每单位劳动投入量的产量，用 AP_L 来表示，即

$$AP_L = \frac{TP_L}{L} \tag{5-2}$$

边际产量（MP）是指增加或减少一单位劳动投入量后，总产量的变化量，用 MP_L 来表示，即

$$MP_L = \frac{\Delta TP_L}{\Delta L} \tag{5-3}$$

式（5-3）中，ΔTP_L 代表总产量的增量，ΔL 代表劳动投入量的增量。

二、总产量、平均产量和边际产量的相互关系

如表 5-1 所示，该表给出了一种可变投入（劳动）的生产函数所表示的投入和产量之间的关系，根据该表，可以画出总产量、平均产量和边际产量曲线图，如图 5-1 所示。

表 5-1 总产量、平均产量和边际产量

资本 K	劳动 L	增量 ΔL	总产量 TP_L	平均产量 AP_L	边际产量 MP_L	三个阶段
10	0	0	0	—	—	$MP_L > AP_L$，故 AP_L 与 TP_L 都在上升
10	1	1	10	10	10	
10	2	1	30	15	20	
10	3	1	60	20	30	
10	4	1	80	20	20	$MP_L = AP_L$
10	5	1	95	19	15	$MP_L < AP_L$，但 $MP_L > 0$，故 TP_L 以递减的速度上升
10	6	1	108	18	13	
10	7	1	112	16	4	
10	8	1	112	14	0	
10	9	1	108	12	−4	$MP_L < 0$，故 TP_L 开始递减
10	10	1	100	10	−8	

（1）总的关系：在资本不变的情况下，随着劳动投入量的增加，最初总产量、平均产量、边际产量都是增加的，但各自增加到一定程度后开始下降。最先达到最高点的是边际产量，其次是平均产量，最后是总产量。

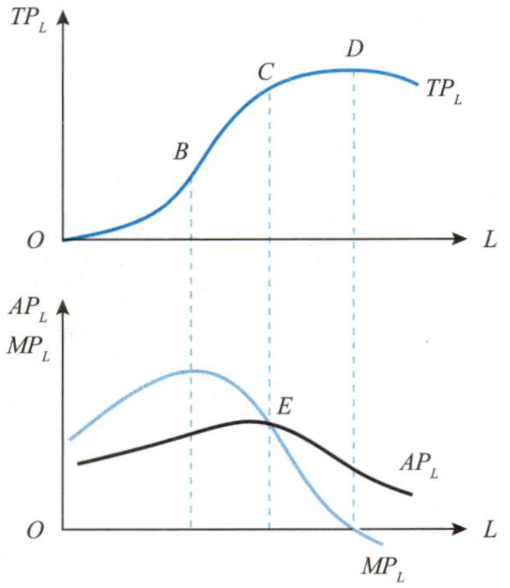

图 5-1 总产量、平均产量和边际产量曲线图

（2）总产量与边际产量的关系。当边际产量为正数时，总产量递增；当边际产量为负数时，总产量下降；当边际产量为零时，总产量达到最大值。

（3）边际产量和平均产量的关系。边际产量曲线与平均产量曲线相交于平均产量的最高点（即 *E* 点）。在相交之前，平均产量递增，相交后平均产量递减。这是因为就任何平均量与边际量的一般关系而言，只要边际量大于平均量，边际量就会把平均量往上拉；反之，只要边际量小于平均量，边际量就会把平均量往下拉。

（4）总产量与平均产量的关系。因为平均产量等于总产量与劳动投入量的比值，所以，总产量曲线上任何一点和原点相连，得到的线段的斜率都表示该点上的平均产量，因此，在图 5-1 中，*E* 点时平均产量最大，此时原点与总产量相应点的线段的斜率也最大。

三、边际收益递减规律

图 5-1 显示，边际产量曲线呈现先上升，达到最高点后出现下降的变化趋势，这种现象称为边际收益递减规律。

边际收益递减规律又称边际报酬递减规律，它的基本内容是：在技术水平不变的情况下，把一种可变的生产要素投入一种或几种数量不变的生产要素中，当这种可变的生产要素的投入量小于某一特定值时，则增加一单位该要素的投入量所带来的边际产量是递增的；当这种可变生产要素的投入量连续增加并超过这个特定值时，则增加一单位该要素的投入量所带来的边际产量是递减的。

对边际收益递减规律的理解应注意以下几点。

（1）这一规律发生作用的前提是技术水平不变，即生产中所使用的技术没有发生重大变革。若技术水平发生变化，这个规律就不再适用。

（2）边际收益递减规律是假定其他生产要素投入量不变，则以生产规模不变为前提。

（3）边际收益递减规律只存在于生产技术系数可变的生产函数中。对于生产技术系数固定的生产函数，由于各种生产要素不可相互替代，其组合比例是不可改变的。所以，当改变其中一种生产要素的投入量时，边际产量将变为 0，不存在依次递减趋势。

（4）在其他生产要素不变的情况下，增加一种可变生产要素的投入量所引起的产量或收益的变动会经历三个阶段。

第一阶段：边际产量递增阶段。可变要素的连续投入使产量或收益增加。这是因为开始时，由于可变要素的投入为零，而固定投入总是存在的，因此生产要素的组合比例远远没有达到最佳状态，不变要素没有得到充分利用。

第二阶段：边际产量递减阶段。随着可变要素的投入量继续增加，生产要素的投入量逐步接近最佳的组合比例，不变生产要素已接近充分利用状态。这时虽然仍可使总产量增加，但增加的幅度逐渐减小，即可变要素的边际产量是呈递减趋势的。

第三阶段：产量绝对减少阶段。当生产要素的投入量达到最佳组合比例后，若可变要素的投入量还继续增加，使生产要素组合越来越偏离最佳比例，则会导致总产量减少。

（5）边际收益递减规律普遍存在于各个行业。随着工作时间的增加，我们的效率和产出也会逐渐降低。例如，如果我们在一天内工作超过 8 个小时，我们的效率和产出就会逐渐下降，直到我们变得过度疲劳，无法完成更多的工作。

值得注意的是，劳动力作为可变生产要素时遵循边际收益递减规律，当其他要素保持不变时，资本作为可变生产要素也会遵循边际收益递减规律。

即问即答

请思考：请用边际收益递减规律分析学习时间应该分散还是应该挤在一起。

资料链接

三个和尚

我国有句著名的谚语：一个和尚挑水喝，两个和尚抬水喝，三个和尚没水喝。这是为什么呢？可以用边际收益递减规律来分析这句富含哲理的谚语。

为简化分析，假设运水这个生产行为只有资本和劳动两种投入要素，和尚属于生产行为中的劳动力投入，是可变投入，而运水需要的扁担和水桶属于资本投入，假定为不变投入。假设目前只有一组资本，即一条扁担和两个水桶。当和尚的人数由 0 人增加到 1 人时，就形成了一个和尚挑水喝的情形，由于要到山下运水，路途遥远，当只有一个和尚时，他用一根扁担挑两个水桶，每个桶里只能装一半，他只能走一个来回，此时，水的总产量为 1 桶，平均产量和边际产量也为 1 桶，即从无人运水到有 1 人运水，产量增加了 1 桶。

当和尚的数量从 1 个增加到 2 个时（劳动这种生产要素的数量增加），他们可以改变生产方式，因为资本（一根扁担，两个桶）是不变的，从一人用一根扁担挑两个水桶变成两人一前一后抬着一根扁担上的两个水桶，也就是两个和尚抬水喝，此时两个和尚一起合作，力量变强，他们就能将桶里的水装满，而且可以走两个来回，此时，水的总产量变为 4 桶，平均产量为 2 桶，边际产量为 3 桶，即增加了一个和尚，产量增加了 3 桶。也就是说，生产要素的增加，使得生产者可以选择一些效率更高的生产方式，从而提升了产量。

然而，当和尚的数量增加到三人时，姑且不论谚语里说的是三个和尚互相推诿导致无人去运水，就算他们三人都去运水，情况又会变得怎样？因为只有一组资本，3 个和尚无法同时使用，所以他们只能分组进行，两两合作下山抬水。若每个和尚参与抬水两次，一共下山 3 次，每次下山抬回两桶水，在这个过程中，总有一个人会闲置在那里，对增加总产量不起作用。此时，水的总产量为 6 桶，平均产量为 2 桶，边际产量为 2 桶，即再增加了一个和尚，产量仅增加 2 桶。

所以，随着可变生产要素的连续投入，边际产量呈现先增加后减少的趋势，原因是边际收益递减规律起了作用。若再把这句谚语的含义也考虑进来，多了一个和尚就多了人与人之间协调合作的问题，这意味着交易费用上升。从两个和尚增加到三个和尚，交易费用增加到甚至大家无法形成合作，都不愿意下山去运水，使得总产量下降为 0。所以，若还考虑交易费用的存在，它将使得边际收益递减规律更明显。

资料来源：《经济学基础》，傅甜甜，姚文宽，电子工业出版社，2022 年 1 月。

资料链接

用人贵精

曾作为全球最大零售企业之一的沃尔玛公司掌舵者的山姆·沃尔顿有句名言："没有人希望裁掉自己的员工，但作为企业高层管理者，却需要经常考虑这个问题。否则，就会影响企业的发展前景。"他深知，企业机构庞杂、人员设置不合理等现象，会使企业官僚之风盛行，人浮于事，从而导致企业工作效率低下。为避免这些在自己的企业内发生，沃尔顿想方设法要用最少的人做最多的事，极力减少成本，追求效益最大化。

从经营自己的第一家零售店开始，沃尔顿就很注重控制公司的管理费用。在当时，大多数企业都会花费销售额的5%来维持企业的经营管理。但沃尔玛则不这样做，它力图做到用公司销售额的2%来维持公司经营！沃尔玛在发展过程中一直坚持这种做法。在沃尔顿的带领下，沃尔玛的员工经常都是起早贪黑地干，工作卖力尽责。结果，沃尔玛用的员工比竞争对手少，但所做的事却比竞争对手多，企业的生产效率当然就比对手要高。这样，在沃尔玛全体员工的苦干下，公司很快从只拥有一家零售店，发展到了现在的拥有全球超过10500家连锁店（截至2023年4月）。公司大了，管理成本也提高了，但沃尔顿却一直不改变过去的做法——将管理成本维持在销售额的2%左右，用最少的人干最多的事！

资料来源：人人文库，2021年11月29日。

边际收益递减规律告诉我们，在一定的条件下，高投入未必带来高产出，因此，要注意投入的合理限度，寻找最佳的投入数量。例如在工业部门，1个车间有5台机床和4个工人，若再增加1个工人，则第5个工人可以操作闲置的机床，产量可以增加。此时若再增加1个工人，则第6个工人可以做一些辅助工作，提升另外5个工人的工作效率，产量继续增加，但不会增加太多的产量。但当车间里的工人数量不断增加时，边际产量会越来越少，甚至可能为负值。

素养园地

党的二十大报告指出，必须坚持科技是第一生产力、人才是第一资源、创新是第一动力，深入实施创新驱动发展战略，不断塑造发展新动能新优势。民营经济是我国科技进步的重要推动者、是美好生活产品的主要创造者、是自主创新的重要贡献者。

在高质量发展过程中，随着创新驱动发展战略的实施、高水平科技自立自强新征程的开启，许多民营企业充分发挥市场嗅觉敏锐、创新动力强、机制灵活、反应能力快的特点，从过去依靠生产要素投入转向依靠创新驱动发展，敢于涉足新领域、采用新技术、开发新工艺，不断推出新产品、提供新服务、创造新模式，努力提高市场核心竞争力。

据统计，截至2023年3月，我国民营科技企业占全国高新技术企业数量50%左右，是驱动经济发展与科技创新的重要力量，成为创新舞台上越来越活跃的角色。全国65%左右的发明专利、70%左右的技术创新和80%以上的新产品都来自民营企业。

四、一种可变要素的合理投入

生产要素既然存在边际收益递减规律，那么厂商应该如何进行短期决策，如何选择生产要素投入量来进行生产，实现利润最大化呢？根据短期生产的总产量、边际产量和平均产量之间的关系，可将短期生产划分为三个阶段，如图 5-2 所示。

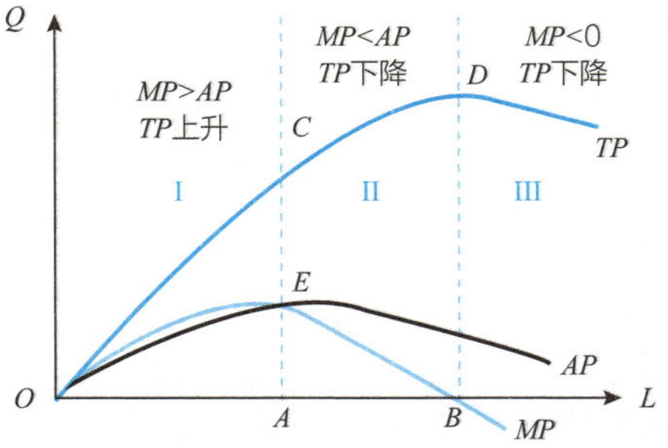

短期生产决策

图 5-2　短期生产阶段划分

第Ⅰ阶段：劳动投入量从原点 O 到 A 点区域。在这一阶段，劳动的边际产量始终大于平均产量，平均产量一直在增加，且在 $MP = AP$ 处达到最大值。这说明相对于固定要素资本而言，劳动投入量不足，所以只要生产者增加可变要素劳动的投入量，可使得固定要素得到充分利用，总产量就会增加。因此，任何理性的生产者都不会在这个阶段停产。

第Ⅱ阶段：劳动投入量从 A 点到 B 点区域。这一阶段，边际产量小于平均产量，平均产量递减，此时劳动投入量的增加可以使总产量增加，但是总产量增加的比率是递减的，到 D 点达到最大值。说明此时可变要素投入量与固定要素之间的比例趋于合理，是生产要素最合适的投入区域。

第Ⅲ阶段：B 点以后的区域。这一阶段，随着劳动的增加，总产量、平均产量和边际产量都会绝对减少，而且边际产量小于零。说明劳动投入量过多，超过固定要素所要求的最佳比例，从而导致可变要素不起作用甚至起到反作用。所以理性的生产者不会选择在这一阶段生产，而是会减少劳动投入量来增加产量。

综上所述，理性的生产者既不会把生产停留在第Ⅰ阶段，也不会将生产扩至第Ⅲ阶段，因此第Ⅱ阶段就是厂商最佳的生产区域。但在这一区域中，生产者究竟投入多少可变要素、可生产多少产品，需要把成本、收益和利润结合起来分析才能确定。

任务三　长期生产决策

长期生产函数分析的是厂商可以调整其全部生产要素（资本和劳动）投入的条件下，生产要素投入和产出之间的关系。所以长期生产函数要解决的问题是在一定的条件下，资本和劳动怎样组合，才能使产量最大；或在产量一定的条件下，怎样组合才能使成本最低。

为了确定资本和劳动这两种生产要素的最优组合，需要采用等产量线和等成本线进行分析。

一、等产量线

（一）等产量线的含义

等产量线

等产量线表示在生产技术既定的条件下，生产统一产量的两种要素之间的各种可能组合的轨迹，或者说两种生产要素的不同组合能够带来相等产量的一条曲线。

如表 5-2 所示，该表是产量为 100 单位时劳动和资本两种生产要素的组合。虽然劳动和资本的投入量不同，但其产出都是 100，即对于 A、B、C、D 四种不同的生产要素组合方式，其最终的产出是相同的。

表 5-2　劳动与资本的组合方式

组合方式	劳动	资本
A	1	5
B	2	3
C	3	2
D	5	1

根据表 5-2 可以画出等产量线，如表 5-3 所示，横轴 L 表示劳动投入量，纵轴 K 表示资本投入量，Q 为等产量线，即该线上任何一点所表示的资本与劳动不同数量的组合都能生产出相等的产量。

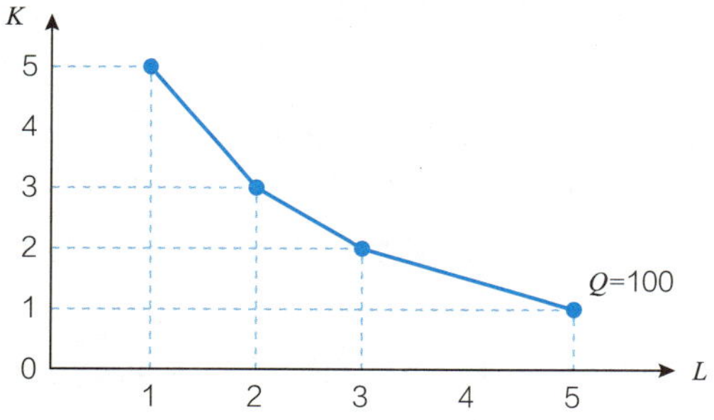

图 5-3　等产量线

（二）等产量线的特征

（1）等产量线是一条向右下方倾斜的曲线，其斜率为负值。

这就表明，在技术和其他生产要素既定的条件下，为了达到相同的产量，在增加一种生产要素时，必须减少另一种生产要素，即资本投入量和劳动投入量之间存在着一种此消彼长的替代关系。两种生产要素同时增加或同时减少，不能保持相同的产量水平。

（2）在同一平面图上，可以有无数条等产量线，且不同的等产量线代表不同的产量水平。

同一条等产量线代表相同的产量水平，不同的等产量线代表不同的产量水平。离原点越远的等产量线所代表的产量水平越高，离原点越近的等产量线所代表的产量水平越低。如图 5-4 所示，等产量线 Q_1 离原点最近，其产量水平为 100 个单位，等产量线 Q_2 次之，其产量水平为 200 个单位，等产量线 Q_3 离原点最远，其产量水平最高，为 300 个单位。

（3）在同一平面图上，任意两条等产量线不能相交。

如图 5-5 所示，如果等产量线 Q_1 与 Q_2 相交于 A 点，由于 A 点与 B 点位于等产量线 Q_1 上，则 A 点与 B 点两个投入要素组合所得到的产量相等；但同时 A 点与 C 点也位于等产量线 Q_2 上，说明 A 点与 C 点两个投入要素组合所得到的产量也相等，根据传递性原则，B 点与 C 点两个投入要素组合所得到的产量相等，这与上面所述的第二个特征相矛盾。

（4）等产量线一般都是凸向原点的。

等产量线是一条凸向原点的线，这是由边际技术替代率递减规律所决定的。

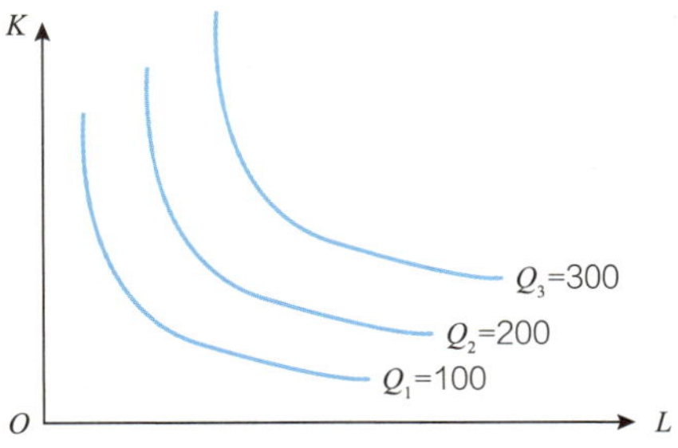

图 5-4 等产量线曲线簇

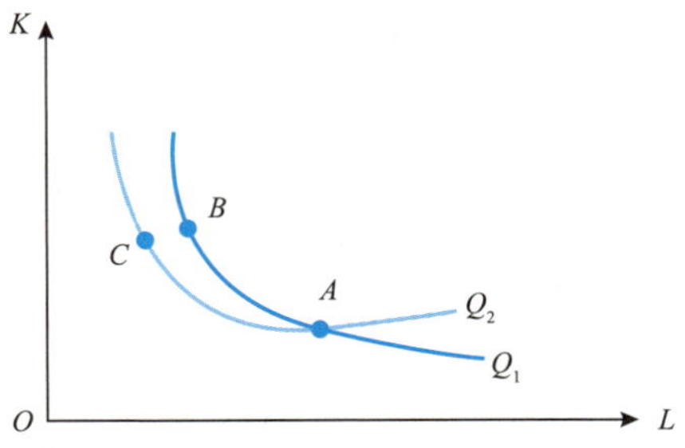

图 5-5 任意两条等产量线不能相交

（三）边际技术替代率

边际技术替代率是指在产量水平保持不变的前提下，增加一单位某种生产要素与减少另一种生产要素的数量的比值。

边际技术替代率

边际技术替代率与等产量线是密切联系的。等产量线表示的是在一个既定的产量水平下，两种可变要素生产的该产量的所有组合，即两种生产要素在既定的产量下是具有相互替代关系的。例如表 5-2 所示，为了生产 100 单位的某产品，生产者可以使用较多的资本和较少的劳动，如 A 组合方式；也可以使用较多的劳动和较少的资本，如 D 组合方式。A 组合方式是资本对劳动的替代，而 D 组合方式是劳动对资本的替代。

我们用 ΔK 和 ΔL 分别表示资本的减少量和劳动的增加量。$MRTS_{LK}$ 表示劳动替代资本的边际技术替代率，公式为

$$MRTS_{LK}=-\frac{\Delta K}{\Delta L} \quad (5-4)$$

或者：

$$MRTS_{LK}=\lim_{\Delta L\to 0}\left(-\frac{\Delta K}{\Delta L}\right)=-\frac{dK}{dL} \quad (5-5)$$

式 5-4 加上负号是为了使边际技术替代率的值为正，表示增加劳动的投入量必须减少资本的投入量，两种投入要素的变动方向是相反的。从式 5-5 可以看出，某特定投入组合的边际技术替代率是等产量线在该点斜率的绝对值。

即问即答

边际技术替代率等于 2 意味着什么？

根据表 5-2，当产量为 100 单位时，若采用 A 组合方式生产，即劳动投入量为 1 个单位，资本投入量为 5 个单位，现改为采用

B 组合方式生产，即劳动投入量为 2 个单位，资本投入量为 3 个单位。即劳动投入量增加了 1 个单位（$\Delta L=1$），资本投入量减少了 2 个单位（$\Delta K=-2$），根据公式 5-4 可计算得到劳动替代资本的边际技术替代率 $MRTS_{LK}=2$；同样的，若由 B 组合方式转为 C 组合方式生产，可得到 $MRTS_{LK}=1$；若由 C 组合方式转为 D 组合方式生产，可得到 $MRTS_{LK}=0.5$。我们发现边际技术替代率存在这样一种现象，在产量水平不变的前提下，当一种生产要素的投入量不断增加时，每一单位该要素所能替代另一种生产要素的数量是递减的，这种现象称为边际技术替代率递减规律。

边际技术替代率递减主要是因为边际收益递减规律在起作用。任何一种产量的生产技术都要求各要素投入之间有适当的比例，这表明要素之间的替代是有限的。在同一条等产量线上，随着劳动对资本的不断替代，劳动的边际产量会逐渐递减，而资本的边际产量则会逐渐上升。

由于边际技术替代率是建立在等产量线基础上的，对给定的一条等产量线，我们用劳动投入去替代资本投入时，因为产量不变，那么增加劳动投入带来的总产量的增加量和由减少资本所带来的总产量的减少量必定是相等的，即

$$\Delta L\cdot MP_{L}=-\Delta K\cdot MP_{K}$$

整理可得：

$$-\frac{\Delta K}{\Delta L}=\frac{MP_{L}}{MP_{K}}$$

所以：

$$MRTS_{LK}=-\frac{\Delta K}{\Delta L}=\frac{MP_{L}}{MP_{K}} \tag{5-6}$$

因此，边际技术替代率既可表示为等产量线的斜率，又可表示为两要素的边际产量之比。

二、等成本线

为了达到既定的产量水平，生产者可以采取多种要素组合方式进行生产，而投入的生产要素都是有价的，如雇佣人工需要支付工资，租用土地需要支付租金等。厂商要购买这些生产要素，就必须有一定的货币支出，这些支出构成了厂商的生产成本，所以，生产一定数量产品的要素组合要受到生产者支付投入要素的预算支出和投入要素自身价格的限制，即要受到总成本和要素价格的约束。为此，需要引入等成本线这一概念。

等成本线是一个和消费者行为理论中的预算线相似的分析工具。

等成本线又称厂商预算线，它是一条表明在生产者的成本与生产要素价格既定的情况下，生产者所能购买到的两种生产要素数量最大组合的轨迹。等成本线表明了厂商进行生产的限制，即他购买生产要素所支出的费用不能大于或小于总成本，大于总成本是无法实现的，而小于总成本则无法实现产量最大化。

用 C 代表总成本，劳动 L 和资本 K 的价格分别为 P_L 和 P_K，则等成本方程可以表示为

$$C=P_{L}\cdot L+P_{K}\cdot K \tag{5-7}$$

由成本方程可得

$$K=\frac{C}{P_K}-\frac{P_L}{P_K}\cdot L \qquad (5-8)$$

根据等成本线方程可画出等成本线，如图 5-6 所示。由于等成本线方程是线性方程，所以等成本是一条直线。图中横轴的截距表示既定的全部成本都购买劳动而不购买资本时的数量，纵轴的截距表示既定的全部成本都购买资本而不购买劳动时的数量，连接这两点的线段就是等成本线。它表示既定全部成本所能购买的劳动和资本的各种组合。

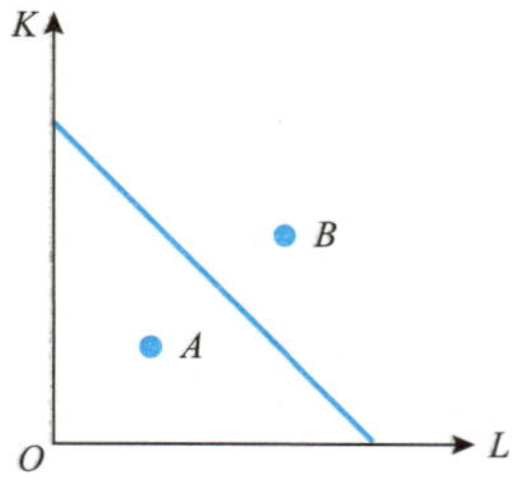

图 5-6　等成本线

等成本线的斜率为 $-\frac{P_L}{P_K}$，即劳动和资本两种生产要素的价格之比，它是一个负值，表示 L 和 K 的数值呈反方向变动，即增加劳动的购买量必须减少资本的购买量，反之，增加资本的购买量必须减少劳动的购买量。

等成本线以内区域中的任何一点（如 A 点），表示既定的全部成本都用来购买该点的生产要素组合后还有剩余；等成本线以外的区域中的任何一点（如 B 点），表示用既定的全部成本无法购买该点的生产要素组合，即预算不足。只有等成本线上的任何一点，才表示用既定的全部成本刚好购买到的劳动和资本的组合。

即问即答

假设某企业只投入两种生产要素 L 和 K，已知生产成本 C 为 60 万元，P_L 为 2 000 元，P_K 为 1 000 元，请写出等成本方程并画出等成本线。

在成本、生产要素价格既定的情况下，等成本线是唯一的。任何成本和价格的变化都会带来等成本线的移动。等成本线的移动有如下几种情况，如图 5-7 所示。

（1）劳动和资本的价格不变，总成本变化。

当劳动和资本的价格不变时，总成本增加，等成本线会向右平移，意味着资本和劳动投入增加；反之，总成本减少，等成本线会向左平移，意味着资本和劳动投入减少，如图 5-7（a）所示。

即问即答

假设某企业只投入两种生产要素 L 和 K，已知生产成本 C 为 100 万元，P_L 为 2 000 元，P_K 为 1 000 元，请写出等成本方程并画出等成本线。

（2）总成本和资本价格不变，劳动价格变化。

当总成本和资本价格不变，劳动价格上升，意味着可购买的劳动数量减少，等成本线会绕着与纵轴的交点（A 点）向左旋转；反之，劳动价格下降，意味着可购买的劳动数量增加，等成本线会绕着与纵轴的交点（*A* 点）向右旋转，如图 5-7（b）所示。

即问即答

假设某企业只投入两种生产要素 *L* 和 *K*，已知生产成本 *C* 为 60 万元，P_L 为 1 000 元，P_K 为 1 000 元，请写出等成本方程并画出等成本线。

（3）总成本和劳动价格不变，资本价格变化。

当总成本和劳动价格不变，资本价格上升，意味着可购买的资本数量减少，等成本线会绕着与横轴的交点（*B* 点）向左旋转；反之，资本价格下降，意味着可购买的资本数量增加，等成本线会绕着与横轴的交点（*B* 点）向右旋转。如图 5-7（c）所示。

即问即答

假设某企业只投入两种生产要素 *L* 和 *K*，已知生产成本 *C* 为 60 万元，P_L 为 2 000 元，P_K 为 2 000 元，请写出等成本方程并画出等成本线。

（4）总成本保持不变，资本和劳动的价格同比例变动。

当总成本保持不变，资本和劳动的价格同比例增加时，等成本线会向左平移，意味着资本和劳动投入量减少；反之，资本和劳动的价格同比例减少时，等成本线会向右平移，意味着资本和劳动投入量增加。如图 5-7（d）所示。

即问即答

假设某企业只投入两种生产要素 *L* 和 *K*，已知生产成本 *C* 为 60 万元，P_L 为 1 000 元，P_K 为 500 元，请写出等成本方程并画出等成本线。

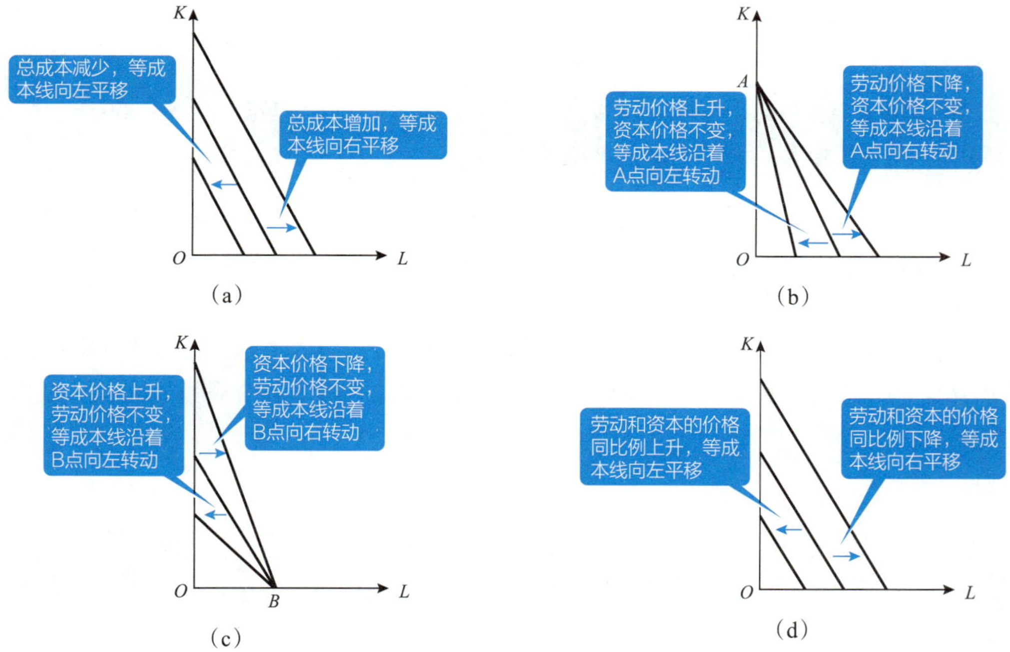

图 5-7　等成本线的变动

三、生产要素的最优组合

在长期生产过程中，由于所有的生产要素都是可变的，因此，所有理性的生产者都会选择最佳的投入组合方式进行生产，从而实现在成本既定的条件下获得产量最大化，或者在产量既定的条件下实现成本最低，这种生产要素的最佳组合称为生产者均衡。

生产要素的最优组合

生产者均衡与消费者均衡类似。消费者均衡研究的是消费者如何把既定收入分配于两种不同的产品的购买上，以实现效用最大化；生产者均衡研究的是生产者如何把既定成本分配于两种不同的生产要素，以实现利润最大化。因此，研究生产者均衡的方法与研究消费者均衡的方法类似。

（一）成本既定条件下产量最大化

如图 5-8 所示，该图有一条等成本线 AB，表示厂商的成本是既定的。当产量可以变化时，等产量线有无数条，Q_1、Q_2、Q_3 分别表示三条不同的等产量线，并且 $Q_1 < Q_2 < Q_3$，其中 Q_2 与等成本线 AB 相切于 E 点，该点就是生产者均衡点。它表示在既定的成本条件下，厂商如果选择 E 点的生产要素组合进行生产，可以获得最大产量。

虽然 Q_1 与等成本线相交于 D 点和 C 点，在现有成本约束下是可以实现的，但是由于 Q_1 的产量小于 Q_2，如果选择 D 点和 C 点，则是不符合经济性原则的。Q_3 的产量最大，但是在成本约束下，生产不可能达到 Q_3 的产量水平。因此，只有等成本线 AB 与等产量线 Q_2 相切的点 E，才是现有成本约束下可以达到的最大产量，也是厂商的最佳生产要素组合点。

（二）产量既定条件下成本最小化

如图 5-8 所示，该图有一条等产量线 Q_0，表示产量是既定的。当成本支出可以选择时，等成本线可以有无数条，我们用三条等成本线 A_0B_0，A_1B_1，A_2B_2 代表，并且 $A_2B_2 < A_0B_0 < A_1B_1$。其中 A_0B_0 与等产量线 Q_0 相切于点 E，该点就是生产者均衡点。它表示在既定产量条件下，厂商如果选择 E 点的生产要素组合投入生产，可以使成本达到最小。

虽然等成本线 A_1B_1 也能达到 Q_0 的产量水平，即 A_1B_1 与 Q_0 相交于 C、D 两点，但是由于 $A_0B_0 < A_1B_1$，即它代表的成本太高，不符合经济性原则；而等成本线 A_2B_2 所代表的成本太低，它与等产量线 Q_0 既不相交又不相切，所以在成本为 A_2B_2 时无法使生产达到 Q_0 的产量水平。因此，只有等成本线与等产量线相切的点 E，才是生产成本最低的生产要素最优投入组合点。

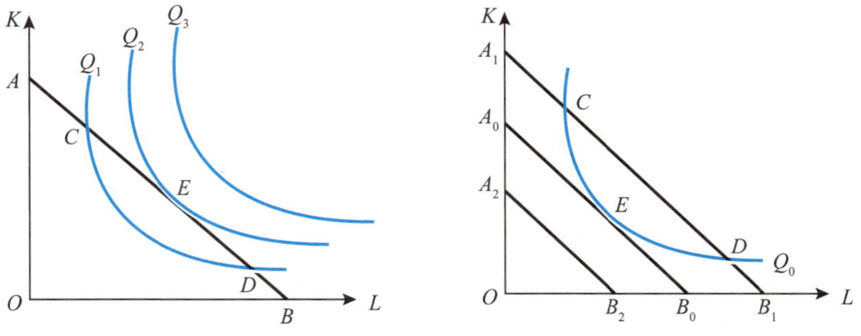

（a）　　　　（b）

图 5-8　生产要素投入量的最优组合

根据以上的分析可知，生产要素的最优组合点就是等成本线与等产量线的切点，即图中的 E 点，因此，在这一点上，等成本线的斜率 $-\frac{P_L}{P_K}$ 必须与等产量线的斜率 $-\frac{MP_L}{MP_K}$ 相等，即

$$\frac{MP_L}{MP_K}=\frac{P_L}{P_K} \text{ 或 } \frac{MP_L}{P_L}=\frac{MP_K}{P_K} \tag{5-9}$$

公式 5-9 表明企业要实现生产要素最优组合、利润最大化的条件，即在既定产量条件下实现成本最小或者在既定成本下实现最大产量的条件为：所购买的生产要素的边际产量与其价格之比相等，也就是说每一单位货币（成本）不论是用于购买劳动还是用于购买资本所得到的边际产量都相等。

因此生产者均衡的条件为

$$\begin{cases}\frac{MP_L}{P_L}=\frac{MP_K}{P_K}\\ C=P_L\cdot L+P_K\cdot K\end{cases} \tag{5-10}$$

由以上两个条件就可以计算出成本一定、产量最大时对应的劳动和资本的投入量，或者产量一定、成本最小时的劳动和资本的投入量，此时生产者可以实现利润最大化。

素养园地

商业经营谨记两条准则

一是成本领先。成本比别人低，价格自然低，在市场上就有竞争力。中国商品横扫全世界各大超市，部分原因就是价格低，消费者很喜欢。这得益于前些年人力成本较低，也得益于丰富的、低价的资源。

二是差异化或与众不同。你有的东西别人没有，差也好，贵也好，都有人买。差异化主要通过创新来实现。

2021 年 3 月 22 日至 25 日，习近平总书记到福建考察时强调，要坚持创新在现代化建设全局中的核心地位，把创新作为一项国策，积极鼓励支持创新。并提出“十四五”时期我们国家再往前走必须靠创新，随大流老跟着人家是不行的。

资料来源：《微观经济学课程思政案例集》，2022 年 2 月。

素养园地

我国是世界人口大国，拥有众多的劳动力，一直以来劳动力资源相对充裕。改革开放 40 多年，我国经济发展迅猛，这与我国拥有大量劳动力资源是分不开的。但是随着我国经济结构转型和人口结构的变化，劳动力资源日益稀缺，人口红利正在逐步消失，企业用工成本大幅度增加，加之原材料价格不断上涨，企业生产经营压力陡增。

在供给侧结构性改革中，降低实体经济企业成本，保持企业的竞争优势是重中之重。2019 年 3 月 5 日，时任总理李克强在政府工作报告中也明确提出，要在多方面减

税降费，努力为企业创造良好的营商环境。

近年来，降成本为市场主体纾困，助力企业渡过难关，成为政策实施重要发力点。通过阶段性政策与制度性安排相结合，中国不断优化减税降费政策，持续降低企业税费负担。调研结果显示，2018—2020年，企业纳税总额占营业收入的比重逐年下降。企业所得税占利润总额的比重也呈现出明显下降趋势，三年年均下降1.08个百分点。尽管企业所得税法定税率为25%，但因各种优惠税率及税收优惠政策，多数企业的所得税实际有效税率远低于25%。

相信在多方政策的支持下，我国的营商环境将大为改善，我国的企业将逐步迈入中高速增长、高质量发展的新征程。

资料来源：本书编写组。

任务四 规模报酬分析

在短期生产中，一种生产要素（如劳动）可变，其他生产要素（如资本）不变时，企业仅能通过增加可变要素的投入量来增加产量，但当可变生产要素增加到一定程度后，生产就会出现边际收益递减规律，使得总产量不增反减。而在长期生产中，全部的生产要素均可变，企业可以同时调整劳动和资本等生产要素的投入量，这时投入和产出之间的变动关系无法使用边际收益递减规律进行解释，只能用规模报酬来分析。

一、规模报酬的含义

规模报酬是指在其他条件不变的情况下，企业内部各种生产要素按相同比例变化时所带来的产量变化，也就是企业的生产规模变化与所引起的产量变化之间的关系。注意，企业只有在长期内才能变动全部生产要素，进而变动生产规模，因此企业的规模报酬分析仅适用于长期生产决策问题。

规模报酬

理解规模报酬这一概念时需注意以下两点。

第一，规模报酬发生作用的条件是以技术不变为前提的。

第二，在生产中使用的两种可变投入要素是按同比例增加的，且不考虑技术系数变化的影响以及生产组织规模的调整的影响。例如，由于企业之间发生合并，而使产量发生变化的这种影响不予考虑。

如果某企业在生产1万件产品时，选择投入100台设备和200名员工，此时资本与劳动的投入比例为1 ∶ 2。假设一段时间后，该企业要扩大生产规模，将资本和劳动的投入都增加100%，即投入200台设备和400名员工，此时的产量会是多少呢？这会有三种可能：第一种，产量与生产要素等比例增加100%，即产出为2万件；第二种，产量的增加比例大于生产要素的增加比例，即产出大于2万件；第三种，产量的增加比例小于生产要素的增加比例，即产出小于2万件。因此，两种生产要素同比例增加所引起的产量变动的情况，就如同边际收益递减规律发生作用一样，也会有规模报酬递增、规模报酬不变以及规模报酬递减三个阶段。

二、规模报酬的阶段分析

（一）规模报酬递增

规模报酬递增是指产量增加的比例大于生产要素增加的比例。例如，当劳动和资本等生产要素都增加 10% 时，其产量增加大于 10%。这表明产量增加的速度大于生产要素增加的速度。规模报酬递增的典型例子是输油管。例如，当输油管直径扩大 1 倍时，所需材料增加 1 倍，但截面比原来增加 3 倍，输油量增加就会大于 1 倍。

规模报酬递增产生的原因是外在经济和内在经济。

1. 外在经济

外在经济是指厂商在生产规模扩大的时候，由自身以外的因素引起的产量增加、效益提高的现象。引起外在经济的主要原因是：整个行业生产规模扩大后，个别厂商可以从中获得诸多便利，如获得低价优质的原料、吸纳优秀人才、利用便捷的交通运输设施、提高信息交流的效率等，从而增加产量和降低成本。外在经济的典型例子是果园旁边的蜜蜂养殖场。蜜蜂在果园里四处飞舞采集花蜜，不仅使养殖者得到收益，而且也为果树传播了花粉，从而提高了果园的产量。

2. 内在经济

内在经济是指一个厂商在生产规模扩大的时候，由自身的因素所引起的产量增加、效益提高的现象。产生内在经济的原因主要有以下几点。

第一，使用更加先进的机器设备。有些先进的工艺和技术，如电脑管理、流水作业等，只能在产量达到一定水平才能采用，也就是说，这些大批量生产的工艺和技术通常是不可分割的。在汽车制造等行业，流水线作业的成本优势就十分明显，据统计，一家汽车厂商如果年产量超过 30 万辆，成本就能比小规模生产大大降低。

第二，实行专业化生产。在大规模生产中，工人可进行更加有效的分工协作，每个人专门从事某项具体工作的效率要远远高于每个人从头到尾地完成每一道工序。这就是专业化分工带来的好处，这一点早在 18 世纪就由经济学之父亚当·斯密提出。在《国富论》中，他以大头针行业为例，一个未受到专业训练的人，一天只能勉强做一个大头针；但如果将生产分为 18 个工序，每人只承担一个工序，人均日产量达到 4800 个大头针，专业化带来的规模经济是十分显著的。

第三，提高管理效率。管理人员是固定的，生产规模扩大可在不增加管理人员的情况下增加生产，使管理人员的作用得以充分发挥。

第四，对副产品进行综合利用。当企业的生产规模较小时，许多副产品往往被当作废料处理，而在大规模生产中可以对这些副产品进行加工再利用。

第五，生产要素购买具有价格优势。在购买原料和半成品时，由于数量大，除了运输上有利，还可利用规定质量、打折扣、订立收购合同等有利条件使生产成本降低。

在 20 世纪初，美国的福特汽车公司率先采用大批量生产的方法，从而降低成本，击败对手，成为汽车工业的巨头。

（二）规模报酬不变

规模报酬不变是指产量增加的比例等于生产要素增加的比例。例如，当某制衣厂的劳动和资本等生产要素都增加 10% 时，其产量也增加 10%。

规模报酬不变产生的原因是由于在规模报酬递增阶段的后期，大规模生产的优越性已得到充分发挥，厂商逐渐用完了种种规划优势。同时，厂商采取各种措施努力减少规模经济，以推迟规模报酬递减阶段的到来。例如，假设 1 个生产汽车的工人，操作 3 台机器时已经达到了最优效率，这时要增加产量，除非改进生产技术，否则，产量只会与生产要素同比例变化，规模报酬处于不变的阶段。

（三）规模报酬递减

规模报酬递减是指产量增加的比例小于生产要素增加的比例。例如，当劳动和资本等生产要素都增加 10% 时，其产量增加小于 10%。这表明产量增加的速度小于生产要素增加的速度。

在长期生产过程中，企业的规模报酬一般会遵循一定的规律。当企业规模较小时，扩大生产规模，规模报酬递增。此时企业会扩大生产规模以得到产量递增带来的好处，将生产保持在规模报酬不变的阶段。此后如果企业继续扩大生产规模，那么就会出现规模报酬递减。因此，多数企业会有一个适度规模，此时企业的单位生产成本最低，这一点在 20 世纪 90 年代日本的经济发展中就特别明显。日本的企业由于规模过大，企业运转效率下降，成本上升，在国际市场中的竞争力下降。

引起规模报酬递减的原因主要有外在不经济和内在不经济。

1. 外在不经济

外在不经济是指整个行业生产规模扩大以后使个别厂商的单位产量减少和成本增加。引起外在不经济的主要原因是：整个行业的生产规模过大，加剧同行业各厂商之间的激烈竞争，各厂商往往要在扩大市场销售份额、争夺生产要素市场等方面付出更高的代价。此外，整个行业的扩大，也会使环境污染问题加重、交通更加紧张，因此个别厂商为此也需承担更高的代价。

2. 内在不经济

内在不经济是指一家企业由于自身生产规模过大而引起的产量或收益减少。引起内在不经济的原因有以下两点。一是管理效率低下。生产规模过大，使管理人员层次过多，信息不灵、指挥不灵、漏洞百出，导致产量或收益下降。二是生产要素价格与销售费用增加。生产规模过大，必然造成对生产要素的需求增加，使生产要素价格上升。同时，必然造成产品供给增加，导致产品价格下降，当产品的需求价格缺乏弹性时，总收益必然会减少。此外，机构臃肿、人员增多，内耗严重，生产成本必然增加，产出或效益必然下降。

因此，企业规模不是越大越好，企业应该找到自己的适度规模，以实现产量或收益的最大化。

值得注意的是，规模报酬递增规律与边际收益递减规律并不矛盾，在一定生产技术条件下，既出现规模报酬不变或规模报酬递增，又出现每种生产要素的边际收益递减规律，这是完全可能的。规模报酬由企业的规模决定，企业的规模一旦确定，如果相对于某种技术而言，该企业规模恰好处于适度规模，这时持续增加某种生产要素的投入，刚开始产量可能是递增的，但达到一定程度后必然会出现边际收益递减。

资料链接

身为管理者，在经营企业的过程中，有时会发现这样的情况：当企业发展到一定程度时，会出现难以操纵的局面，这种局面表现在企业想谋求更好地发展，也就是说想扩大规模，但是发展状况又不符合自己的预想。按行业用语，这种时期叫“瓶颈期”。实际上，企业的发展并不是规模越大越好，而是要适度，即经济学家所说的“适度规模原则”。

所谓适度规模原则，是指在一定的适合的环境和适合的社会经济条件下，各生产要素（即土地、劳动力、资金、设备、经营管理、信息等）的最优组合和有效运行，取得最佳的经济效益。

当一个企业的产量实现最低平均成本时，就充分利用了规模报酬递增的原理，或者说实现了最适规模。被称为中国台湾的“经营之神”王永庆决策的制胜法宝，就是在企业中运用了适度规模原则。

台湾台塑集团于1954年创立，其主要经营业务是生产一种PVC粉。在1957年的时候，该企业每月仅产PVC粉100吨，是世界上规模最小的PVC粉生产企业。王永庆知道，要降低PVC粉的成本只有扩大产量，所以扩大产量、降低成本，打入世界市场是成功的关键。于是，他冒着产品积压的风险，把产量扩大到1 200吨，并以低价格迅速占领了世界市场。王永庆扩大产量、降低成本的做法正是经济学中的规模经济原理。

王永庆的成功正在于他敢于扩大产量，实现规模报酬递增。当时台塑产量低是受台湾需求有限的制约。王永庆敏锐地发现，这实际上是陷入了一种恶性循环：产量越低成本越高，越打不开市场；越打不开市场，产量越低成本越高。打破这个循环的关键就是提高产量，降低成本。当产量扩大到月产1 200吨时，可以用当时最先进的设备与技术，成本大幅度下降，就有进入世界市场以低价格与其他企业竞争的能力。

资料来源：《微观经济学课程思政案例集》，2022年2月。

不同行业中最适规模的大小是不同的。一般而言，重工业、石化、电力、汽车等行业的最适规模都很大。这是因为在这些行业中所用设备先进、复杂，最初投资大、技术创新和市场垄断程度都特别重要。王永庆经营的化工行业正属于这种最适规模大的行业，所以，规模的扩大带来了收益递增。近年来，全世界掀起一股企业合并之风。企业合并无非是为了扩大规模，实现最适规模。合并之风最强劲的是汽车、化工、电子、电讯这些产量越多，收益增加越多的行业。世界500强企业也以这些行业居多。对这些行业的企业而言，“大的就是好的”。

但千万别忘了《红楼梦》中王熙凤的一句话：“大有大的难处。”一个企业大固然有许多好处，但也会引起一些问题。这主要是随着企业规模扩大，管理效率下降，管理成本增加。同时，企业规模大也会缺乏灵活性，难以适应千变万化的市场。所以，“大就是好”并不适用于一切企业。当企业规模过大引起成本增加效益递减时就存在内在不经济，发生规模报酬递减。对那些大才好的企业来说，要特别注意企业规模大所引起的种种问题，王永庆在扩大企业规模和产量的同时，注意降低建厂成本、生产成本和营销成本，并精减人员，提高管理效率，这对他的成功也很重要。对那些未必一定要大的轻工、服务类行业的企业来说，“小的也是美好的”。“船小好调头”，这些设备、技术重要性较低，而适应市场能力强的企业，就不要盲目追求规模。

技能实训

实训名称：投入产出的探讨

实训形式：

（1）分组：将全班同学分成若干组，每组选一名组长负责组织本小组完成项目。

（2）在组长的组织下，阅读以下资料。

在农业仍为传统生产技术的情况下，土地、设备、水利资源、肥料等都是固定生产要素。两季稻改为三季稻并没有改变这些固定生产要素，只是增加了可变生产要素，即劳动与种子。两季稻是农民长期生产经验的总结，它行之有效，说明在传统农业技术下，固定生产要素已经得到了充分利用。改为三季稻之后，土地过度利用引起肥力下降，设备、肥料、水利资源等由两次使用改为三次使用，每次使用的数量不足。这样，三季稻的总产量就低于两季稻了。

四川省把三季稻改为两季稻之后，全省粮食产量反而增加了。江苏省邗江县 1980 年的试验结果表明，两季稻每亩总产量达 2 014 斤，而三季稻只有 1 510 斤。更不用说两季稻还节省了生产成本。群众总结的经验是“三三见九，不如二五一十”。这就是对边际产量递减规律的形象说明。（此处为资料引用，故单位使用不作调整）

（3）在组长的组织下讨论两个问题：

①高投入能否带来高产出？是否投入越多产出越大？

②高产出能否带来高收益？是否产出越多效益越好？

（4）组织各小组汇报和讨论，教师引导点评。

思考练习

一、单项选择题

1. 在经济学中，短期是指（　）。

A. 1 年或 1 年以内

B. 在这一时期，所有生产要素的数量都是可变的

C. 在这一时期，至少有一种生产要素的数量是固定的，也至少有一种生产要素的数量是可变的

D. 在这一时期，所有生产要素的数量都不能变动

2. 在一定的技术水平下，生产要素的数量与某种组合和它所能生产出来的最大产量之间依存关系称为（　）。

A. 生产函数

B. 生产可能性曲线

C. 生产扩张线

D. 等产量线

3. 当边际产量大于平均产量时（　）。

A. 平均产量递增

B. 平均产量递减

C. 平均产量不变

D. 平均产量达到最低点

4. 在边际产量发生递减时，如果要增加同样数量的产品，应该（　　）。

A. 增加变动生产要素的投入量

B. 减少变动生产要素的投入量

C. 停止增加变动生产要素

D. 同比例增加各种生产要素

5. 边际收益递减规律发生作用的前提条件是（　　）。

A. 连续地投入某种生产要素而保持其他生产要素不变

B. 按比例同时增加各种生产要素

C. 不按比例同时增加各种生产要素

D. 按比例同时减少各种生产要素

6. 已知等成本曲线与等产量线既不相交也不相切，此时，要达到等产量线所表示的产出水平，就该（　　）。

A. 减少投入

B. 保持原投入不变

C. 增加投入

D. 无法判断

7. 产量的增加量除以生产要素的增加量的值等于（　　）。

A. 平均产量

B. 边际产量

C. 边际成本

D. 平均成本

8. 一个企业使用 50 单位的劳动，可以生产出 1 800 单位的产量；使用 60 单位劳动，可以生产出 2 100 单位产量。增加额外一单位劳动，边际产量是（　　）。

A. 3

B. 30

C. 300

D. 36

9. 当其他生产要素不变，而一种生产要素增加时，（　　）。

A. 总产量会一直增加

B. 总产量会一直减少

C. 总产量先增后减

D. 总产量先减后增

10. 当总产量达到最大时，（　　）。

A. 边际产量为正

B. 边际产量为负

C. 边际产量为 0

D. 边际产量与平均产量相等

11. 边际产量曲线与平均产量曲线相交时，(　　)。

A. 平均产量达到最大

B. 边际产量达到最大

C. 边际产量为 0

D. 平均产量最低

12. 当边际产量大于平均产量时，平均产量（　　）。

A. 递减

B. 不变

C. 递增

D. 先增后减

13. 当边际产量小于平均产量时，平均产量（　　）。

A. 不变

B. 递减

C. 递增

D. 先增加后减少

14. 下列说法中错误的一种说法是（　　）。

A. 只要总产量减少，边际产量一定负数

B. 只要边际产量减少，总产量也一定减少

C. 边际产量曲线一定在平均产量曲线的最高点与之相交

D. 只要平均产量增加，边际产量就大于平均产量

15. 等产量线向右平移表明（　　）。

A. 成本增加

B. 产量增加

C. 产量不变

D. 技术水平提高

16. 等成本线向右平移表明（　　）。

A. 产量提高了

B. 货币成本增加

C. 货币成本减少

D. 生产要素的价格按不同的比例提高了

17. 根据等产量线与等成本线结合在一起的分析，两种生产要素的最适组合是（　　）。

A. 等产量线与等成本线相交之点

B. 等产量线与等成本线相切之点

C. 离原点最远的等产量线上的任何一点

D. 离原点最近的等产量线上的任何一点

18. 内在经济是指（　　）。

A. 一个企业在生产规模扩大时由自身内部所引起的产量增加

B. 一个企业在生产规模扩大时由自身内部所引起的产量增加或收益减少

C. 一个行业的扩大对其中每个企业所带来产量或收益的增加

D. 整个社会经济的发展给一个企业所带来的产量或收益的增加

19. 生产规模的扩大正好使收益递增大到最大叫作（　）。

A. 规模经济

B. 内在经济

C. 内在不经济

D. 适度规模

20. 生产函数 $Q=f(L,K)$ 的生产的第Ⅱ阶段应该（　）。

A. 开始于 AP_L 开始递减处（即 AP_L 的最高点），终止于 MP_L 为 0 处

B. 开始于 AP_L 曲线和 MP_L 曲线的相交处，终止于 MP_L 曲线和水平轴的相交处

C. 上述两种说法都正确

D. 上述两种说法都错误

二、多项选择题

1. 在短期中，下列因素属于不变要素的有（　）。

A. 机器设备

B. 厂房的租金

C. 可以随时无偿解雇的临时工

D. 原材料

2. 如果连续地投入某种生产要素，当总产量达到最大时，会出现的情况有（　）。

A. 继续加大投入该生产要素，总产量将维持在最大点上不变

B. 继续加大投入该生产要素，边际产量会小于零

C. 继续加大投入该生产要素，平均产量达到最大

D. 继续加大投入该生产要素，总产量将会下降

3. 以下各要素中属于经济学范畴的生产要素的有（　）。

A. 劳动力

B. 土地

C. 企业家才能

D. 资本

4. 企业家才能通常是指企业家的（　）。

A. 组织能力

B. 管理能力

C. 创新能力

D. 推销能力

5. 发生在生产的第二阶段的现象有（　）。

A. 边际产量达到最大值

B. 平均产量开始下降

C. 平均产量一直小于边际产量

D. 平均产量大于边际产量

6. 关于边际产量与平均产量的关系，（　）说法是正确的。

A. 边际产量与平均产量均是先增加后下降

B. 边际产量交于平均产量的最高点

C. 在两者相交之前，平均产量大于边际产量

D. 在两者相交之后，平均产量大于边际产量

7. 等产量线的特征主要有（　）。

A. 一条向右上方倾向的曲线，其斜率一般为负

B. 在同一平面上只能有一条等产量线

C. 在同一平面上，任意两条不能相交

D. 等产量线凸向原点

8. 能引起等成本线移动的原因可能有（　）。

A. 银行利息下降

B. 工人工资上涨

C. 地租价格上涨

D. 市场竞争加大

9. 规模报酬递增的原因有（　）。

A. 专业化程度提高

B. 资源集约化使用

C. 大厂商的讨价还价能力

D. 工人经验的积累

10. 关于边际收益递减，（　）说法是正确的。

A. 边际收益递减规律有个前提条件，即技术水平不变及其他投入不变

B. 连续增加某一生产要素的投入，边际产量先是增加，后来才开始减少

C. 技术进步会推迟边际收益递减规律的出现，但最终仍是递减的

D. 边际收益递减发生的原因主要是各种可变投入要素与不变要素投入量之间总是存在着一个最佳的组合比例

三、判断题

1. 当其他生产要素不变时，一种生产要素投入越多，则产量越高。（　）

2. 只要边际产量减少，总产量也一定在减少。（　）

3. 任何生产函数都以一定时期内的生产技术水平作为前提条件，一旦生产技术水平发生变化，原有的生产函数就会发生变化，从而形成新的生产函数。（　）

4. 在一条等产量线的上部，其代表的产量大于该等产量线的下部所代表的产量。（　）

5. 两种生产要素的最适组合之点就是等产量线与等成本线的交点。（　）

6. 平均产量曲线可以和边际产量曲线在任何一点上相交。（　）

7. 边际技术替代率等于两要素的边际产量之比。（　）

8. 只要边际产量大于平均产量，边际产量就把平均产量往上拉。（　）

9. 等成本线的斜率即为两种生产要素的价格之比。（　）

10. 规模报酬递减是在按不同比例连续增加各种生产要素的情况下发生的。（　）

四、技能训练题

1. 如表所示，是一张一种可变生产要素的短期生产函数的产量表。

劳动投入量	手机产量（万台）	平均产量	边际产量
1		8	
2			12
3	36		
4			12
5		11	
6			10
7	60		
8		7	

（1）在表中的空格处把相应的数据填上。

（2）该生产函数是否体现出边际产量递减？如果是，从第几个单位的可变要素投入量开始？

2. 已知：生产函数 $Q = 20L + 50K - 6L^2 - 2K^2$，$P_L = 15$ 元，$P_K = 30$ 元，$TC = 660$ 元。其中：Q 为产量，L 与 K 分别为不同的生产要素投入，P_L 与 P_K 分别为 L 和 K 的价格，TC 为生产总成本。试求最优的生产要素组合。

3. 短期中，资本 K 既定，劳动 L 可变，厂商的生产函数为 $Q = -0.1L^3 + 6L^2 + 12L$，试计算劳动 L 的平均产量函数和边际产量函数。

4. 厂商考虑是否再雇用一名工人时，应更关注劳动的边际产量还是平均产量？

5. 简要分析边际收益递减规律与边际技术替代率递减规律的区别。

6. 你的朋友有一个大花园，并种植了水果和蔬菜，以便在当地的农产品市场上出售。你的朋友评论说："我雇佣了一个人帮助我，我的产量翻了一番还多。明年我想雇佣两三个帮手，那样，我的产量就会增加三四倍还多。"

（1）如果所有生产过程最终都表现出可变投入的边际产量递减，你的朋友雇佣 1 个帮手（工人数量翻一番），他的产量就翻一番还多，这可能是正确的吗？为什么？

（2）他雇佣更多的工人，并在产量上获得更大比例的增长，这可能吗？

（3）在长期中，如果你的朋友想继续雇佣工人，并想使这些工人引起产量的同比例增长，他该怎么做？试着解释一下。

项目六
解析企业成本与收益

目标导航

知识目标

（1）掌握各类成本的概念；

（2）掌握各类短期成本的变动规律及其相互关系；

（3）理解各种长期成本的概念；

（4）理解各类长期成本的变动规律及其相互关系。

技能目标

（1）能解释机会成本与会计成本、经济利润与会计利润的不同；

（2）能够分析实际生活中遇到的经济问题的机会成本、显性成本和隐性成本；

（3）能解释企业短期生产决策和长期生产决策的条件；

（4）能利用边际成本和边际收益的相关知识分析问题。

素养目标

（1）提高发现经济现象的敏锐感，形成正确的收益与成本观；

（2）形成在提升经济收益的同时，也应该承担必要的社会责任的意识；

（3）成为有责任担当、有创新意识的社会主义建设者和接班人。

知识导图

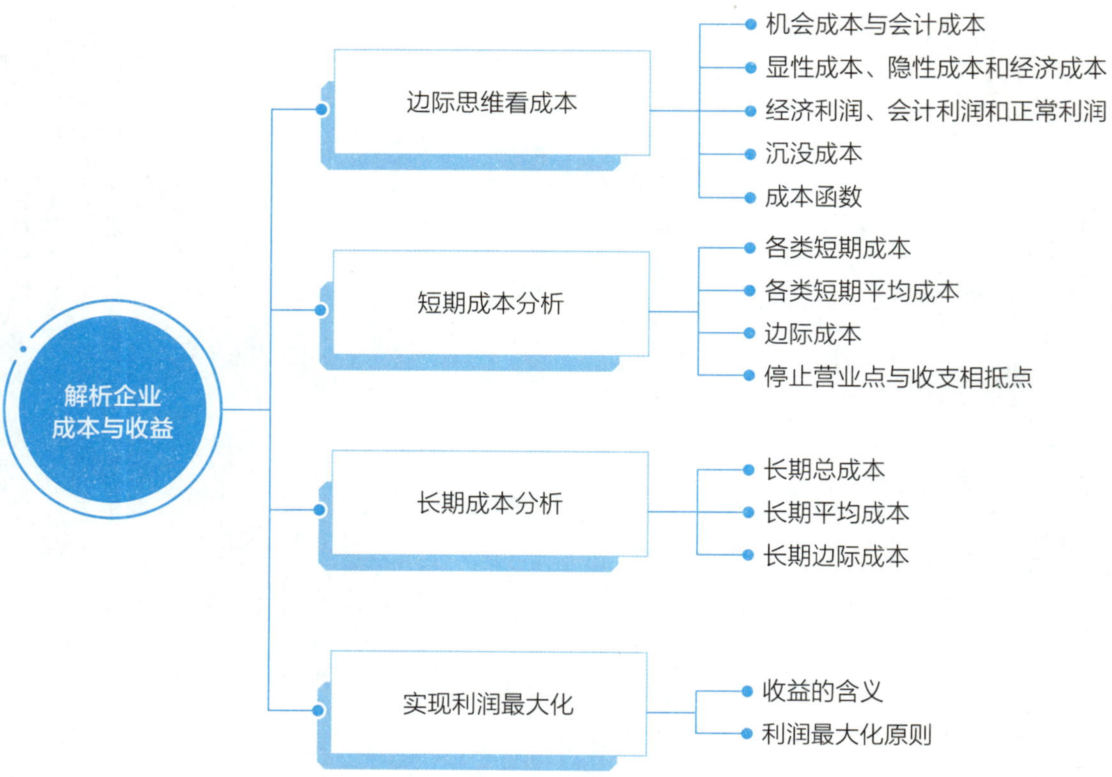

案例导入

天津市某鞋城的促销口号是“公开成本价让顾客自由加价”，此口号一时间在天津电视台连续播放数日。广告效应不错，鞋城门庭若市，买鞋的人很多。某人看到了一双喜欢的鞋标价是149.8元，拿出150元就和售货员小姐说：“我加2角”。售货员小姐说：“加价一般都在2元之上，如果都是您这样的顾客我们就赔了”。他说：“我1分钱不加，你们该赚的钱都赚到手了，不信你问你们老板。”说着走过来一位先生，好像是管理人员，同意了加2角钱。这位顾客买走了这双鞋。

鞋的实际成本包括鞋的进价，租用鞋城的场地租金，水电费，税收以及雇用店员等销售费用的开支，假定实际成本支出是10万。机会成本是一种资源用于某种用途时，可能得到的收入。鞋的机会成本包括，开鞋城需要投资10万元，如果不用来开鞋城这10万元放在银行，每年的利息1万，鞋城的老板如果不开鞋城，他有一份稳定的职业，每年工资收入是2万，这二项之和3万，就是开鞋城的机会成本。这3万也是开鞋城的正常利润，是开鞋城的老板的报酬。

思考：

（1）上述案例中哪些是会计成本？哪些是机会成本？

（2）简单说明会计成本与机会成本有什么不同？

资料来源：http://open.syxy.ouchn.cn/mod/forum/view.php?id = 23617&forceview = 1.

任务一　边际思维看成本

成本又称生产费用，是企业进行生产与经营的各种支出。这是一个非常重要但又较为复杂的概念。在分析成本函数时，必须明确区分经济学中的成本概念与会计学中的成本概念。

一、机会成本与会计成本

成本是指企业为生产某种产品或劳务所使用各种生产要素的支出。经济学研究的是稀缺的经济资源如何合理配置的问题，由此可知，生产一种产品或劳务，是以放弃用同样的经济资源来生产其他产品或劳务时所能获得的收入为代价的。因此，当经济学家提到某个产品或劳务的生产成本时，他指的是该企业生产其产品或劳务的所有机会成本。

机会成本是指利用既定资源得到某种收入时所必须放弃的在其他用途中所能得到的最高收入。某人拥有 50 万元资金，他可以把这 50 万元用于三种不同的用途：开便利店获利 5 万元，开餐馆获利 10 万元，开面包店获利 8 万元。如果他决定把这 50 万元投资餐馆，在所放弃的用途中，最大收益的一个是开面包店获利 8 万元，这就是他选择投资餐馆的机会成本。

在理解机会成本时应该注意以下两点。

第一，机会成本不是做出某项选择时实际支付的费用或损失，而是一种观念上的成本或损失。

第二，机会成本是做出一种选择时所放弃的其他若干种可能的选择中最好的一种。

会计成本是厂商进行财务分析的成本概念，是指厂商在生产经营过程中按市场价格实际支付的一切费用，例如租金、工资、购买原材料的费用支出、水电费，这些成本都需要记录在会计账目中，是通过会计账目直接反映出来的。会计成本属于历史成本，是对以往经济活动做出的评价，这是会计师所关心的。

即问即答

假设小陈利用自家的店面和存款建立了服装设计公司，并亲自管理该公司。

为此他放弃了 A 公司做经理的 4 万元年薪，也放弃了将存款借给朋友所能得到的 5 万元利息和将店面租给 B 公司的 1 万元租金。为了开展生产，第一年他购买原材料花费 15 万元，缴纳水电费 1 万元，向工人支付工资 10 万元，向银行还了利息 1 万元。

思考：小陈新建服装设计公司的机会成本是多少？

二、显性成本、隐性成本和经济成本

显性成本、隐性成本和经济成本

一些企业生产的机会成本是显而易见的，而另一些企业生产的机会成本并不明显，而是隐藏起来的。在上述的“即问即答”中，当小陈准备花 15 万元购买原材料时，这 15 万元是一种机会成本，因为小陈不能再用这 15 万元去买其他东西。同样，小陈雇用工人生产所支付的工资也是企业成本的一部分。这些成本要求企业付出货币，称为显性成本。

显性成本是指厂商生产一定数量的产品而购买生产要素的实际支出。例如，工人的工资、租用土地的租金、借入资本的利息、购买原材料、燃料、机器设备等方面的支出。这些支出在会计账目上一目了然，所以又称为会计成本。

从机会成本的角度来看，显性成本一定等于这些相同的生产要素使用在其他最好用途时所能得到的收入。

与显性成本相反，企业的一些机会成本不需要现金支付，它并没有反映在会计账目上，这种成本被称为隐性成本。例如，小陈为了建立和管理服装设计公司而放弃了在A公司任经理获得的4万元年薪；另外，小陈拥有的店面，若出租给他人使用，每年可得1万元租金；小陈拥有的存款，若借给朋友，每年可得5万元利息。这些成本并没有反映在会计账目中，但经济学认为，这种放弃的收入也是成本之一，因为这10万元是小陈利用自己的生产要素从事生产而放弃这些生产要素用于其他用途获得的一种机会成本。

隐性成本是指企业使用自有生产要素应得的报酬，如自有资金的利息、所有者自身管理企业应得到的薪酬、使用自有的厂房而应付的租金等。

显性成本与隐性成本之间的区别强调了经济学家与会计师在分析经营活动时的重要区别。经济学家关心研究企业如何做出生产和定价决策。因此，当他们衡量成本时，不仅包括显性成本，还包括隐性成本；而会计师的工作是记录流入企业和流出企业的货币，因此，他们衡量的仅仅是显性成本，忽略了隐性成本。

经济成本即生产成本，又称生产费用，是指企业在生产中所使用的各种生产要素的货币支出。它既包括外购生产要素所形成的成本，又包括自有要素的投入所形成的成本，即经济成本为显性成本和隐性成本之和。

根据上述理解，可以得出：

会计成本 = 显性成本

机会成本 = 隐性成本

经济成本 = 显性成本 + 隐性成本

即问即答

小张计划自己经营一家便利店，她估计，租店面和进货每年要花费25万元，她聘请了一位服务员，每月工资3 500元，此外，她要辞去年薪为20万元的工作，假设小张一年可以卖出60万元的商品。

问题：请核算小张经营便利店的会计成本和经济成本。

三、经济利润、会计利润和正常利润

由于经济学家和会计师衡量成本的方式不同，他们衡量利润的方法也不同。

（一）经济利润

经济学家衡量企业的经济利润，即企业的总收益减去生产物品与劳务的经济成本，也称为超额利润。

经济利润 = 总收益 - 经济成本 = 总收益 -（显性成本 + 隐性成本）

经济利润的值可以为正、负或零。经济利润是企业供给物品与服务的动机所在，因此它也是资源配置或重新配置的信号。获得正的经济利润的企业将继续经营，它弥补了所有机会成本，并留下一些收益作为对企业所有者的报酬。当一个企业的经济利润为负时，企业所有者所得到的收入不能弥补其所有生产成本。除非条件改变，否则企业所有者最终将关闭企业。

（二）会计利润

会计师衡量企业的会计利润，即企业的总收益减去企业的显性成本。

会计利润 = 总收益 − 显性成本（会计成本）

经济利润和会计利润的不同如图 6−1 所示。经济学家关心的总成本包括显性成本和隐性成本，而会计师忽略了隐性成本，所以会计利润通常大于经济利润。因此，从经济学家的角度看，要使企业有利可图，总收益必须弥补全部经济成本。

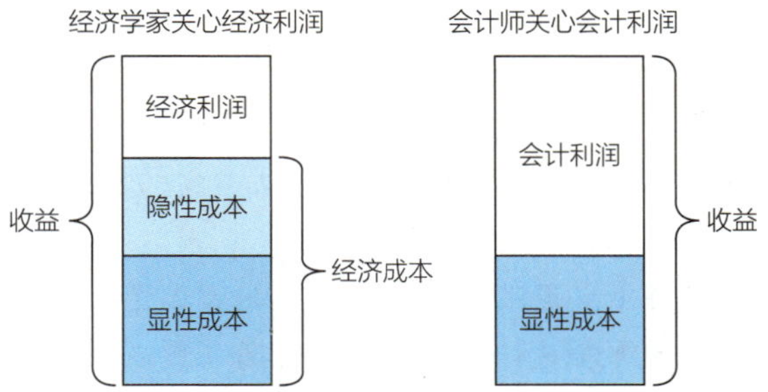

图 6−1　经济利润和会计利润

即问即答

张三经营一个小型造船厂。他每年可以制造 10 艘船，并以每艘 3.5 万元的价格出售这些船。建造 10 艘船的原料（木头、油漆等）价值是 25 万元。张三已经在生产船所必需的工厂和设备上投资了 50 万元：其中 20 万元来自他自己的储蓄，30 万元是以 10% 的利息的贷款（假设一年期银行的存款利率也为 10%）。张三也可以在与之竞争的船厂工作，每年收入 6 万元。试分别计算其会计利润和经济利润。

（三）正常利润

正常利润是指企业家才能这一生产要素所获得的报酬。它是隐性成本的一部分。

从机会成本角度上看，当一个企业所有者拥有管理企业的才能时，他面临两种选择，一是选择在自己的企业当管理者，另一种是到别人的企业当管理者。如果到别人的企业当管理者，他可获得报酬，而他所获得的最高报酬就是他在自己企业当管理者的机会成本；或者说他在自己企业当管理者应当支付给自己的报酬数额应该等于他在别人企业当管理者时可得到的最高报酬。所以正常利润的具体形式是企业家的收入，他是企业家从事其生产经营活动的机会成本，因此，正常利润属于成本。

四、沉没成本

沉没成本是指已经发生而无法收回的成本。沉没成本通常是显性的，但在经济决策中应该被忽视，因为它的机会成本为 0，已经无法收回，再也没有其他用途。

例如，你花 30 元买了电影票，你对这场电影是否值 30 元表示怀疑。看了半小时后，你发现这电影简直是场灾难。此时你应该离开电影院吗？在做这一决策时，你应该忽视这 30 元，这 30 元费用已经不能收回了，即 30 元属于沉没成本，不管是去是留，这钱你都已经花了。

大部分经济学家认为，如果一个人是理性的，那就不该在进行决策时考虑沉没成本。对于看电影而言，如果觉得电影不好看，通常会有两种可能结果：一是付钱后觉得电影不好看，但忍着看完；二是付钱后觉得电影不好看，立即离场去做别的事情。不管是哪一种情况，都已经付了钱，所以接下来做决策时不需要再考虑钱的事。当前要做的决定并不是后悔买票了，而是决定是否继续看这场电影。因为票已经买了，后悔已经于事无补，所以应该以看免费电影的心态来决定是否再继续看。作为一个理性的经济人，选择把电影看完就意味着要继续受煎熬，而选择离场应该是更为明智的做法。

资料链接

有一个老人特别喜欢收集各种古董，一旦碰到心爱的古董，无论花多少钱都要买下来。

有一天，他在古董市场上发现了一件向往已久的古代瓷瓶，于是花了很高的价钱把它买了下来。他把这个宝贝绑在自行车后座上，兴高采烈地骑车回家。谁知由于瓷瓶绑得不牢靠，在途中咣当一声从自行车后座上滑落下来，摔得粉碎。

这位老人听到清脆的响声后居然连头也没回。这时，路边有位热心人对他大声喊道："老人家，你的瓷瓶摔碎了！"老人仍然是头也没回地说："摔碎了吗？听声音一定是摔得粉碎，无可挽回了！"不一会儿，老人家的背影消失在茫茫人海中。

资料来源：https://www.sohu.com/a/346780829_99946912.

如果换成一般人肯定会从自行车上跳下来，对着已经化为碎片的瓷瓶捶胸顿足、扼腕痛惜，有的可能会经过好长时间才能恢复精神。

每一次选择之后，我们总是要付出行动，而每一次行动我们总是要投入，不管投入的是人力、物力、财力还是时间。在做出下一个选择时，我们不可避免地会考虑到这些前期的投入，不管它还能不能收回，是否真的还有价值。

沉没成本无法挽回却不能全身而退的原因之一来源于"损失厌恶"的惯性思维，人们对损失的痛苦程度远大于获得的快乐。所以人们惯性地对损失更加敏感，为了避免损失，反而会继续追加投资。

五、成本函数

成本函数是指在技术水平和生产要素价格既定条件下，投入各种生产要素的成本和产量之间关系的函数。厂商的成本函数不仅取决于生产函数，还取决于它在生产过程中所投入的生产要素的价格。即成本可以表示为

$$C = P_1X_1 + P_2X_2 + \cdots + P_nX_n$$

式中，C 为成本，P 为生产要素的价格，X 为生产要素的数量。如果假定只投入 L、K 两种生产要素，其价格分别为 P_L、P_K，则

$$C = P_L \cdot L + P_K \cdot K$$

成本是生产过程所支付的费用，成本总额随着产量的变化而变化。如果技术水平和生产要素价格不变，那么成本的大小取决于生产要素的投入数量，而生产要素的投入数量随产量的变动而变动。因此，成本函数可以反映与产量之间的关系，表示为

$$C = f(Q) \tag{6-1}$$

式（6-1）表明成本函数与生产函数是一致的。厂商在生产过程中要增加产量，就必须增加生产要素的投入量，进而厂商所要支付的成本或费用也会随之增加。

成本函数也有短期成本函数和长期成本函数之分。在成本理论中，短期是指生产者在这个时期至少有一种生产要素无法调整，即至少有一种生产要素的数量是固定不变的，所以存在固定成本和可变成本。而长期是指在这个时期所有的生产要素都可以调整，即在长期内，没有固定生产要素，所以没有固定成本，只有可变成本。

任务二　短期成本分析

当企业购置机器设备等固定资产以后，企业就只能根据现有生产能力、产品市场及生产要素市场的价格变化来确定每日或每月的实际产量，从而实现利润最大化的目标。此时企业所进行的成本分析属于短期成本分析。

一、各类短期成本

各类短期成本

（一）各类短期成本概念

1. 固定成本

固定成本（*FC*）又称不变成本，是指在短期内厂商购买不变生产要素的费用，是不随产量变动而变动的成本。例如，厂房和机器设备的折旧、利息、管理人员的工资等，这些费用即使在停产的情况下，也必须支付。

2. 可变成本

可变成本（*VC*）是指在短期内厂商购买可变生产要素的费用，是随产量变动而变动的成本，包括原材料、燃料支出、工人的工资等。

3. 短期总成本

短期总成本（*STC*）是指在短期内厂商购买所有生产要素的费用，它是固定成本与可变成本之和。由于短期内固定成本不等于 0，因此总成本必然大于 0。

$$STC = FC + VC$$

即问即答

李芸准备开一家奶茶店，为此她需要支付店面租金每年 5 万元；购买店内的桌椅、收银机、冰箱等设施预计 4 万元；装修费用 2 万元；如果招聘员工 4 人，每年的工资大概为 20 万元；日常购买牛奶、茶叶、水果、糖等原料，每年大概支出 5 万元；水电费等杂费支出每年大约为 3 万元。

请帮李芸分析哪些属于固定成本，哪些属于可变成本，分别是多少？

（二）各类短期成本变动规律及其关系

为了描绘出各类短期成本曲线，分析各类短期成本的变动规律及其相互关系，假设某厂商的短期成本如表 6-1 所示。

表 6-1 某厂商的短期成本

产量（Q）（单位：件）	固定成本（FC）（单位：元）	可变成本（VC）（单位：元）	短期总成本（STC）（单位：元）
0	20	0	20
1	20	3	23
2	20	7	27
3	20	10	30
4	20	12	32
5	20	20	40
6	20	33	53
递增	不变	递增	递增

表 6-1 说明了各类成本的计算、相互关系及随着产量增加的变化趋势，可以得出以下结论。

（1）固定成本不随产量的变动而变动，固定不变。当产量为 0 件时，固定成本是存在的，为 20 元；当产量由 0 件增加到 6 件时，固定成本始终为 20 元。

（2）可变成本随产量的增加而增加。当产量为 0 件时，此时没有可变成本，可变成本为 0；当产量从 1 件增加到 6 件时，可变成本不断增加，由 3 元增加到 33 元。

（3）短期总成本是固定成本与可变成本之和。当产量为 0 件时，由于存在固定成本，所以此时短期总成本等于固定成本；当产量为 3 件时，固定成本为 20 元，可变成本为 10 元，可计算得到短期总成本为 30 元。

（三）各类短期成本曲线

依据表 6-1 中的数据，可以作出 *FC* 曲线、*VC* 曲线和 *STC* 曲线，如图 6-2 所示，横轴代表产量，纵轴代表成本。

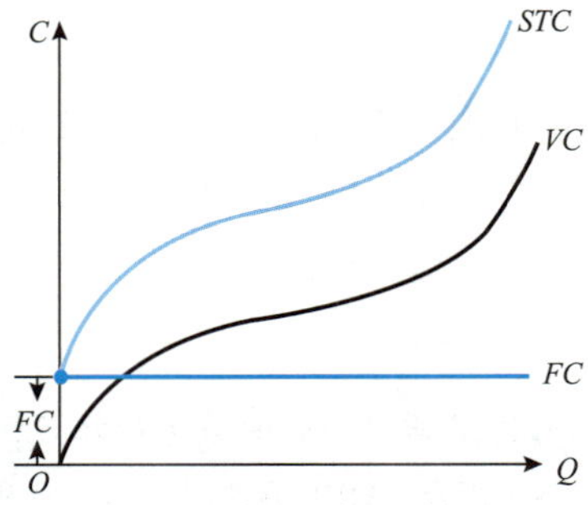

图 6-2 各类短期成本曲线

FC 为固定成本曲线，它与横轴平行，表示在短期内固定成本不随产量变动而变动，即使产量为零时，依然存在固定成本。

VC 为可变成本曲线，它从原点出发，表示产量为零时没有可变成本（也就是表 6-1 中的“0”）。该曲线向右上方倾斜，表示随着产量的增加而增加，可变成本曲线经过一个陡峭—平坦—陡峭的过程。最初在产量开始增加时由于固定生产要素与可变生产要素的效率未

能得以充分发挥，因此，可变成本的增加率大于产量的增加率，在图形上显示的比较陡峭。然后，当产量增加到一定数量后，曲线变得较为平坦，其原因是随着产量的增加，固定生产要素与可变生产要素的效率得到充分发挥，可变成本的增加率小于产量的增加率。最后由于边际收益递减规律的作用，可变成本的增加率又大于产量增加率，在图形上显示得又比较陡峭。

STC 为短期总成本曲线。它从固定成本值出发，随着产量的增加而增加，因为短期总成本等于固定成本加上可变成本，所以其曲线形状与 *VC* 曲线形状相同，即短期总成本曲线的变化规律与可变成本保持一致。

二、各类短期平均成本

（一）各类短期平均成本概念

各类短期平均成本

1. 平均固定成本

平均固定成本（*AFC*）是指短期内平均每单位产品所消耗的固定成本。由于固定成本不变，因此，随着产量的增加，平均固定成本不断减少。

$$AFC = \frac{FC}{Q}$$

2. 平均可变成本

平均可变成本（*AVC*）是指短期内厂商平均每单位产品所分摊的可变成本，即

$$AVC = \frac{VC}{Q}$$

3. 短期平均总成本

短期平均总成本（*SAC*）是指短期内平均每单位产品所分摊的总成本。短期平均总成本等于平均固定成本与平均可变成本之和。

$$SAC = \frac{STC}{Q} = \frac{FC + VC}{Q} = \frac{FC}{Q} + \frac{VC}{Q} = AFC + AVC$$

（二）各类短期平均成本变动规律及其关系

为了描绘出各类短期平均成本曲线，分析各类短期平均成本的变动规律及其相互关系，表 6-1 经过计算可以得到某厂商短期平均生产成本，如表 6-2 所示。

表 6-2　某厂商短期平均生产成本

成本单位：元

产量 / 件	总成本			平均成本			边际成本
	固定成本	可变成本	短期总成本	平均固定成本	平均可变成本	平均总成本	短期边际成本
Q	*FC*	*VC*	*STC*	*AFC*	*AVC*	*SAC*	*SMC*
0	20	0	20	—	—	—	—
1	20	3	23	20	3	23	3

续表

产量 / 件	总成本			平均成本			边际成本
	固定成本	可变成本	短期总成本	平均固定成本	平均可变成本	平均总成本	短期边际成本
2	20	5	25	10	2.5	12.5	2
3	20	8	28	6.67	2.67	9.33	3
4	20	12	32	5	3	8	4
5	20	22	42	4	4.4	8.4	10
6	20	38	58	3.33	6.33	9.67	16
递增	不变	递增	递增	递减	先减后增	先减后增	先减后增

表 6–2 说明了各种平均成本的计算、相互关系及随着产量增加的变化趋势。

（1）平均固定成本等于固定成本除以产量，并随着产量的增加而不断减少。当产量为 2 件时，平均固定成本为 10 元（即 20 ÷ 2 = 10）；当产量为 5 件时，平均固定成本减少为 4 元。

（2）平均可变成本等于可变成本除以产量，随着产量的增加呈现出先减后增的变化趋势。当产量由 1 件增加至 2 件时，平均可变成本从 3 元减少到 2.5 元（即 5 ÷ 2 = 2.5）；当产量由 2 件增加至 6 件时，平均可变成本从 2.5 元增加到 6.33 元。

（3）平均总成本等于短期总成本除以产量，即平均固定成本与平均可变成本之和。平均总成本随着产量的增加呈现出先减后增的变化趋势且大于平均可变成本。当产量由 1 件增加到 4 件时，平均总成本从 23 元减少到 8 元（即 32 ÷ 4 = 8，或 5 + 3 = 8）；当产量从 4 件增加到 6 件时，平均总成本从 8 元增加到 9.67 元（因四舍五入导致的数据变化）。

（三）各类短期平均成本曲线

依据表 6–2 中的数据，可以作出 *AFC* 曲线、*AVC* 曲线和 *SAC* 曲线，如图 6–3 所示，横轴代表产量，纵轴代表成本。

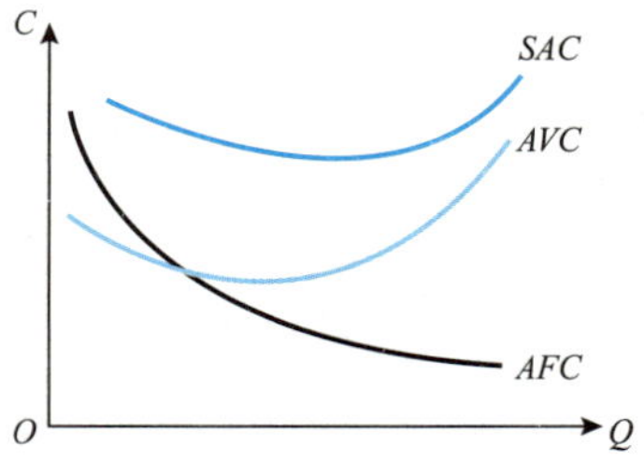

图 6–3　各类平均成本曲线

（1）*AFC* 是平均固定成本曲线，该曲线是向右下方倾斜的曲线。平均固定成本是生产每单位产品所消耗的固定成本。在短期内，固定成本不变，因此，随着产量增加，每单位产量分摊到的固定成本不断减少，即平均固定成本趋于下降。

（2）*AVC* 是平均可变成本曲线，该曲线呈 U 形。在生产过程中，当开始增加可变要素以增加产量时，由于可变要素逐渐趋向于与固定生产要素相配合的最优数量，每单位可变要素所带来的产量逐渐增加，即平均可变成本趋于下降。但是，当固定生产要素和可变生产要素之间形成最优组合后，如果还继续增加可变生产要素以增加产量，两种生产要素的配合将变得不合适。这时每单位可变生产要素带来的产量逐渐减少，平均可变成本达到一定点后趋于上升。所以，*AVC* 是一条 U 形的曲线。

（3）*SAC* 是平均成本曲线，该曲线也是一条 U 形曲线。平均成本的变动规律由平均固定成本和平均可变成本决定。当产量从零开始增加时，*AFC* 和 *AVC* 趋于下降，所以 *SAC* 也趋于下降。但是，当产量继续增加的时候，虽然 *AFC* 仍在下降，但由于可变生产要素的使用量越来越大，*AVC* 与 *AFC* 相比在平均成本中的比重越来越大，而 *AVC* 达到一定点后将趋于上升，所以它最终将抵消平均固定成本下降的影响而导致平均总成本上升。

三、边际成本

平均总成本表明一单位产品所分摊的成本，但它并没有给出当厂商改变其生产水平时总成本将如何变动。表 6−2 的最后一列表示当厂商增加一单位产量时总成本的增加量，称为边际成本（*MC*）。

例如，当该厂商的产量从 4 件增加到 5 件时，总成本从 32 元增加到 42 元，这样，第 5 件的边际成本是 42 元减 32 元，即 10 元。此外，在短期中，固定成本不随产量的变动而变动，所以，总成本的变动只是由可变成本变动引起的，因此，边际成本还可表示当厂商增加一单位产量时可变成本的变动量。例如，当该厂商的产量从 4 件增加到 5 件时，可变成本从 12 元增加到 22 元，第 5 件产品的边际成本也是 10 元（22 − 12 = 10）。用公式表示为

$$MC=\frac{\Delta STC}{\Delta Q}=\frac{\Delta VC}{\Delta Q}$$

平均总成本表明如果总成本在所生产的所有产品中平均分摊后平均一单位产品的成本。而边际成本表明，多生产一单位产品引起的总成本增加量。

根据表 6−2 中的数据，可以得到 *MC* 曲线，如图 6−4 所示。

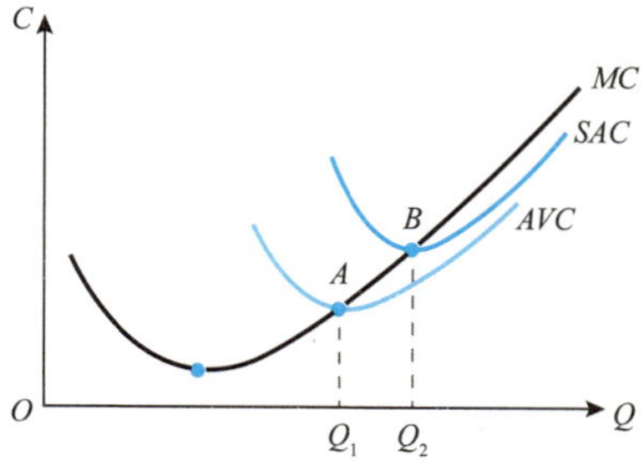

图 6−4　边际成本曲线

从图 6−4 中可以看出：

（1）*MC* 是边际成本曲线，它也是一条 U 形曲线，表明边际成本随着产量的增加先下降后上升的变动规律。短期内，固定成本不变，所以边际成本是增加单位产量所增加的可变成本。短期边际成本的变化与平均可变成本变化的原因相似。在达到固定生产要素和可变生产要素的最优组合之前，增加可变生产要素可以使两种生产要素的效率得到充分发挥，因而产量是递增的，而此时边际成本趋于下降。在达到固定生产要素和可变生产要素的最优组合后，固定生产要素的潜力用尽，所以边际成本呈上升趋势。

（2）短期边际成本与短期平均可变成本的关系。边际成本曲线 *MC* 与平均可变成本

曲线 AVC 相交于 AVC 的最低点 A。在 A 点上，短期边际成本等于短期平均可变成本，即 $MC=AVC$；在 A 点的左边，短期边际成本小于平均可变成本，即 $MC<AVC$，此时，AVC 一直递减；在 A 点的右边，短期边际成本大于平均可变成本，即 $MC>AVC$，AVC 一直递增。

（3）短期边际成本与短期平均成本的关系。边际成本曲线 MC 与平均成本曲线 SAC 相交于 SAC 的最低点 B。在 B 点上，短期边际成本等于短期平均成本，即 $MC=SAC$；在 B 点的左边，短期边际成本小于短期平均成本，即 $MC<SAC$，此时，SAC 一直递减；在 B 点的右边，短期边际成本大于短期平均成本，即 $MC>SAC$，SAC 一直递增。因此，只要边际成本小于平均总成本，平均总成本就下降；只要边际成本大于平均总成本，平均总成本就上升。

平均总成本的最低点对应着平均总成本最小时的产量，这种产量有时被称为企业的有效规模。对于该厂商而言，有效规模是产量为 4 件产品。如果产量大于 4 件，厂商的平均总成本就增加到 8 元的最小值以上，因为投入品的边际产量不断递减；如果产量小于 4 件，平均总成本高于 8 元，因为固定成本分摊在少数产品上。在这一有效规模上，这两种力量的平衡使得平均总成本达到最小。

在短期生产中，边际收益递减规律对短期成本的变动起决定作用，即边际产量的递增阶段对应的是边际成本的递减阶段；边际产量的递减阶段对应的是边际成本的递增阶段。当边际产量达到最大值时，边际成本为最小值。这也是短期平均成本和短期边际成本皆呈 U 形的原因所在。

资料链接

为了更好地理解边际成本和平均成本的关系，可以以“身高”为例加以分析。假设某宿舍有 4 人，这 4 人身高分别为 1.61 米、1.73 米、1.58 米以及 1.68 米，平均身高为 1.65 米（相当于平均成本 SAC）。该宿舍来了一位新同学，如果该同学的身高是 1.5 米（相当于边际成本 MC），由于这位同学的身高小于宿舍的平均身高，此时，会使宿舍的平均身高降低（SAC 减少），下降为 1.62 米（$8.1/5=1.62$），小于以前宿舍的平均身高 1.65 米；如果该同学的身高是 1.8 米，由于这位同学的身高大于宿舍的平均身高，此时，会使宿舍的平均身高上升，上升为 1.68 米（$8.4/5=1.68$），大于以前宿舍的平均身高 1.65 米。

即问即答

假设华为公司生产 10 台手机的总成本为 2 万元，而生产 11 台手机的总成本为 2.3 万元。那么，生产 11 台手机的平均总成本是多少？第 11 台手机的边际成本是多少？

四、停止营业点与收支相抵点

图 6-4 中点 A 被称为停止营业点。在点 A 上，$MC=AVC$，如果此时价格等于平均可变成本，意味着如果厂商进行生产，价格只能弥补平均可变成本，厂商的收益与可变成本相等，损失的是不生产也要支付的固定成本。如果价格低于平均可变成本，厂商将会停止营业，因为如果继续生产，厂商不仅会损失固定成本，而且还要遭受可变成本的损失。

图 6-4 中点 B 被称为收支相抵点。在点 B 上，$MC=SAC$，如果此时价格等于平均总成

本，意味着厂商的成本与收益相等，此时经济利润为零，获得正常利润。

从上述分析可以看出，在决策短期内是否继续生产时，一般不必考虑固定成本和平均固定成本，仅仅需要考虑可变成本和平均可变成本。只要价格大于或等于平均可变成本时，就可以继续生产。

资料链接

奶茶店的经营决策

一家奶茶店在正常情况下，每月生产奶茶1万杯，总成本是8万元，其中3万元是固定成本，5万元是可变成本，那么每杯奶茶的平均固定成本是3元，平均可变成本是5元，如果此时每杯奶茶的价格为5元，是否经营结果都相同。如果继续经营，总收益为5万元（5元×1万＝5万元），刚好等于可变成本5万元，即经营时支出的平均可变成本（5元）得以弥补，可是固定成本的损失并没有减少；若不经营，可变成本不必支出，但固定成本的损失依旧一样。此时处于停止营业点上。

若在这个停止营业点上，即价格高于平均可变成本时，则必须经营，这是因为高于平均可变成本的那部分价格可以弥补固定成本的损失。假如每杯奶茶的价格是7元，平均可变成本是5元时，每出售一杯奶茶就可以得到7元，其中5元用来弥补平均可变成本，其余2元用来弥补平均固定成本的损失。如此，平均固定成本的损失就从3元减至1元，此时是有利的。因为亏损1元当然要比亏损3元好。此时，利润最大化的原则就变成亏损最小化。

若价格低于平均可变成本，则不管怎样都不能继续经营。假如每杯奶茶的价格是4元，平均可变成本是5元时，每出售一杯奶茶就可以得到4元，此时不仅损失全部的固定成本，还遭受平均可变成本的损失，平均可变成本损失1元，亏损从3元上升至4元，这是不利的，企业应立即停止生产。

资料来源：本书编写组。

任务三　长期成本分析

在长期内，企业可以根据产量要求调整全部的生产要素，甚至进入或退出一个行业。因此，企业所有的长期成本都是可变的，不存在固定成本和可变成本之分。

例如，珠海格力电器股份有限公司，在只有几个月的时间内，格力不能调整工厂的数量与规模，它生产更多空调的唯一方法是在已有的工厂中雇用更多工人，因此，这些工厂的成本在短期中是固定成本。但是，在几年的时期中，格力公司可以扩大其工厂规模，建立新工厂或关闭旧工厂，因此，其工厂的成本在长期中是可变成本。

由于长期是短期的延续，所以长期成本曲线可由短期成本曲线推导出来，下面进行具体分析。

一、长期总成本

（一）长期总成本的含义

在长期内，厂商可以调整全部的生产要素，即厂商可以对企业的规模进行调整。所以，厂商总是可以在每一个产量水平上选择最优的生产规模进行生产。长期总成本（LTC）是指在长期生产中，厂商在每一产量水平上通过选择最优的生产规模所能达到的最低总成本。长期总成本函数的表达方式可写成：

$$LTC = LTC(Q)$$

该表达式表明长期总成本是随着产量变动而变动的。若产量为零，则没有总成本；若产量增加，总成本随之增加。

（二）长期总成本曲线的推导

长期总成本曲线可以从短期总成本曲线推导得到。

如图 6–5 所示，长期总成本曲线 LTC 是无数条短期总成本曲线 STC 的包络线。在这条包络线上，存在着 LTC 曲线与一条 STC 曲线的相切点，该 STC 曲线所代表的生产规模就是最优生产规模，该切点所对应的总成本就是生产该产量的最低总成本。

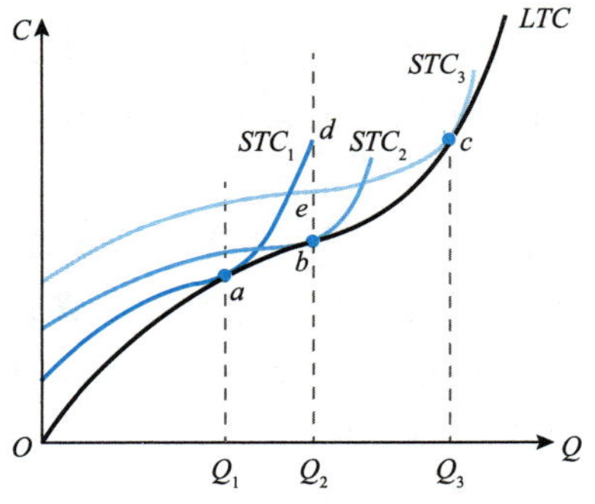

图 6–5　长期总成本曲线

在图 6–5 中，有三条短期总成本曲线 STC_1、STC_2 和 STC_3，它们分别代表三种不同的生产规模。STC_1 曲线所代表的固定成本小于 STC_2 曲线，STC_2 曲线所表示的固定成本又小于 STC_3 曲线，而固定成本的多少往往表示生产规模的大小。因此，从三条短期总成本曲线所代表的生产规模可知，STC_1 曲线代表的是小型生产规模，STC_2 曲线代表的是中等生产规模，STC_3 曲线代表的是大型生产规模。

假设厂商生产的产量为 Q_2，在短期内，厂商可能面临 STC_1 曲线所代表的小型生产规模或 STC_3 曲线所表示的大型生产规模，厂商只能按较高的总成本来生产，即在曲线上的 d 点或曲线上的 e 点进行生产。但是，如果在长期，厂商可以调整其全部生产要素，选择最优的生产规模，于是，厂商必然会选择 STC_2 曲线的生产规模进行生产，从而将总成本降低到所能达到的最低水平，即厂商是在 STC_2 曲线上的 b 点进行生产。

类似的，在长期内，厂商会选择 STC_1 曲线所代表的生产规模，在 a 点上生产 Q_1 的产量；选择 STC_3 曲线所代表的生产规模，在 c 点上生产 Q_3 的产量。这样，厂商就在每一个既定的产量水平上实现了最低的总成本。即可以找到无数个类似 a，b，c 的点，这些点的轨迹就形成了图中的长期总成本曲线 *LTC*。因此，*LTC* 曲线是由每一产量所对应的最低短期总成本构成，即长期总成本是短期总成本的包络线。

LTC 曲线是一条由原点出发向右上方倾斜的曲线，表示长期总成本随着产量的增加而增加。在开始生产时，要投入大量生产要素，而产量少时，这些生产要素无法得到充分利用，因此，成本增加的比率大于产量增加的比率。当产量增加到一定程度后，生产要素开始得以充分利用，这时成本增加的比率小于产量增加的比率，这也是规模经济的效益。最后，由于规模报酬递减，成本的增加比率又大于产量增加的比率。

LTC 曲线的形状与 *STC* 曲线相似，但二者有区别：第一，*LTC* 曲线是从原点出发，而 *STC* 曲线是从固定成本出发，即高于原点；第二，两者虽然形状相似，但形成的原因并不相同。*STC* 曲线的形状是由于边际收益递减规律决定的；而 *LTC* 曲线的形状是由于规模报酬先递增后递减决定的。

二、长期平均成本

长期平均成本

长期平均成本（*LAC*）表示厂商在长期生产中平均每单位产量的成本，其计算公式为

$$LAC=\frac{LTC}{Q}$$

长期平均成本曲线可以从短期平均成本曲线推导出来。

如图 6–6 所示，有三条短期平均成本曲线 SAC_1、SAC_2 和 SAC_3，他们各自代表了三种不同的生产规模。在长期中，厂商可以根据产量要求，选择最优的生产规模进行生产。

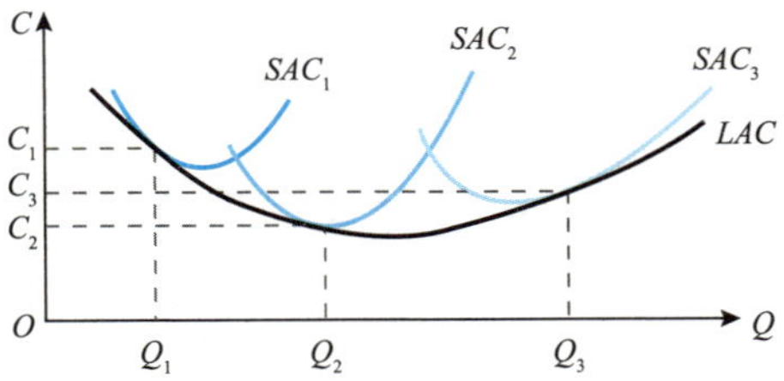

图 6–6　长期成本曲线的推导

假定厂商生产的产量为 Q_1，厂商将会选择 SAC_1 曲线所代表的生产规模，以 C_1 的平均成本生产，因为对于产量 Q_1 而言，平均成本 C_1 是低于其他任何生产规模下的平均成本的。类似的，假定厂商生产的产量为 Q_2，厂商将会选择 SAC_2 曲线所代表的生产规模，以 C_2 的平均成本进行生产。假定厂商生产的产量为 Q_3，厂商将会选择 SAC_3 曲线所代表的生产规模，以 C_3 的平均成本进行生产。

以上假定可供选择的生产规模只有三种，若假定可供选择的生产规模有无数种，则会有无数条短期平均成本曲线。对应每一个产量，都会有一个最佳的短期平均成本点，把所有这些点用一条平滑的曲线连接起来，就是该厂商的长期平均成本曲线 *LAC*，如图 6–7 所示。所以 *LAC* 曲线是一条与无数条短期平均成本曲线相切的包络线。

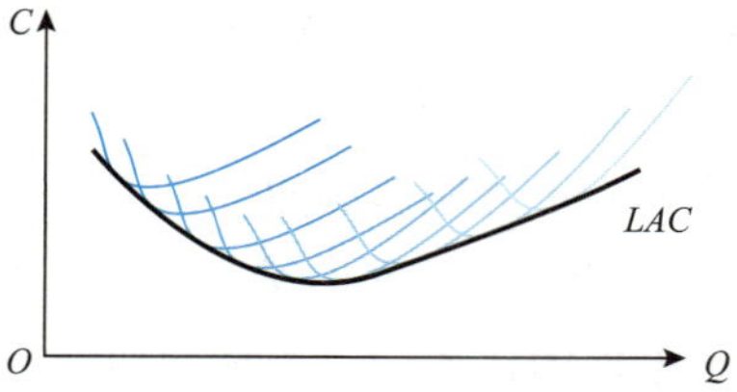

图 6-7　长期平均成本曲线

在长期平均成本曲线上，每个产量水平都能找到一个 *LAC* 曲线与 *SAC* 曲线相切的切点，该切点所对应的平均成本就是相应的最低平均成本，该 *SAC* 曲线所代表的生产规模就是该产量所对应的最优生产规模。因此，*LAC* 曲线表示在长期内厂商在每一个产量水平上可以实现的最低平均总成本。

LAC 曲线呈先降后升的 U 形，这是由长期生产中的规模报酬先递增后递减决定的。在规模报酬递增阶段，随着生产规模的扩大，平均成本会逐渐降低；在规模报酬递减阶段，随着生产规模的扩大，平均成本会逐渐提高，所以 *LAC* 曲线呈现出 U 形特征。

长期边际成本

三、长期边际成本

长期边际成本（*LMC*）是指厂商在长期内增加一单位的产量所带来的最低总成本的增量。其计算公式为

$$LMC = \frac{\Delta LTC}{\Delta Q}$$

长期边际成本曲线如图 6-8 所示，也是一条先下降后上升的 U 形曲线。

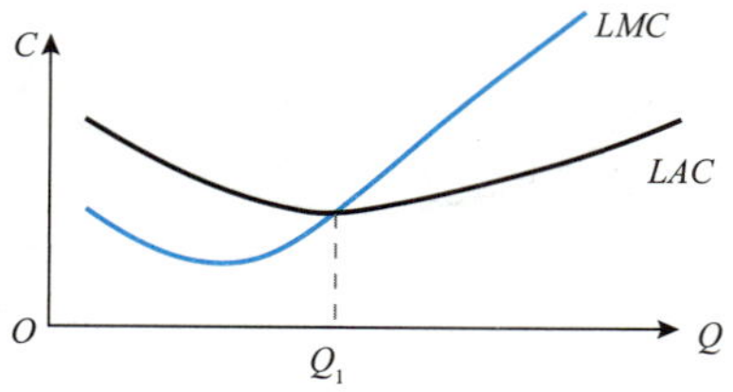

图 6-8　长期边际成本曲线

长期边际成本曲线与长期平均成本曲线的关系同短期边际成本与短期平均成本曲线的关系一样。在长期平均成本下降时，长期边际成本小于长期平均成本，即 $LMC < LAC$；当长期平均成本上升时，长期边际成本大于长期平均成本，即 $LMC > LAC$；在长期平均成本的最低点，长期边际成本等于长期平均成本，即 $LMC = LAC$。

素养园地

众所周知，此前 40 多年中国经济得以持续快速发展，一个重要原因是低成本优势。然而，随着经济社会发展，高成本逐渐成为新挑战。高成本正成为中国经济发展中的一大突出问题，也给企业家带来不少困惑。

影响我国实体经济效益的成本主要包括税负成本、制度性交易成本、人工成本、融资成本、能源成本、物流成本等。目前，我国实体经济企业非税负担较重，例如，社保费用不属于税收，却是企业实际承担的费用，属于非税负担，我国社保缴费率存在阶段性下调的空间。随着经济快速发展，我国人工成本上升较快。此外，制度性交易成本、物流成本、融资成本、能源成本等相对而言也都偏高。

近几年，我国一些企业特别是来料加工企业到东南亚国家或其他国家建厂，一个重要原因就是国内不少行业的经营成本上升过快，造成资本投资回报率明显下降。而东南亚、南亚、南美以及部分非洲国家的劳动力成本低于我国，有的生产要素成本也低于我国，并且纷纷采取措施加大招商引资力度，积极承接中低端产业转移。

企业选择成本更低、回报率更高的地方投资，这是由其追求盈利的属性决定的。实体经济成本偏高，不仅会削弱我国中低端产业在国际市场的竞争力，而且会妨碍我国高端产业竞争力的提高，还会助长国内经济发展“脱实向虚”，增加经济运行的风险。新形势下，要大力振兴我国实体经济，提高我国实体经济企业的竞争力，进而实现经济中高速增长，关键是将实体经济成本尽量降下来，使实体经济企业有更大发展空间、对资本有更大吸引力。

党中央、国务院高度重视降成本工作。2023 年 6 月 13 日国家发展改革委发布了《国家发展改革委等部门关于做好 2023 年降成本重点工作的通知》。该通知在税费优惠、降低制度性交易成本、缓解企业人工成本压力、降低企业用地原材料成本、推进物流提质增效降本等方面一共提出二十二项措施，大力推进降低实体经济企业成本，支持经营主体纾困发展，助力经济运行整体好转。

资料来源：本书编写组。

任务四　实现利润最大化

经济收益是成本与收益之间的关系。因此，在分析了成本之后，就要分析收益，并在此基础上确定如何实现利润最大化。

一、收益的含义

收益是指企业卖出产品得到的全部收入，即价格与销售量的乘积。收益可分为总收益、平均收益和边际收益。

总收益（TR）是企业销售一定量产品所得到的全部收益。以 P 代表销售价格，Q 代表销售量，总收益函数可表示为

$$TR = P \cdot Q$$

平均收益（AR）是企业销售每一单位产品平均所得到的收入。平均收益函数可表示为

$$AR = \frac{TR}{Q}$$

边际收益（MR）是指企业每增加销售一单位产品所增加的收入。边际收益函数可表示为

$$MR=\frac{\Delta TR}{\Delta Q}$$

在理解收益的概念时应注意以下两个问题。

（1）收益不等于利润。收益中既包括购买各种生产要素而支出的成本费用，也包括扣除成本费用剩余的利润。

（2）在不同的市场结构中，收益变动的规律并不完全相同，边际收益曲线与平均收益曲线的形状也并不相同。

即问即答

假设一个生产蓝牙耳机的企业，固定成本为 20 000 元，每单位产品的变动成本为 20 元 / 个，售价为 40 元，求该企业产量为 1 万时的总收益、平均收益以及利润。

二、利润最大化原则

利润最大化原则

利润是指生产中获得的总收益与的总成本之间的差额。注意，这里所指的利润是经济利润。

设利润为 L，根据利润的概念，则有

$$L=TR-TC$$

根据上式可知，总收益超出总成本的部分为企业利润，不足部分为企业的亏损。由于企业从事经济活动的目标在于追求利润最大化，为了实现利润最大化，需要对 $L=TR-TC$ 求一阶导数，可得

$$ML=MR-MC$$

要求得利润的最大值，就必须满足利润函数的一阶导数等于零，即 $MR=MC$。

由此可知 $MR=MC$ 就是实现利润最大化的必要条件。原因如下。

（1）如果边际收益大于边际成本，即 $MR>MC$。表明企业每多生产 1 个单位的产品所增加的收益大于生产这 1 个单位的产品所增加的成本。这对于企业来说，还有潜在的利润没有得到，企业扩大生产量是有利的，也就是说没有达到利润最大化。

（2）如果边际收益小于边际成本，即 $MR<MC$。表明企业每多生产 1 个单位的产品所增加的收益小于生产这 1 个单位的产品所增加的成本。这时，对于企业来说，就会造成亏损，企业必然需要减少产量。

（3）无论是边际收益大于边际成本还是小于边际成本，企业都需要调整其产量，即没有实现利润最大化。只有当边际收益等于边际成本时，企业才不会调整产量，因为此时已经实现利润最大化了。

资料链接

大型商场为什么平时不延长时间？

节假日期间许多大型商场都延长营业时间，为什么平时不延长？现在我们用边际分析理论来解释个问题。

从理论上来说，延长一小时，就要支付一小时所耗费的成本，这种成本既包括直接的物耗，如水、电等，也包括由于延时而需要支付的销售员的加班费，这种增加的成本就是边际成本。

假如延长一小时增加的成本是1万元，那么如果在延时的一小时里他们卖出商品增加的收益大于一万元，作为一个精明的企业家就应该将营业时间在此基础上再延长，因为这时他还有一部分可以赚的钱没赚到手。相反，如果在延长一小时里增加的成本是1万元，增加的收益却不足1万元，在不考虑其他因素的情况下，企业家就应该取消延时的经营决定，因为延长一小时增加的成本大于收益。

节假日期间，人们有更多的时间去旅游购物，使商场的收益增加；而平时工作紧张、家务繁忙，人们没有更多时间和精力去购物，就算延时服务也不会有更多的人光顾，增加的销售额不足以抵偿延时所增加的成本。这就是能够解释大型商场在节假日期间延长营业时间而在平时不延长营业时间的经济学的道理。

资料来源：百度文库。

技能实训

实训名称：校园商铺的成本分析

实训形式：

（1）分组：将全班同学分成若干组，每组选一名组长负责组织本小组完成项目。

（2）在组长的组织下，选取校内的某店铺作为研究对象，实地走访调研。

（3）运用成本理论，讨论分析该店的各项成本分别是多少？收益是多少？店主是否应该停止营业？

（4）组织各小组汇报和讨论，教师引导点评。

思考练习

一、单项选择题

1. 固定成本是指（　）。

A. 企业在短期内必须支付的不能调整的生产要素的费用

B. 企业要增加产量所要增加的费用

C. 企业购买生产要素所需要的费用

D. 平均每单位产品所需要的费用

2.（　）可称为可变成本。

A. 管理人员的工资

B. 生产工人的工资

C. 厂房和机器设备的折旧

D. 显性成本

3. 某企业生产 10 个鼠标的总成本为 300 元，其中厂房和机器设备折旧为 30 元，工人工资及原材料费用为 70 元，那么平均可变成本为（　）。

A. 30 元

B. 10 元

C. 7 元

D. 3 元

4. 在短期，随着产量的增加，固定成本（　）。

A. 递增

B. 不变

C. 递减

D. 先减后增

5. 在短期，随着产量的增加，平均固定成本（　）。

A. 递增

B. 先增后减

C. 递减

D. 先减后增

6. 在长期中，(　　) 是不存在的。

A. 可变成本

B. 平均成本

C. 机会成本

D. 固定成本

7. 在短期，随着产量的增加，平均可变成本（　　）。

A. 递增

B. 先增后减

C. 递减

D. 先减后增

8. 已知产量为 3 个单位时，总成本为 2 100 元，产量增加到 4 个单位时，平均成本为 562.5 元，由此可知边际成本为（　　）。

A. 100 元

B. 200 元

C. 150 元

D. 250 元

9. 某厂商每年从企业的总收入中取出一部分作为自己所提供的自有生产要素的报酬，这部分资金被视为（　　）。

A. 显性成本

B. 隐性成本

C. 经济利润

D. 会计利润

10. 短期边际成本曲线与短期平均成本曲线的相交点是（　　）。

A. 平均成本曲线的最低点

B. 边际成本曲线的最低点

C. 平均成本曲线下降阶段的任何一点

D. 平均成本曲线上升阶段的任何一点

11. 在短期中，当边际成本曲线位于平均成本曲线下方时（　　）。

A. 平均成本是不变的

B. 平均成本是递增的

C. 平均成本是递减的

D. 平均成本先递减后递增

12. 短期边际成本曲线与短期平均成本曲线相交之后（　　）。

A. 边际成本大于平均成本

B. 边际成本等于平均成本

C. 边际成本小于平均成本

D. 边际成本为负

13. 假如每增加一单位产量所带来的边际成本大于产量增加前的平均成本，那么在产量增加后，平均成本一定（　）。

A. 减少

B. 不变

C. 增加

D. 先减后增

14. 丽丽租了一个果汁小摊两天，她花了 100 元买原材料，支付摊位租金 150 元，并卖了价值 1 000 元的果汁，在这同样的两天中，她本可以去兼职而赚到 500 元 . 那么，丽丽的会计利润是（　）元，经济利润是（　）元。

A. 250，750

B. 900，750

C. 750，250

D. 750，900

15. 一个企业生产 20 单位产品，平均总成本是 25 元，边际成本是 15 元，如果将产量增加到 21 单位，（　）一定会发生。

A. 边际成本会减少

B. 边际成本会增加

C. 平均总成本会减少

D. 平均总成本会增加

16. 如果更高的产量水平使工人在特定工作中更专业化，企业就会表现出规模（　）和平均成本（　）。

A. 经济，上升

B. 经济，下降

C. 不经济，下降

D. 不经济，上升

17. 假设某企业生产的商品价格为 10 元，平均成本为 12 元，平均可变成本为 7 元，则该企业在短期内（　）。

A. 停止生产且亏损

B. 继续生产且存在利润

C. 继续生产但亏损

D. 停止生产且不亏损

18. 长期成本函数与短期成本函数的区别在于（　）。

A. 企业性质不同

B. 生产要素的数量不同

C. 成本是否可以加总

D. 是否有固定成本和可变成本之分

19. 小吴辞去月薪 5 000 元的工作，取出自有存款 1 万元（月息 1%），办一独资企业，如果不考虑商业风险，则小吴办企业按月计算的机会成本是（　）。

A. 1 000 元

B. 6 000 元

C. 10 000 元

D. 15 000 元

20. 利润最大化的原则是（ ）。

A. 边际收益等于边际成本

B. 边际收益大于边际成本

C. 边际收益小于边际成本

D. 边际收益与边际成本没有关系

21. 当产出增加时，长期平均成本曲线下降，这是由于（ ）。

A. 规模不经济

B. 规模经济

C. 边际报酬递增

D. 边际报酬递减

二、判断题

1. 在短期内，管理人员的工资和生产工人的工资都是固定成本。（ ）
2. 会计利润等于经济利润。（ ）
3. 经济利润包括正常利润。（ ）
4. 在短期内，企业增加一单位产量时所增加的可变成本等于边际成本。（ ）
5. 边际收益是企业每增加销售一单位产品所获得的收益。（ ）
6. 在短期内，平均可变成本曲线是一条先下降后上升的 U 形曲线。（ ）
7. 短期边际成本曲线先下降后上升的原因是边际收益递减规律。（ ）
8. 短期总成本曲线是一条从原点出发的曲线。（ ）
9. 当边际成本与平均总成本正好相等时，平均可变成本处于最低点。（ ）
10. 隐性成本实际是一种机会成本。（ ）

三、技能训练题

1. 根据短期总成本、短期固定成本、短期可变成本、短期平均成本、短期平均固定成本、短期平均可变成本、短期边际成本之间的关系，并根据下表已给的数字进行计算，并填写所有的空格。

Q	*FC*	*TC*	*VC*	*AFC*	*AVC*	*AC*	*MC*
0	120						
1		180					
2			80				
3							10
4		225					
5					28		
6							70
7			320				
8						78	

2. 计算填写下表中的空格。

Q	P	TR	AR	MR
1	10			
2	8			
3	6			
4	4			
5	2			

3. 假设你是一家出售电脑的企业的财务总监。下面是你的企业的平均总成本表。

数量（台）	平均总成本（元）
200	3 000
201	3 001

你们当前的产量水平是 200 台，而且全部售出。此时，有一个客户打来电话，非常希望买一台电脑，并出价 3 100 元。请问你应该接受他的要求吗？并解释原因。

4. 下表为三个不同企业的长期总成本。

产量	1	2	3	4	5	6	7
企业 A	60	70	80	90	100	110	120
企业 B	11	24	39	56	75	96	119
企业 C	21	34	49	66	85	106	129

请分析三个企业分别处于规模经济，还是规模不经济？

项目七

探知企业市场竞争策略

目标导航

知识目标

（1）理解影响市场竞争程度的四点因素，掌握不同类型市场结构的特征；

（2）掌握完全竞争市场的需求曲线与收益曲线、短期均衡与长期均衡；

（3）掌握垄断市场形成的条件、垄断市场的均衡，掌握价格歧视及分类；

（4）了解垄断竞争市场的需求曲线和均衡，理解垄断竞争厂商的广告策略；

（5）理解寡头市场均衡，了解博弈论的相关知识。

技能目标

（1）能够利用所学理论分析现实经济中的市场类型；

（2）会根据不同类型的市场均衡开展盈亏分析；

（3）能运用价格歧视知识解释生活中常见的价格歧视现象。

素养目标

（1）加深对中国特色社会主义市场经济制度的理论认识，坚定道路自信和制度自信；

（2）树立正确的“三观”，以科学和理性的态度分析和看待现实经济问题。

知识导图

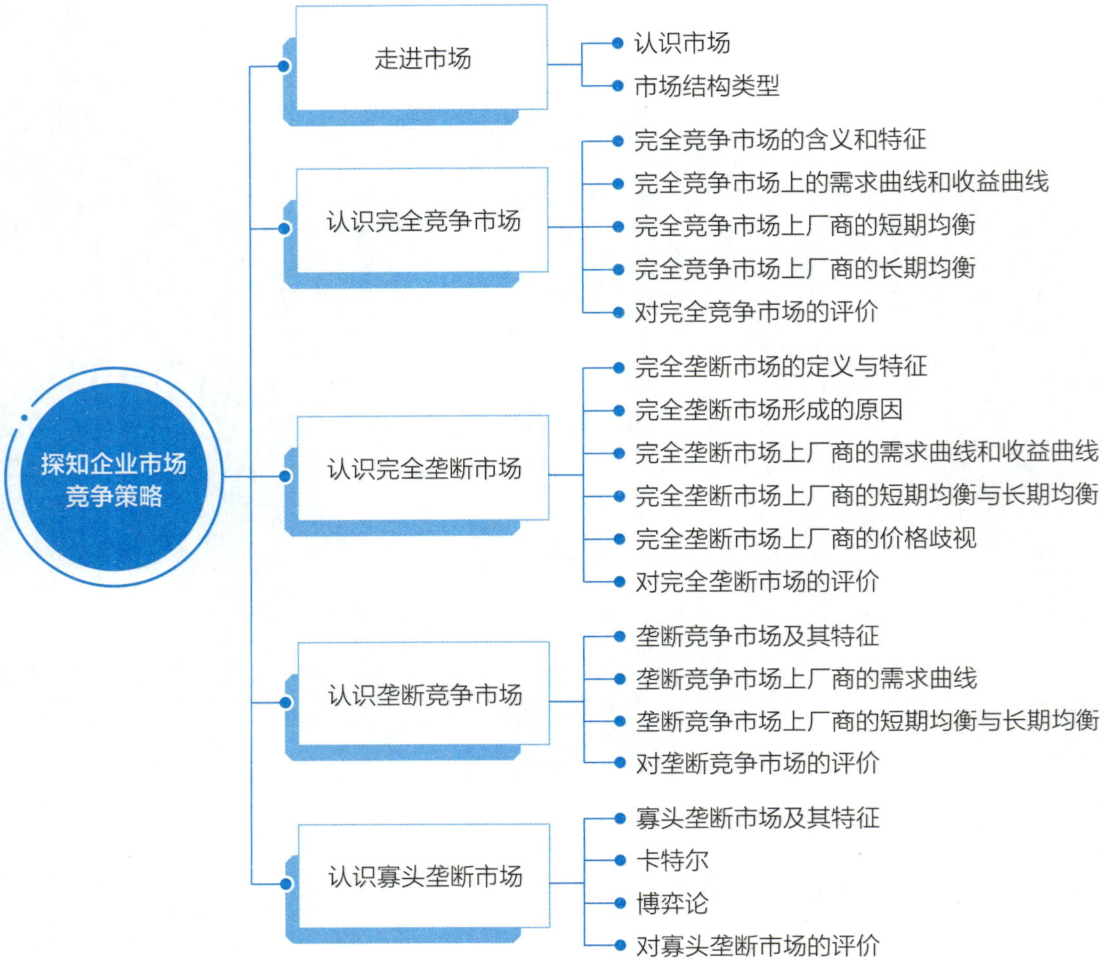

案例导入

假如你们当地的4S店单独把某一款汽车的价格提高10%，它就会发现该款汽车的销售量较以往大幅下降，它的潜在顾客会很快转而去其他4S店。与此相比，如果你们当地的天然气公司将煤气价格提高20%，它就会发现天然气的销售量几乎没有什么变化。人们可能会比往常少用一些煤气来节约生活成本（比如有些家庭更多用电来代替煤气做饭），但他们很难大幅度减少用气量。汽车市场和天然气市场的差别是显而易见的：当地有许多企业卖汽车，但只有一家企业卖煤气，这种市场结构的差别明显影响了企业的定价与生产决策。

案例来源：本书编写组。

任务一　走进市场

一、认识市场

经济学中的市场就是供给方和需求方交易的场所，它可以是一个有形的商品交易的场所，比如街上的水果市场、服装市场；也可以是一个利用现代化通信工具进行交易的接触点，像网上购物市场、股票市场、外汇市场等。

与市场密切相关的是行业，行业又称为部门，是指同一或类似产品市场生产和提供产品的厂商集合。例如服装行业、汽车行业、保险行业等。

经济学划分市场类型的主要标准是市场竞争程度的强弱。影响市场竞争程度的因素主要有四点：市场上厂商的数目；厂商之间各自提供产品的差异程度；单个厂商对市场价格的控制程度；厂商进入或退出市场的难易程度。

第一，厂商数目。作为市场主体的厂商的数目，决定市场竞争程度或垄断程度。厂商的数目越多，也就意味着他们的销售和购买量占的市场份额越小，自己的买卖行为对市场价格的影响就越小，市场的竞争程度便越强，垄断程度越弱；反之，厂商数目越少，单个厂商市场占有份额越大，则单个厂商对市场价格影响就越大，市场的竞争程度便越弱，垄断程度越强，极端情况下市场上只有一家厂商，就形成了完全垄断。

第二，产品差异度。产品差异度指同一行业中厂商生产的产品之间的差别程度。商品间的比较不仅指商品的质量，还包括销售条件、商标和包装等。通常，产品差异程度越大，竞争程度越弱，越容易形成垄断。

第三，价格控制程度。这是衡量厂商市场垄断力的最全面、最权威的指标。通常，厂商的定价能力越强，对市场价格控制程度越强，越容易形成垄断。

第四，进入壁垒。进入壁垒是指厂商进入或退出市场的难易程度。进入的壁垒越高，厂商进入越困难，市场上现有厂商的数目就越少，垄断程度就越强；市场的进入壁垒越低，厂商就越容易进入，竞争程度越高。

二、市场结构类型

市场结构类型

根据以上四个因素，市场被划分为四种类型：完全竞争市场、垄断竞争市场、寡头市场和垄断市场。这四种类型市场的特点如表 7-1 所示。

表 7-1　四种类型市场的特点

市场结构类型	厂商数目	产品差异程度	对价格的控制程度	进入或退出市场的难易程度	现实中接近的市场
完全竞争	非常多	完全无差别	完全不能	进出非常容易	部分农产品
垄断竞争	比较多	有差别，但较小	有一些	比较容易	日用品、香烟
寡头	少数几个	有差别或无差别	相当程度	比较困难	石油、电信、钢铁
垄断	一个	唯一产品，无替代品	很大程度，但会受到管制	非常困难，几乎不可能	公用事业：自来水、电力

任务二 认识完全竞争市场

一、完全竞争市场的含义和特征

完全竞争市场又称纯粹竞争市场或自由竞争市场，是指一种不受任何人为干扰和操纵的市场。完全竞争市场必须具备以下几个方面的条件特征。

（1）市场上有无数多的买者和卖者。其中每个买者和卖者所购买或者销售的份额，相对于整个市场的总购买量或总销售量而言非常微小，以至于没有单独一个卖方或买方能影响该商品的价格。他们中的每个人都只能被动接受市场自发形成的价格，而无法决定市场的价格，所以完全竞争市场中的买者和卖者都是价格的接受者。

（2）产品是同质的。市场上每个厂商提供的产品都是同质的、无差别的，即产品在质量、性能、外形、包装、服务等方面都无差别。对所有厂商来说，都不能通过自己商品的差异性来吸引消费者；对于消费者来说，在市场上购买商品时不关心生产厂家和品牌，买哪家的产品都一样。

（3）厂商进入、退出市场是完全自由的。任何一个厂商可以完全自由且毫无困难地进入某个市场，或是退出某个市场。即进入或退出市场完全由生产者自身自由决定，而不受任何社会法令和其他社会力量的限制。

（4）市场的买者和卖者都具有完全的信息。市场上的每一个买者和卖者都可以无成本地随时获得或掌握与自己的经济决策有关的一切信息，特别是市场上价格和供求关系的充分信息。这样双方都能按市场价格来交易，而不存在欺诈行为。需求者不可能受骗，即以高于市场的价格去购买；供给者在市场价格下能够将产品全部卖掉，因而没有必要也不会以低于市场的价格去销售。

显然，在现实生活中真正能满足上述4个条件的市场是很难找到的，通常只是将某些农产品市场看成是比较接近的完全竞争市场类型。尽管如此，对完全竞争市场的分析在市场结构理论中仍具有重要意义。完全竞争市场作为一个理想经济模型，有助于我们了解经济活动和资源配置的一些基本原理，解释或预测现实经济中厂商和消费者的行为。我们对其他各类市场进行的分析，都是在对完全竞争市场分析的基础上展开的。

资料链接

近似的完全竞争市场——小麦市场

如果种植小麦有利可图，那么总有农民愿意继续种植小麦，甚至有更多的农民加入种植小麦的行列；如果种植小麦是亏损的，或者种植小麦的净收益比其他种植业的净收益要小，农民就会改种其他作物。在农民决定继续种植小麦还是改种其他作物时，他们的选择基本是自由的，也就是说，农民进入或退出小麦种植的障碍很小。

略微不足的是，小麦市场无法满足信息完全的假定条件。这是大多数农产品市场化过程中存在的通病。当众多的小生产者与大市场对接时，由于单个的小生产者无法及时准确地把握决策所需要的所有信息，只能在有限的信息条件下做出决策。就像蛛网模型假定的那样，以上一时期的价格作为本期产量的决策依据。这样决策的结果很可能导致其决策与整体市场的实际运行情况相反，从而遭遇价格波动所带来的市场风险。小麦等农产品市场经常出现“去年买粮难，今年卖粮难”的现象，就是信息不完全所致。

案例来源：百度文库：https://wenku.baidu.com/view/1e29db9c55270722192ef7bd.htm.

二、完全竞争市场上的需求曲线和收益曲线

（一）需求曲线

在完全竞争市场，由于产品是同质的，每一个厂商都是均衡价格的接受者，而均衡价格是由整个行业的供给和需求所决定的。所以当行业均衡价格确定之后，对单个厂商来说这个价格就是既定的。一方面，在给定价格下厂商可以销售无穷多数量的商品，但只要提价就不会有人购买。因为所有厂商都销售同样的产品，而消费者也知道在哪里能买到更便宜的产品。另一方面，如果厂商是理性经营，就不会降价。因为它能够在既定价格下销售他所有想卖的产品，降价只是徒然使利润受损。

完全竞争市场的需求曲线和收益曲线

如图 7-1（a）所示，由市场的供给曲线 S 和需求曲线 D 共同决定均衡价格 P_e，由于完全竞争市场中厂商是价格的接受者，厂商对价格没有任何控制力，只能被动地接受既定的市场均衡价格。如图 7-1（b）所示，厂商接受的价格是 P_e，在 P_e 这一市场均衡价格水平上，厂商可以把他愿意并且能够提供的任何数量的产品都销售出去。对厂商而言，在价格为 P_e 时，所面对的需求量是无限大的，厂商的需求曲线 d 是具有完全弹性的。

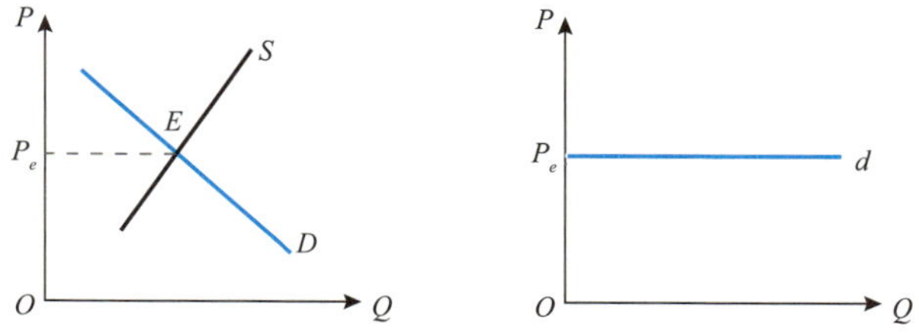

（a）　　（b）

图 7-1　完全竞争市场上的均衡价格与厂商需求曲线

（二）总收益、平均收益和边际收益曲线

所谓收益是指厂商销售其产品所获得的货币收入。厂商的收益分为总收益、平均收益和边际收益。

总收益（TR）是指厂商按一定的价格出售一定数量的产品获得的全部收入，它等于单位产品的销售价格与销售量的乘积。以 P 表示既定的市场价格，以 Q 表示销售产品的数量，则总收益 $TR(Q) = P \times Q$。

平均收益（AR）是指厂商销售一定量产品时平均每一单位产品所得到的收益。平均收益 $AR(Q) = TR(Q)/Q = (P \times Q)/Q = P$。

边际收益（MR）是指厂商每增加一个单位的销售量所引起的总收益的增加量。边际收益 $MR = \Delta TR(Q)/\Delta Q$。

这里用农民销售稻谷收入情况说明总收益、平均收益和边际收益之间的关系。假设市场上稻谷的价格 2 元每 500 克，农民的收益如表 7-2 所示。

表 7-2　不同销量下农民的收益表

销量 Q	价格 P	总收益 $TR(Q)$	平均收益 $AR(Q)$	边际收益 MR
100	2	200	2	2
200	2	400	2	2
300	2	600	2	2
400	2	800	2	2
500	2	1 000	2	2

在完全竞争市场中，由于单个厂商所面临的需求曲线是一条水平线，厂商每增加一单位产品的销售所带来的总收入的增量就是产品的价格。因而，在完全竞争市场中，厂商的边际收益等于平均收益，也等于产品的市场价格。即 $MR = AR = P$。所以需求曲线既代表平均收益曲线也代表边际收益曲线，三条曲线完全重合，即三线合一，如图 7-2（a）所示。而厂商的总收益曲线则是从原点出发，并向右上方倾斜的一条直线，如图 7-2（b）所示。

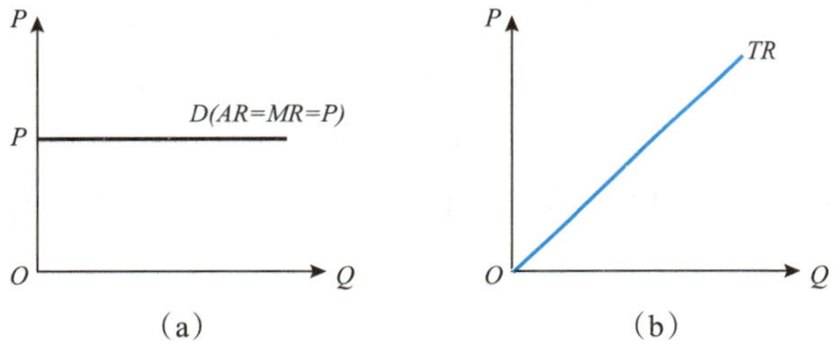

图 7-2　完全竞争市场上厂商平均收益曲线、边际收益曲线与总收益曲线

三、完全竞争市场上厂商的短期均衡

（一）完全竞争市场上厂商的短期均衡分析

在完全竞争市场上厂商的短期生产中，厂商面对的价格是由市场确定的，而且生产中的固定要素的投入量是无法变动的，即生产规模也是给定的。因此，在短期，厂商是在给定的生产规模下，通过对产量的调整来实现 $MR = SMC$ 的利润最大化的均衡条件的。在短期，完全竞争市场上厂商在利润最大化产量上既可能盈利，也可能亏损，还可能是持平，即不亏不赢。这是因为 SMC 与 MR 的交点不一定就是 SMC 与 SAC 的交点，即不一定就是 SAC 的最低点。在利润最大化产量上企业到底能不能真正获得盈利，不是看边际成本和边际收益，而是要看平均成本与平均收益。因此，完全竞争市场上厂商的短期均衡就有可能发生以下五种情况（见图 7-3）。

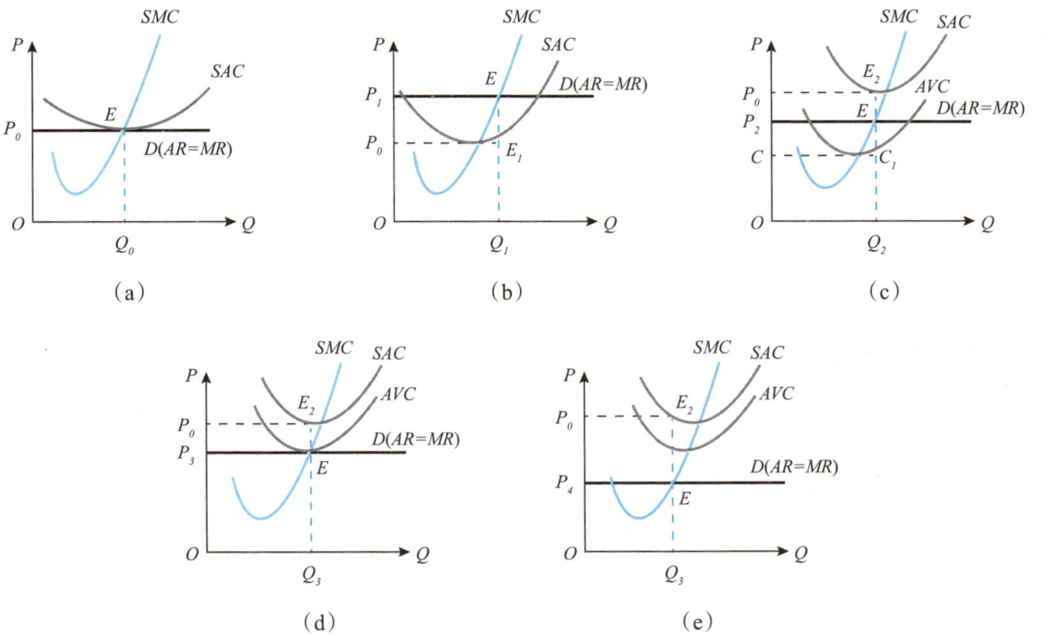

图 7-3　完全竞争市场上厂商短期均衡的五种情况

第一，厂商获得正常利润。如图 7-3（a）所示，当市场价格为 P_0 时，厂商所面临的需求曲线 D 恰好与短期平均总成本 SAC 曲线最低点相切于点 E，短期边际成本 SMC 曲线也经过该点。由于该点就是 SMC 曲线和 MR 曲线的交点，所以，E 点就是厂商的短期均衡点，相应的均衡产量为 Q_0。在 Q_0 的产量水平，平均收益 OP_0 等于平均总成本 Q_0E 即 $P = AR = SAC$，厂商的利润为零，但厂商的正常利润全都实现了。由于在这一点上，厂商既无经济利润，又无亏损，所以也把该交点称为“盈亏平衡点”或“收支相抵点”。

第二，厂商获得超额利润。如图 7-3（b）所示，当市场价格为 P_1 时，厂商根据 $MR = SMC$ 的利润最大化原则，把产量确定在 Q_1 上，SMC 曲线与 MR 曲线的交点 E 即为厂商的短期均衡点。这时平均收益为 OP_1，平均总成本为 Q_1E_1，单位产品获得的利润为 E_1E，总收益为 $OQ_1 \times OP_1$，总成本为 $OQ_1 \times Q_1E_1$，利润总量为 $OQ_1 \times Q_1E$，图中矩形 $P_1P_0E_1E$ 的面积，即是厂商获得的超额利润。

第三，厂商亏损但短期仍然继续生产。如图 7-3（c）所示，当市场价格为 P_2 时，厂商根据 $MR = SMC$ 的利润最大化原则，把产量确定在 Q_2 上。这时 $AVC < AR < SAC$，即平均收益 OP_2 大于平均可变成本 Q_2C_1 而小于平均总成本 Q_2E_2。由于厂商短期内无法轻易退出市场，厂商停止生产，固定成本仍需继续支出，平均固定成本相当于图中 SAC 曲线与 AVC 曲线之间的距离，即 E_2C_1。如果厂商停产，亏损的固定成本为 $P_0CC_1E_2$ 的面积，如果厂商维持生产，厂商获得的总收益高于投入的总可变成本，这样就能弥补一部分固定成本的支出，亏损为图中矩形 $P_2P_0E_2E$ 的面积，亏损减少了矩形 $P_2CC_1E_2$ 的面积，使亏损达到最小。因此，当产品的价格虽然低于平均总成本，但高于平均可变成本时，即 $AVC < P < SAC$ 时，厂商亏损但是会选择继续生产。

第四，厂商亏损，继续生产，也可以停止生产。如图 7-3（d）所示，当市场价格为 P_3 时，厂商确定的均衡产量为 Q_3，此时厂商所面临的需求曲线 D 恰好与平均可变成本 AVC 曲线最低点相切于点 E，即 $P = AVC < SAC$。这意味着厂商进行生产所获得的收益，只能弥补

可变成本，而不能收回任何的固定成本，生产与不生产对厂商来说结果是一样的，都要承担矩形 $P_0P_3EE_2$ 面积的亏损。所以，需求曲线 D 与平均可变成本 AVC 曲线最低点相切点 E 是厂商生产与不生产的临界点，也称为“停止营业点”。

第五，厂商亏损且停产。如图 7-3（e）所示，当市场价格为 P_4 时，价格或平均收益小于平均可变成本，即 $P < AVC$，意味着厂商若继续生产的话，所获得的收益连可变成本都收不回来，更谈不上收回固定成本，显然，生产比不生产亏得更多。此时，理性的厂商一定会停止生产。

资料链接

生意冷清的餐馆

你是否曾经走进一家餐馆吃午饭，发现里面几乎没人？为什么这种餐馆在午餐时间还要开门呢？况且几个顾客的收入不可能弥补餐馆的经营成本。

在做出是否经营的决策时，餐馆老板必须记住固定成本与可变成本的区分。餐馆的许多成本——租金、厨房设备、桌子、盘子、餐具等等都是固定的。在午餐时停止营业并不能减少这些成本。当老板决定是否提供午餐时，只有可变成本——增加的食物价格和额外的服务员工资是相关的。只有在午餐时从顾客得到的收入少到不能弥补餐馆的可变成本，老板才在午餐时间关门。

资料来源：曼昆，《经济学原理》，第二版，北京大学出版社。

（二）完全竞争市场上厂商的短期供给曲线

通过对完全竞争市场上厂商的短期均衡分析，可知厂商为了获得短期最大利润，应该把最优产量确定在使商品的价格即边际收益与边际成本相等的水平上。这就是说在每一个短期均衡点上，厂商的产量与价格之间都存在着一种对应的关系。如图 7-4（a）所示，根据 $P = SMC$ 或 $MR = SMC$ 的短期均衡条件，当商品市场价格为 p_1 时，厂商所选择的最优产量为 q_1，当商品市场价格为 p_2 时，厂商所选择的最优产量为 q_2。以此类推，商品的价格和厂商的最优产量的组合点或均衡点 E_1、E_2、E_3 等都出现在厂商的边际成本 SMC 曲线上，产量与价格的关系由边际成本曲线所决定。既然是通过边际成本曲线来确定厂商在该价格下的产量，因此边际成本曲线反映了产量与市场价格之间的关系。当然，价格低于 p_1 时，即价格等于或低于最低的平均可变成本时，厂商停止生产，供给数量为零。

基于以上分析，可以得到如下结论：完全竞争市场上厂商的短期供给曲线，就是厂商的短期边际成本 SMC 曲线上等于和高于平均可变成本 AVC 曲线最低点的部分。显而易见，完全竞争厂商的短期供给曲线是向右上方倾斜的。如图 7-4（b）所示，曲线 S 即为完全竞争市场上厂商的短期供给曲线。

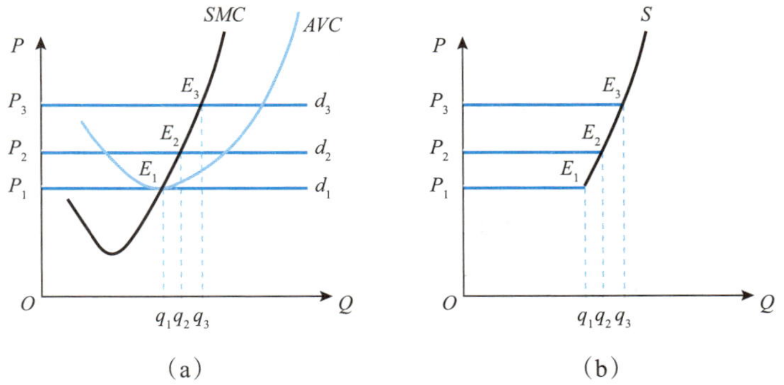

图 7–4　完全竞争厂商的短期供给曲线

四、完全竞争市场上厂商的长期均衡

在长期中，各厂商可以根据市场价格全面调整生产要素和生产，也可以自由地进入或退出该行业。这样，整个行业供给的变动就会影响市场价格，从而影响各个厂商的均衡。具体而言，当供给小于需求，价格高时，各个厂商会扩大生产，也会吸引其他厂商进入该行业，从而整个行业供给增加，导致价格水平下降。当供给大于需求，价格低时，各个厂商会减少生产，也会引起部分厂商退出该行业，从而整个行业供给减少，导致价格水平上升。最终价格水平会达到使各个厂商既无超额利润，又无亏损的状态。

如图 7–5 所示，厂商实现长期均衡时，厂商的需求曲线 D 与长期平均成本曲线 LAC 最低点相切于 E，长期边际成本曲线 LMC 也经过该点，E 点就是 $MR = LMC$ 的长期均衡点。此时厂商既无超额利润也没有亏损，这个行业达到供求平衡，厂商就不再调整产量，即实现长期均衡。因此，完全竞争市场上厂商的长期均衡条件是

$$P = AR = MR = LMC = LAC$$

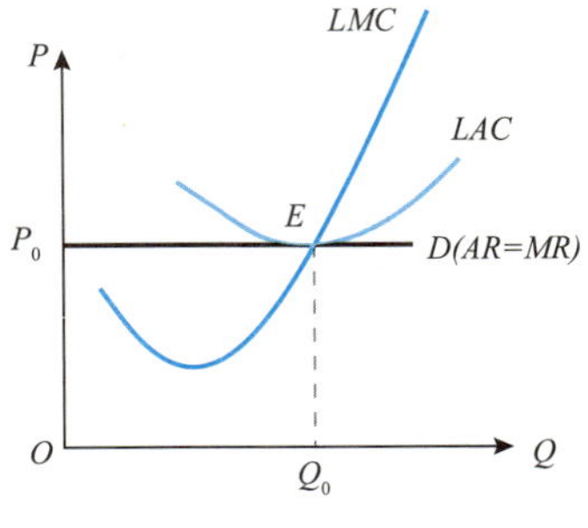

图 7–5　完全竞争厂商长期均衡

即问即答

完全竞争市场上厂商实现长期均衡时，厂商得不到任何利润也无亏损，此种说法是否正确？

五、对完全竞争市场的评价

完全竞争市场是一种理想的市场结构，它是经济效率最高的市场。在完全竞争条件下，价格可以充分发挥其“看不见的手”的作用，调节整个经济的运行，使资源得到最优配置；在长期均衡时所达到的平均成本的最低点，使生产要素的效率得到了最有效的发挥；由于完全竞争的作用，可以使市场均衡价格降到最低，从而对消费者有利；完全竞争市场上厂商都是既定价格的接受者，他们可以节省诸如广告等许多非生产性支出，从而减少销售费用。

但是完全竞争市场也有其缺点：第一，各厂商的平均成本最低并不一定是社会成本最低；

第二，无差别的产品不能满足消费者多样化的需求；第三，完全竞争市场上生产者的规模都很小，这样，他们就没有足够的能力实现重大的科学突破，不利于技术进步；第四，在现实中，完全竞争的情况是很少的，一般来说，竞争也大概率引起垄断。

任务三 认识完全垄断市场

一、完全垄断市场的定义与特征

完全垄断市场又称独占市场，它是指整个行业只有一个厂商的一种市场结构。完全垄断市场的主要特征有以下几点。

（1）厂商数目唯一，单个厂商提供整个行业的全部产品，其供给等于整个行业产品的供给。

（2）垄断厂商是产品市场价格的制定者。垄断厂商控制市场供给，成为价格制定者，但是垄断厂商也不能盲目定价，在定价时必须考虑市场需求状况。

（3）垄断厂商提供的产品不存在相近替代品，消费者别无选择，垄断厂商不受任何竞争者的威胁。

（4）其他厂商很难进入该行业，存在很高的进入壁垒。

二、完全垄断市场形成的原因

（一）对资源和生产要素的独家控制

如果一家厂商控制了用于生产某种产品的全部资源或生产要素的供给，其他厂商就不能生产这种产品，那么该厂商就可能成为一个垄断者。资源垄断的典型例子是南非的戴比尔斯钻石公司。戴比尔斯曾经控制了世界钻石矿的 80% 左右。虽然它的市场份额不足 100%，但已经大到足以对世界钻石价格产生重大影响的程度，成为世界钻石市场上的垄断者。再如“二战”之前的美国制铝公司，从 19 世纪末到 20 世纪 30 年代一直控制着全美国铝矾土矿的开采，从而成为美国制铝行业的垄断者。

（二）政府特许权

政府出于公共福利、财政收入或安全等方面的考虑，通过颁发执照的方式限制进入某一行业的企业数量。许多国家的邮政业、某些公用事业都是由政府给予某个公司特许的垄断经营权。

（三）拥有专利权

专利权是为鼓励发明创造，发展新产品和新技术，政府以法律的形式赋予发明人的一种权利。专利权禁止其他人在一定时期内生产某种产品或使用某项技术，从而使发明者获得应有的利益。一家厂商可能因为拥有专利权而成为某种商品的垄断者。

（四）规模经济的要求形成自然垄断

某些行业具有十分明显的规模经济性，需要大量固定资产投资，规模报酬递增阶段要持续到一个很高的产量水平，此时大规模生产可以使成本大大降低。因此，由一个大厂商供给全部市场需求的平均成本最低，若由两家或两家以上厂商生产，将产生较高的平均成本，造成社会资源的浪费。这些行业属于自然垄断行业，如电力供应、煤气供应、地铁等就是典型的自然垄断行业。

三、完全垄断市场上厂商的需求曲线和收益曲线

由于垄断者是其市场上的唯一卖者，他面临的需求就是市场需求。如果垄断者提高其物品价格，消费者就少买这种物品；换个角度来看，如果垄断者减少物品的供给，其产品价格就上升。

完全垄断市场需求曲线和收益曲线

假设垄断厂商把产品单价定为 10 万元，此时可以销售一个单位的产品，总收益为 10 万元，平均收益也为 10 万元。如果厂商想增加销量到 2 个单位，单价必须下降到 9 万元，此时总收益为 18 万元，平均收益为 9 万元，其价格与销量、总收益、平均收益、边际收益的关系如表 7-3 所示。

表 7-3　垄断厂商的各类收益表

单位：万元

价格 P	销量 Q	总收益 $TR(Q)$	平均收益 $AR(Q)$	边际收益 MR
11	0	0	—	—
10	1	10	10	10
9	2	18	9	8
8	3	24	8	6
7	4	28	7	4
6	5	30	6	2
5	6	30	5	0
4	7	28	4	−2

从表 7-3 可以看出垄断厂商的平均收益等于销售价格，即平均收益曲线与需求曲线重合。从表上还可以看出垄断厂商的边际收益总是小于等于价格或平均收益，边际收益小于价格是因为垄断者面临一条向右下方倾斜的需求曲线。表 7-3 中，如果垄断者将销售量由 3 单位增加至 4 单位，必然要将销售价格由 8 万元降至 7 万元，这致使原先可以按 8 万元销售的 3 个单位产品的售价也降至 7 万元。换言之，当垄断者增加一单位产品销售时，他就必须降低对所销售的每一单位产品收取的价格，这种价格下降还减少了他已经卖出的各单位产品的收益。结果就是增加一单位产品销售的边际收益要小于价格，即价格下降时，边际收益的下降速度要比平均收益的下降速度快。如图 7-6 所示。

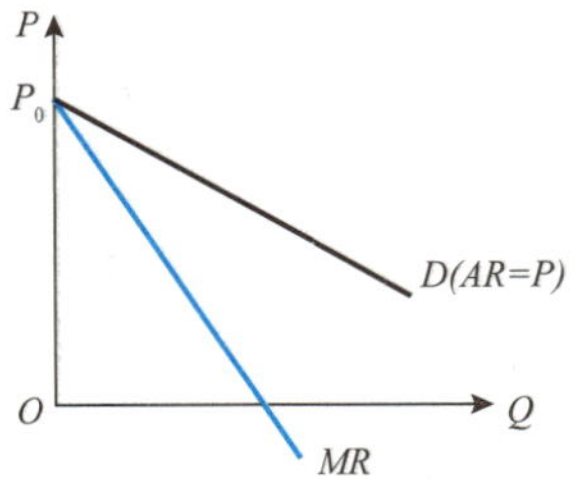

图 7-6　完全垄断市场上厂商的平均收益和边际收益

四、完全垄断市场上厂商的短期均衡与长期均衡

完全垄断市场的短期均衡和长期均衡

（一）短期均衡

完全垄断市场上厂商为了获得最大利润，也必须遵循 $MR = MC$ 的原则。在短期内，厂商无法改变不变要素的投入量，他是在既定的生产规模下通过对产量和价格的同时调整，来实现 $MR = SMC$ 的利润最大化原则的。厂商在根据边际原则确定最佳产量及价格之后是否有盈利，取决于他的平均成本状况。短期中，厂商可能出现盈利、获得正常利润或存在亏损三种情况。当 $MR = MC$ 时，完全垄断市场实现短期均衡，但对于企业是获得了超额经济利润还是亏损则取决于平均成本和平均收益的关系。

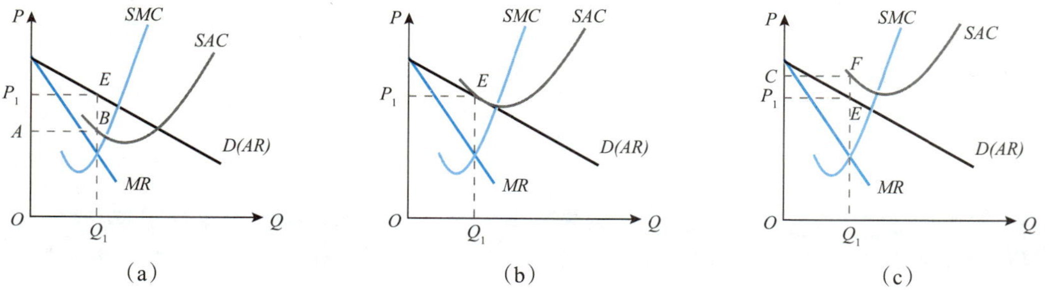

图 7-7 完全垄断市场上厂商的短期均衡

（1）获得超额利润。如图 7-7（a）所示，平均收益大于平均成本。当 $MR = SMC$ 时，均衡产量为 OQ_1，均衡价格为 OP_1，平均成本为 OA，总收益等于均衡产量乘以价格（$TR = OQ_1 \times OP_1$），即相当于图中矩形 P_1OQ_1E 的面积；总成本等于均衡产量乘以平均成本（$TC = OQ_1 \times OA$），即相当于图中矩形 AOQ_1B 的面积。总收益大于总成本，厂商可获得超额利润，超额利润的大小即为图中矩形 P_1ABE 的面积。

（2）盈亏平衡。如图 7-7（b）所示，均衡产量为 OQ_1 时，平均成本曲线相切于需求曲线，平均收益恰好等于平均成本，总收益也与总成本相等，都相当于图中矩形 P_1OQ_1E 的面积，厂商在此点处于盈亏平衡状态，获得正常利润。

（3）亏损情形。如图 7-7（c）所示，均衡产量为 OQ_1 时，平均成本曲线位于需求曲线上方，平均成本为 OC 大于均衡价格 OP_1，总成本也大于总收益，厂商处于亏损状态，亏损额相当于图中矩形 P_1CFE 的面积。厂商短期内发生亏损是否继续生产，这时需要比较平均收益 AR 与平均可变成本 AVC。与完全竞争市场短期均衡一样，当 $AR \geqslant AVC$ 时，厂商应该继续营业，除了收回可变成本，还可以弥补部分固定成本。反之，$AR < AVC$ 时，厂商应该停业。

通过以上分析，可以看出完全垄断市场上厂商短期均衡的条件是

$$MR = SMC，AR \geqslant AVC$$

在短期均衡点上，厂商可能获得最大利润，也可能是形成最小亏损。

（二）长期均衡

由于垄断行业只有一家厂商经营该行业的全部产品，即便存在超额利润（经济利润），在

长期也不可能像完全竞争行业那样通过厂商间的竞争消除超额利润。因此，厂商的长期均衡是指厂商在长期通过自行调整而达到的利润最大化均衡。厂商在长期内对生产调整有三种情况。

（1）厂商在短期内亏损，但是在长期也不存在一个可以使厂商获得利润的最优产量规模，即长期内厂商也无法通过调整生产规模实现盈利，那么厂商将退出该行业。

（2）厂商在短期内亏损，但长期内，厂商通过调整生产规模实现扭亏为盈，获得超额利润。

（3）厂商利用原有的生产规模已经获得了短期利润，在长期中利用原有的生产规模仍然可以维持原来的利润水平，但是，通过调整生产规模可以获得更多的利润。

厂商的长期均衡条件：$MR = LMC = SMC$。

五、完全垄断市场上厂商的价格歧视

与完全竞争市场上厂商只能按同一市场价格销售商品不同，完全垄断市场上厂商是市场价格的制定者，使其可以实行价格歧视以获取超额利润。

价格歧视又称价格差别，指厂商在同一时期对同一产品索取不同价格的行为。价格歧视既可以是对不同购买者索取不同价格，也可以是对同一个购买者的不同购买数量索取不同的价格。

价格歧视

（一）实行价格歧视的前提条件

厂商实行价格歧视是为了获得垄断利润，要使差别定价得以实行，一般要具备两个条件：

（1）不同市场之间可以有效地分离。价格歧视能否实现，主要取决于厂商能否使它们面临的市场相互分离。如果市场是一体化的，消费者将在价格低的市场购买商品，或者把低价购进的商品在价格更高的市场上重新出售，从而使价格歧视难以维持。

（2）被分隔开的多个市场上需求弹性不同。只有在这种情况下，厂商可以对需求弹性小的市场索取高价，方能获得多于对所有市场索取相同价格时的利润。

（二）价格歧视的类型

价格歧视分为三类：一级价格歧视、二级价格歧视和三级价格歧视。

1. 一级价格歧视

一级价格歧视，又称完全价格歧视，是指厂商根据消费者愿意为每一单位商品支付的最高价格来制定不同的销售价格。在这种情况下，厂商获得了全部消费者剩余，消费者剩余全部变成了垄断利润。假设某地区只有一个牙医，并且他清楚每一个患者愿意付的最高价格，他将对每一个患者索取不同的价格，使他们刚好愿意治疗，这样患者们的全部消费者剩余都转移到了牙医那里。

2. 二级价格歧视

二级价格歧视是指厂商根据不同购买量，制定不同销售价格。例如，供电公司对家庭用电量采取分段定价；厂商经常采取第一件原价，第二件半价的促销策略等，这些都是二级价格歧视，厂商通过这种方式把消费者的一部分消费者剩余据为己有。

3. 三级价格歧视

三级价格歧视是指厂商对不同市场的不同消费者实行不同的价格。买方的需求价格弹性越大，厂商索取的价格就越低；买方的需求价格弹性越小，厂商索取的价格就越高。通过这种方法，厂商就从需求价格弹性小的买方那里榨取更多消费者剩余。三级价格歧视的例子很多，比如，供电公司对工业用电和居民用电的差别定价；公园门票中成人票和儿童票、老人票、学生票价格不同等。

（三）双重收费

双重收费又称两部收费，是与价格歧视有关但不完全等同于价格歧视的一种定价策略，其目的也是攫取消费者剩余。在双重收费中，厂商要求消费者先付费以获得一种商品的购买权，然后再要求消费者为他们所希望消费的每一单位该商品支付额外的费用。日常生活中实行双重收费的例子很多，如出租车的起步价和所走路程的价格，手机的月租费和话费等。

（四）捆绑销售

捆绑销售是指厂商要求客户购买其某种产品的同时也必须购买他的另一种产品。在顾客偏好存在差异而厂商又无法实施价格歧视的条件下使用这一决策，可以增加厂商的利润。如汽车销售中的保险捆绑销售。

素养园地

每到中秋佳节之时，月饼都是阖家团圆必不可少的佳品。月饼的种类有广式和苏式等，琳琅满目；馅料也是五花八门，推陈出新。

经济学感兴趣的是月饼的定价。从几元钱一个的普通款月饼，到包装精美的上千元的月饼礼盒，应有尽有。那么月饼的定价模式是什么？以某著名品牌的双黄莲蓉月饼为例，该款月饼一盒 4 个，每个约 185 克，在网店的价格是 200 元，在实体店的价格是 328 元，那么它的生产成本是多少呢？根据辅料食用油、优质面粉、白糖、莲蓉馅料的成本费用，再加上均摊的水电费、人工费，每千克月饼制作成本价为 30 元，每个月饼生产成本只有 5.55 元左右。

几十元的月饼装进礼盒就卖三五百元。这是因为月饼的过度包装拉高了产品价格。在北京前门大栅栏商业街，一家店铺的销售人员介绍，同样 9 个月饼，单买只需要几十元，如果有包装，价格则从 100 多元到 200 多元不等。一位多年从事月饼销售的业内人士介绍，过度包装月饼的利润空间很大。

月饼行业包装成本占到生产成本的大部分，除了包装材质推陈出新，包装设计也争奇斗艳，这些包装是极大的浪费，过完节后，楼下的垃圾桶堆满了月饼礼盒。

同样的月饼，为什么要过度包装？为的是价格歧视。过度包装的礼盒月饼卖高价，极简包装的月饼卖低价。自己买月饼来吃的消费者，一般选择极简包装，要的是月饼。过度包装的礼盒月饼卖高价，因为是礼物商品。礼物商品本质上是礼品属性，而不是食物属性。因此，几个月饼装进精美的礼盒，价格就成百上千元，似乎越是价格贵，越是显得礼重情长。既然是礼物商品，购买者的价格敏感性就低，甚至越贵越好。礼物商品具有炫耀性的商品属性，跟普通商品相比，越是价格高，越是显得与众不同。

例如，名牌包、豪车、名贵珠宝等，其价格远离其作为包、车、饰品的实用属性，而是以炫耀性占主导。

2020 年 8 月，全球经济低迷。习近平总书记做出重要指示，坚决制止餐饮浪费行为，切实培养节约习惯，在全社会营造浪费可耻、节约光荣的氛围。2020 年中秋月饼包装朴素又简约，部分月饼的尺寸、克数也变小了。散装月饼家庭消费更实惠，不少“迷你散装小月饼”连小朋友也能一口一个。因为包装朴素，礼盒月饼价格大多在 100 ～ 200 元，散装月饼价格则在几元到几十元不等。

资料来源：《微观经济学课程思政案例集》，2022 年 2 月。

六、对完全垄断市场的评价

通过对完全垄断市场和完全竞争市场的比较分析，许多经济学家认为完全垄断是有害的。第一，完全垄断市场上厂商按利润最大化原则决定的产量只能是低产量，只有低产量，才能在垄断市场中卖出高价格，从而获得最大利润。所以，垄断市场首先造成了社会生产条件和生产能力的损失，最终造成了社会产量的损失，资源未能得到最优配置。第二，完全垄断市场上厂商实行价格歧视，消费者所付的价格高，就是消费者剩余减少，这种减少就是社会福利的损失。第三，取得垄断的厂商凭借其垄断地位和销售产品的垄断高价而获得的超额利润加剧了社会收入分配不公平。第四，在缺乏竞争对手的情况下，利润最大化的动机使得厂商不大可能热衷于技术进步和创新。

当然，垄断的市场结构也并非一无是处。首先，一些行业进行规模化生产才能降低生产成本，比如公用事业往往投资大，投资周期长而利润率低，但它又是经济发展和人民生活所必需的。因此，公用事业由政府进行完全垄断，实现规模经济会给全社会带来好处。其次，对科技创新和技术发明进行专利保护，授予创新者以垄断权力，具有刺激创新的作用。最后，尽管在国内是垄断的，有效率损失，但垄断企业在国际上有竞争力，有利于一国国际竞争力的提高。

拓展实例

2021 年 1 月 4 日，国家市场监督管理总局依法对腾讯控股有限公司（以下简称腾讯）申报的虎牙公司（以下简称虎牙）与斗鱼国际控股有限公司（以下简称斗鱼）合并案，依法进行经营者集中反垄断审查。

经审查，本案相关市场为中国境内网络游戏运营服务市场和游戏直播市场。腾讯在上游网络游戏运营服务市场份额超过 40%，排名第一；虎牙和斗鱼在下游游戏直播市场份额分别超过 40% 和 30%，排名第一、第二，合计超过 70%。目前，腾讯已具有对虎牙的单独控制权和对斗鱼的共同控制权。如果虎牙与斗鱼合并，将使腾讯单独控制合并后的实体，进一步强化腾讯在游戏直播市场的支配地位，同时使腾讯有能力和动机在上下游市场实施闭环管理和双向纵向封锁，具有或者可能具有排除、限制竞争的效果，不利于市场公平竞争、可能减损消费者利益，也不利于网络游戏和游戏直播市场规范健康持续发展。经评估，腾讯提交的附加限制性条件承诺方案无法有效减少经营者集中对竞争产生的不利影响。

2021 年 7 月 10 日，市场监管总局决定，根据《反垄断法》第二十八条和《经营者集中审查暂行规定》第三十五条规定，依法禁止此项经营者集中。

资料来源：国家市场监督管理总局网站 https://www.samr.gov.cn/.

任务四 认识垄断竞争市场

一、垄断竞争市场及其特征

垄断竞争市场

垄断竞争是一种介于完全竞争和完全垄断之间的市场结构形式，是指一个由较多的出售相似但不相同产品的厂商构成的市场结构。在这种市场中，既存在着激烈的竞争，又具有垄断的因素。对垄断竞争市场的厂商来说，他们既是垄断者，也面临竞争。垄断竞争市场在现实经济生活中可以找到大量的例子，如洗发水、牙膏、食品、饮料、服装市场等。垄断竞争市场具有如下基本特征。

（1）市场中存在着较多数目的厂商，厂商的生产规模普遍较小。由于每个厂商都认为自己的产量在整个市场中只占有一个很小的比例，因而厂商会认为自己改变产量和价格，不会对市场上其他厂商产生影响，竞争对手也不会跟随其涨价或降价。

（2）厂商所生产的产品是有差别的，但不同厂商生产的产品之间可相互替代。厂商之间生产的产品有差别是垄断竞争市场区别于完全竞争市场的重要特点。产品之间在外观、质量、性能、颜色、服务等各方面的差异，是真实的差异；还有一种差异是消费者感觉上的差异。例如，某些不同品牌的商品可能质量上没有任何差异，但是由于品牌的知名度、广告宣传力度等的不同，甚至销售场所的差异，都会使得消费者感觉产品是有差异的。由于存在着这些差别，使得厂商对自己独特产品的生产量和价格具有一定程度的控制力，即具有了一定的垄断能力，而垄断能力的大小则取决于他的产品区别于其他厂商产品的程度。

（3）厂商进入或退出该行业都比较容易，资源流动性较强。垄断竞争市场上厂商由于规模普遍较小，进入、退出市场的资本和技术壁垒也比较低。在这种情况下，若市场上厂商短期内存在超额利润，就会吸引新厂商的加入；若厂商出现亏损，则会有部分厂商退出该市场。

二、垄断竞争市场上厂商的需求曲线

垄断竞争市场中有许多厂商，每个厂商对自身的产品都有一定程度的价格控制能力，所以每个厂商都有其独自的需求曲线。由于各个厂商的产品相似，而且可以相互替代，这种有差别产品的可替代性就引起了产品之间的竞争。厂商之间产品替代引起的竞争，使得厂商面临弹性较大的向右下方倾斜的需求曲线。

如图 7-8 所示，假定某厂商的自身需求曲线为 d，如果把原来的价格定为 P_1 时，产品

销售量为 Q_1。当厂商把价格降到 P_2 时，在其他生产同类产品的厂商不降价的情况下，该厂商的销量可以增至 Q_2，即在需求曲线 d 上从 A 点移动到 B 点。当其他厂商也跟着降价时，原厂商的需求曲线就发生了变化，这样其销量只能增至 Q_3，即在 D 曲线上从 A 点移动到 C 点。

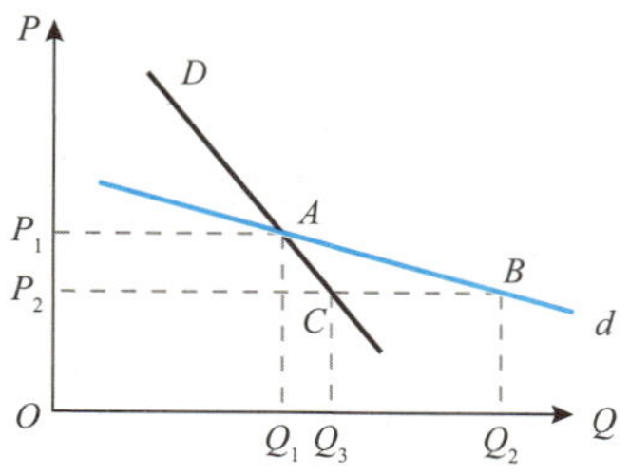

图 7-8 垄断竞争市场上厂商的需求曲线

通过上述分析可以看出，垄断竞争市场上厂商面临两条需求曲线：

一是主观需求曲线 d。主观需求曲线也被称作预期需求曲线，它是厂商假定改变其产品价格不会对其竞争对手的行为产生影响，其他厂商的产品价格都保持不变时，该厂商产品的价格和需求量之间的关系。因为假设其他竞争对手没有反应，主观需求曲线是向右下方倾斜且是富于弹性的。

二是实际需求曲线 D。实际需求曲线表示在垄断竞争市场上，当某一厂商改变其产品的价格，其他厂商也采取相应的措施时，该厂商产品的价格和需求量之间的关系。垄断竞争市场上，若某厂商降低产品的价格，影响到了其他厂商的利益，其他厂商会选择跟进，也会降低产品的价格。因而对该厂商来说，实际上产品需求量的增加并不会像预期中那么大。因此，实际需求曲线较为陡峭，需求价格弹性也较小。

三、垄断竞争市场上厂商的短期均衡与长期均衡

（一）短期均衡

在短期均衡实现过程中，垄断竞争市场同垄断市场一样，也会出现超额利润、盈亏平衡、亏损三种情况。按照利润最大化原则，垄断竞争市场上厂商会选择在边际成本与边际收益相等的条件下生产。垄断竞争市场上厂商的短期均衡如图 7-9 所示。边际成本与边际收益的交点，即 $MR = SMC$ 时，产量为 Q_1，价格为 P_1，由于此产量的短期平均成本小于平均收益（即价格），垄断竞争厂商是有利润的。垄断竞争市场上厂商的短期均衡条件是：$MR = MC$。

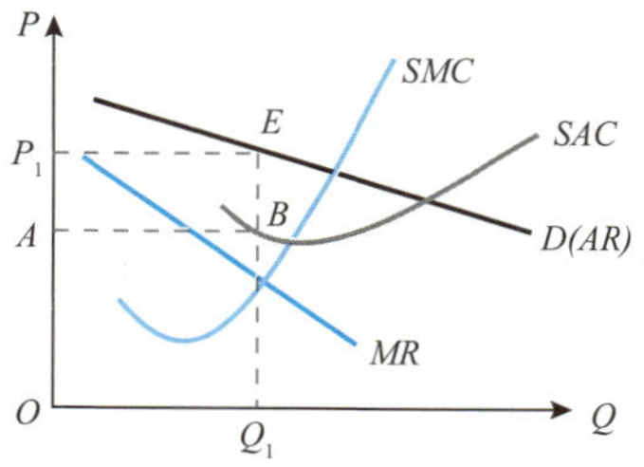

图 7-9 垄断竞争市场上厂商的短期均衡

(二)长期均衡

当厂商在短期均衡存在超额利润时，会吸引新厂商进入；当厂商在短期均衡存在亏损时，就会退出；在长期内，厂商的进入和退出使原有厂商的垄断利润或亏损都消失，厂商仅获得正常利润。长期内每个厂商所面对的需求曲线会移动到与平均成本曲线相切，切点所对应的价格和产量为均衡价格与均衡数量。由此可见，当厂商处于长期均衡时，只能获得正常利润。垄断竞争市场上厂商的长期均衡如图 7-10 所示，E 点为平均成本曲线与需求曲线相切的切点，该点所决定的价格 P_0、数量 Q_0 分别为均衡价格和均衡数量。垄断竞争市场上厂商长期均衡的条件是：$MR = LMC$，$AR = LAC$。

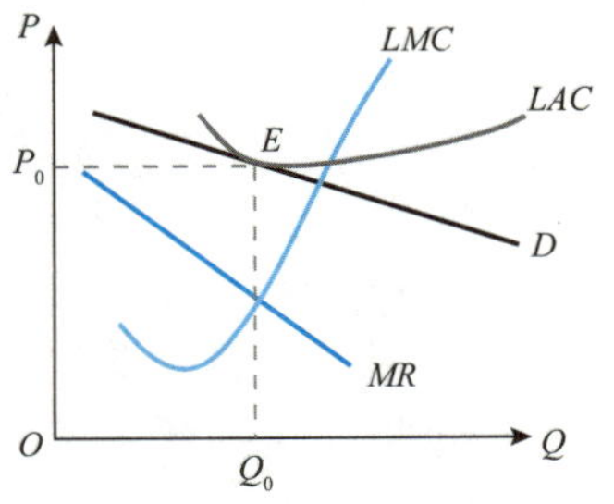

图 7-10　垄断竞争市场上厂商的长期均衡

现实经济生活中，广告几乎充斥着我们生活的每一天。自媒体、电视、广播、报纸、杂志等都是广告传播的重要形式。但是不同产品的广告宣传力度有很大的差别，有些产品如化妆品等的广告宣传力度很大，而有些产品如小麦等则几乎没有广告。

可以说，非价格竞争已经越来越成为垄断竞争市场上厂商采用的主要竞争方式之一。完全竞争市场上，厂商所提供的产品都是同质的，厂商之间无法采用非价格竞争。完全垄断市场上只有一个厂商，无须采用非价格竞争。然而，厂商提供的产品是有差别的是垄断竞争市场的特点之一。这种产品之间的差别使得垄断竞争市场中存在着垄断的势力，而且产品的差别越大，需求曲线越陡峭，厂商的垄断能力越强，厂商对产品的定价能力也就越强。因而，垄断竞争市场上厂商有意愿通过提供与竞争对手在外观、性能、质量、服务等方面有差异的产品，来扩大产品的销售，提高其利润。

非价格竞争，实际上是厂商通过提供在产品的性能、外观、质量以及服务等方面具有差异化的产品，来争取消费者的竞争策略。加大对新产品的研发力度，改善产品的质量，增加产品的功能，能够提高产品的核心竞争力，能够使厂商在激烈的竞争中脱颖而出。同时，服务是维系品牌与消费者关系的纽带，也是提高消费者满意度与产品忠诚度的重要方式，因而为顾客提供差异化的服务也是重要的非价格策略之一。此外，选择适当的商标策略，并逐步树立企业独特的品牌形象，尤其是利用无孔不入的广告宣传来提高品牌知名度有较好的效果，使非价格竞争成为众多厂商的选择。

四、对垄断竞争市场的评价

有的经济学家认为垄断竞争市场由于存在垄断的因素，造成产品价格高于最低平均成本，产量低于最低平均成本所对应的产量，导致存在社会福利的净损失；厂商为了形成产品差别，在提高产品质量、进行广告促销等方面有着额外支出，使产品成本上升，造成资源的浪费。但有的经济学家认为，正是为了获得垄断势力和超额利润，垄断竞争市场上厂商才尽可能地为消费者提供有差异的商品，满足消费者多方面的需要。例如，厂商往往通过改进产品品质、精心设计商标和包装、改善售后服务以及广告宣传等手段，来扩大自己产品的市场销售份额，这也有利于增进消费者的福利。

任务五　认识寡头垄断市场

资料链接

中国电信行业三巨头

截至2022年，中国电信运营行业三大龙头企业分别是中国移动、中国电信、中国联通，三大电信运营商处于寡头垄断的竞争格局。2022年，按营业收入计，三大运营商的市场份额占比分别为53.04%，26.88%和20.08%，中国移动独占中国电信运营市场的半壁江山。

资料来源：本书编写组。

一、寡头垄断市场及其特征

在现实生活中，我们还会看到这样一种市场，既不是只有一个厂商存在，也不是很多厂商竞争着，而是由少数几个厂商控制着某一行业，这种市场就是寡头垄断市场。寡头垄断市场又称寡头市场，指由少数几家大型厂商控制某种产品供给的大部分乃至整个市场的一种市场结构。寡头垄断是介于垄断竞争与垄断之间的一种市场结构。一般而言，寡头垄断市场应具备以下特征。

寡头垄断市场

（1）少数几家厂商垄断了行业的供给。市场上的厂商只有一个以上的少数几个（当厂商为两个时，叫双头垄断），每个厂商在市场中都具有举足轻重的地位，对其产品价格具有相当的影响力。

（2）产品差别可有可无。寡头厂商之间生产的产品可以是同质的，如钢铁、水泥、石油、有色金属、塑料、橡胶等；而有些行业的产品则是有差别的，如汽车、飞机、家用电器、铁路运输、电信服务等，因此寡头垄断市场分为无差别寡头垄断市场和有差别寡头垄断市场。

（3）存在较高的进入壁垒。寡头垄断市场的进入壁垒主要来源于这些行业存在着新厂商进入的资金、技术等方面的限制，以及由此而形成的规模经济的限制。规模经济的存在使得大规模生产占有强大的成本优势和产量优势，大企业不断壮大，小企业很难生存，最终会形成少数厂商激烈竞争的局面。有时寡头厂商之间会相互勾结，构筑进入的壁垒，阻止其他厂商进入；寡头厂商为了减少其竞争压力，也会采用收购、兼并一些小企业等形式来减少厂商的数目。在有的行业，寡头市场的形成则直接由政府的产业政策所致。

（4）厂商行为相互影响，利害关系密切。由于每个寡头厂商在市场中都占有一个很大的份额，厂商的价格和产量变动，不仅影响到他自己的市场份额和所得利润，而且会直接影响到其他厂商的市场份额和利润，因而厂商所做的价格（产量）决策也很容易引致其竞争对手的报复。因此，寡头厂商在做出决策的时候必须把其竞争对手可能采取的对策考虑进去，而竞争对手可能采取的对策又是难以推测的。基于上述原因，无法确定寡头厂商有规律的需求曲线和供给曲线，这和其他类型市场上的厂商不同。

寡头垄断市场中，寡头厂商为了避免在竞争中打“价格战”引起两败俱伤，往往用相互勾结的方式来控制市场。彼此间的竞争主要集中表现为非价格竞争，例如，改进产品质量、完善产品功能、提供良好的服务等。

二、卡特尔

卡特尔是寡头垄断市场上厂商之间公开串谋的表现形式。为避免恶性竞争，生产同质产品的各独立的成员厂商，通过明确的、正式的协议来协调各自的产量、价格、销售市场等事宜。因此，卡特尔常常以产量协议或价格联盟、销售市场协议等具体形式存在。卡特尔很难长期存续，一是因为各国相关反垄断法规的实施，厂商之间涉嫌滥用市场支配地位的收购、价格串通等公开的或秘密的串谋都被视为非法；二是由于卡特尔内部成员所具有的欺骗动机，有时达成的协议也很难兑现，往往引起卡特尔解体。

现实中，卡特尔成员们都会发现，如果自己违反协议，在分得的限制产量之外偷偷地多生产一些，高价格仍将维持，而自己的利润会较大幅度地增加，这会激励成员企业偷偷地增加产量。一家成员企业的违规行为如果被其他成员企业发现，会引起所有成员企业的连锁反应，都暗自削价或违规多产，抑或同时进行，卡特尔将土崩瓦解。因此，参与卡特尔的各方为了自身的利润最大化从一开始就有背叛协议的欺骗动机，这是一个典型的“囚徒困境”，可从博弈论角度分析这种不稳定性。

三、博弈论

（一）博弈论的基本概念

博弈论，又译为对策论，是研究各博弈参与主体在其行为相互依存、相互作用时做出的决策，以及这种决策的均衡问题的理论。对具有博弈性质的决策问题的研究可以追溯到18世纪甚至更早，一般认为，1944年冯·诺依曼和摩根斯坦恩合作出版的《博弈论和经济行为》一书，标志着系统的博弈论的形成。诺贝尔经济学奖获得者纳什（Nash）发展了博弈论在经济分析中的应用。

在现实生活中有各种不同的博弈现象。例如，下棋打牌、赌胜博彩和田径、球类等各种体育比赛等都是不同种类、不同形式的博弈（或游戏）；经济活动中的寡头厂商间的价格战、广告战等以及政治军事领域中的竞选、谈判和战争中的斗智斗勇也都是博弈。这些博弈都具有一定的博弈规则，并在博弈过程中根据对手的不同选择，采取不同的策略并形成一定的结局。根据结果来看，博弈可以分为合作博弈与非合作博弈两种，区别主要在于博弈参与者是否能达成一个有约束力的协议。例如，欧佩克（石油输出国组织，简称“欧佩克”）成员国之间形成了合作博弈，从而使参与的各方共同获利；而价格战中的各商家显然是因为形成了非合作博弈，从而出现对彼此利益的伤害。

（二）囚徒困境

最著名的非合作博弈案例就是“囚徒困境”，下面我们用这个经典的博弈故事来了解非合作博弈。

假设有两个小偷A和B因共谋犯事、私入民宅被警察抓住。警方将两人置于不同的两个房间内进行审讯，对每一个犯罪嫌疑人，警方给出的政策都是：如果一个犯罪嫌疑人坦白了罪行，交出了赃物，那么证据确凿，两人都被判有罪。如果另一个犯罪嫌疑人也作了坦白，则两人各被判刑 8 年；如果另一个犯罪嫌疑人没有坦白而是抵赖，则以妨碍公务罪（因已有证据表明其有罪）再加刑 2 年，而坦白者有功被减刑 8 年，立即释放。如果两人都抵赖，则警方因证据不足不能判两人的偷窃罪，但可以私人民宅的罪名将两人各判入狱 1 年。

他们的选择如表 7–4 所示。每个嫌犯可以选择的行为有两种：坦白或抵赖。他们每个人的刑期取决于自己的选择以及他的犯罪同伙的选择。首先考虑嫌犯 A 的决策，他的推理如下："我并不知道嫌犯 B 将会怎么做。如果他抵赖，我最好的策略是坦白交代，因为我将获得自由而不是在狱中待 1 年。如果他坦白，我最好的策略仍然是坦白，因为这样我将在狱中待 8 年而不是 10 年。因此，无论嫌犯 B 怎么做，我都选择坦白会更好些。"

表 7–4 囚徒困境

嫌犯 A	嫌犯 B	
	坦白	抵赖
坦白	（8， 8）	（0，10）
抵赖	（10， 0）	（1， 1）

可以看出，无论另一个参与者采用什么策略，这都是一个参与者所遵循的最好的策略。这种策略被称为占优策略。在这个例子中，无论嫌犯 B 坦白还是抵赖，坦白都是嫌犯 A 的占优策略。如果嫌犯 A 坦白了，他在狱中待的时间最短。我们再来考虑嫌犯 B 的决策。他面临着和嫌犯 A 同样的选择，而且，他的推理也与嫌犯 A 相似，即无论嫌犯 A 怎么做，嫌犯 B 都可以通过坦白减少他待在狱中的时间。换句话说，坦白也是嫌犯 B 的占优策略，最后，嫌犯 A 和嫌犯 B 都坦白了，两人都要在狱中待 8 年。在博弈中，如果所有参与人都有占优策略存在，可以证明，博弈将在所有参与人的占优策略的基础上达到均衡，这种均衡称为占优策略均衡。上例囚犯困境中的"A 坦白，B 坦白"就是占优策略均衡。

但从他们自身的角度来看，这是一个糟糕的结果。因为如果他们都抵赖，两人的状况都会更好些，即只会由于私入民宅的罪名在狱中待 1 年。由于追求自己的利益，两个囚犯共同达到了使每个人的状况变得更坏的结果，原本对双方都有利的策略（抵赖）和结局（被判 1 年刑）就不会出现，这就是著名的"囚徒困境"。它反映了一个很深刻的问题，就是个人理性与集体理性的矛盾。

为了说明维持合作的困难性，设想在警察逮捕嫌犯 A 和嫌犯 B 之前，两个罪犯做出了不坦白的承诺。显然，如果两人坚持这种协议，就会使他们的状况变好，因为每人只需在狱中待 1 年。然而，作为一个理性的人，嫌犯 A 和嫌犯 B 都会想，如果我抵赖而对方坦白的话，自己就可能判刑 10 年而对方获得自由，理性的人是不会冒这种险的。因此，即使有不坦白的承诺协议，一旦他们被分别审问，利己的逻辑就会发生作用，并迫使他们坦白。所以两个囚犯之间的合作是难以维持的，因为从个人角度看，合作是非理性的。

事实上，寡头在力图达到垄断结果时的博弈也类似于两个处于两难困境的囚犯的博弈。正因如此，出于各自对于自身利益的考虑，卡特尔最后的结局往往是自动解体。例如，欧佩克是 1960 年 9 月由 5 个主要石油输出国——伊朗、伊拉克、科威特、沙特和委内瑞拉设立的。目的就是通过限制每个国家的石油输出数量，提高石油价格。欧佩克在 20 世纪 70 年代至80年代初有效地控制了世界石油的价格，让世人领教了卡特尔的威力。其实行的限产保价的策略，使世界石油的价格由1973年的每桶2.91美元上升到20世纪80年代初的每桶40美元左右。然而从1982年起，形势发生了逆转，一部分原因是世界其他地区的石油产量在高价格的鼓励下开始高速增长（如墨西哥油田、阿拉斯加油田等），同时消费者的节能措施和寻找石油替代品的努力大大降低了对高价石油的需求。而最重要的原因则是在欧佩克内部，欺骗时有发生，使实际产量远超限产计划，并且各国一直为市场份额的分配抗争不休。从20世纪80年代起，产量配额对各国的约束力越来越小，欧佩克对世界石油市场的影响逐步减弱。

四、对寡头垄断市场的评价

与垄断一样，寡头垄断在资源配置方面效率低。寡头会抬高价格，损害消费者利益和社会经济福利。但寡头垄断有利于实现规模经济，在钢铁、冶金、汽车、石油化工、通信等很多行业进行规模化生产可以大大地降低成本和价格；少数大型规模的寡头企业有较为雄厚的经济实力从事技术革新和产品革新，对科技进步和经济发展具有积极作用。

技能实训

实训名称：奶茶的定价

实训形式：

（1）分组：将全班同学分成若干组，每组选一名组长负责组织本小组完成项目。

（2）在组长的组织下，制定详细的市场调查方案，搜集几款奶茶的市场定位、目标市场的顾客需求以及定价。

（3）基于调查结果分析消费群体的消费特点、奶茶行业价格决策的特点、奶茶行业的竞争特点等，分析奶茶市场的结构类型。

（4）组织各小组汇报和讨论，教师引导点评。

思考练习

一、单项选择题

1. 完全竞争市场的假定条件之一是（　）。

A. 产品是无差别的，而且卖者与买者也是没有差别的

B. 买卖双方没有差别，但产品是有差别的

C. 买卖双方是有差别的，但产品是无差别的

D. 产品和买卖双方都是有差别的

2. 在完全竞争条件下，平均收益与边际收益的关系是（　）。

A. 大于　B. 小于　C. 等于　D. 没有关系

3. 在完全竞争条件下，个别厂商的需求曲线是一条（　）。

A. 与横轴平行的线　B. 向右下方倾斜的曲线

C. 向右上方倾斜的曲线　D. 与横轴垂直的线

4. 当价格大于平均成本时，此时存在（　）。

A. 正常利润　B. 超额利润　C. 贡献利润　D. 亏损

5. 价格等于平均成本的点，叫（　）。

A. 收支相抵点　B. 亏损点

C. 停止营业点　D. 获取超额利润点

6. 在完全竞争市场上，厂商的短期均衡的条件是（　）。

A. $MR = SAC$　B. $MR = STC$　C. $MR = SMC$　D. $AR = AC$

7. 在完全竞争的情况下，需求曲线与平均成本曲线相切点是（　）。

A. 厂商在短期内要得到最大利润的充要条件

B. 某行业的厂商数目不再变化的条件

C. 厂商在长期内要得到最大利润的条件

D. 厂商在长期内亏损最小的条件

8. 下列行业中哪一个是行业最接近于完全竞争模式（　　）。

A. 飞机　　B. 卷烟　　C. 水稻　　D. 汽车

9. 最需要进行广告宣传的市场结构是（　　）。

A. 完全竞争市场　　B. 完全垄断市场

C. 寡头垄断市场　　D. 垄断竞争市场

10. 一个市场只有一个厂商，生产没有替代品的产品，这样的市场结构称为（　　）。

A. 垄断竞争　　B. 完全竞争　　C. 寡头垄断　　D. 完全垄断

11. 若在最优产出水平上，市场均衡价格 P 超过 AVC 且小于 AC 时，则企业是在（　　）。

A. 获取利润　　B. 亏损，但继续生产

C. 亏损，生产与否都可　　D. 获利，继续生产

12. 完全垄断市场上厂商在长期时的均衡条件是（　　）。

A. $MR = MC$　　B. $MR = SMC = LMC$

C. $MR = SMC = LMC = SAC$　　D. $MR = SMC = LMC = SAC = LAC$

二、判断题

1. 对任何企业来说，如果边际成本降低，根据利润最大化原则，该企业应当降价销售。（　　）

2. 完全垄断企业是价格的制定者，所以它能随心所欲地决定价格。（　　）

3. 完全垄断都是不合理的。（　　）

4. 由于寡头之间可以进行勾结，所以他们之间并不存在竞争。（　　）

5. 完全垄断市场实现短期均衡时可能会出现超额利润，而长期均衡时就不会出现超额利润了。（　　）

6. 产品有差别就不会有完全竞争。（　　）

7. 完全竞争市场上厂商的平均收益曲线和边际收益曲线与需求曲线是相同的。（　　）

8. 从长期来看，垄断竞争市场均衡条件下的超额利润将会消失。（　　）

9. 完全竞争市场上厂商实现短期均衡时，SMC 曲线和 AVC 曲线的交点被称为停止营业点。（　　）

10. 垄断市场上厂商在短期内实现均衡时，可以获得最大利润，可以利润为零，也可以遭受最小亏损。（　　）

三、技能训练题

1. 完全竞争市场上，当 $STC = 0.1Q^3 - 2Q^2 + 15Q + 10$，$P = 55$，求短期均衡产量。

2. 已知一垄断企业成本函数为 $TC = 5Q^2 + 20Q + 1000$，产品的需求函数为 $Q = 140 - P$，求：（1）利润最大化时的产量、价格和利润；（2）厂商是否从事生产？

项目八

正确认识市场失灵与政府干预

目标导航

知识目标

（1）掌握市场失灵的含义及垄断、公共物品、外部性、信息不对称的内涵；

（2）理解垄断等因素如何导致市场失灵；

（3）掌握外部性的类别和公共物品的分类；

（4）理解政府面对不同因素引起的市场失灵所采取的干预政策；

（5）了解科斯定理。

技能目标

（1）能够应用公共物品理论解释生活中“公地的悲剧”现象及搭便车行为；

（2）能够运用外部性理论解释生活中的外部性现象并提出解决方法；

（3）能够运用信息不对称理论解释生活中的逆向选择与道德风险现象。

素养目标

（1）树立诚实守信的价值观；

（2）树立遵守契约的价值观。

知识导图

- 正确认识市场失灵与政府干预
  - 市场不是万能的——市场失灵
  - 垄断的表象与矫正
    - 垄断造成市场失灵的表现
    - 政府管制和反托拉斯法
  - 公共物品的表象与矫正
    - 公共物品
    - 公共物品与市场失灵
    - 政府的公共物品政策
  - 外部性的表象与矫正
    - 外部性的含义和分类
    - 外部性引起的市场失灵
    - 外部性的治理
  - 信息不对称的表象与矫正
    - 信息不对称
    - 逆向选择——“柠檬市场”
    - 道德风险
    - 信息不对称下市场失灵的矫正

案例导入

20世纪初的一天，列车在绿草如茵的英格兰大地上飞驰。车上坐着英国经济学家庇古。他一边欣赏风光，一边对同伴说：“列车在田间经过，机车喷出的火花（当时是蒸汽机）飞到麦穗上，给农民造成了损失，但铁路公司并不用向农民赔偿。”这正是市场经济的无能为力之处，称为“市场失灵”。

将近70年后的1971年，美国经济学家乔治·斯蒂格勒和阿尔钦同游日本。他们在高速列车（这时已是电气机车）上见到窗外的禾苗，想起了庇古当年的感慨，就问列车员，铁路附近的农田是否受到列车的损害而减产。列车员说，恰恰相反，飞速奔驰的列车把吃稻谷的飞鸟吓走了，农民反而受益。当然，铁路公司也不能向农民收“赶鸟费”。这同样是市场经济所无能为力的，也称为“市场失灵”。

资料来源：梁小民《微观经济学纵横谈》，生活·读书·新知三联书店，2000年8月。

任务一　市场不是万能的——市场失灵

传统经济学认为，基于亚当·斯密“看不见的手”所建立起来的市场经济体系，在价格机制的调节下，能使整个经济自动地实现资源的最优配置。然而在现实生活中，价格对经济的调节作用并没有理论上那么完美。由于种种原因，价格在调节经济的过程中会带来许多的副作用，使市场不能发挥其应有的作用，出现市场失灵现象。一般来说，市场配置资源的缺陷主要表现在以下几点。

一是资源配置的低效率问题。高效率一直被认为是市场机制最主要的优点。然而，在很多情况下，这种看法并不正确。例如，我们知道自由竞争往往会引起垄断，而在垄断的情况下，市场机制就不能进行资源的最优配置。

二是分配问题。“看不见的手”最多只能解决效率问题，而不能解决分配问题。事实上，纯粹的市场机制往往会导致贫富差距扩大，引起两极分化。

三是失业和通货膨胀问题。在不存在政府积极主动干预的市场经济中，时常出现严重的失业和通货膨胀现象，仅依靠市场无法解决这些宏观经济问题。

四是生态环境恶化问题。例如，环境污染、生态失衡、物种灭绝等问题都变得非常严重，而市场不能解决这些生态环境问题。

市场失灵，就是指市场机制不能按人们的意愿有效地配置资源。市场失灵有狭义和广义之分。狭义的市场失灵是指完全竞争市场所假定的条件得不到满足导致市场配置资源的能力不足而缺乏效率的表现。广义的市场失灵还包括市场机制在配置资源过程中所出现的经济波动以及按市场分配原则导致的收入分配不公平现象。我们主要分析狭义的市场失灵。

导致市场失灵的原因是多方面的，主要是垄断、公共物品、外部性和信息不对称等。在市场机制这只“看不见的手”失灵的时候，政府就要通过“看得见的手”，即一系列宏观经济政策对市场失灵进行干预和纠正。

任务二　垄断的表象与矫正

一、垄断造成市场失灵的表现

在项目七我们学习过，垄断是指整个行业中只有一个厂商的市场组织，垄断市场是一个产量较低而价格较高的市场。垄断是市场不完善的表现，不仅造成资源浪费和市场效率低下，而且会使社会福利减少。

（一）垄断造成市场效率低下

在垄断市场条件下，厂商为实现自身利益最大化，也会像竞争市场上厂商一样努力使生产定在边际收益等于边际成本的点上，但与竞争市场不同的是，垄断市场的价格不是等于而是大于边际收益，因此，厂商最终会选择在价格大于边际成本的点上组织生产。垄断市场上厂商不是被动地接受市场价格、降低成本，而是可以在既定的成本之上加入垄断利润形成垄断价格。所以，垄断市场的价格比竞争市场高，产量比竞争市场低，这表明垄断达不到社会需要的产量和价格水平，资源没有进行有效配置。

（二）垄断造成社会福利损失

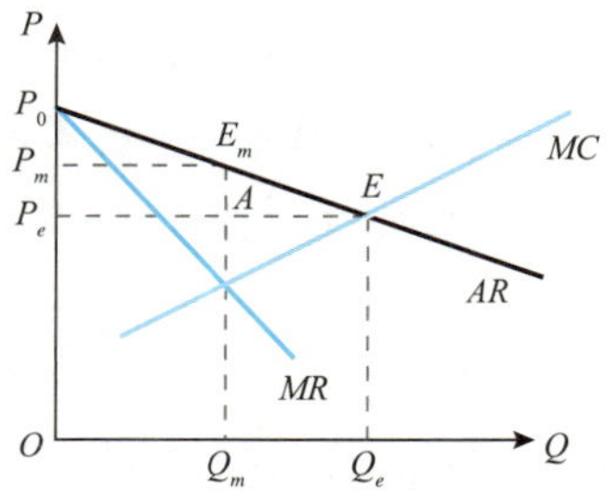

图 8-1 垄断造成的社会福利损失

垄断对社会福利造成损失主要表现为消费者剩余大大减少。消费者剩余是指消费者愿意为某种商品或服务支付的最高价格与其实际支付的价格之差，垄断造成的社会福利损失如图 8-1 所示。

在图 8-1 中，垄断厂商根据 $MC=MR$ 原则，决定了价格 P_m 与产量 Q_m；完全竞争市场的均衡价格为 P_e，均衡产量为 Q_e。完全竞争条件下，高于均衡价格 P_e 的价格反映的效用水平就是消费者剩余，即三角形 P_0P_eE 部分。在垄断条件下，高于垄断价格 P_m 反映的消费者剩余为三角形 $P_0P_mE_m$ 部分。显然，消费者剩余减少了相当于四边形 $P_mP_eEE_m$ 的面积。如果我们将消费者的福利和生产者的利益当成是一样重要的，那么垄断引起的消费者剩余减少的部分中矩形 $P_mP_eAE_m$ 的部分变为了垄断利润，此时三角形 E_mAE 的部分就是垄断导致的社会福利的净损失。

（三）垄断造成寻租

寻租通常指那些通过公共权力参与市场经济，从而谋取非法收益的非生产性活动。在垄断市场条件下，厂商为了获取垄断利润，就必须保持其垄断地位，为此而付出的花费和开支就是寻租成本。采取合法手段规避政府的管制以及进行反垄断调查等产生的费用都属于寻租成本。由于寻租成本没有用于生产性经营活动，因此会造成社会资源的浪费和社会福利水平的降低。

市场失灵问题不仅存在于完全垄断市场，在寡头垄断和垄断竞争市场也同样存在。事实上，只要市场是非完全竞争的，也就是说，只要厂商面临的是一条向右下方倾斜的需求曲线，则厂商在按照边际收益等于边际成本的原则确定产量时，价格就不等于边际成本，而是高于边际成本，此时就会出现低效率的资源配置问题。在垄断条件下，市场机制扭曲，不能有效调节供给和需求，达不到资源合理配置的目的。

即问即答

由于垄断会使效率下降，因此任何垄断都是要不得的，这一命题是否正确？

但垄断有时也是无奈之举。一个小镇有必要有两个自来水厂和两个供电公司吗？肯定没必要，因为要是有两个就得建两套电网和供水设施，会造成资源的浪费，于是只有一个供电公司和自来水厂，这就是垄断。这种垄断是由市场造成的，即市场失灵造成的后果，这时候就需要政府出面干预。

二、政府管制和反托拉斯法

（一）政府管制

政府对垄断的干预措施之一是价格管制，主要是政府对垄断价格进行管制进而影响产量。垄断市场上厂商限制产量是为了获得较高的价格，政府实施价格管制（如制定最高限价）意味着厂商限制产量不能得到较高的价格，因此，价格管制将消除垄断市场上厂商对产量的限制。价格管制常常用于铁路、航空、电信、煤气、供电等具有自然垄断特征的公用事业。

政府通过制定合理的价格或收费标准，使自然垄断行业的厂商的平均收益等于平均成本，这样可以将垄断造成的社会福利损失减少到最低限度，实现资源的优化配置。

（二）反托拉斯法

政府对垄断进行干预的更强烈的反应是制定反托拉斯法（或反垄断法）。制定反托拉斯法的目的是防止市场上出现垄断，以及对合法产生的垄断企业进行监督，防止垄断企业滥用市场的优势地位。西方很多国家都不同程度地制定了反托拉斯法，其中，美国是最早制定和实施反托拉斯法的国家。1890 年，美国通过了第一部反托拉斯法——《谢尔曼法》。《谢尔曼法》规定，“限制洲际或国际贸易”“实行任何类型的垄断”或“企图实行垄断”都是非法的。1914 年制定的《克莱顿法》明确了“限制贸易”和“垄断”的定义，还规定搭配售货、连锁董事会、相互持股等做法属于非法。美国国会在 1936 年通过了《罗宾逊 - 帕特曼法》，在 1950 年通过了《塞勒 - 凯弗维尔反兼并法》，这两部法律又对《克莱顿法》作了进一步的补充。

美国的这些反托拉斯法规定：限制贸易的协议或共谋、垄断或企图垄断市场、兼并、排他性规定、价格歧视、不正当的竞争或欺诈行为等，都是非法的。违法者可以由法院提出警告、罚款、改组公司甚至判刑。

日本在 1947 年颁布了《禁止私人垄断和确保公正交易法》，德国于 1957 年颁布了《反对限制竞争法》，意大利在 1990 年颁布了《竞争和公平交易法》。我国于 2007 年颁布了《中华人民共和国反垄断法》，根据经济社会发展需要，修订的《中华人民共和国反垄断法（2022 修正）》已经于 2022 年 8 月 1 日起施行。

尽管各国反托拉斯法（或反垄断法）及其具体执法体制不尽相同，但其基本内容和法律框架具有高度的一致性。其基本内容由三个方面构成：一是禁止限制竞争协议（卡特尔）；二是控制企业合并；三是禁止滥用市场支配地位。

资料链接

2021 年 4 月，国家市场监督管理总局依法对美团开展反垄断调查。

经调查，美团在中国境内网络餐饮外卖平台服务市场的市场份额超过 50%，长期保持较强竞争优势，具有较强的市场控制能力、较强的财力和先进的技术条件，其他经营者在交易上对其高度依赖，相关市场进入难度大，其关联市场布局巩固和增强了市场力量，在中国境内网络餐饮外卖平台服务市场具有支配地位。经查，2018 年以来，美团为阻碍其他竞争性平台发展，进一步提升、维持、巩固自身市场地位，滥用其在中国境内网络餐饮外卖平台服务市场的支配地位，系统、全面实施“二选一”行为，阻碍平台内经营者与其他竞争性平台合作，限定平台内经营者只能与当事人进行交易，并以多种措施保障行为实施。具体违法行为有：第一，采取多种手段促使平台内经营者签订独家合作协议。美团通过制定实施以差别费率为核心的独家合作政策和对非独家合作经营者拖延上线等方式，迫使餐饮经营者签订独家合作协议。第二，通过多种方式系统推进“二选一”行为实施。具体做法是将餐饮经营者签订、履行独家合作协议情况纳入员工考核指标；在特定时段、特定区域强力推进“二选一”；加强员工关于“二选一”的培训和指导；强化对代理商、合作商的管控。第三，采取多种措施有效保障“二选一”要求实施。具体做法是开发大数据系统，对平台内经营者上线竞争性平台进行自动监测和处罚；综合采取多种惩罚性措施迫使平台内经营者停止与其他竞争性平台合作；向独家合作经营者收取保证金。

国家市场监督管理总局认定，美团的行为构成《反垄断法》第十七条第一款第（四）项禁止的“没有正当理由，限定交易相对人只能与其进行交易”滥用市场支配地位行为。2021 年 10 月，国家市场监督管理总局依法作出行政处罚决定，责令美团停止违法行为，并处以其 2020 年度中国境内销售额 114 747 995 546 元的 3% 的罚款，计 34.42 亿元。同时向美团发出《行政指导书》，要求其全面整改，依法合规经营。

资料来源：国家市场监督管理总局网站 https://www.samr.gov.cn/.

任务三 公共物品的表象与矫正

中国古语有言“春有百花秋有月，夏有凉风冬有雪”，亦如美国一首老歌唱道：“生活中最美好的东西都是免费的。”稍微思考一下就可以列出这首歌中所提到的物品的清单：有一些东西是大自然提供的，比如河流、山川、海岸、湖泊和海洋；有一些物品是政府提供的，比如公园、不收费的马路和国防等。当人们选择享用这些物品的好处时，并不用花钱。

一、公共物品

（一）公共物品的含义与特征

公共物品是指私人不愿意或无能力生产而由政府提供的具有非排他性和非竞争性的物品。比如公园、公共广场、城市绿道、路灯和国防等都属于公共物品。与公共物品相对应的是私人物品，是指由个人使用或消费的物品。私人物品具有排他性和竞争性的特征。

排他性是指付费才可以消费商品，也即排他性可以把不付费的人排除在消费之外。比如超市里的衣服和水果，如果你没有付费，你就不能消费（穿或吃）。

竞争性是指只要增加一个消费者，就减少了其他消费者对该物品数量或程度上的消费。如果一件外套别人穿上了（消费了），另一个人就不能穿同一件外套。

与私人物品的特点相反，公共物品具有非排他性和非竞争性的特征。

公共物品的非排他性是指无论是否付费，任何人都无法排除他人对该产品的消费，或者排他的成本过于昂贵而无法排他。例如，国家的国防一经设立，就无法因为某人对国防力量没有贡献（例如从不纳税）而将他排除在国防保护之外。

公共物品的非竞争性是指增加一个人或多个人对某一物品的消费，都不会给他人对该产品的消费造成影响。即人们无法排斥别人对同一物品的共同享用，也不会由于自己的加入而减少他人对该公共物品享用的质量与数量。例如，夜间路灯照明，多一个行路人，不会减少他人在夜间行路时从路灯照明中得到的效用。

即问即答

大路朝天，各走一边，这既不会增加路的成本，也不会使任何一个人感到不便。这说明了公共物品的具有哪种特点？

（二）公共物品的分类

根据公共物品所具有的非排他性和非竞争性的不同程度，公共物品可以分成纯公共物品、准公共物品和公共资源三类（见表 8-1）。

表 8-1　公共物品的分类

排他性	竞争性	
	是	否
是	私人物品 ——食品 ——衣服 ——拥挤的收费道路	准公共物品 ——有线电视 ——有空座的电影院 ——不拥挤的收费道路
否	公共资源 ——环境 ——海洋的鱼 ——拥挤的不收费道路	纯公共物品 ——国防 ——知识 ——不拥挤的不收费道路

（1）纯公共物品。纯公共物品是指同时具有非排他性和非竞争性的产品，如国防、外交、天气预报服务等。纯公共物品必须以不拥挤为前提，否则随着消费者数量的增加，会影响他人的消费，从而影响公共物品的性质。如节日期间免费的公园就会由于拥挤而具有竞争性。

（2）准公共物品。准公共物品是指具有非竞争性但不具有非排他性的物品。如有线电视、不拥挤的高铁、有空位置的电影院等。这类准公共物品常常也被称为“俱乐部物品”。

（3）公共资源。公共资源是具有非排他性和竞争性的物品。如公海中的鱼类资源、公共牧场、拥挤的城市广场等。公共资源常常会出现过度使用的问题，这一现象被称为“公地的悲剧”。公共海域的鱼类就属于公共资源，由于无排他性，每个渔民都可以到公共海域去捕鱼。但由于存在竞争性，渔民在利益的驱动下，必然要多捕鱼。假如每个渔民都这样做，只会让海域的鱼类越来越少，最终的结果就是无鱼可捕。

二、公共物品与市场失灵

公共物品的非排他性特点使得生产或购买公共物品的私人，不但不能独自占有该产品所能提供的全部效用或收益，而且不能阻止别人去无偿地享用该产品。这就导致任何人都想无偿地去享用别人提供的公共物品，继而出现“搭便车”行为。所谓“搭便车”，就是虽然参与了公共物品消费，但却不愿意支付公共物品的生产成本，完全依赖他人对公共物品付出成本的现象。一旦“搭便车者”增多，就会使得公共物品的提供者减少或几乎没有，最终导致资源配置效率的低下，造成市场失灵。例如，有人在公寓的楼梯上安装了一盏路灯，其他上上下下的人统统借光，他们从路灯上得到的好处，并没有因为不付费而有丝毫的减少。既然不用付费就同样能享用公共物品，那何必自己掏腰包购买呢？如果大家都想搭别人的便车，期待他人购买公共物品，结果便是没有公共物品。因此私人都不愿意或不能充分提供公共物品，此时，市场机制在公共物品的提供上不能较好地发挥作用，导致市场失灵。

资料链接

“搭便车者”一词的由来

“搭便车者”一词的英文是“free rider”，它来源于美国西部城市道奇城的一个故事。当时，美国西部到处是牧场，大多数人以放牧为生。在牧场露天圈养的大量马匹对一部分人产生了诱惑，于是出现了以偷盗马匹为业的盗马贼。在道奇城这个城市，盗马贼十分猖獗。为避免自己的马匹被盗，牧场主就联合组织了一支护马队伍，每个牧场主都必须派人参加护马队伍并支付一定的费用。但是，不久就有一部分牧场主退出了护马队，因为他们发现，即使自己不参加，只要护马队存在，他就可以免费享受别的牧场主给他带来的好处。这种个别退出的人就成了“free rider”(搭便车者)。后来，几乎所有人都想通过退出护马队伍来占集体的便宜。于是，护马队解散了，盗马贼又猖獗起来。后来，人们把这种为得到一种收益但避免为此支付成本的行为成为“搭便车”，这样的人称为“搭便车者”。

资料来源：樊纲：《市场机制与经济效率》，上海三联书店1995年版。

三、政府的公共物品政策

公共物品的固有特征使得市场机制在公共物品的有效配置中显得无能为力，那么由政府提供公共物品，就几乎成为解决“搭便车”问题的唯一途径了，这也是公共物品通常要由政府来提供的原因。公共物品的提供方式主要有以下几种。

（1）政府提供。政府直接向公民提供各种公共物品，这是现实生活中普遍的方式。如国防、交通安全、公共道路等。

（2）政府与私营机构签订合同。国家与企业签订经营公共物品的合同，这是最普通、范围最大的一种形式。适用这一形式的公共物品主要是具有规模经济的自然垄断性产品，如大部分基础设施。国家允许私人企业参与公共基础设施及服务的提供，即政府允许私人企业投资建设公共基础设施，并通过若干年的特许独家经营，等到企业收回自己的投资并获得利润后，再由政府接收该公共基础设施，如广州至深圳的高速公路。

（3）政府授予私营机构经营权。政府将现有的公共基础设施以授予经营权的方式，委托给私人公司经营，如自来水公司、供电公司等。此外，还有很多的公共服务项目也是由这种方式经营的，例如，政府将城市卫生管理、绿地维护、市政设施维护等委托私人管理。

（4）政府给提供公共物品的私营机构提供补贴。如补助津贴、优惠贷款、减免税收等，政府提供财政补贴的主要领域是科学技术、基础研究、教育、卫生保健、图书馆、博物馆等。

（5）私人提供。一些海上灯塔也是由私人经营的，经营者虽然没有办法向使用灯塔的船只收费，但却可以向港口收费，因为如果港口不交费，灯塔经营者就关闭灯塔，从而船只也就不能来这个港口了。

任务四　外部性的表象与矫正

资料链接

为什么邻居们可以“不劳而获”？

居民区楼上有位户主在自己的阳台上种植了许多花草，该户主不仅需要投入不少的金钱来买这些植物，而且还要时常照看它们。这些都可以算作是这个户主为种植花草所投入的成本。很显然，他的这种行为使其左邻右舍都受益，因为邻居们不仅可以欣赏花草，还可以呼吸更加新鲜的空气。该户主的每个邻居都得到了某种程度的受益，可是没有一个邻居需要为此而分担户主付出的成本。我们该如何解释这种现象呢？

资料来源：本书编写组。

一、外部性的含义和分类

外部性

（一）外部性的含义

外部性是指生产或消费行为对旁观者的福利产生了一种有利影响或不利影响，这种有利影响带来的收益或不利影响带来的损失，都不是生产者或消费者本人所获得或承担的。

外部性是一方对另一方的非市场影响。这里所说的“非市场影响”是指一种活动所产生的成本或利益无法通过市场价格反映出来，而是无意识强加于他人的，施加这种成本或获得利益的人并没有为此得到收益或付出代价。例如，周围人吸烟会给你带来危害，但你却不能要求赔偿；当你欣赏到邻居家阳台的鲜花时，会有一种美的享受，但却无需付费，这些都是外部性的表现。

（二）外部性的分类

根据经济行为主体生产与消费的性质，外部性分为生产的外部性和消费的外部性。生产和消费的外部性都包括外部经济（正外部性）和外部不经济（负外部性）。

1. 生产的外部经济

当一个生产者的生产行为对他人产生了有利的影响，即给他人带来了收益，自己却不能从中得到报酬，便产生了生产的外部经济。如一个养蜂人在一个果园旁边养蜂，这一行为客观上促进了果园里的果树结果，但是，种植果树的主人并不会对此支付任何费用，这个养蜂人也没有得到来自果园主人的额外回报。

2. 生产的外部不经济

如果一个生产者的生产行为给他人造成损失而又未给他人补偿时，便产生了生产的外部不经济。工厂在生产中所排放的污染物就是一种负外部性。当河流上游的造纸厂向河中排放废水时，河中的鱼会减少，下游渔民的收入会随之降低；化工厂附近居民的健康，会因有毒气体的影响而恶化等，但厂商一般不会为自己的排污埋单。

3. 消费的外部经济

当一个消费者进行一项消费活动给他人带来了效用，增加了他人的福利，就产生了消费的外部经济。例如，某人进行了水痘疫苗接种，不但可使自己不患水痘，并且由于减少了水痘传染源而使他人感染此病的概率降低，有利于他人身体健康。

4. 消费的外部不经济

如果一个消费者进行一项消费活动时使别人受到损害却未给予补偿，便产生了消费的外部不经济。吸烟者的行为危害了身边被动吸烟者的身体健康，就是典型的消费外部不经济。

即问即答

以下行为属于外部性的哪种具体类型？

1. 工厂排放的废水、废气、废料对社会产生的效应。
2. 个人乱扔生活垃圾对社会产生的效应。
3. 养蜂人的蜜蜂给邻居的果树授粉。

二、外部性引起的市场失灵

由于外部性导致经济活动给外部人带来的后果没有得到市场的承认，所以当事人不必承担外部不经济造成的损失，也无法从外部经济中得到报酬，该经济活动的私人成本（或私人收益）与社会成本（或社会收益）便不一致。这造成价格机制不能正确反映市场真实的供需信息，从而使资源达不到最优配置，致使“看不见的手”失去作用，出现市场失灵。下面我们来分析外部性如何导致市场失灵。

（一）外部不经济时的资源配置

以造纸厂商的生产为例，由外部不经济引起市场供给过量的曲线如图 8-2 所示。造纸厂商的私人边际成本为 MC_p，而对社会来说，除厂商投入的生产要素成本之外，还包括生产过程中被排放的污水对社会造成的损失——污染成本，即造纸厂的生产给社会带来了负外部经济效应，此时社会成本大于私人成本，社会边际成本 MC_S 曲线位于私人边际成本曲线的上方。但在市场经济中，生产活动的决策基于私人成本与私人收益的比较，因此，造纸厂商的边际成本曲线与市场需求曲线 D 相交于 B 点，市场机制决定的产量是 Q_P。但对社会来说，最优的产量是社会边际成本与需求曲线相交决定的产量 Q_s。厂商按照自身最大化原则生产的量大于社会需要的最优量。一般而言，存在外部不经济的情况时，私人活动的水平常常要高于社会所要求的最优水平。

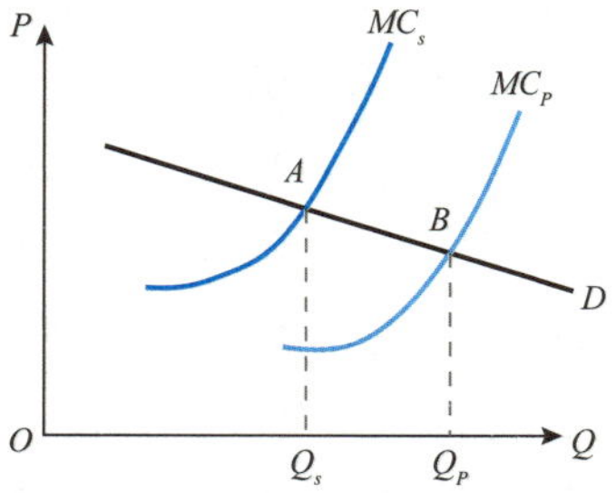

图 8-2　外部不经济引起市场供给过量

（二）外部经济时的资源配置

外部经济导致市场供给量不足的曲线如图 8–3 所示。假设某厂商的经济活动有正的外部性，则其私人的边际收益 MR_p 小于社会边际收益 MR_S，社会边际收益曲线位于私人边际收益曲线的右上方。厂商根据利润最大化原则（$MR_p = MC$）愿意提供的产量是 Q_1，但社会需要的最优产量是 Q_2。所以，当存在外部经济的时候，其他家庭或厂商会在该项经济活动中免费享受到好处，供给者不能由此而得到补偿。私人消费或生产物品的收益小于他应当得到的收益（社会收益）。私人此时是不愿意也不会生产出大于 Q_1 的数量的，导致具有外部经济的物品供应不足。

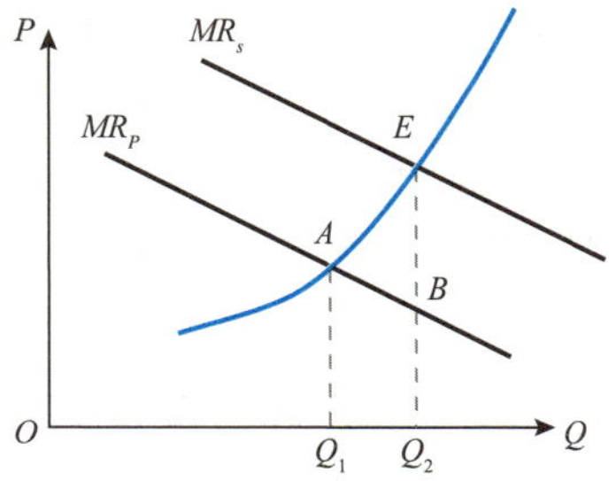

图 8–3　外部经济导致市场供给量不足

通过上述分析，个人或厂商经济选择的决策依据是私人边际收益和私人边际成本，个人或厂商会忽略外部效应，因而其决策也使资源配置缺乏效率。因此，无论是外部经济还是外部不经济的存在，仅仅依靠市场机制将无法达成社会资源的有效配置，市场处于失灵状态。

三、外部性的治理

外部性在现实经济活动中普遍存在，导致市场资源配置非优化。因此，如何降低或消除外部性所带来的效率损失，成为社会学家和经济学家关心的问题。

（一）税收与补贴

外部性的存在使得生产者和消费者的个人成本与社会成本、个人利益与社会利益不一致。英国经济学家庇古（1877—1959 年）研究认为，如果要达到社会总福利的最大化，任何经济活动的社会边际收益与社会边际成本必须相等。因此，他认为，在存在外部性的情况下，政府应该对生产负外部性的经济人征税，税额等于外部边际成本，即社会边际成本减去个人边际成本的部分。如政府向制造污染的企业收税，其税额要等于治理污染所需要的费用，即实行“污染者付费原则”。对于带来外部收益的经济人，政府应该给予相应的补贴，补贴数额等于外部边际收益，相当于社会边际收益大于个人边际收益的部分，使个体获得的收益等于社会收益，这样可以鼓励该经济人增加外部经济行为，以实现资源有效率的配置。

（二）制定污染标准

除了对企业污染行为征税外，控制污染的另一项政策是设定污染标准。政府通过调查研究，确定社会所能忍受或承受的环境污染程度，然后规定各企业所允许的排污量。凡排污量超过规定限度的，给予经济或法律惩罚。排污标准一经制定，只要严格执行，人们对该政策下形成的污染程度就有比较确切的估计，从而可以通过控制排污量或提高处理污染的技术达到规定的标准。

不过，政府在规定各企业的排污限量时，面临着这样的问题：一刀切还是区别对待？由于不同企业降低同样排污量的成本是不同的，显然对不同企业规定不同的排污量标准比一刀切效率要高。但是政府要有效率地实行区别对待，就必须知道各企业降低、消除污染的边际成本，而政府一般并未掌握这一类信息。如果实行相同排污标准，那些减污边际成本较高的企业，不得不忍受较高的成本以达到排放标准，而减污边际成本较低的厂商则得不到任何激励去降低本可减少的污染。因此，污染标准制度有很大的局限性。

（三）可交易的排污许可证

假设在某工业区有一条河流，经环保部门测定，如果年排污总量不超过 1 000 吨就不会导致水质恶化和河流周围生态的明显变坏。这时如果采取按每吨排污量征税的办法，就难以确保该工业区的所有厂商的排污总量不超过 1 000 吨。如果环保部门根据厂商的工业性质和生产规模规定各个厂商的年排污量，并把排污权按照排污费标准出售给企业，发放排污许可证，就可基本确保其总排污量不超过 1 000 吨。但是在此之后，如果一些厂商由于清洁控污技术的提高和产品的更新，排污需求量降低，分配的排污量限额使用不完，而另一些厂商由于生产规模的扩大需要增大排污量，此时是否允许他们自由交易排污权呢？如果不允许，则有过剩排污权的企业就没有治理污染的积极性，而有扩大排污量需求的企业则受到限制也无法扩大再生产，于是造成社会净收益的损失。

经济学家建议引进市场机制，允许污染许可证的交易。在污染许可证的交易市场上，“看不见的手”能够有效地配置排污权，那些减污成本较高的厂商会从减污成本较低的厂商那里购买许可证。这种交易没有任何外部影响，因为污染总量仍不变。这种以市场机制为基础的污染控制办法的优点是：既可激发各企业激烈竞争，去开发最先进、最廉价的技术来减少污染，进而可以把自己剩余的污染许可证作为稀缺资源卖出去以获利；同时又让不同企业因实力、技术、行业性质的差异或生产规模的不同需要而灵活选择自己的排污水平，从而更加适应不同企业的实际需要。这样，可交易的排污许可证制度，既能够有效控制污染排放水平，又可以使减污成本尽可能的低，是一种比较有效率的制度安排。

（四）外部影响内部化——合并

合并企业是将施加和接受外部成本或利益的经济单位合并，使得外部影响问题内在化。政府可以将具有外部经济的企业和具有外部不经济的企业合并，从而使外部影响得以“内部化”，外部影响也因此而“消失”了。合并后的单个企业为了自己的利润最大化，将使自己的生产确定在其边际成本等于边际收益的水平上。由于此时不存在外部影响，故合并后的企业的成本与收益就等于社会的成本与收益，资源实现了最优配置。例如，处于上游的造纸厂给下游的渔场造成外部不经济，导致渔场不应有的经济损失，如果造纸厂和渔场属于同一公司或业主，那么造纸给养鱼所增加的成本就仍是该公司的内部成本。通过这种合并，企业的外部成本被内部化，企业为了总利润最大化，必须协调造纸和养鱼两项业务的决策，进而使资源配置优化。

（五）产权的界定与科斯定理

西方产权理论提出了解决外部经济效果的市场化思路，这种思路源于美国芝加哥大学教授科斯（R.Coase）于 1960 年发表在《法学和经济学》杂志上的《社会成本问题》一文。科斯在该文中提出的解决外部影响问题的方案是：在交易费用为零时，只要产权初始界定是清晰的，并允许当事人进行自由谈判交易，则无论在开始时将产权赋予谁，市场均衡的最终结果都会达到资源的有效配置。科斯的这个方案后来被美国经济学家乔治・斯蒂格勒命名为科斯定理。

科斯提出的解决外部影响问题的方案包括了三个要素：第一，交易费用为零；第二，产权或权利界定清晰；第三，允许产权或权利在当事人之间自由交易。其中第一点是假设条件，第二、三点是实现资源有效配置的途径和手段。产权界定是产权交易的前提和基础，没有产权的初始界定，就无法进行协商谈判，就不存在权利转让和重新组合的市场交易。这里所说的产权不仅仅限于传统意义上的物的所有权，还包括其他许多法定权利，如避免土地受污染的权利，对事故进行赔偿的权利，按照契约行事的权利等。

以化工厂污染农田造成的外部性为例，只有在污染的权利不明确的情况下才会偏离帕累托最优状态。只要明确界定污染的权利，不管是给予化工厂污染的权利，还是给予农民不受污染的权利，都可以通过化工厂与农民之间的自由交易使污染符合社会最优标准。科斯定理主张利用明确产权关系来提高经济效率，解决外部性给资源最优配置造成的困难，尤其是解决公共资源中出现的严重的外部性问题。这种理论具有十分重要的意义，它启发了一代经济学家，使外部性理论的研究有长足的发展。

这里就解决外部经济效果问题，通过一个例子来说明科斯定理的思路和结论。

张三和李四同住一间宿舍，张三喜欢安静，而李四则喜欢播放电脑音乐。很显然，李四给张三施加了外部成本。假定解决这一外部影响问题的方案只有两个：一种方案是张三搬出去，这样张三损失 20 元，而张三不搬走受到音乐干扰的损害超过 20 元；另一个方案是李四购买一副耳机，需支付 15 元。按照解决外部影响的庇古税收政策，李四至少需要交纳 20 元的税款，但这并不是最优的解决方案。按照科斯定理，假如学校规定张三有权要求安静，他可以向学校有关部门报告，要求李四不要干扰他。这时李四为了能继续收听音乐，只好花 15 元买一副耳机，但支出少于 20 元的税款。科斯定理还指出最初权利的规定对最终结果并不是至关重要的。如果学校规定，李四有权听音乐，那么张三在不堪忍受音乐噪声的情况下，要么搬走，要么与李四谈判，给李四出钱买一副耳机。如果张三是理性的，他会选择花 15 元给李四买耳机，而不是花 20 元搬走。可见，最终的结果仍然是李四戴上耳机听音乐，噪声污染由此得到消除。

科斯定理在解决外部经济效果问题上的政策含义是，政府无需对外部性问题进行直接的调节，只要明确施加外部成本和接受利益的当事人双方的产权，就可以通过市场谈判解决外部性问题。

素养园地

精准扶贫是正外部性行为

党的二十大报告指出，我们经过接续奋斗，实现了小康这个中华民族的千年梦想，我国发展站在了更高历史起点上。我们坚持精准扶贫、尽锐出战，打赢了人类历史上规模最大的脱贫攻坚战，全国八百三十二个贫困县全部摘帽，近一亿农村贫困人口实现脱贫，九百六十多万贫困人口实现易地搬迁，历史性地解决了绝对贫困问题，为全球减贫事业作出了重大贡献。

扶贫是正外部性行为。扶贫直接提升贫困地区和贫困人口的生活水平，也产生诸多正外部性特征。精准扶贫缩小贫富差距，有利于社会和谐稳定，减少违法犯罪和治安案件。扶贫不仅对贫困人口有利，对富裕人口也有利。消除贫困人口，增进社会平等，有利于塑造安全、稳定的社会环境。贫困地区的发展和贫困人口的发展是我国经济持续健康发展的重要动力，也提供了保持经济中高速增长的潜力。精准扶贫有利于贫困家庭下一代的成长和发展，进一步缩小贫富差距，甚至增强社会流动性。精准扶贫彰显了中国共产党领导的社会主义制度的优越性，中国共产党全心全意为人民服务。走共同富裕之路，是中国特色社会主义的鲜明特征。为加快推进全球反贫困进程做出贡献，为全球减贫事业提供中国模式，可以增强我国在国际社会中的威望。

正外部性行为的市场结果是供给不足，且造成无谓损失。因此，解决正外部性供给不足的经典方法是补贴。在补贴的作用下，正外部性行为的个人价值向社会价值靠拢，从而使个人决策量趋近社会合意产量。

补贴也是精准扶贫的重要手段。国家对贫困地区、贫困家庭、贫困人口通过转移支付实施补贴，提高贫困人口的生活水平和可持续发展能力。补贴既包括货币补贴，也包括消费券、粮食、学费减免等实物补贴。除了补贴之外，精准扶贫还应包括产业扶贫、教育扶贫、医疗扶贫、就业扶贫等多种手段，不管哪一种，都离不开资金的支持，即广义的补贴。

资料来源：《微观经济学课程 案例集》，袁正，西南财经大学出版社，2022 年 2 月。

任务五 信息不对称的表象与矫正

一、信息不对称

在经济学中，信息可以归结为包括物品（劳务）和生产要素的价格、质量和数量等；不同经济主体（买方或卖方）讨价还价的能力、信誉度等。市场可以合理配置资源，实际上暗含了一个关于信息的假设条件：信息对称，即市场上买卖双方所掌握的信息是一样的。然而现实经济生活中这种情况很少见，买卖双方很难对产品相关信息掌握得完全一样，一般情况下信息是不对称的。

信息不对称是指交易双方对有关信息的了解和掌握程度不同，一些人比另外一些人具有更多的有关信息。信息不对称一般有两种情况：一是市场卖方所掌握的信息多于买方，通常生产者比消费者更了解产品的质量、性能；工人对自己的技术和能力比他们的雇主知道得更多。另一种情况是市场买方所掌握的信息比卖方掌握的信息更多，如保险购买者比保险公司更了解保险标的物，如自己身体的状况；信用卡的购买者比银行更了解自己信用度的好坏。信息不对称的产生是多种因素造成的。首先，获取信息需要成本；其次，由于人们认识能力的局限性和差异性使其不可能掌握全部的信息。此外，充分占有信息的一方会为了自身利益而向对方隐藏信息。

二、逆向选择——“柠檬市场”

逆向选择也叫“劣品驱逐良品”，是指由交易双方信息不对称和市场价格下降产生的劣质品驱逐优质品，进而出现市场交易产品平均质量下降的现象。逆向选择属于事前非对称信息下发生的情况，即信息的不对称发生在市场交易双方签约之前，例如，当就业市场上工资水平为平均值时，在招聘实际完成之前就已经发生了逆向选择（能力低的工人留在招聘市场而能力高的人却不得不离开）。

现实生活中有很多逆向选择的案例，最经典的例子是二手车市场。

假定在二手车市场上，所有的二手车可分成优质的和劣质的两大类。再假定优质二手车的价值为 5 万元，劣质二手车的价值仅为 2 万元。但问题是，尽管卖者知道他们出售的二手车分别具有怎样的质量，但购买的人却对二手车质量不具有充分的信息。在这种情况下，理性的买者只能根据市场上二手车的平均质量来决定他愿意出价多少来购买。我们再假定在开始的时候，二手车市场上的优质车和劣质车各占一半，而买者对此有大概的了解，那么，买者愿意出的最高价格只能是平均价格，即 3.5 万元。

面对 3.5 万元的价格，劣质二手车的所有者会迫不及待地卖掉他的旧车，并因此获得“超额利润”。但优质二手车的所有者却非常失望，他无奈地卖出他的旧车，但因此而“亏损”。短期或许如此，但长期调整的结果是，市场上的优质二手车越来越少，因为没有几个人愿意亏损；而市场上的劣质二手车越来越多，它们是不会退出市场的。于是，二手车的平均质量下降。当二手车市场上优质车只占 25%，而劣质车占到 75% 的时候，买者会发现这种变化，并降低他们的出价，此时买者愿意出的最高价格将为 $0.25 \times 5 + 0.75 \times 2 = 2.75$ 万元。面对更低的价格，将有更多的优质二手车退出市场，于是市场上二手车的平均质量进一步下降。这一过程继续下去，最终的结果不言而喻：所有的优质二手车都退出市场，留在市场上的就只有劣质二手车了。

1970 年，经济学者阿克洛夫教授发表了一篇关于二手车市场的论文，讨论二手车市场的特色。因为卖二手车的车主很清楚车子的性能，但买车子的人多半不能判断车子的好坏，双方存在着“信息不对称”。而且，性能好的车子通常没有人舍得卖。所以被送到二手车市场的多半有问题，也就多半是一些尝之令人大倒胃口的“柠檬”了。

三、道德风险

逆向选择和道德风险

现实的经济活动中，不仅在交易合同签订之前会出现由于信息不对称导致的逆向选择问题，在交易合同签订之后，还会存在另一类信息不对称：交易的一方具有另一方难以监督的行为或难以获得的信息，在这种情况下，具有私人信息的一方，在签订合同后，有可能采取有悖于合同规定的行为，以最大化自己的利益，同时损害另一交易方的利益，这就是所谓的“道德风险”。

道德风险问题属于事后非对称信息下发生的情况，典型领域就是保险市场。个人在获得保险公司的保险后，对于投保人来说，随着预防不测事件费用的增加，不测事件发生的可能性会降低；但是，在信息不对称的条件下，如果保险费用既定，且保险赔偿额较高，那么投保人倾向于减少防止不测事件发生的费用支出，会降低防范意识而采取更冒险的行为，如驾车不守规则、不注重身体健康、不防范意外风险等，使发生风险的概率增大，由此就会加重保险公司的赔偿。

即问即答

近些年，随着医疗保险的逐渐普及，很多医院的医疗费用快速且不合理地增长，过度消耗有限资源，给社会造成了极大的浪费。从经济学的角度，请思考引起这种现象的原因最有可能是道德风险还是逆向选择。

资料链接

道德风险太高保险公司不愿承保划痕险

针对“划痕险道德风险大和赔付率高”的“先天不足”，为了使划痕险的风险降到最低，目前各家保险公司普遍对此类险种的承保和理赔细则进行“升级”，使投保及理赔规程更加详细，要求也更高。比如，一些保险公司理赔时，要求车主本人报损，保险公司查验。而不像过去那样，由汽车修理厂工人代办所有赔付手续。此举在一定程度上减少了汽车修理厂造假索赔划痕险。为了防止一些车主“一道划痕多次索赔”的恶意索赔行为，一些保险公司要求在保险公司勘验后，先打磨修理，再予以赔付。对于一年之中多次划痕险出险的车主，保险公司用增加保费或扣除优惠等措施加以约束。

尽管各家保险公司对道德风险较高险种产品的购买做出了不同程度的限制，然而，从市场上看，车主购买划痕险的热情十分高涨，特别是那些车辆多在露天停放，划痕出现几率较大的车主。采访中，许多车主表示，花600元左右的保费，保额为5000元，如果车多次被他人恶意划伤，可以减少损失。此外，新车或高档车出现划痕，维护费用较高，这两种车的车主更愿意购买划痕险。

资料来源：《谁该为道德风险“埋单”》，搜狐网－搜狐汽车，2011年07月28日。

四、信息不对称下市场失灵的矫正

经济生活中的信息不对称，使逆向选择和道德风险问题普遍存在。这一方面造成了交易市场的严重萎缩，另一方面导致社会资源的极大浪费，影响了资源的配置效率。

（一）政府介入

市场机制不能解决或者不能有效解决信息不对称导致的市场失灵，这为政府在市场发挥作用提供了依据。例如，在保险市场，政府为一定年龄以上的老年人提供保险，就有助于消除逆向选择和道德风险问题。政府也可通过相关的规定与措施尽可能保证消费者和生产者能够得到充分和正确的市场信息，即增加市场的“透明度”。

（二）其他机制

政府介入并不是解决非对称信息问题的唯一途径，声誉、标准化、市场信号机制等也有助于解决这类问题。高质量产品的销售者往往在销售过程中建立声誉来向购买者传达有关其产品的信息，并以适当的激励让购买者相信其产品是高质量的。在日常生活中，很多消费者常常根据企业的声誉来做出决策。

价格信号是能够缓解逆向选择问题的另一个机制。它是指产品卖方通过信号向买方传达有关产品质量的信息。例如，在劳动市场，待雇者（卖方）把受教育程度作为一个高生产率信号，向厂商传递关于自己生产率的信息，以利于获得与自己生产率相匹配的工资。在产品市场，那些想卖出较高价格的生产高质量产品的厂商，可以通过签订内容广泛的保证书来向消费者传递质量信号，因为签订这样的保证书给生产高质量产品的厂商带来的成本较低；而对于生产低质量产品的厂商，签订这样的保证书成本较高，所以他们一般不愿意签订这样的保证书。因此，保证书就成为一个显示质量的信号。

（三）加强诚信建设

诚信，是指一个人、一个单位的可靠性、社会责任感和可信任程度。在市场经济环境下，企业及个人商业信用状况以及整个社会经济信用关系的可信赖程度，是衡量某个国家、地区或经济组织的经济环境和运行状况的重要指标。因此，必须规范和整顿市场秩序，逐步在市场中形成诚信为本、操守为重的良好风尚。个人和企业均应树立诚信意识，对自身行为进行规范，加强相互沟通，着力解决信息不对称的现象。只有加强诚信建设，才能够在市场经济主体之间建立起一种相互信赖、相互认可的经济关系，才能降低逆向选择和道德风险发生的概率。

技能实训

实训名称：现实中的市场失灵——以共享单车市场为例

实训形式：

（1）分组：将全班同学分成若干组，每组确定一名组长负责组织本小组完成项目。

（2）在组长的带领下，阅读以下材料：

2016年，在国家倡导低碳出行，共享经济加速发展的大环境下，共享单车作为一种新型商业模式吸引了无数资本的投入。共享单车诞生之初，令人眼前一亮。它以绿色、便捷的方式解决了人们出行“最后一公里”的问题，便捷出行的同时还为环保做出了贡献。然而，随着各大城市共享单车市场“野蛮生长”，共享单车在各大城市的投放量趋于饱和，问题也逐渐凸显，主要包括以下四大问题：一是乱停放问题显著；二是行人和非机动车共用道路，存在极大的安全隐患；三是部分区域内单车数量过多，盲目投放；四是部分市民素质低下，私占、毁坏的现象频发。

（3）在组长的组织下讨论两个问题：

①从市场失灵角度来看待各个城市共享单车市场乱象。

②政府应该如何采取措施。

（4）组织各小组汇报和讨论，教师引导点评。

思考练习

一、单项选择题

1.（　）不是市场失灵的原因。

A. 垄断　　B. 外部性　　C. 竞争　　D. 公共物品

2. 市场失灵是指（　）。

A. 在私人部门和公共部门之间资源配置不均

B. 市场机制对资源的高效率配置被破坏

C. 收入分配不平等

D. 信息不对称

3. 具有排他性但无竞争性的物品称为（　）物品。

A. 准公共物品　　B. 公共资源

C. 私人物品　　D. 纯公共物品

4.（　）存在“搭便车”问题。

A. 路灯　　B. 电影院

C. 私立学校　　D. 收费的高速公路

5.（　）可能引起负外部性。

A. 在自家花园种花　　B. 修复古建筑

C. 购买一份麦当劳快餐　　D. 汽车排放的尾气

6. 某人的吸烟行为属于（　）。

A. 生产的外部经济　　B. 消费的外部经济

C. 生产的外部不经济　　D. 消费的外部不经济

7. 如果一种商品相对社会最优产量来说处于供给不足的状态，这说明存在（　）。

A. 正外部经济效应　　B. 负外部经济效应

C. 逆向选择　　D. 道德风险

8. 某个厂商的一项经济活动对其他厂商产生有利的影响，我们把这种行为称作（　）。

A. 生产的外部不经济　　B. 消费的外部不经济

C. 生产的外部经济　　D. 消费的外部经济

9. 解决外部不经济可以采取（　）。

A. 征税　　B. 产权界定　　C. 企业合并　　D. 以上各项都行

10. 如果上游工厂污染下游居民的饮水，按照科斯定理，（　），问题可妥善解决。

A. 不管产权是否明确，只要交易成本为零

B. 不论产权是否明确，交易成本是否为零

C. 只要产权明确，且交易成本为零

D. 只要产权明确，不管交易成本有多大

11. 卖主比买主知道更多关于商品生产和质量信息的情况称为（　）。

A. 道德风险　　B. "搭便车"　　C. 排他性　　D. 信息不对称

12. 交易双方信息不对称，比方说买方不清楚卖方的一些情况，是由于（　）。

A. 卖方故意要隐瞒自己一些情况

B. 买方认识能力有限

C. 完全掌握情况所费成本太高

D. 以上三种情况都有可能

13. 在旧车市场上，（　）。

A. 当价格下降时，平均质量提高

B. 当价格下降时，平均质量不发生变化

C. 当价格下降时，平均质量下降

D. 当价格下降时，平均质量可能提高，也可能下降

14. 经济活动存在外部经济是指该活动的（　）。

A. 私人成本大于社会成本

B. 私人成本小于社会成本

C. 私人利益大于社会利益

D. 私人利益小于社会利益

15. 下面说法正确的为（　）。

A. 商品的排他性是指如果某人已经消费了某种商品，则其他人就不能再消费这种商

B. 商品的竞争性是指对商品或劳务支付价格的人才能消费，其他人则不能如此做

C. 纯公共物品在现实生活中是大量存在的

D. 准公共物品在现实生活中是大量存在的

二、判断题

1. 市场失灵的存在要求由政府来取代市场价格机制。（ ）
2. 完全竞争市场一定比垄断更能保证生产资源的有效利用。（ ）
3. 由于垄断会使效率下降，因此任何垄断都是要不得的。（ ）
4. 公共物品可以由私人来生产。（ ）
5. 张三是一位社会青年，但他经常来到某高校操场打篮球，这是一种典型的“搭便车”行为。（ ）
6. 污染具有外部不经济，政府只有通过行政手段才能禁止这种行为。（ ）
7. 解决负外部性问题，各种手段的本质是社会成本的个人化。（ ）
8. 外部经济说明私人成本低于社会成本。（ ）
9. 逆向选择都是由事后的信息不对称引起的。（ ）
10. “劣品驱逐良品”属于道德风险问题。（ ）

三、论述题

1. 简述公共物品与私人物品之间的区别。
2. 运用实例说明外部性和环境保护的重要性。
3. 举例说明逆向选择的解决途径。

项目九

国民收入核算的初步认识

目标导航

知识目标

（1）掌握国内生产总值和国民生产总值的含义，理解国民收入核算中的其他指标；

（2）了解 GDP 核算的意义及其缺陷；

（3）理解国内生产总值的三种核算方法；

（4）理解经济收入流量循环模型及恒等关系。

技能目标

（1）能够应用国民收入核算方法中的支出法、收入法计算国内生产总值；

（2）学会运行储蓄 – 投资恒等式简单计算相关经济指标。

素养目标

（1）弘扬爱国情怀和国家荣誉感，坚定“四个自信”；

（2）学会全面看待经济发展问题，树立正确的价值观。

知识导图

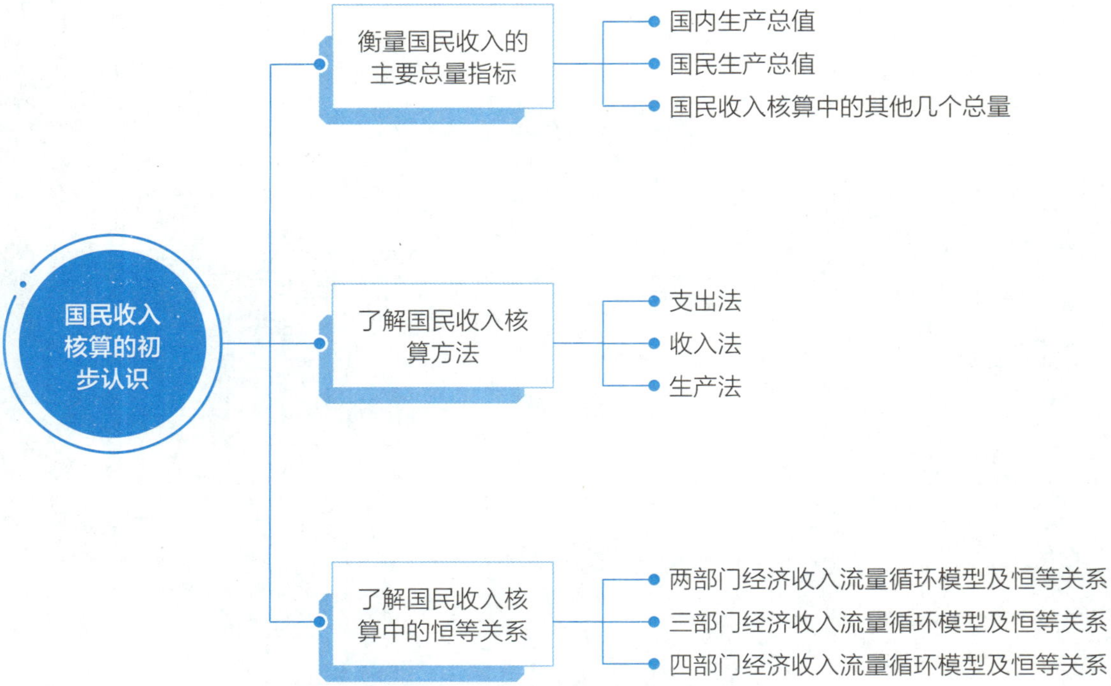

案例导入

网络、电视等媒体上经常会提到 GDP 这个经济指标。美国著名的经济学家保罗·萨缪尔森说："GDP 是 20 世纪最伟大的发现之一。"没有 GDP 这个发明，我们就无法进行国与国之间经济实力的比较，无法了解一个国家或地区经济发展情况，决策者也无法判断经济冷热、决定政策取向。因此，GDP 就像一把尺子、一面镜子，是衡量一国经济发展和生活富裕程度的重要指标。

改革开放以来，我国在人均资源和资本积累都不是很丰富的条件下，实现持续 40 多年的高速经济增长，经济总量在世界经济中的排名不断攀升，从 1970 年的第 8 名，到 2010 年成为第 2 名。在二十世纪七、八十年代，中国的 GDP 一直与加拿大不相上下。2000 年，中国 GDP 超过意大利，成为世界第六大经济体。2005 年，中国经济规模超过英国，成为仅次于美国、日本和德国的世界第四大经济体。2007 年，中国 GDP 增速为 13%，超过德国成为全球第三大经济体。仅仅 3 年之后的 2010 年，中国 GDP 便超过日本，成为世界第二大经济体。2014 年我国的 GDP 总量更是达到 10.38 万亿美元，首次突破 10 万亿美元大关，中国成为继美国之后又一个"10 万亿美元俱乐部"成员。中国用几十年的时间快速完成其他国家几百年的发展任务，创造了惊人的奇迹。我们见证奇迹的同时，也见证着中华民族的伟大复兴。2021 年世界各国 / 地区 GDP 排名（TOP15）如表 9-1 所示。

资料来源：本书编写组。

表 9-1 2021 年世界各国 / 地区 GDP 排名（TOP15）

总量排名	国家 / 地区	GDP（亿美元）	人均排名	人均 GDP
1	美国	229 960.86	7	69 221
2	中国大陆	177 271.82	63	12 551
3	日本	49 312.00	28	39 236
4	德国	42 189.29	18	50 712
5	英国	31 877.37	22	47 204
6	印度	30 908.59	145	2 268
7	法国	29 374.74	25	43 377
8	意大利	21 067.19	29	35 641
9	加拿大	19 913.19	15	52 066
10	韩国	17 978.15	30	34 744
11	俄罗斯	17 784.39	65	12 192
12	澳大利亚	16 338.70	10	63 478
13	巴西	16 087.29	87	7 541
14	西班牙	14 252.77	35	30 116
15	墨西哥	12 924.12	71	10 162

资料来源：国际货币基金组织（IMF）。

任务一 衡量国民收入的主要总量指标

一、国内生产总值

（一）国内生产总值的含义

国内生产总值

国内生产总值（gross domestic product，GDP）是指一个国家或地区在一定时期内（通常是一年）所生产的全部最终产品和服务的市场价值。在理解这个概念时需要注意以下几点。

（1）GDP 是一个市场价值的概念。各种最终产品和劳务的价值都是用货币加以衡量的。所以统计 GDP 所用的最终市场价值就是用这些最终产品和劳务的单位价格乘以其产量获得的。假如一个国家一年生产的手机为 1 亿部，平均每部售价 2 000 元人民币，则该国一年所生产的手机的市场价值为 2 000 亿元人民币，也就意味着该年度中该国的手机产业为该国 GDP 总量贡献了 2 000 亿元人民币的量。因此，GDP 的值除了受产量变动的影响，还会受到当年产品市场价格水平的影响。

（2）GDP 衡量的是最终产品和劳务的市场价值，而中间产品市场价值不计入 GDP，否则会造成重复计算。所谓最终产品，是供人们最终直接消费的产品，而中间产品则是在以后的生产之中作为生产要素继续投入新产品生产的产品。例如，小麦的价值为 100 元，磨成面粉后价值变为 120 元，接着做成面包价值变为 150 元。其中小麦和面粉是中间产品，面包就是最终产品，GDP 只计算面包的价值 150 元。如果我们将中间产品计入，总价值就是 370 元，这显然是一个被重复计算的数字。在实际经济之中，有时候很难区分一种产品是属于最终产品还是中间产品。例如，燃油可以作为中间产品用于冶金行业的生产燃料或者化工行业的生产原料，但是也可以作为最终产品用于人们生火、做饭、取暖。为了解决这个问题，在 GDP 的具体计算中采用了增值法，即只计算在生产各阶段上所增加的价值。

（3）GDP 是指某一时期内生产的最终产品和劳务的市场价值，而不考虑这些最终产品是否已经售出，也不考虑以前生产但尚未售出的存货。若一个企业某年生产了价值 100 万元的产品，只卖掉价值 80 万元的产品，所剩价值 20 万元的产品可看作企业自己买下来的存货投资，同样计入 GDP，即 100 万元。如果第二年企业生产了价值 300 万元的产品，卖掉价值 310 万元的产品，计入当年 GDP 仍是 300 万元，销售多出的 10 万元，只是存货减少了 10 万元而已，它不能计入第二年的 GDP。

（4）GDP 是一国地理范围内生产的最终产品的市场价值，是一个地域概念，也就是说凡是在本国领土上创造的收入，不管是否为本国国民，都应计入本国的国内生产总值，这就是所谓的国土原则。例如，地处我国的日资企业创造的收入应计入我国 GDP。

（5）GDP 只衡量市场活动所产生的价值。这包含两层含义：一是仅指在市场上进行交换的经济活动所产生的价值，而不经过市场销售的最终产品不计入 GDP 中。例如，家政公司的工作人员替雇主打理家政获得的报酬要计入 GDP，而自己从事家务劳动、子女对父母的照顾等非市场活动则不计入 GDP 中。

即问即答

一年前，肖云为了收藏书籍而花了 300 元。今天她在网上把她收藏的书籍卖了 500 元。请思考这种销售如何影响现期 GDP？

（二）实际 GDP 和名义 GDP

实际 GDP 和名义 GDP

GDP 是一个市场价值的概念，是用最终产品和劳务的单位价格乘以其产量获得的。假设人们生产了小麦和衬衣，则

GDP = 小麦的价格 × 小麦的数量 + 衬衣的价格 × 衬衣的数量

不难发现，GDP 值的变动，既包括产品数量的变动，又包括价格的变动。生产出的小麦和衬衣的数量越多，整个社会的总产品也就越丰富，人们都希望生产出的产品数量越来越多，却并不希望产品的价格越来越高。

所以经济学家把用现期价格计算出的产品与服务的价值称为名义 GDP。需要注意的是，名义 GDP 的增加既可能是由于价格上升，也可能是由于数量增加。如果数量没有任何变化而价格翻倍了，名义 GDP 也将翻倍，但家庭并没有从中得到好处。因此，更好的经济福利衡量指标应该将价格的变动因素给剔除掉。经济学家使用实际 GDP 来衡量不变价格下的产品与服务的价值。实际 GDP 反映的是当价格没有发生变化时，数量变化对社会总产出的影响。

假设，在 2020 年，小麦的价格是 4 元 / 千克，产量是 100 千克；衬衣的价格是 180 元 / 件，产量是 3 件。2021 年，小麦的价格是 5 元 / 千克，产量是 120 千克；衬衣的价格是 200 元 / 件，产量是 4 件。那么：

2021 年名义 GDP = 2021 年小麦的价格 × 2021 年小麦的数量
+ 2021 年衬衣的价格 × 2021 年衬衣的数量
= 5 × 120+200 × 4 = 1 400 元

$$\begin{aligned}2021\text{年实际 GDP} &= 2020\text{年小麦的价格}\times 2021\text{年小麦的数量}\\ &\quad + 2020\text{年衬衣的价格}\times 2021\text{年衬衣的数量}\\ &= 4\times 120+180\times 4=1\,200\text{元}\end{aligned}$$

实际 GDP 更能说明小麦和衬衣数量增加给人们生活带来的好处，比名义 GDP 提供了一个更好的经济福利衡量指标。

实际 GDP 的计算可以消除价格变动的影响，使我们清楚了解到该时期相对于其他时期的产品和劳务产量的实际变化程度。名义 GDP 与实际 GDP 之比又称作国内生产总值折算指数。即

$$\text{GDP折算指数}=\frac{\text{名义GDP}}{\text{实际GDP}}\times 100\%$$

国内生产总值折算指数能够反映出本年的价格水平相对于基年的价格水平的变动幅度，因此，该指数是反映通货膨胀的重要指标，我们将在后面介绍。

即问即答

在 2022 年，某个厂商生产 100 双鞋子，每双鞋子以 100 元的价格售出。在 2023 年，这个厂商生产 200 双鞋子，每双以 120 元的价格售出。计算每年的名义 GDP、实际 GDP 以及 GDP 折算指数。（以 2022 年为基年）

（三）GDP 指标的重要意义和缺陷

GDP 指标有四个方面的重要意义：GDP 能够反映国民经济发展变化情况；GDP 为国家以及各个地区制定经济发展战略目标和宏观经济政策提供了重要工具和依据；GDP 为检验宏观经济政策的科学性和有效性提供了重要的检测工具；GDP 也是对外交往的重要指标，因为在世界上衡量一个国家的经济地位的指标，很多与 GDP 有关，每年联合国都要根据各国的“人均 GDP”进行排名，来提供反映一个国家经济实力的依据。可以说 GDP 在一定程度上决定了一个国家承担的国际义务和权利，决定了一个国家在国际社会中所能发挥的作用，影响到国家的经济利益和政治利益。GDP 的统计比较容易，具有统计数据准确、重复计算少等优点。

GDP 能衡量很多东西，同时 GDP 也衡量不了很多东西。GDP 指标在反映经济状况时也存在局限性。

（1）GDP 不能充分反映快速变化的经济结构。目前，服务在经济活动中的比重日益增加，但 GDP 没有很好地解决服务价值测度中的质量与效率难题。

（2）GDP 仅聚焦于产品数量，不能反映产品质量的变化和服务的进步，某些时候，产品质量的重要性甚至超过产品数量的重要性。

（3）GDP 不能反映经济增长对环境所造成的负面影响和资源消耗的代价。也就是说 GDP 无法衡量经济增长的代价，不能度量因环境变坏所付出的社会成本。一个国家如果以过度消耗资源、牺牲环境为代价盲目追求 GDP，是难以实现可持续发展的。

（4）人均 GDP 还掩盖了收入差距的扩大，不能反映财富分配的公平性，不能综合反映人均生活质量，不能衡量快乐、幸福等价值。

尽管 GDP 存在着一些问题和不足，但我们必须看到 GDP 作为一个国家和地区经济活动总量的测度指标有其不可替代的作用。目前，GDP 已被广泛地应用于政治、经济、外交、研究等各个领域，深刻地影响着我们每个人的生活。

素养园地

什么是好的 GDP——“绿水青山就是金山银山”

用 GDP 衡量一国经济活动的成果是存在缺陷的，这种缺陷在于 GDP 不一定能准确反映出经济活动对福利的影响。首先，GDP 不能反映社会中的收入分配状况。其次，地下经济活动是没有获得市场准入的经济活动，难以被观察和衡量，所以地下经济活动对福利的影响无法反映在 GDP 中。再次，家务劳动和闲暇、政府提供的公共产品的价值都无法在 GDP 中准确反映出来。最后，GDP 不能反映经济体为经济增长所付出的代价，比如资源过度消耗与环境破坏等。同时，GDP 也难以反映人们的生活质量。

在快增长与好增长之间进行抉择是难以回避的问题。当快增长与好增长存在冲突时，正确的理念是选择好增长而不是快增长。良好的生态环境既是最公平的公共产品，也是最普惠的民生福祉。2005 年 8 月 15 日，时任浙江省委书记的习近平同志在浙江省安吉县余村考察时首次提出“绿水青山就是金山银山”的理念，生动形象地揭示了经济发展和生态环境保护的关系，指明了实现发展和保护协同共生的新路径。党的十八大以来，以习近平同志为核心的党中央将生态文明建设放到治国理政的重要位置上，以“绿水青山就是金山银山”的理念为先导，推动我国生态环境保护发生历史性、转折性、全局性变化。当前，我国社会主要矛盾已经转化为人民日益增长的美好生活需要和不平衡不充分的发展之间的矛盾。对美好生活的向往，既包括物质生产力和经济效益之间均衡充分的发展、个人物质财富的增长，也包括对美丽和谐的人居环境、生产生活环境的期许。“绿水青山就是金山银山”理念秉承经济发展与生态环境保护相互支撑、互融互促的思维方式，倡导通过发展绿色经济、循环经济、低碳经济助推产业结构优化升级，在转变经济发展方式、推动经济持续发展的同时给人民群众创造更为优越的生活品质。践行这一理念，将在不断推动解决新时代我国社会主要矛盾中实现经济发展与生态环境保护共进共赢，为通往和实现人的全面发展创造必要条件。

资料来源：《宏观经济学课程思政案例集》，2021 年 10 月。

二、国民生产总值

与国内生产总值强调地域概念不同，国民生产总值（gross national product，GNP）是一个国民概念，是指某国国民运用全部生产要素所生产的最终产品的市场价值。也就是说凡是本国公民创造的收入，不管是否在国内，都计入国民生产总值。例如，某中国公民在美国工作获得了 5 万美元的收入，从美国角度来看，该笔收入是在美国本土产生的，因而应计入美国的 GDP，但这笔收入是一位在美国的中国人创造的，因而不应计入美国的 GNP；从中国的角度看，这笔收入是本国国民创造的，因而应计入中国的 GNP，但这笔收入是本国国民在美国创造的，因而不能计入中国的 GDP。GDP 和 GNP 是一对孪生兄弟，都是反映宏观经济的总量指标，但因其计算口径不同，又有一定的区别。它们之间的具体关系可用下面的公式来描述：

$$GNP = GDP + NFP$$

其中，NFP 为国外净要素支付（net factor payment，NFP），是指本国公民在国外取得的要素收入减去外国公民在本国取得的要素收入。如果 NFP > 0，说明该国公民从外国获得的收入超过了外国公民从该国获得的收入；如果 NFP < 0 时，说明的情况正好相反。一般来说，国民生产总值和国内生产总值差别并不大。经济学家一般把这两个概念作为同一含义使用。1993 年，国家统计局正式取消传统的国民收入核算，国内生产总值成为我国国民经济核算的核心指标。随着国际经济联系加强，强调身份区别的 GNP 的重要性相对下降，重视地域范围的 GDP 重要性相对上升，从而使 GDP 成为越来越重要的总产出指标。

三、国民收入核算中的其他几个总量

在国民收入核算中，除了国内生产总值之外还有 4 个重要的总量：国内生产净值、国民收入、个人收入、个人可支配收入。

（一）国内生产净值

国内生产净值（net domestic product，NDP）是指一个国家一年内新增加的产值，即在国内生产总值中扣除了折旧之后的产值。

$$\text{NDP} = \text{GDP} - \text{折旧}$$

从经济学和社会学的双重角度来看，NDP 的价值要远远大于 GDP，也即衡量一国经济总量用国内生产净值指标要比国内生产总值指标优越得多。GDP 是衡量一定时期一国范围内生产的最终产品的市场价值，是一个地域概念，但 NDP 考虑到了"消耗"或者说"折旧"在经济增长中的重要影响，是一个贴合实际的经济概念，它真正诠释了生产、增长及总价值与消耗、效率、净价值之间的关系。

（二）国民收入

国民收入（national income，NI）是指一个国家一年内用于生产的各种生产要素所得到的全部收入，即工资、利润、利息和地租等的总和。国民收入是从收入方面衡量的国内生产总值，等于各种生产要素收入的总和。但由于使用生产要素的企业要从收益中减去向政府缴纳的各种间接税，从而相应减少了要素所有者的收入。因此国内生产净值减去间接税就是生产要素所得到的全部收入。

$$\text{NI} = \text{NDP} - \text{间接税}$$

（三）个人收入

个人收入（personal income，PI）是指一个国家一年内个人所得到的全部收入。国民收入是生产要素所有者获得的收入总和，却不是全部被要素所有者个人获得。在国民收入中要扣除几个项目，剩下的才归个人所得。这些扣除项目是：社会保险金、企业所得税和企业未分配利润。个人收入除了来自生产要素的收入之外，还有一部分来自政府的转移支付。这样，个人收入是

$$\text{PI} = \text{NI} - \text{企业所得税和企业未分配利润} - \text{社会保险} + \text{转移支付}$$

（四）个人可支配收入

个人可支配收入（disposable personal income，DPI）是指一个国家一年内个人可以支配的全部收入。个人收入减去个人收入所得税以后为个人可支配收入，即

$$\text{DPI} = \text{PI} - \text{个人收入所得税}$$

任务二 了解国民收入核算方法

GDP 的核算方法

国内生产总值的核算方法有三种，即支出法、收入法和生产法，常用的是支出法和收入法。

一、支出法

支出法核算 GDP，就是通过核算在一定时期内整个社会购买最终产品的总支出，即最终产品的总售价来计量 GDP。在现实经济中，产品和劳务的最终使用者有消费者、私人企业、政府和国外部门，相应的，购买最终产品的支出也就分为四类：私人消费支出、私人国内投资支出、政府购买支出和净出口。

私人消费支出（C）包括购买耐用品、非耐用品、劳务等的支出。耐用消费品包括家庭轿车、家用电器等商品，但居民用于住宅的支出不包括在耐用消费品支出范围内。非耐用消费品包括食物、衣服等商品。劳务包括医疗服务、教育培训、旅游、理发等。

私人国内投资（I）是指私人企业投资支出，即实物资本存量的增加或更新，如厂房、住宅、机器设备及存货等的支出。投资包括固定资产投资和企业存货投资。固定资产投资是指建造新厂房、购买新设备、建筑新住宅等的投资。应注意的是，住宅支出虽然是居民消费的内容，但住宅不像别的固定资产一样，它是长期使用、慢慢地被消耗的，所以在统计中将它纳入到投资中。存货投资是企业在一定时期内存货实物量变动的市场价值，即期末价值减期初价值的差额，再扣除当期由于价格变动而产生的持有收益。存货包括生产单位购进的原材料、燃料和储备物资等存货，以及生产单位生产的产成品、在制品和半成品等存货。

政府购买支出（G）是指各级政府部门对商品和劳务的购买支出，主要包括政府在军事设施和物资方面的支出和政府雇员的薪金支出等。需要强调的是，并不是所有的政府支出都要记入 GDP。因为有一类政府支出属于无偿的转移支付，如社会保障支出、社会救济和社会抚恤支出等，这类支出是政府单方面的支出，并没有相应的产品或劳务的交换发生，因而这类政府支出不能记入 GDP。

净出口是指一国出口产品和劳务的价值减去进口产品和劳务价值得到的差额，用 X 表示出口、M 表示进口，则净出口表示为（$X-M$），它反映的是国外对本国产品和劳务的净购买情况。对于一个国家来说，净出口数值既可以为正值，也可以为负值。

把上述四个项目加总求和，即可得到用支出法计算国内生产总值的公式：

$$\text{GDP}=C+I+G+(X-M)$$

中国 2021 年按支出法统计的 GDP 构成情况如表 9-2 所示。

表 9-2 中国 2021 年按支出法统计的 GDP 构成情况

支出类别	单位（亿元人民币）	百分比（%）
居民消费	438 849.4	38.48
政府消费	182 071.6	15.97
资本形成总额	489 897.2	42.96
货物和服务净出口	29 521.9	2.59
国内生产总值	1 140 340.1	100

资料来源：国家统计局网站。

即问即答

下列哪一种交易会影响 GDP 的哪一部分（如果有影响的话）？

1. 家庭购买了一台新的电视机。
2. 你买了一套新房子。
3. 华为公司从其存货中出售了一台电脑。
4. 国家为公务员支付工资。
5. 格力集团在美国建立了一个新工厂。

二、收入法

收入法是指通过计算一定时期内整个社会所有生产要素获得的收入来核算国内生产总值。严格说来，最终产品市场价值除了生产要素收入构成的成本，还有间接税、折旧、公司未分配利润等内容，因此，用收入法核算的国内生产总值应包括以下几个项目。

（1）工资、利息和租金等生产要素的报酬。工资包括工作的酬金、津贴和福利费，也包括工资收入者必须缴纳的所得税及社会保险税。在这里，利息是指人们为企业所提供的货币资金获得的利息收入，如银行存款利息、企业债券利息等，但政府公债利息及消费信贷利息不包括在内。租金包括出租土地、房屋等所获得的收入，以及专利、版权等的收入。

（2）非公司业主收入。非公司业主收入包括医生、律师、农民和小店铺主等的收入。非公司业主使用自有资金并且自我雇用，其工资、利息、利润、租金经常混在一起，他们的收入作为非公司企业主收入计入国内生产总值。

（3）公司税前利润。公司税前利润包括公司所得税、社会保险税、股东红利及公司未分配利润等。

（4）企业转移支付及企业间接税。企业转移支付及企业间接税虽然不是生产要素创造的收入，但要通过产品价格转嫁给购买者，故应该视为收入。企业转移支付包括对非营利组织的社会慈善捐款和消费者呆账，企业间接税包括货物税或销售税、周转税等。

（5）资本折旧。资本折旧虽不是生产要素收入，但包括在总投资中，应该计入国内生产总值。

把上述五个部分加起来，就得到用收入法计算国内生产总值的公式：

$$GDP = 工资 + 利息 + 利润 + 租金 + 间接税和企业转移支付 + 折旧$$

三、生产法

生产法是指按提供物质产品与劳务的各个部门的产值来计算国内生产总值。生产法又叫部门法。这种计算方法反映了国内生产总值的来源。运用这种方法进行计算时，各生产部门要把使用的中间产品的产值扣除，只计算所增加的价值。商业和服务等部门也按增值法计算。卫生、教育、行政、家庭服务等部门无法计算其增值，就按工资收入来计算其服务的价值。

我国目前的生产部门或行业分类为：农林牧渔业；采矿业；制造业；电力、热力、燃气及水生产和供应业；建筑业；批发和零售业；交通运输、仓储和邮电业；住宿和餐饮业；信息传输、软件和信息技术服务业；金融业；房地产业等 20 类行业。把以上部门生产的国内生产总值加总，再与国外要素净收入相加，考虑统计误差项，就可以得到用生产法计算的

GDP 了。中国 2022 年按生产法统计的 GDP 情况如表 9-3 所示。

表 9-3 中国 2022 年按生产法统计的 GDP 情况

行业	单位（亿人民币）
农林牧渔业	92 582
工业	401 644
建筑业	83 383
批发和零售业	114 518
交通运输、仓储和邮政业	49 674
住宿和餐饮业	17 855
金融业	96 811
房地产业	73 821
信息传输、软件和信息技术服务业	47 934
租赁和商务服务业	39 153
其它行业	192 831
国内生产总值	1 210 207

资料来源：国家统计局网站。

即问即答

一个农民以 3 元的价格把小麦卖给面点企业。该企业用小麦制成面包，以 8 元的价格出售。请思考这些交易对 GDP 的贡献为多少。

从理论上说，按支出法、收入法与生产法计算的 GDP 在量上是相等的，但实际核算中常有误差，因而要加上一个统计误差项来进行调整，使其达到一致。实际统计中，一般以国民经济核算体系的支出法为基本方法，即以支出法所计算出的国内生产总值为标准。

任务三 了解国民收入核算中的恒等关系

从理论上看，用支出法和收入法所计算出的国内生产总值应该是一致的，即总支出 = 总收入。其中，总支出代表了社会对最终产品的总需求，而总收入和总产量代表了社会对最终产品的总供给。因此，从国内生产总值的核算方法中又可以得出这样一个恒等式：投资 = 储蓄。

这个等式在经济学中十分重要，我们先从两部门经济入手研究国民经济中的恒等关系，然后由简入繁，再来研究三部门经济与四部门经济的情况。为了便于分析问题，我们假定不考虑折旧、间接税与企业转移支付。此时，GDP = NDP = NI。

一、两部门经济收入流量循环模型及恒等关系

所谓两部门经济是指假设只有私人企业和家庭这两种经济单位所组成的经济社会，没有政府，也没有对外贸易，是一种最简单的经济结构。

两部门经济收入流量循环如图 9-1 所示。箭头所指方向为货币的循环方向，家庭向企业提供各种生产要素，同时从企业那里得到相应的货币收入；家庭向企业购买消费品，相应的用于消费的货币支出流向企业；如果家庭不把所有的收入都用于消费，那么就会发生储蓄。这些储蓄流入金融市场，又构成了企业投资资金的来源。

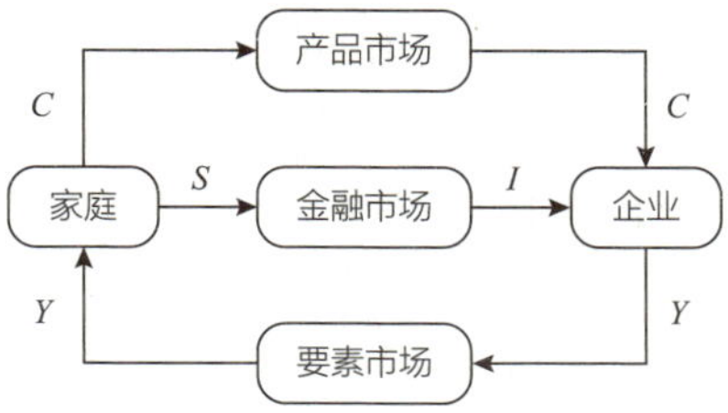

图 9-1　两部门经济收入流量循环

以上三方面的货币流动，形成一个完整的收入流量循环。这里用 Y 表示总产出，C 表示家庭的消费，S 表示家庭储蓄，用 I 表示企业投资。

从总需求或总支出的角度看，两部门经济中的 GDP 包括家庭对商品或劳务的消费需求以及企业的投资需求两部分，用支出法核算的 GDP 用公式表示为

总产出（Y）= 消费需求 + 投资需求 = 消费（C）+ 投资（I）

从总供给或收入的角度看，Y 就是指整个社会在某一时期所能提供的总产出，它反映的是生产者有多少货币流向家庭。因为最终产品与劳务是由各种生产要素生产出来的，并体现为生产要素所有者的收入，即形成了家庭的收入。家庭将这些收入分为消费与储蓄两部分，则由收入法核算的 GDP 用公式可以表示为

总产出（Y）= 要素收入总和 = 工资 + 利息 + 地租 + 利润 = 消费（C）+ 储蓄（S）

由于 $Y = C + I$，$Y = C + S$，所以 $C + I = C + S$，即 $I = S$。

公式表明，在两部门经济中，投资等于储蓄。

二、三部门经济收入流量循环模型及恒等关系

两部门经济讨论的是一种极其简化的社会形态，现实生活中不可能仅有上述两个部门。任何一个国家经济，都不能没有政府，否则社会将会陷入混乱状态。现在我们要讨论的是一个封闭的内部经济环境（不存在国际贸易）中，政府存在以后，三部门国民经济的循环会发生怎样的变化。

政府对国民经济流程的影响表现在两个方面：一方面，政府通过强制的、无偿的税收制度，将一部分国民收入集中起来，形成政府收入 T；另一方面，政府花费其货币收入，购买商品和服务，形成政府支出 G。三部门经济收入流量循环如图 9-2 所示。

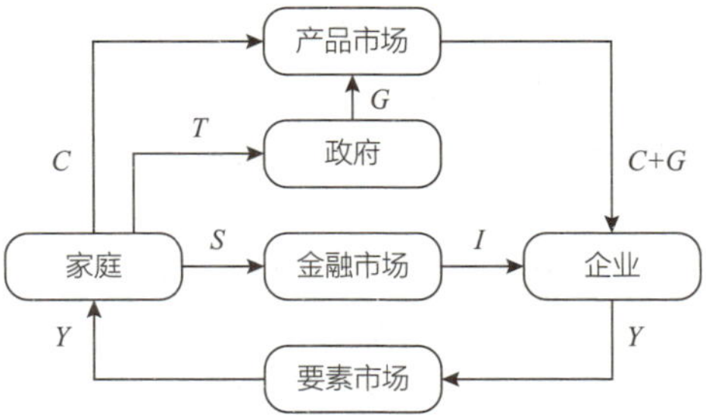

图 9-2　三部门经济收入流量循环

从总需求角度看，除了家庭的消费需求和企业的投资需求外，还有政府的需求。总需求用公式表示为

总产出（Y）= 消费需求 + 投资需求 + 政府需求 = $C + I + G$

从总供给或收入的角度看，除了家庭供给的各种生产要素之外，还有政府的供给。如果以 T 代表政府净收入（政府税收收入减去政府转移支付），那么从收入角度核算的 GDP 包括了消费、储蓄和政府净收入三部分，用公式表示为

$$总产出（Y）= 消费 + 储蓄 + 税收 = C + S + T$$

由于 $Y = C + I + G$，$Y = C + S + T$，所以 $C + I + G = C + S + T$，

即 $I + G = S + T$，$I = S + (T - G)$

这里，$(T + G)$ 可看作政府储蓄，当它是正值就表示政府存在预算盈余；是负值则表示政府出现预算赤字。这样，公式 $I = S + (T - G)$ 也可以表示储蓄（私人和政府储蓄的总和）和投资的恒等关系成立。

三、四部门经济收入流量循环模型及恒等关系

如果一国是开放经济，那么经济活动还应该考虑国际贸易对国内经济的影响。

四部门经济是指在三部门经济的基础上加上国外部门，即包括家庭、企业、政府部门和国外部门。在经济学中，我们把本国以外的所有国家和地区都看作是国外部门。为了简化问题，这里假定只存在对外贸易关系，对外贸易对国内经济的影响主要体现在进出口上。现在用 X 表示出口，M 表示进口，则四部门经济收入流量循环如图 9–3 所示。

四部门经济收入流量
循环模型及恒等式

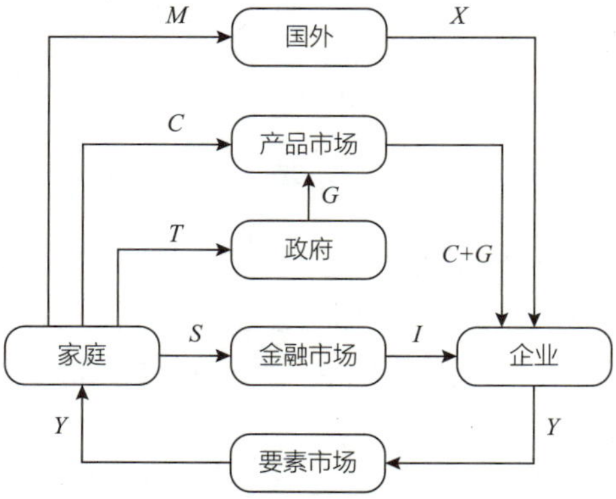

图 9–3　四部门经济收入流量循环

从总需求或总支出的角度看，国外部门的净出口是用出口减去进口体现的。其中出口代表国外部门对本国商品或劳务的需求，进口表示国内部门对国外部门商品或劳务的需求。所以，在四部门经济中，总需求不仅包括消费需求、投资需求与政府购买支出，而且还包括净出口。净出口等于 $X - M$，当 $X - M$ 大于零表示贸易顺差；$X - M$ 小于零表示贸易逆差。用公式表示为

$$总需求 = 消费 + 投资 + 政府购买 + 净出口 = Y = C + I + G + (X - M)$$

同时，收入并没有发生太大的变化，因为生产产品而获得的收入仍然掌握在家庭、企业和政府手中，那么

$$总收入 = 消费 + 储蓄 + 税收 = Y = C + S + T$$

所以有 $C + I + G + (X - M) = C + S + T$

两边同时消去 C，得到：$I + G + (X - M) = S + T$

可以简化为 $I = S + (T - G) + (M - X)$

这一等式是四部门经济中的储蓄－投资恒等式。因为 S 为居民私人储蓄，$(T-G)$ 为政府储蓄，而 $(M-X)$ 可看作国外在本国的储蓄，可见，总储蓄（私人、政府和国外）仍等于投资。

通过以上分析，我们可以看出不论是两部门经济、三部门经济还是四部门经济，储蓄和投资始终是相等的。但这里需要注意的是，在国民收入核算中，这种恒等关系是一种事后关系。因为核算中所涉及的消费、投资、进出口等各项活动均已在计算期内发生。所以从国民收入的会计角度看，事后的投资和储蓄总是相等的。然而，在实际的经济生活中，即在一年生产活动的过程期间，由于影响投资和储蓄的因素各异，导致二者并不完全相等，这也使得总需求和总供给出现不均衡，从而造成了宏观经济的短期波动，所以需要进行调节。从这个意义上讲，要进行宏观经济的调节，就需要分析国民收入的均衡条件，找出影响国民收入波动的因素。而投资和储蓄恒等关系所体现的正是总需求和总供给之间的均衡关系，也是均衡国民收入决定理论的出发点，这便是人们对投资和储蓄恒等关系研究的意义所在。

资料链接

国民幸福指数

国民幸福指数（gross national happiness，GNH）是 20 世纪 70 年代由南亚的不丹王国的国王提出的，他认为“政策应该关注幸福，并应以实现幸福为目标”，人生“基本的问题是如何在物质生活（包括科学技术的种种好处）和精神生活之间保持平衡”。在这种执政理念的指导下，不丹创造性地提出了由政府善治、经济增长、文化发展和环境保护组成的“国民幸福总值”指标。

追求 GNH 最大化是不丹政府至高无上的发展目标。为了环境保护不丹政府宁可牺牲旅游资源所提供的经济价值，采取有限的旅游政策，对旅游人数进行有效的限制，从而使环境得到保护。这种模式显示了强劲的后发优势，它一直保持较高的经济增长率，现在已经超过印度等其他国家，在南亚各国中是国民平均收入最高的国家。

类似 GNH 这样的尝试，在国际社会已经有多种，例如“绿色 GDP”、联合国人类发展指标、英国的“国内发展指数”（MDP，该指数扣除了为抵消社会和环境成本而耗费的开支，考虑了长期的环境损毁和自然资本贬值，肯定了为确保谨慎投资和贸易平衡所进行的一系列经济调整，反映了收入增加 1 英镑对穷人的意义要大于富人的事实，计入了家庭劳动的价值）等。这些指标的创设，反映出单一 GDP 指标的局限性，也昭示着人类自身的新需要。

联合国自 2012 年开始发布全球幸福指数排行榜，各国家和地区的幸福指数主要从三个指标进行考量，分别是生活水平（GDP，社会支持，对权利和自由的遵守）以及在 149 个国家和地区中的正面和负面情绪。2022 年联合国发布了《世界幸福报告（2021）》，该报告调查了全球 149 个国家和地区，从每个国家和地区的人均实际 GDP、社会支持、健康预期寿命、自由度等方面进行幸福指数综合评判。其中芬兰连续四年被评为世界最幸福的国家。2020 年以来，全球超过 1/3 的国家负面情绪明显上涨，但也有 22 个国家幸福感指数上升，例如，中国内地排行上升 10 位，位列全球幸福国家排行榜第 84 名。

资料来源：MBA 智库百科。

技能实训

实训名称：正确看待我国的经济增长

实训形式：

（1）分组：将全班同学分成若干组，每组选一名组长负责组织本小组完成项目。

（2）在组长的组织下，通过国家统计局网站查询我国改革开放以来的 GDP 增长率。

（3）将所查阅的数据绘制成折线图。

（4）通过网络或图书馆资料查找关于中国 GDP 的文章和专家观点。

（5）根据收集到的资料，形成自己对于我国 GDP 的认识和观点。

（6）组织各小组汇报和讨论，教师引导点评。

思考练习

一、单项选择题

1. GDP 核算中的劳务包括（　）。

A. 工人劳动

B. 农民劳动

C. 工程师劳动

D. 保险业服务

2. 下列产品中不属于中间产品的是（　）。

A. 某造船厂购进的钢材

B. 某造船厂购进的厂房

C. 某面包店购进的面粉

D. 某服装厂购进的棉布

3. 假设小汽车售价是 10 万元，轮胎是 2 000 元，橡胶是 800 元，那么最后的国民生产总值是（　）。

A. 10 万元

B. 10.2 万元

C. 10.28 万元

D. 11 万元

4. 国民收入的核算指标最主要的是（　）。

A. 国民消费指数和国内生产总值

B. 国民平均收入和国内生产总值

C. 国民生产总值和国民消费指数

D. 国民生产总值和国内生产总值

5.（　）不是转移支付。

A. 退伍军人的津贴

B. 失业救济金

C. 贫困家庭补贴

D. 支付给公务员的工资

6. 在国民收入核算体系中，计入 GDP 的政府支出是指（ ）。

A. 政府购买物品的支出

B. 政府购买物品和劳务的支出，不包括转移支付

C. 政府购买物品和劳务的支出加上政府的转移支付之和

D. 政府工作人员的薪金和政府转移支付

7.GNP 和 GDP 统计原则的区别是（ ）。

A. GNP 是按照国土原则，GDP 是按照国民原则

B. GNP 是按照本国国土居民原则，GDP 是按照国土原则

C. GNP 是按照国民原则，GDP 是按照国土原则

D. GNP 是按照本国国民原则，GDP 是按照本国国土所有居民原则

8. 个人可支配收入是（ ）。

A. PDI

B. PI

C. CPI

D. NI

9. 所谓净出口是指（ ）。

A. 出口减进口

B. 进口减出口

C. 出口加出口

D. GNP 减进口

10. 在四部门经济中，如果用支出法来衡量，GDP 等于（ ）。

A. 消费 + 投资

B. 消费 + 投资 + 政府支出

C. 消费 + 投资 + 政府支出 + 净出口

D. 消费 + 投资 + 净出口

11. 计入国民生产总值的是（ ）。

A. 家庭主妇的劳务折合成的收入

B. 出售股票的收入

C. 拍卖毕加索作品的收入

D. 为他人提供服务所得收入

12. 国内生产总值与国内生产净值之间的差别是（ ）。

A. 直接税

B. 折旧

C. 间接税

D. 净出口

13. 均衡经济状态中，储蓄和投资的关系应该是（ ）。

A. 大于

B. 小于

C. 等于

D. 不确定

14. 对 GDP 计算采用的收入法或支出法，(　　)。

A. 是用来衡量 GDP 的不同方面，因此彼此并不关联

B. 是衡量同一事物的两种不同方法

C. 如果 GDP 以实际价格衡量，两者相等；如果 GDP 按名义价格衡量，则两者不等

D. 与流量循环模型毫无关系

二、判断题

1. 宏观经济学以收入和就业为分析中心，故又可称为收入理论或就业理论。(　　)
2. GDP 被定义为经济社会在一定时期内运用生产要素所生产的全部产品的市场价值。(　　)
3. GDP 中扣除资本折旧，就可以得到 NDP。(　　)
4. 个人收入即为个人可支配收入，是人们可随意用来消费或储蓄的收入。(　　)
5. 三部门经济的投资储蓄恒等式为 $I = S + (T - G)$。(　　)
6. GDP 折算指数是实际 GDP 与名义 GDP 的比率。(　　)
7. 国民收入核算体系将 GDP 作为核算国民经济活动的核心指标。(　　)
8. 政府转移支付应计入国内生产总值 GDP 中。(　　)
9. 用收入法核算国内生产者总值时，资本折旧应计入 GDP 中。(　　)

三、技能训练题

1. 如果某一年份某国的最终消费为 8 000 亿美元，国内个人投资的总额为 5 000 亿美元（其中 500 亿美元为当年消耗的固定资产），政府税收为 3 000 亿美元（其中间接税为 2 000 亿美元，其他为个人所得税），政府支出为 3 000 亿美元（其中政府购买为 2 500 亿美元、政府转移支付为 500 亿美元），出口为 2 000 亿美元，进口为 1 500 亿美元。根据以上数据计算 GDP、NDP、NI、PI 与 PDI。

2. 假设国民生产总值是 5 000，个人可支配收入是 4 100，政府预算赤字是 200，消费是 800，贸易赤字是 100。试计算：(1) 储蓄；(2) 投资。

项目十

认知简单国民收入决定理论

目标导航

知识目标

（1）理解消费函数与储蓄函数；

（2）掌握平均消费、储蓄倾向和边际消费、储蓄倾向之间的关系；

（3）了解总需求及消费对均衡国民收入决定的含义；

（4）掌握乘数理论及投资乘数。

技能目标

（1）能够利用简单国民收入决定模型分析消费变动对国民收入变动的影响；

（2）会根据乘数理论解释政府刺激经济的政策。

素养目标

理性看待超前消费、信用消费现象，形成正确的消费观。

知识导图

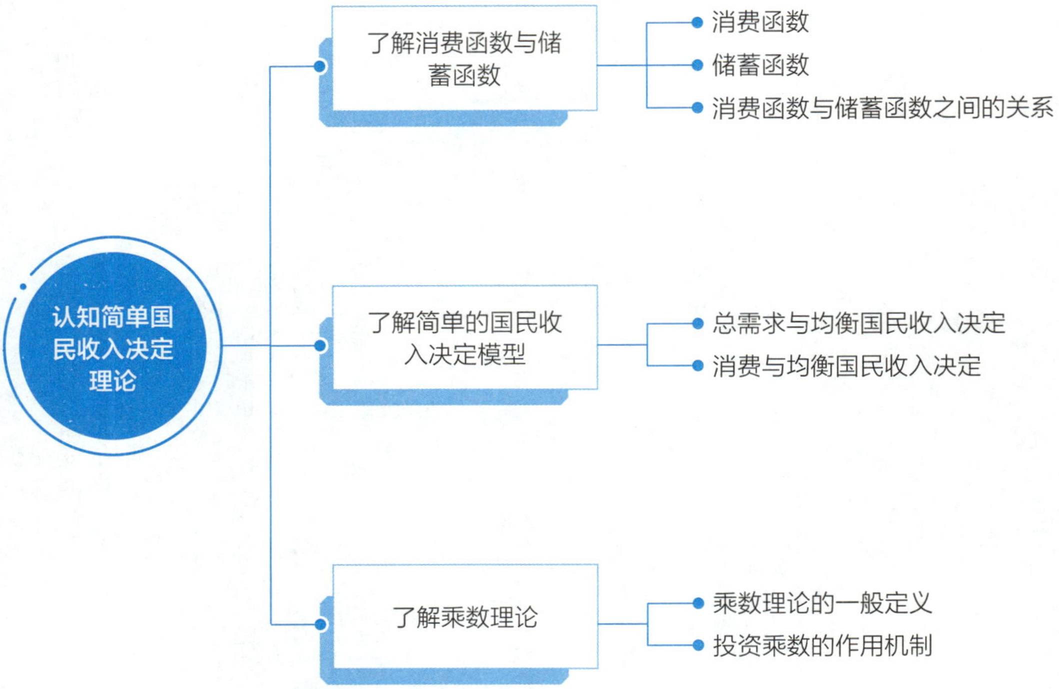

案例导入

宏观经济学之父凯恩斯在1936年发表的《就业、利息和货币通论》一书中，创立了现代宏观经济学的理论体系，实现了经济学演进中的第三次革命，在西方的经济学史上是具有划时代意义的事件。在该书中他创造性地提出了国民收入决定理论，使之成为宏观经济学的中心理论，而该理论的中心内容是有效需求原理。

凯恩斯的国民收入决定理论的产生具有重大的现实意义，它为政策制定者提供了刺激经济的工具。同时，国民收入决定理论作为宏观经济学的核心，它为分析各种宏观经济问题提供了一种重要的分析工具，即指明了宏观经济学中的失业、通货膨胀、经济周期和经济增长等问题均可以运用国民收入决定理论进行分析。因此，研究宏观经济学就必须从国民收入决定理论开始。

资料来源：本书编写组。

任务一 了解消费函数与储蓄函数

消费和储蓄是个人可支配收入的两个方面。消费是指个人或家庭购买商品和劳务的支出；储蓄则是个人可支配收入中未用于消费的那部分收入。在简单的国民收入决定理论中，假定总需求中的其他部分不变，仅考虑总需求中消费的变动对总需求的影响。这样就要先了解消费函数以及相关的储蓄函数。

一、消费函数

消费函数是指消费支出与决定消费的各种因素之间的依存关系。影响消费的因素很多，如商品价格、消费者偏好、收入水平、预期收入、消费环境等。但就宏观经济而言，居民消费数量主要由经济总收入即国民收入水平决定，所以，消费函数表示的是消费与收入之间的关系。

消费函数

我们用 $C=f(Y)$ 表示消费函数，则消费函数的表达式为

$$C=a+bY\ (a>0)$$

在这个函数中，我们可以看到，消费 C 是由两个部分组成：常数 a；常数 b 与 Y 的乘积。这里的 C 是消费金额，Y 为个人可支配收入。

常数 a 称为自发消费，即不随收入变化而变化的那一部分消费。对于每个消费者来说，这一部分是指为了生存而必须消费的部分。当人们没有收入时，为了维持生存，必须动用过去的储蓄，或向他人借贷等方式来保证基本的生活。所以 a 一定是一个大于 0 的常数。

bY 称为引致消费，是指随收入的变动而变化的那部分消费。一般来说，在其他条件不变的情况下，消费随收入的变动而呈现同方向的变动，即收入增加，消费增加；收入减少，消费减少。但消费与收入并不一定按同比例变动。

假定收入一定，消费的数量还取决于消费倾向的大小，消费倾向分为平均消费倾向和边际消费倾向。

平均消费倾向（APC）是指消费在收入中所占的比例。以 Y 表示可支配收入，C 表示消费，则

$$APC=\frac{C}{Y}$$

在正常情况下，人们为了满足基本生活需要总是要消费的，因此，一般认为平均消费倾向为正数，即 $APC>0$。

边际消费倾向（MPC）是指消费增量与个人可支配的收入增量之间的比例。以 ΔC 表示消费增量，以 ΔY 表示收入增量，则

$$MPC=\frac{\Delta C}{\Delta Y}$$

一般情况下，增加的收入不会都用来消费，也就是说增加的消费量总是小于增加的收入量，因此，$0<MPC<1$。

消费曲线如图 10-1 所示。横轴表示个人可支配收入 Y，纵轴表示消费 C。消费曲线 $C=a+bY$ 向右上方倾斜，表示随着收入增加，消费也增加。消费曲线与纵轴截距 a 表示收

入为零时自发消费支出。消费曲线与45°线相交于E点，E点是收支相抵点，收入完全用于消费。在E点的左边，消费大于收入，有负储蓄；在E点的右边，消费小于收入，有正储蓄。消费曲线$C = a + bY$的斜率b为边际消费倾向。

即问即答

一般来说，边际消费倾向的取值是多少？

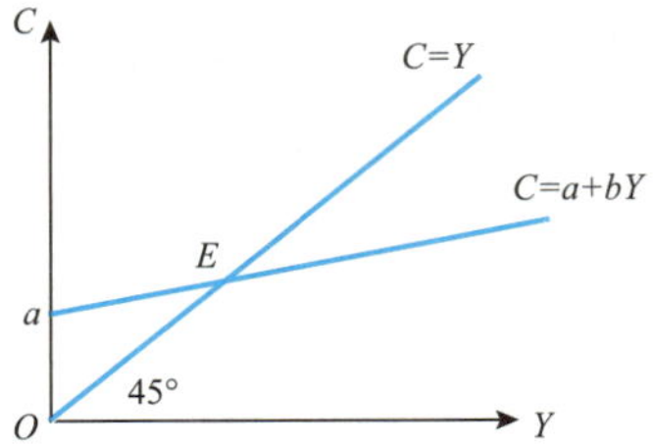

图 10-1　消费曲线

素养园地

消费水平与人民群众的生活质量息息相关，这是社会主义国家建设过程中高度重视的重要问题。在经济增长的部分，虽然以前的解决方案能够取得一定效果，但也产生一些负面影响，这就衍生出一系列新的解决措施。在考察这些解决措施的基础上，我们应当牢牢把握这个问题的初始探讨目标——提高居民福利。从这个角度来看，“不忘初心、牢记使命”是我们在学习过程中应当始终坚持的重要宗旨。

资料来源：《宏观经济学课程思政案例集》，2021年10月。

二、储蓄函数

储蓄函数

储蓄函数是指储蓄与决定储蓄大小的各种因素之间的依存关系。影响储蓄的因素很多，如收入、利率等。与消费函数一样，我们认为收入是最主要的因素，所以，储蓄函数主要反映收入与储蓄之间的依存关系。一般而言，在其他条件不变的情况下，储蓄随收入的变动而呈同方向变动。即收入增加，储蓄增加；收入减少，储蓄减少。储蓄函数的表达式为

$$S = f(Y)$$

由$S = Y - C = Y - (a + bY)$，得到储蓄函数$S = -a + (1 - b)Y$

其中S表示储蓄，Y为个人可支配收入。储蓄与收入的关系可以用平均储蓄倾向与边际储蓄倾向来说明。

平均储蓄倾向（APS）是指储蓄总量占收入总量的比例。用公式表示为

$$APS = \frac{S}{Y}$$

边际储蓄倾向（MPS）是指增加的储蓄与增加的收入之比。用公式表示为

$$MPS = \frac{\Delta S}{\Delta Y}$$

边际储蓄倾向MPS与边际消费倾向MPC类似，随着收入的增加储蓄也增加，即$0 < MPS < 1$；但与边际消费倾向不同的是，一般情况下，储蓄的增加速度快于收入的增加

速度，即 $\frac{\Delta S}{S} > \frac{\Delta Y}{Y}$，这就意味着，随着收入的增加，边际储蓄倾向是递增的。

储蓄曲线如图 10−2 所示。横轴代表收入，纵轴代表储蓄。S 与横轴相交于 E，此时储蓄为零，E 点为收支相抵点。在 E 点左边储蓄为负，在 E 点右边储蓄为正。S 与纵轴相交点的值 $-a$ 是自发储蓄，储蓄曲线 S 向右上方倾斜，表示储蓄与收入同方向变动。储蓄曲线 S 斜率（$1-b$）是边际储蓄倾向，即每增加一单位收入相应的储蓄增加量。

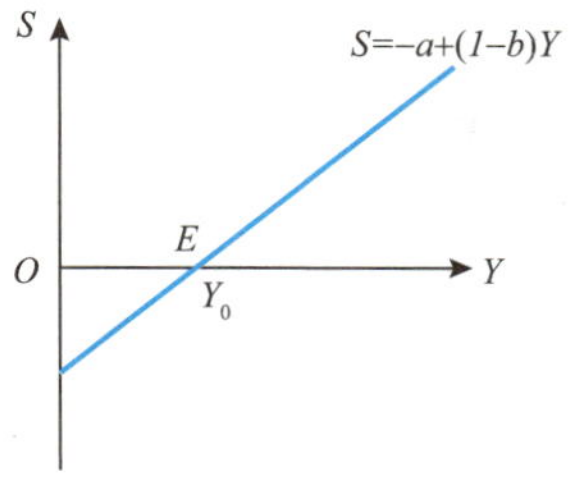

图 10−2 储蓄曲线

三、消费函数与储蓄函数之间的关系

全部收入分为消费与储蓄，全部收入增量可以分为消费增量与储蓄增量，所以平均消费倾向与平均储蓄倾向之和等于 1，边际消费倾向与边际储蓄倾向之和等于 1。

即 $Y = C + S$，$\Delta Y = \Delta C + \Delta S$

则

$$APC + APS = \frac{C}{Y} + \frac{S}{Y} = 1$$

$$MPC + MPS = \frac{\Delta C}{\Delta Y} + \frac{\Delta S}{\Delta Y} = 1$$

任务二 了解简单的国民收入决定模型

简单的国民收入决定模型是指在价格水平既定、利息率既定和投资水平既定的条件下，分析总需求决定国民收入水平的模型。在简单的国民收入决定理论中，我们假定总需求中的其他部分不变，仅考虑总需求中消费的变动对总需求的影响。

资料链接

简单国民收入模型的假设条件

简单国民收入决定模型有三个重要的基本假设：第一，潜在的国民收入水平不变。也就是说经济中的生产能力是不变的，意味着所拥有的生产要素不变，同时技术水平也是不变的，不涉及长期中的经济增长问题。第二，各种生产资源没有得到充分利用。所以总供给总能够适应总需求而无限扩大，也就是说假设总供给对国民收入没有影响。

第三，价格水平不发生变化。即不考虑价格水平的变动及其对国民收入水平的影响。

以上假设就使得不论总需求是多少，社会总能够以不变的价格提供相应的总供给，意味着社会总需求变动时，只会引起产量变动，而不会引起价格变动。这在西方经济学中有时被称为凯恩斯定律。由于凯恩斯在写《就业、利息和货币通论》时，面对的是20世纪30年代的大萧条，工人大批失业，资源大量闲置，社会需求增加时，只会使闲置的资源得到利用，使生产增加，而不会使产品价格上升，从而产品成本和价格保持不变，所以凯恩斯定律只适用于短期分析。简单的国民收入决定模型还有一个重要的假设：就是假设利率水平不变，即不考虑利率变化对国民收入的影响。此时，社会的投资水平是固定的。

资料来源：梁纪尧、赵燕飞《经济学基础》，北京理工大学出版社2012年8月。

一、总需求与均衡国民收入决定

总需求是整个社会对产品和劳务需求的总和。根据前面对经济循环运行的分析，我们容易理解总需求是来自家庭、企业、政府和国外四部门中的消费、投资、政府支出和出口这四个方面的需求。

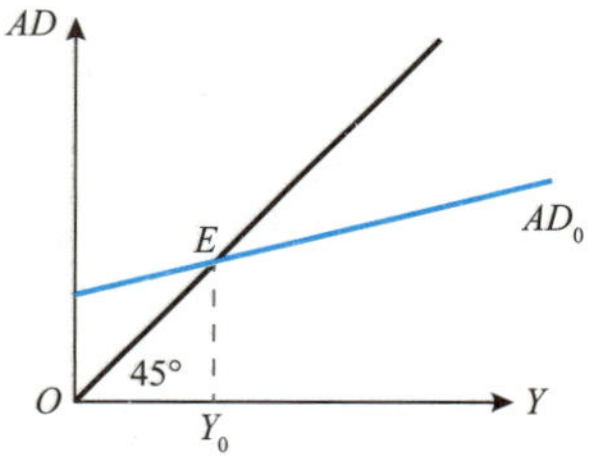

图 10-3　均衡的国民收入

由前面的假设得知，总需求和总供给决定了均衡国民收入。当我们不考虑总供给因素时，均衡的国民收入水平就是由总需求决定的。如图10-3所示。

在图10-3中，横轴Y代表国民收入，纵轴AD代表总需求。根据均衡国民收入的概念，在45°线上的任何一点所对应的国民收入Y是相应总需求AD下的均衡国民收入。假设AD_0代表总需求水平，当AD_0与45°线相交于E时，决定了均衡的国民收入水平为Y_0。这就说明了均衡国民收入水平是由总需求水平所决定的。

二、消费与均衡国民收入决定

消费与均衡国民收入的决定

为了进一步简化分析，我们假设不存在政府和出口，只有居民和企业，也就是消费行为和储蓄行为都发生在居民中，生产和投资行为都发生在企业部门，而且如前所述投资水平还是固定的。这样实际上我们只研究存在两部门时的国民收入决定。

由于总需求包括消费和投资，消费又分为自发消费和引致消费，且假设投资不变，则总需求公式变为

$$AD = C + I = a + bY + I$$

当总需求曲线与45°线相交时得到均衡收入，即$AD = AS = Y$，其中AS为总供给。因此有$Y = a + bY + I$，可以解出均衡收入为

$$Y_0 = \frac{a+I}{1-b}$$

上式说明了简单国民收入决定模型中均衡国民收入 Y_0 的决定。

如果消费函数 $Y = 100 + 0.8Y$，投资 I 为 600，则均衡收入为

$$Y_0 = \frac{100+600}{1-0.8} = 3500$$

通过上面的分析我们知道，$Y = C + S$，$Y = C + I$，因此，$S = I$。由此可以得出，简单国民收入模型的前提是产品市场的均衡，即储蓄等于投资。

简单的国民收入决定模型可以用来反映在短期内消费的变化对国民收入水平的影响，如图 10-4 所示。

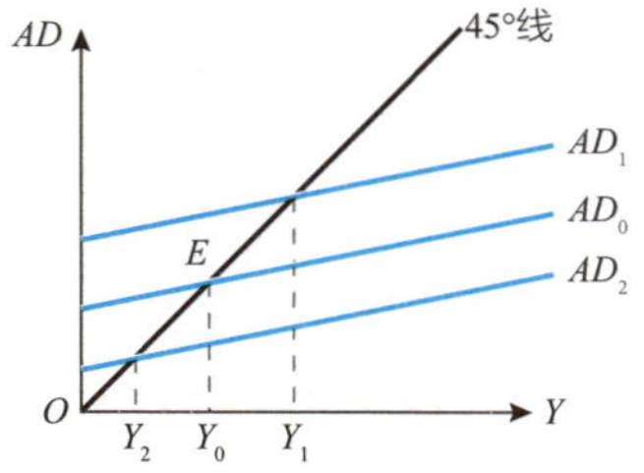

图 10-4　短期内消费对国民收入的影响

在图 10-4 中，当自发消费增加时，引致自发总需求 $(a + I)$ 增加，那么斜线 AD_0 将向上移动至 AD_1，此时对应的均衡国民收入增加为 Y_1；反之，当自发消费减少时，引致自发总需求减少，则斜线 AD_0 将向下移动至 AD_2，此时对应的均衡国民收入减少为 Y_2。可见，在短期内消费与国民收入水平呈同方向变化。

通过以上分析可以看出，除了消费增加，投资、政府购买、净出口增加，即总需求中任何一部分的增加都会使国民收入增加。根据上述总需求与国民收入变动的关系，还可以进一步研究储蓄与国民收入变动的关系。在既定的收入中，消费与储蓄是呈反方向变动的。即消费增加，储蓄减少；消费减少，储蓄增加。消费是总需求的一个重要组成部分，储蓄增加使消费减少，总需求减少，从而国民收入减少；反之，储蓄减少使消费增加，总需求增加，从而国民收入增加。因此，储蓄的变动会引起国民收入反方向变动。

即问即答

如果与可支配收入无关的消费为 500 亿元，投资为 300 亿元，边际消费倾向为 0.2，那么，在两部门经济中，均衡国民收入水平为多少亿元？

资料链接

从《蜜蜂的寓言》看“节俭悖论”

18 世纪，荷兰的曼德维尔博士在《蜜蜂的寓言》一书中讲过一个有趣的故事。一群蜜蜂为了追求豪华的生活，大肆挥霍，结果这个蜂群很快兴旺发达起来。后来一个哲人教导它们说，不能如此挥霍浪费，应该厉行节约。蜜蜂们听了哲人的话，觉得很有道理，于是改变了习惯，放弃了奢侈的生活，崇尚节俭，结果却导致了整个蜜蜂社会的衰败。

蜜蜂的故事说的是“节俭的逻辑”，在经济学上叫“节俭悖论”。众所周知，节俭是一种美德，既然是美德，为什么还会产生这个悖论呢？

宏观经济学的创始人凯恩斯对此给出了让人们信服的经济学解释。他认为从微观上分析，某个家庭勤俭持家，减少浪费，增加储蓄，往往可以致富；但从宏观上分析，节俭对于经济增长并没有什么好处：公众节俭→社会总消费支出下降→社会商品总销量下降→厂商生产规模缩小，失业人口上升→国民收入下降、居民个人可支配收入下降→社会总消费支出下降……。1931 年 1 月他在广播中断言，节俭将促成贫困的“恶性循

环”，他还说“如果你们储蓄5先令，将会使一个人失业一天”。凯恩斯的解释后来发展成为凯恩斯定理，即需求会创造自己的供给。一个国家在一定条件下，可以通过刺激消费、拉动总需求来达到促进经济发展和提高国民收入的目的。

“节俭悖论”的产生是有其特定的时空条件的，只有在大量资源闲置、商品供过于求、社会有效需求不足或存在严重失业时，才有可能出现这种悖论。1929年发生的资本主义世界经济大危机及后来各国挽救经济所采取的措施验证了“节俭悖论”和凯恩斯定理。但到20世纪70代末80年代初，凯恩斯主义面对滞涨局面失效了。有人称凯恩斯主义是“萧条经济学”，意指经济萧条时采取扩大需求拉动经济才有效。

因此，我们必须要科学地看待“节俭悖论”。现实经济并非保持静态不变，而是一个动态过程。从长期、动态的角度来看，人们会将节约下来的钱，用于投资，以增加生产能力，从而使经济趋向更加繁荣。相反，若只图眼前繁荣，大肆挥霍浪费，则会影响未来经济发展，甚至导致经济停滞和崩溃。正是在这个意义上，人们才强调节约，反对奢侈浪费。

资料来源：《经济学基础》，唐树伶，高等教育出版社，2019年。

任务三 了解乘数理论

1931年，英国经济学家卡恩在《经济学杂志》上发表的《国内投资与失业关系》一文中首先提出了乘数，它是“用来估计投资净增量与由此引起的总就业量之间的实际数量关系”。卡恩的乘数是就业乘数，即净投资所引起的全社会就业总量与净投资直接引起的最初就业量的比。凯恩斯在《就业、利息和货币通论》中论述收入与总投资之间关系时提出的投资乘数概念，是指投资增加与国民收入增加的比例关系，表明投资也会引起国民收入成倍地变动。

一、乘数理论的一般定义

乘数理论也称为倍数原理。简单地说，所谓乘数，就是指自发总需求（包括消费、投资和政府支出）的增加所引起的国民收入增加的倍数，或者说是均衡国民收入的变化量与引起这一变动的变量的变化量之间的比率。

在宏观经济学中，乘数有广义上和狭义上两种含义。广义上指引起均衡国民收入成倍数变动的投资、政府支出、税收和出口额等因数对应的乘数，如投资乘数、财政支出乘数、税收乘数、外贸乘数和货币创造乘数等。

狭义上的乘数特指投资乘数，即在一定的边际消费倾向条件下，投资的增加（或减少）可导致国民收入若干倍的增加（或减少），收入增量与投资增量之比即为投资乘数。假设一个国家增加一笔投资，以 ΔI 来表示，由此引起的国民收入的增加量以 ΔY 来表示，则 $\Delta Y = K\Delta I$，即当增加一笔投资时，由此所引起的国民收入的增加量并不仅限于该投资的增加量，而是其若干倍，其中 K 即是投资乘数。

二、投资乘数的作用机制

下面来分析投资为什么能够促使国民收入成倍的增长？其作用机制是什么？与哪些因素有关系？

投资乘数的作用机制

假设两部门经济中家庭的边际消费倾向系数 b 为 0.8，则边际储蓄倾向系数为（$1-b$）= 0.2，也就是说在家庭新增加的收入中，有 80% 用于消费，20% 用于储蓄。现有某企业增加 100 亿元人民币投资，新建一个厂房，我们来计算一下国民收入增加多少。根据两部门经济中均衡收入公式

$$Y_0=\frac{a+I}{1-b}$$

那么

$$\Delta Y=\frac{a+I+100}{1-b}-\frac{a+I}{1-b}=\frac{100}{1-0.8}=500$$

投资增加 100 亿元人民币，国民收入增加了 500 亿元人民币，增加的收入是增加投资的 5 倍，投资乘数为 5。为什么收入增加 5 倍？

我们进一步分析，因为增加的 100 亿投资，是用来购买生产所用的劳动、资本、土地、企业家才能等生产要素的，于是，100 亿就相应以工资、利息、地租、利润等形式成为要素所有者即居民的收入而流入到居民手中，社会收入就增加了 100 亿。居民收入增加了 100 亿后，因边际消费倾向系数 b 为 0.8，那么居民会有 80 亿的消费支出，则生产部门相应得到出售产品的 80 亿。生产部门用此 80 亿购买 80 亿的生产要素，80 亿又以工资、利息、地租、利润等形式又流回到居民手中，即社会收入增加了 80 亿。在边际消费倾向仍然是 0.8 的条件下，居民会有 64 亿的消费支出，生产部门就相应得到 64 亿，而生产部门又用此购买 64 亿的生产要素，64 亿便以工资、利息、地租、利润等形式流回到居民手中，社会收入因此而增加了 64 亿。在不变的 $b=0.8$ 条件下，居民消费会有 51.2 亿，生产部门得到 51.2 亿。生产部门再购买 51.2 亿的生产要素，51.2 亿以工资、利息、地租、利润等形式又流回到居民手中，社会收入再次增加，增加了 51.2 亿。这样的过程不断持续下去，投资、收入、消费就一轮一轮地增加，最终的社会收入会增加 500 亿元人民币。

$$\Delta Y=100+100\times0.8+100\times0.8^2+100\times0.8^3+\cdots+100\times0.8^n=100\times\frac{1}{1-0.8}$$
$$=100\times5=500$$

乘数可以用公式表示：

因为 $\Delta Y=K\Delta I$，$\Delta Y=\Delta C+\Delta I$，$\Delta Y=\Delta C+\Delta S$，

所以

$$K=\frac{\Delta Y}{\Delta I}=\frac{\Delta Y}{\Delta Y-\Delta C}=\frac{1}{1-\dfrac{\Delta C}{\Delta Y}}=\frac{1}{1-b}$$

即

$$K=\frac{1}{1-MPC}=\frac{1}{MPS}$$

从投资乘数公式中可以看出，乘数的大小同边际消费倾向呈正相关，边际消费倾向越

大，投资乘数越大；边际消费倾向越小，投资乘数越小。由于边际消费倾向与边际储蓄倾向之和恒等于1，所以，乘数同边际储蓄倾向呈负相关，边际储蓄倾向越大，投资乘数越小，边际储蓄倾向越小，投资乘数越大。

当然，投资乘数的作用是双重的，当投资减少时，所引起的国民收入的减少也要远大于投资的减少。如果上述例子中，投资减少100亿元人民币，将使国民收入减少500亿元。所以，经济学家形象地把乘数称为一把“双刃剑”。

国民经济各部门之间确实存在着乘数理论所反映的这种连锁反应，国民收入的增加也大于最初总需求的增加。但乘数理论发生作用是有条件的。

（1）经济中存在闲置资源。资源没有得到充分利用，即要有可供利用的劳动力和一定量的存货用于增加生产。否则，投资增加以及由此造成的消费支出增加，并不会引起生产增加，只会刺激物价上升。

（2）投资和储蓄的决定相互独立。若两者不独立，则乘数作用变小。因为投资增加会带动货币需求增加，从而使利率上升，而利率上升会鼓励储蓄，减少消费，从而部分抵消由于投资增加引起收入增加进而使消费增加的趋势。

即问即答

当边际消费倾向为0.6时，投资乘数为多少?

（3）货币供应量的增加适应支出增加的需要。若货币供给受到限制，则投资和消费支出增加时，货币需求的增加就得不到货币供给相应增加的支持，利率会上升，不但抑制消费，而且还抑制投资，使总需求降低。

（4）增加的收入不能用于购买进口物品，否则收入增加会受到限制。

资料链接

乘数理论不是万能定律，要辩证看待

美国东部时间2001年9月11日早晨8点40分，4架美国国内民航航班几乎同时被劫持，其中两架撞击了位于纽约曼哈顿的世界贸易中心，一架袭击了首都华盛顿美国国防部所在地五角大楼，而第四架被劫持的飞机在宾夕法尼亚州坠毁。这次事件是继第二次世界大战期间的珍珠港事件后，第二次对美国本土造成重大伤亡的袭击，是人类历史上迄今为止最严重的恐怖袭击事件。美国人民陷入了前所未有的恐慌之中。可是，这时候一些经济学家却跳出来发表了一番令人哭笑不得的言论，他们认为这次恐怖袭击对美国的宏观经济来说是大有好处的，甚至会为其带来契机。

他们的理由很简单，这次恐怖袭击令美国国会批准了400亿美元的紧急预算，这些钱会创造第一轮的需求和增收，大约一年内就会看到成效，并且，这一开支的增加将会继续创造下一轮的需求。这些经济学家们经过一番认真仔细的推算，认定在美国经济不景气的情况下，这400亿美元的开支，将会使得国民生产总值最终增加100亿美元，并且在这个经济不景气的时刻，财政开支的增加对美国而言反而是一剂强心针。

另外，还有一些经济学家根据乘数理论得出了与上述完全相反的结论。乘数理论既然可以放大好处，也可以放大坏处。损失的几栋大楼很值钱，里面的死伤人员都是各行各业的精英人士，其价值是无法估量的，因此这一恐怖袭击将会造成美国经济的节节败退，并最终进入恶性循环，一发不可收。

最终的事实是怎样的呢？事实证明，美国经济在“9.11”事件之后，没有突飞猛进，也没有一败涂地。上述的两种结论似乎都是不正确的。那么，是乘数理论出错了吗？当然不是。问题在于社会经济生活中，乘数理论并不仅仅在一件事当中发生作用，而是无数件。这些事件由于乘数理论而产生的影响之间，可能会相互抵消，也可能会相互促进，至于最终结果如何，谁也无法准确预料。这也就告诉我们，乘数理论是不能生搬硬套的，否则就会失之毫厘，谬以千里。

资料来源：知乎，2020 年 4 月 25 日。

技能实训

实训名称：调研大学生边际消费倾向

实训形式：

（1）分组：将全班同学分成若干调查小组，明确小组成员分工，各组在前期资料收集的基础上，明确调查目的。

（2）在组长的组织下，根据调查的目的设计合理有效的调查问卷。

（3）通过小程序等方式进行调查，调查结束后，整理调查问卷，检查调查问卷，并核实有效问卷。

（4）基于调查数据讨论大学生的消费特点、计算大学生的边际消费倾向。

（5）教师引导点评，组织各小组汇报和讨论。

思考练习

一、单项选择题

1. 消费总量与收入总量的比率称为（　）。

A. 边际消费倾向

B. 长期消费倾向

C. 平均消费倾向

D. 变动消费倾向

2. 边际消费倾向是（　）。

A. 消费与收入的比率

B. 消费与储蓄的比率

C. 增加的消费与收入的比率

D. 增加的消费与增加的收入的比率

3. 张三本月因工作努力获得一笔奖金，周末请同事一起聚餐，该支出属于（　）。

A. 自发消费

B. 引致消费

C. 平均消费

D. 边际消费

4. 消费函数的斜率取决于（　）。

A. APC

B. 与可支配收入无关的消费的总量

C. MPC

D. 由于收入变化而引起的投资的总量

5. 假定其他条件不变，厂商投资增加将引起（　）。

A. 消费水平下降，国民收入增加

B. 消费水平提高，国民收入增加

C. 消费水平不变，国民收入增加

D. 储蓄水平下降，国民收入增加

6. 假设边际储蓄倾向为 0.3，投资增加 60 亿元，可预期均衡的 GDP 增加（　）。

A. 20 亿元

B. 120 亿元

C. 180 亿元

D. 200 亿元

7. 对于宏观经济中影响消费的最重要的原因是（　）。

A. 消费者个人偏好

B. 消费者对未来收入的预期

C. 消费信贷及其利率

D. 居民个人或家庭的收入水平

8. 线性消费函数 $C = a + 0.6Y$ 中的 a 对于个人和家庭来说表示的是（　）。

A. 满足生活所必需的消费（自发性消费）

B. 奢侈品消费

C. 无关品消费

D. 投资消费

9. 线性消费函数中，边际消费倾向 b 的取值范围是（　）。

A. $b < 0$

B. $0 < b < 1$

C. $b > 1$

D. $b > 2$

10. 线性储蓄函数 $S = -a + (1 - b)Y$，中“$1 - b$”代表的是（　）。

A. 储蓄增长率

B. 储蓄降低率

C. 边际储蓄增长率

D. 边际储蓄倾向

11. 对于收入来说，储蓄函数与消费函数之间的关系是（　）。

A. 相反函数

B. 互补函数

C. 互余函数

D. 对称函数

12. 均衡经济状态中，储蓄和投资的关系应该是（　）。

A. 大于

B. 小于

C. 等于

D. 不确定

13. 下列公式正确的是（　）。

A. $APC + MPC = 1$

B. $APS + MPS = 1$

C. $MPC + MPS = 1$

D. $APC + APS < 1$

14. 存在闲置资源的条件下，投资增加将使国民收入（　）。

A. 增加，且收入的增加量等于投资的增加量

B. 减少，且收入的减少量等于投资的增加量

C. 增加，且收入的增加量多于投资的增加量

D. 减少，且收入的减少量多于投资的增加量

15. 已知广州地区的边际消费倾向为 0.8，如果政府想增加 2 000 亿元的国民收入，应该投资的金额是（　）元。

A. 200 亿

B. 400 亿

C. 600 亿

D. 1 000 亿

二、判断题

1. 均衡的国民收入一定等于充分就业的国民收入。（　）
2. 边际消费倾向与边际储蓄倾向之和等于 1。（　）
3. 自发消费随收入的变动而变动，它取决于收入和边际消费倾向。（　）
4. 乘数的大小取决于边际消费倾向。（　）
5. 边际消费倾向越高，乘数就越大。（　）
6. 在任何情况下，乘数理论都是适用的。（　）

三、技能训练题

1. 如果与可支配收入无关的消费为 300 亿元，投资为 400 亿元，边际储蓄倾向为 0.1，两部门经济的均衡国民收入为多少？

2. 社会原始收入 1 000 亿元，消费 800 亿元，当收入增加至 1 200 亿元时，消费增至 900 亿元，计算：

（1）APC、APS、MPC、MPS。

（2）当自发总需求增加 50 亿元时，国民收入会增加多少？

（3）如果自发总需求增加 80 亿元，国民收入增加 200 亿元，此时的乘数、MPS、MPC 是多少？

项目十一

感知宏观经济发展——失业与通货膨胀

目标导航

知识目标

（1）了解劳动力和劳动力参工率的含义；

（2）掌握失业的含义及失业率的计算；

（3）掌握自然失业率、失业的类型；

（4）了解失业的影响、奥肯定律和治理失业的措施；

（5）掌握通货膨胀的概念和常用的衡量指标；

（6）理解通货膨胀的类型、形成原因和经济效应；

（7）了解失业和通货膨胀之间的相互关系、菲利普斯曲线。

技能目标

（1）能够根据有关数据计算失业率和通货膨胀率；

（2）能够搜集有关国家或地区的失业率和通货膨胀率的相关数据，并根据所学的理论知识判断其就业状况和通货膨胀情况，并分析各国的经济政策。

素养目标

（1）关注我国经济的运行发展，理解各项经济制度；

（2）科学认识通货膨胀，坚定制度自信；

（3）理解日常生活中的经济现象，树立正确的价值观。

知识导图

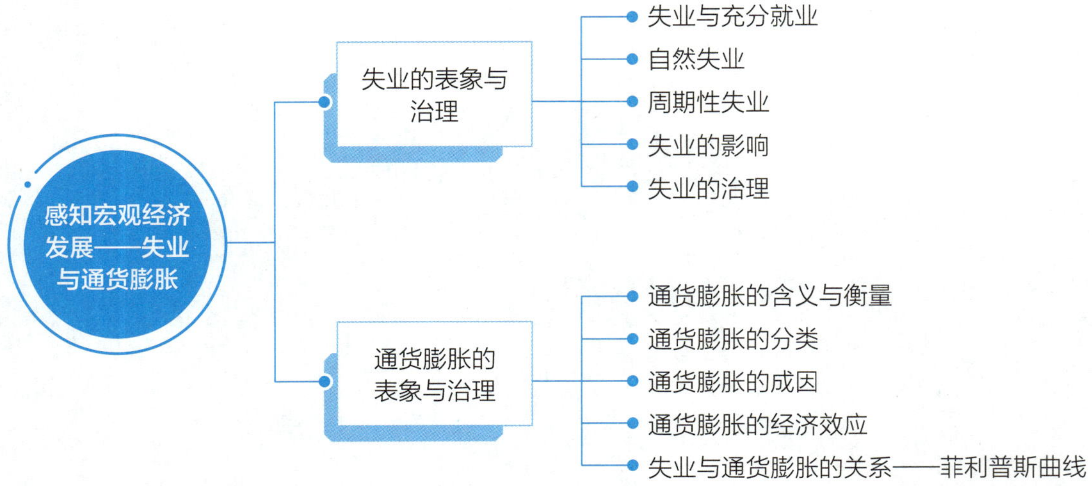

案例导入

2020 年 4 月 17 日，根据中国国家统计局公布的数据，一季度全国城镇新增就业人员 229 万人；3 月，全国城镇调查失业率为 5.9%，比 2 月下降 0.3 个百分点。其中 25～59 岁群体人口调查失业率为 5.4%，低于全国城镇调查失业率 0.5 个百分点，比 2 月下降 0.2 个百分点。31 个大城市城镇调查失业率为 5.7%，与 2 月持平。根据此前数据，2 月的全国城镇调查失业率为 6.2%，相较 1 月的 5.3% 提高了将近 1 个百分点，是自 2018 年使用城镇调查失业率指标取代原本城镇登记失业率指标以来的最高值。

可以注意到，稳就业、保障失业人员的生活成了当下减小失业率上升带来的影响的一体两面。国务院实施了 3 项新举措保障失业人员的生活：一是对领取失业保险金期满仍未就业且距法定退休年龄不足一年的参保失业人员，将发放失业保险金至其退休；二是对领取失业保险金期满仍未就业、不符合领取失业保险金条件的参保失业人员发放 6 个月的失业补助金；三是在 2020 年 3—6 月，对领取失业保险金和失业补助金的人员双倍发放价格临时补贴。

同年 3 月 18 日，国务院办公厅印发《关于应对新冠肺炎疫情影响强化稳就业举措的实施意见》，提出了不少新举措扶持企业：一是阶段性减免社保费，2 月为企业减免养老、失业、工伤 3 项单位缴费共 1 239 亿元；二是对不裁员或少裁员的中小微企业，失业保险费返还标准由原来的企业及其职工上年度缴纳的 50% 提高到最高 100%。除了新增失业人员，2020 年高校毕业生规模亦达到 874 万名的历史新高。上述文件便明确要求国有企事业单位、基层服务项目扩大招聘规模，加大对中小微企业招用高校毕业生的资金激励，拓展创业担保贷款政策的覆盖范围等，意欲吸纳这部分新增求职人口。

思考：我国政府应该采取哪些措施来扩大就业和治理失业？

资料来源：本书编写组。

在现代市场经济的运行中，总会出现两大难题——失业和通货膨胀。一般而言，当经济增长速度放慢或出现经济衰退时，失业问题会变得相对严重，而当经济扩张和增长过快时，通货膨胀问题会显得相对突出。那么如何解决这些问题呢？二者之间又有什么关系呢？

任务一　失业的表象与治理

一、失业与充分就业

（一）失业与失业率

通过成本理论的学习，我们知道劳动是最基本、最重要的生产要素。一国的国民收入中，很大一部分来自劳动的贡献，因此，对劳动必须加以充分利用。而劳动的实现方式之一就是就业。就业是指劳动力被运用于生产过程并获得相应收入的状态。与就业相对应的概念是失业，失业是指劳动者愿意接受现行工资水平和劳动条件却没有工作的状态。在劳动年龄范围内、愿意工作而没有工作并在寻找工作的人都是失业者。

世界上绝大多数国家把年龄介于 16 ～ 60 周岁的人口定义为劳动年龄人口。劳动年龄人口通常由劳动力人口和不存在劳动力人口构成，即

$$劳动年龄人口 = 劳动力人口 + 不存在劳动力人口$$

其中，不存在劳动力人口通常包括以下内容：现役军人；在校学生；家务劳动人员；退休及丧失劳动能力人员；监狱服刑人员；不愿工作人员。劳动力人口占总劳动年龄人口的比例被称为劳动力参工率，它反映了一个经济社会中愿意就业者在适龄人口中所占的比例。

$$劳动力参工率 = \frac{劳动力人口}{劳动年龄人口} \times 100\%$$

劳动力人口又是由就业人数与失业人数两部分组成，即劳动力人口 ＝ 就业人数 + 失业人数。关于失业人数的界定，国际劳工组织确定了三项标准：有劳动能力但没有找到工作；想要准备工作；正在寻找工作。失业率是指劳动力人口中没有工作而又在寻找工作的人所占的比例，即失业人数占劳动力人口的比例。失业率可用公式表示为

$$失业率 = \frac{失业人数}{劳动力人口} \times 100\%$$

世界上基本采用两种方法获得失业率的有关统计数据：一种是抽样调查法，如美国是通过对一定数量人口进行抽样调查来估算出失业率，并在每月第一个星期五发表上月的失业率估算数字。另一种是以政府登记为基础的行政登记法。如表 11-1 所示，该表是 2017—2021 年我国城镇登记失业人口和失业率情况。

表 11-1　2017—2021 年我国城镇登记失业人口和失业率

年份	城镇登记失业人口（万人）	城镇登记失业率 %
2017	972	3.9
2018	974	3.8

续表

年份	城镇登记失业人口（万人）	城镇登记失业率 %
2019	945	3.6
2020	1 160	4.2
2021	1 040	4.0

资料来源：国家统计局网站。

（二）充分就业与自然失业率

充分就业，也称作完全就业，是经济学中的一个假设，指的是除了正常的暂时不就业（比如工作转换等），所有的人都找到了合适的工作岗位。充分就业并非人人都有工作，从整个经济看来，任何时候都会有一些正在寻找工作的人，造成失业的原因（如劳动力的流动等）是难以避免的，劳动力市场也不可能总是十分完善的，这种失业的存在是必然的。充分就业与自然失业的存在并不矛盾，实现了充分就业时的失业率称为自然失业率。

自然失业率指充分就业下的失业率，是失业率围绕其波动的平均水平。自然失业率是一个不会造成通货膨胀的失业率，也是劳动市场处于供求稳定状态的失业率。所以，经济学家对自然失业率的定义，有时称作“充分就业状态下的失业率”，有时也称作“无加速通货膨胀下的失业率”。

自然失业率的高低取决于劳动力市场的完善程度、经济状况等各种因素。自然失业率由各国政府根据实际情况确定，各国在各个时期所确定的自然失业率都不同。从历史统计数据来看，自然失业率有不断上升的趋势。以美国为例，20 世纪 50—60 年代的自然失业率为 3.5% ～ 4.5%，即如果有 95.5% ～ 96.50% 的劳动力人口就业就是实现了充分就业。20 世纪 70 年代的自然失业率为 4.5% ～ 5.5%，即如果有 94.5% ～ 95.5% 的劳动力人口就业就是充分就业状态；20 世纪 80 年代的自然失业率为 5.5% ～ 6.5%，即如果有 93.5% ～ 94.5% 的劳动力人口就业就是充分就业状态。

素养园地

当人们失去工作机会时，家庭将会陷入生活水平下降和基本生存需要无法得到满足的艰难境地。对于这些失业者，以及陷入生活困境中的不幸者而言，政府提供的最低生活保障尤为重要。如何保证这些人的基本生活保障，这是社会主义国家不断探索的重要问题。

2019 年 4 月 16 日，习近平总书记在解决“两不愁三保障”突出问题的座谈会上强调，“到 2020 年，稳定实现农村贫困人口不愁吃、不愁穿，义务教育、基本医疗、住房安全有保障，是贫困人口脱贫的基本要求和核心指标。”进一步的阐释是：实现义务教育有保障主要是让贫困家庭义务教育阶段的孩子不失学辍学；实现基本医疗有保障主要是所有贫困人口都参加医疗保险制度，常见病、慢性病有地方看、看得起，得了大病、重病后基本生活过得去；住房安全有保障主要是让贫困人口不住危房。

资料来源：本书编写组。

二、自然失业

自然失业是指由于经济中某些难以避免的原因所引起的失业，在任何动态市场经济中，这种失业都是必然存在的。新古典经济学派把这类失业归为摩擦性失业和自愿失业。现代经济学家按引起失业的具体原因，把自然失业分成以下三种类型。

自然失业

（一）摩擦性失业

摩擦性失业是指在经济中由于正常的劳动力流动而引起的失业。由于人们在不同的地区、职业或生命周期的不同阶段，不停地变动工作而引起的失业。也就是说，在一个动态的经济中，总有一部分人自愿或被迫离开原来的地区或职业，从离开旧工作到找到新工作之间总有一段时间间隔，这就形成了摩擦性失业。例如，你本来在北京工作，但后来决定去广州发展。你可能不会一到广州就开始工作，而是需要等待一段时间才能找到新的工作，在这一段时间内，你就处于摩擦性失业状态；学生刚从学校毕业时需要时间寻找工作；母亲在生育孩子以后，可能又要重归劳动者队伍，也需要时间寻找合适的岗位。由于摩擦性失业的劳动力经常是在变换工作岗位，或者是正在寻找更好的工作，所以人们经常认为这是一种自愿失业，这从另一方面也反映出摩擦性失业是不可避免的，属于自然失业。

（二）结构性失业

结构性失业是指劳动力供给和需求不匹配造成的失业，其特点是既有失业，又有空缺职位，失业者或者没有合适的技能，或者居住地不当，因此无法填补现有的职位空缺。出现这种情况是因为随着经济结构的调整，对某种劳动力的需求增加，对另一种劳动力的需求减少。例如，在当前全球性低碳经济的浪潮下，一些高耗能、高污染的行业就会不景气，相应地裁减大量劳动者；而一些新兴的低耗能、低污染的行业也会对相应岗位的技术人才产生一定的需求，而这方面的人才培养需要一定的时间，在此期间就会产生劳动供给结构与需求结构的不对称。结构性失业在性质上是长期的，而且通常起源于劳动力的需求方。这种失业是由经济变化导致的，这些经济变化引起特定市场和区域中的特定类型劳动力的需求相对低于其供给。二十世纪七八十年代，结构性失业曾经是西方发达国家自然失业的主体。最近一二十年来，由于经济结构已完成了向知识型的转变，再加上政府注重对失业者和就业者的职业教育，使得结构性失业已大大降低。但是，发展中国家目前尚处在结构调整和产业结构升级的加速阶段，结构性失业的比重在上升。

（三）自愿性失业

自愿性失业是指劳动者不愿意接受现有工资水平而形成的失业。而非自愿失业则是指虽然接受现行工资水平（表现为积极寻找工作）但仍未受雇用的失业。自愿失业者在现行工资水平下可能更偏好休闲或其他活动而不去工作。有人指出自愿失业是因为西方社会对失业者的过度保护，社会保障和福利制度过于宽裕，使一部分失业者不急于接受那些待遇较差的工作，而宁愿选择失业，这种说法不无道理。因为高失业救济金让人们有更长的时间寻找工作，消除了紧迫感，这一点在欧洲表现得比较突出。除此之外，自愿性失业者，可能是正在寻找第一份工作的劳动者，还可能是希望得到高待遇的低技能者。

三、周期性失业

周期性失业是指经济周期波动所造成的失业，即经济周期中的衰退或萧条时，因总需求下降而导致的失业。这种失业与经济中周期性波动是一致的，在经济繁荣时周期性失业率下降，经济萧条时周期性失业率上升。在经济复苏和繁荣阶段，各厂商争先扩充生产，就业人数普遍增加。在经济衰退和谷底阶段，由于社会需求不足，前景暗淡，各厂商又纷纷压缩生产，大量裁减雇员，形成失业大军。所以，凯恩斯主义认为，周期性失业源于社会总需求不足，因此要减少这种失业，政府必须采用扩张性需求管理政策。

即问即答

以下情形属于哪种类型的失业？

1. 如果某人由于工作转换而失去工作。
2. 如果某人由于钢铁行业不景气而失业。
3. 如果某人由于经济萧条而形成的失业。

四、失业的影响

失业会产生诸多影响，一般而言，失业的影响可以分成两种：家庭影响和经济影响。

（一）失业对家庭的影响

失业对家庭的影响虽然难以估计和衡量，但它最易被人们感受到。失业威胁着作为社会单位和经济单位的家庭的稳定。失业者没有工作就没有收入或收入遭受损失，家庭的生活水平就会下降，家庭的要求和需要得不到满足，家庭关系将可能受到损害。西方有关的心理学研究表明，解雇造成的创伤不亚于亲友的去世或学业上的失败。此外，家庭之外的人际关系也可能会受到失业的严重影响。一个失业者在就业的人员当中可能失去自尊和影响力，面临着被同事拒绝的可能性，最终，失业者可能会在情感上受到严重打击。

（二）失业对经济的影响

当失业率上升时，经济中本可由失业工人生产出来的产品和劳务就损失了。衰退期间失业造成的产出和劳务的损失，就如同将众多的汽车、房屋、衣物和其他物品销毁掉了。从产出核算的角度看，失业者的收入总损失等于社会产出的损失，因此，损失的产量是计量周期性失业损失的主要尺度。20 世纪 60 年代，美国经济学家阿瑟·奥肯根据美国的数据，提出了经济周期中失业变动与产出变动的经验关系，该经验关系被称为奥肯定律。

（三）奥肯定律

奥肯定律的内容是：失业率每高于自然失业率一个百分点，实际 GDP 将低于潜在 GDP 两个百分点，换句话说，相对于潜在 GDP，实际 GDP 每下降两个百分点，失业率会比自然失业率上升一个百分点。

西方学者认为，奥肯定律揭示了产品市场与劳动市场之间极为重要的关系，它描述了实际 GDP 的短期变动与失业率变动之间的联系。根据这个定律，可以通过失业率的变动推测或估计 GDP 的变动，也可以通过 GDP 的变动预测失业率的变动。例如，实际失业率为 6%，高于 4% 的自然失业率 2 个百分点，则实际 GDP 将比潜在 GDP 低 4% 左右。

无论发达国家还是发展中国家，失业几乎是一切社会的经济现象，因此各个国家的政府也非常重视这个问题。2020 年以来，中国就业面临严峻形势。同时，高校毕业生人数从

2020届的874万人到2021届的909万人，再到2022届的1 076万人，屡创历史新高。目前，就业问题是我国政府宏观经济政策要解决的最主要问题之一。奥肯定律为我们解决就业问题提供了一个基本思路，即保持GDP的较快增长。经济较快增长一方面能迅速提高我国人民的生活水平，同时也能较大幅度地增加就业岗位，促进就业问题的解决。

五、失业的治理

（一）对摩擦性失业的治理

产生摩擦性失业的主要原因是：劳动力市场不断变动；信息不是很完备。在这两种条件的约束下，劳动力的流动就需要一定的时间，因而摩擦性失业就不可避免。根据摩擦性失业的这种情况，可以通过缩短选择工作的时间来减少摩擦性失业。例如，可以通过增设职业介绍所、青年就业服务机构和建立人才库网站，以更多的途径传播有关就业的信息等方法达到减少摩擦性失业的目的。

（二）对结构性失业的治理

经济增长的过程必然伴随着经济结构的变化，而经济结构的变化又会导致结构性失业。一般来说，有两种不同的方法减少结构性失业。一是试图阻止或减缓导致结构性失业的经济结构变化。几个世纪以来，许多国家的政府和工会通过阻止或减缓经济结构变化来减轻失业的威胁，从长远的利益看，这一举措是得不偿失的。二是接受伴随经济增长的经济结构变化并设计出使经济更适应这种变化的政策。结构性失业的主要原因是劳动力不能适应经济结构变化后的工作，故可通过对受结构性失业威胁的人进行教育培训的方法来解决这一问题。另外，可以帮助劳动力迁移，使劳动力很容易在不同的工作与地域之间流动，以此来减少结构性失业。

（三）对周期性失业的治理

周期性失业是“有效需求”不足所引起的。对于这种失业，按照凯恩斯的意见，只要国家积极干预经济，设法刺激“有效需求”，并以实现“充分就业”为目的，就能够实现充分就业。他提出的重要措施是：刺激私人投资，为个人消费的扩大创造条件；促进国家投资。现在人们一般认为，可以通过扩张性的财政政策或货币政策来刺激总需求，以消除由于总需求不足所造成的周期性失业。

素养园地

就业是最大的民生，大国就业是大民生。党和政府历来高度重视就业工作，将就业摆在“六稳”工作、“六保”任务之首。

党的二十大报告明确提出，一要实施就业优先战略，强化就业优先政策；二要健全就业公共服务体系，加强困难群体就业兜底帮扶，消除影响平等就业的不合理限制和就业歧视，使人人都有通过勤奋劳动实现自身发展的机会；三要统筹城乡就业政策体系，破除妨碍劳动力、人才流动的体制和政策弊端，消除影响平等就业的不合理限制和就业歧视，使人人都有通过勤奋劳动实现自身发展的机会；四要健全终身职业技能培训制度，推动解决结构性就业矛盾；五要完善促进创业带动就业的保障制度，支持和规范发展新就业形态；六要健全劳动法律法规，完善劳动关系协商协调机制，完善劳动者权益保障制度，加强灵活就业和新就业形态劳动者权益保障。

资料来源：《全面落实实施就业优先战略的各项重点任务》，人民日报，2022 年 12 月 30 日。

任务二 通货膨胀的表象与治理

一、通货膨胀的含义与衡量

（一）通货膨胀的含义

通货膨胀是指一般物价水平普遍和持续上升的现象。这个定义包含两层意思：第一，通货膨胀是指物价普遍上升，是价格总水平的上升，一种或几种产品或劳务价格上涨不是通货膨胀；第二，通货膨胀是指价格持续上涨，是价格总水平的持续上升，产品和劳务价格的一次性或暂时上涨不是通货膨胀。

通货膨胀是纸币发行条件下常见的一种社会经济现象，是纸币流通所特有的经济规律。货币主义经济学的代表人物米尔顿·弗里德曼有一句名言："通货膨胀无处不在，并且总是一种货币现象。"

资料链接

1921 年，德国的一份日报价格为 0.3 马克。不到两年的时间，即 1922 年 11 月，一份同样的报纸价格为 7 000 万马克。在此时的德国，其他所有物品的价格都以类似的程度上升。这个事件是历史上极为惊人的通货膨胀的例子。当时《伦敦每日邮报》的一位驻柏林记者，曾在一篇报道中这样写道："我感到惊讶，我发现今天火腿三明治是 24 000 马克一块，而昨天在同一咖啡馆里每块只花了 14 000 马克"。工资刚刚领到手，工人们就以百米冲刺的速度跑向商店，因为商店的物价随时都在上涨。有个家庭主妇装了满满一手推车的钱（仅仅够买一些食品）去购买食物。一个小偷趁她不注意，把一车钱倒在地上，推着车子飞快地跑了。

而德国通货膨胀并未"登峰造极"，到目前为止，通货膨胀的最高速度纪录是由国民党政府创造并保持。从 1937 年到 1949 年，物价水平的上升是德国当年的 900 倍。据说，有一个家庭从 20 世纪 30 年代初开始，每年存一大笔钱，用来作为孩子的教育基金。到了孩子 18 岁生日的时候，将全部存款取出来，正好够买一块生日蛋糕。那时的人们购买一盒火柴都要背着一麻袋钱。虽然上述案例已经成为历史，但通货膨胀一直是一个令人头疼的问题。

资料来源：12Reads。

（二）通货膨胀的衡量

经济学中用物价指数来表示一般价格水平，即表示各种商品和劳务交易价格总额的加权平均数。衡量通货膨胀率的价格指数一般有消费价格指数、生产价格指数和国内生产总值折算指数三种。

1. 消费价格指数

消费价格指数（consumer price index，CPI），又称生活费用指数、消费者物价指数或零售物价指数，是计算各个时期居民日常消费品的价格水平变动而得到的指标。这是与居民个人生活最为密切的物价指数，因为这个指标最能衡量居民货币的实际购买力水平。

$$消费价格指数=\frac{本期物价指数}{基期物价指数}\times 100\%$$

消费价格指数是世界各国普遍采用的一种指数，它可以用于分析市场价格的基本变化，是政府制定物价政策和工资政策的重要依据。例如，在过去 12 个月里，消费价格指数上升了 2.3%，这就表示当前的生活成本比 12 个月前平均上升了 2.3%。当生活成本提高时，货币价值则随之下降。也就是说，一年前收到的一张 100 元纸币，今天只可以买到价值 97.70 元的货品或服务。一般说来当 CPI 增幅大于 3% 时，就被称为通货膨胀；而当 CPI 增幅大于 5% 的时，就被称为严重的通货膨胀。

2. 生产价格指数

生产价格指数（producer price index，PPI），又称批发价格指数，是衡量各个时期生产者在生产过程中涉及的产品的价格水平的变动而得到的指数，通常这些产品包括半成品和原材料。

生产价格指数是根据企业所购买的商品价格变化状况编制，反映了包括原材料、中间商品及最终产品在内的各种商品批发价格的变动幅度，可以衡量各种商品在不同生产阶段的价格变化情形。

生产价格指数的优点是能够灵敏地反映企业生产成本的变化，且由于企业最终要把他们的生产经营费用以更高的消费价格的形式转嫁给消费者，所以，我们通常认为生产价格指数的变动对预测居民消费价格指数的变动是有用的。其缺点是没有将各种劳务价格包括在内。

3. 国内生产总值折算指数

国内生产总值折算指数，又称 GDP 平减指数，它是指国内生产总值按当年价格计算的价值与按固定价格（基年）计算的价格的比率。用公式表示为

$$\text{GDP}折算指数=\frac{现期\text{GDP}}{基期\text{GDP}}\times 100\%=\frac{名义\text{GDP}}{实际\text{GDP}}\times 100\%$$

GDP 折算指数可用来衡量通货膨胀率。如某国按当年价格计算的名义国内生产总值为 10 000 亿美元，而按基期价格计算的实际国内生产总值为 8 000 亿美元，GDP 折算指数 = 10 000 ÷ 8 000 × 100% = 125%，所以通货膨胀率 = 125% − 100% = 25%。

这三种指数都能反映出基本相同的通货膨胀率变动趋势，但由于各种指数所包括的范围不同，所以数值并不相同。在这三种指数中，消费价格指数与人民生活水平关系最密切，因此，一般都用消费价格指数来衡量通货膨胀。

二、通货膨胀的分类

（一）按价格上升的速度分类

通货膨胀的分类

按价格上升的速度大小可分为温和的通货膨胀、奔腾的通货膨胀、超级的通货膨胀。

温和的通货膨胀是指年通货膨胀率在 10% 以内。它的特点是价格上涨缓慢并且可以预测。许多国家都存在着这种通货膨胀。此时物价相对来讲比较稳定，人们对货币比较信任，乐于持有货币。许多经济学家认为这种温和而缓慢上升的价格对经济的增长有积极的刺激作用。

奔腾的通货膨胀是指年通货膨胀率在 10% 以上且在 100% 以内。这种急剧的通货膨胀局面一旦形成并稳固下来，就会出现严重的经济扭曲。在这种形势下，货币贬值非常迅速，人们尽量在手中保留最低限度的货币以应付日常交易。公众预期价格还会进一步上涨，进而会采取各种手段减少损失，这使通货膨胀更为加剧。

超级的通货膨胀，又称为恶性通货膨胀，是指年通货膨胀率超过 100%。发生这种通货膨胀时，价格持续猛涨，货币购买力急剧下降，人们对货币完全失去信任，以致货币体系和价格体系最后完全崩溃，甚至出现社会动乱。产生这种通货膨胀的原因是货币供给的过度增长。在恶性膨胀下，价格几乎完全失去了意义。如果不赶快去采购，那么手中的钞票很快就会变得一文不值。

（二）按对价格影响程度分类

按对不同商品价格影响程度的大小，可分为均衡的通货膨胀和非均衡的通货膨胀。

所谓均衡的通货膨胀，是指每种商品的价格都按同比例上升的通货膨胀。这些商品既包括一般商品和劳务，也包括生产要素，如工资、租金、利率等。它们价格的同比例上升，意味着相对价格保持不变。

非均衡的通货膨胀，即各类商品价格上升的比例并不完全相同。有的价格上涨幅度大，有的上涨幅度小。例如，我国 2019 年畜禽肉类价格上升幅度远高于其他食品的上升幅度，此时，商品的相对价格发生变动。非均衡的通货膨胀使生产不同商品的企业从价格上涨中获得不同的收益。

（三）按人们的预期程度分类

按人们对通货膨胀的预期可以分为未预料到的通货膨胀和预料到的通货膨胀。

未预料到的通货膨胀是指价格上升的速度超出人们的预料，或者说人们根本没有想到价格会上涨。由于经济变量的不确定性和信息的不完全性，人们很难事先准确预见到通货膨胀率的变化，从而未能采取相应的对策来保护自己的利益，往往只能做“事后诸葛亮”。例如，2019 年我国猪肉价格的突然上涨，引起了一系列相关商品价格的上涨，是人们始料不及的。

预料到的通货膨胀也叫做惯性通货膨胀，通常是建立在基期已经发生的通货膨胀基础上。例如，2020 年和 2021 年连续的通货膨胀率均为 3%，人们便会预计到，2022 年物价水平将以同一比例继续上升，这样人们的经济活动就会把 3% 的物价上涨率考虑进去。例如，借贷行为、租赁行为，以及劳动者的工资合同等，在这些行为的作用下，下一年度的通货膨胀率必然不能低于 3%。

资料链接

CPI 如何统计

CPI 是度量通货膨胀的最重要的指标，我们是如何统计的？假如一个经济体系中只存在两种商品——鸡蛋和猪肉，而且人们每年消费等量的两种商品。在 2004 年，猪肉的价格为每千克 12 元，鸡蛋的价格为每千克 5 元，那么不难算出这两种商品的平均价格是每千克 8.5 元。由于它们是仅有的两种商品，这个平均价格——每千克 8.5 元也反映了 2004 年的总体物价水平。过了 3 年，猪肉和鸡蛋价格变了。2007 年猪肉的价格涨到了每千克 20 元，鸡蛋的价格涨到了每千克 8 元。这一年两种商品的平均价格为每千克 14 元，即 2007 年总体物价水平为每千克 14 元。现在，我们来计算一下货币“膨胀”了多少。很简单，从 2004 年到 2007 年，平均价格上涨了每千克 5.5 元，除以 2004 年的平均价格每千克 8.5 元，再转为百分数，答案是 65%，我们称之为“通货膨胀率”。换而言之，以 2004 年作为基准，物价水平（或物价指数）为 100，那么 2007 年物价水平为 165，通货膨胀已达到了奔腾的通货膨胀程度。

我国的消费价格指数由国家统计局负责编制，全国按统一的调查方案开展消费价格调查。国家统计局在 31 个省区市设立调查总队，调查统计人员近 4 000 人，各队负责辖区各市县的价格调查，同时编制本省的消费价格指数。调查的商品按用途划分为 8 大类：即食品、烟酒及用品、衣着、家庭设备用品及维修服务、医疗保健及个人用品、交通和通信、娱乐教育文化用品及服务、居住。根据近 13 万户城乡居民家庭（城镇近 6 万户农村近 7 万户）的消费习惯，在这 8 大类中选择了 262 个基本分类。每个基本分类下设置一定数量的代表规格，目前有 600 种左右的商品和服务项目的代表规格，作为经常性调查项目。

2021 年调整后的调查分类目录大类保持不变，仍为 8 个大类，基本分类从 262 个增加至 268 个，在对部分消费项目删减、合并的基础上，增加了外卖、母婴护理服务、新能源小汽车、可穿戴智能设备、网约车费用等新兴商品和服务。

价格指数每五年为一个权数周期进行轮换，以第一年为基期编制，每年略作调整。公布时间一般月度在月后 13 日，季度、年度在月后 20 日。

资料来源：国家统计局网站。

三、通货膨胀的成因

通货膨胀的成因

不论何种类型的通货膨胀，其直接原因只有一个，即货币供应过多。用过多的货币供应量与既定的商品和劳务量相对应，必然导致货币贬值、物价上涨，出现通货膨胀。除此之外，通货膨胀的成因也多种多样。

（一）需求拉动的通货膨胀

微观经济学理论指出，市场对某种商品的需求增加超过该商品的供给就会引起商品价格上升。从宏观经济来看，需求拉动的通货膨胀是解释通货膨胀的较早、较重要的理论。它是指当经济体系中的总需求增加，以致超过总供给时所引起的一般物价水平的持续显著上涨。

它把引起通货膨胀的原因解释为“过多的货币追逐过少的商品”。我们知道总需求由消费需求、投资需求、政府需求和国外部门需求构成，因此，上述四个因素中的任何一个原因引起的总需求过度增加，都会引发需求拉动的通货膨胀。

（二）成本推进的通货膨胀

在20世纪50年代后期，许多西方国家在总产量下降的同时，一般价格水平却在上升。这种新的经济现象难以用需求拉动的通货膨胀来解释。于是，有些经济学家就提出了“成本推进的通货膨胀”这一学说，试图从供给的角度来说明通货膨胀的原因。成本推进的通货膨胀又被称为成本通货膨胀或供给通货膨胀，是指经济中不存在过度的需求，而是由生产成本提高所引起的通货膨胀。根据引起成本增加的原因，它又可分为工资推进的通货膨胀、利润推进的通货膨胀和进口成本推进的通货膨胀。

工资推进的通货膨胀是指由于劳动市场的不完全竞争或垄断造成的过高工资所导致的一般物价水平的上涨。在完全竞争的劳动力市场上，劳动力供求决定的工资不会引发通货膨胀；而在不完全竞争的劳动力市场上，由于强大的工会力量的存在，工资不再由劳动力的供求决定，而是由工会和雇主双方议价来决定工资。议价的工资往往高于竞争的工资，使工资的增长率快于生产的增长率，因此工资提高导致成本的增加，从而使一般物价水平上涨，价格上涨反过来又引起了工资的提高。这样，工资提高和价格上涨形成了螺旋式的上升运动，即工资－价格呈螺旋形上升。

利润推进的通货膨胀是指不完全竞争市场中的厂商利用市场垄断力量，谋取高额利润所导致的一般物价水平的上涨。不完全竞争市场的存在是利润推进通货膨胀形成的前提条件。在不完全竞争市场上，垄断企业和寡头企业为了追求更大的利润，凭借自己的垄断地位控制和操纵价格，把产品的价格定得很高，使价格上涨的速度大大超过成本增长的速度，导致了一般物价水平的上涨。

进口成本推进的通货膨胀是指由于进口商品价格上涨造成本国生产成本增加，进而导致的一般价格总水平的上涨。如果一个国家生产所需要的原材料和能源主要依赖于进口，那么，进口商品的价格上升就会传导至一般商品价格上升，形成通货膨胀。

（三）结构性通货膨胀

经济学家认为，在经济活动中，即使没有需求拉动和成本推进的情况下，仅仅因为经济结构因素的变动，也会导致一般物价水平的持续上涨，这就叫做结构性通货膨胀。由于生产水平发展的不平衡，伴随产业结构的调整，一部分行业逐渐兴旺发达，另一部分行业会日益衰落。当各个行业、各种工资结构成为刚性时，兴旺发达的这一部分行业由于劳动生产率提高而使工资上升，而日趋衰落的行业的工资由于工资刚性的存在，也会向前者看齐，这时就会导致结构性通货膨胀。

即问即答

1. 如果你的房东说：“工资、公用事业及别的费用都涨了，我也只能提你的房租。”这属于需求拉动还是成本推进的通货膨胀？

2. 如果某店主说：“可以提价，别愁卖不了，店门口排队争购的多着呢。”这又属于什么类型的通货膨胀？

四、通货膨胀的经济效应

通货膨胀的经济效应

尽管人们都担心通货膨胀，但事实上，一些人会在通货膨胀中受到损害，还有一些人会因通货膨胀得到好处。原因是，通货膨胀只要不是平衡的，都会使得商品和劳务的相对价格发生改变，从而影响人们的相对收入。通货膨胀的经济效应主要有三个方面。

（一）通货膨胀的收入分配效应

通货膨胀对固定工资阶层的影响。通货膨胀会冲击那些靠固定收入生活的群体，如领取固定合同工资的工人、教师、公务员；靠抚恤金生存的老人；领取固定退休金的退休人员等。当出现通货膨胀时，这些人员获得的货币工资没有变动，或者工资上涨的幅度小于物价上升的速度，那么他们收入的实际购买力就下降了。可见，固定工资阶层在通货膨胀中受到损害，而这种损害程度取决于工资调整的滞后期。如果工资合同调整较快，或者工资合同中规定有按价格变动自动上调的条款，那么领取工资者受到通货膨胀的损害就少；反之，受到损害就大。

（二）通货膨胀的财富分配效应

通货膨胀对财富分配的影响主要是由于人们所持有的资产与负债的种类有差别而造成的。如果物价急剧上升，那么对债务人来说就是一种意外收益。假如你为买一套房屋向银行借款 100 万元，每年偿还固定利率的按揭贷款额是 5 万元。倘若大幅度的通货膨胀突然将所有的价格和收入都翻了一番，虽然你需要偿还的贷款名义上还是每年 5 万元，但是你的贷款的实际成本却只有原来的一半了，即你只需要付出过去一半的实物来支付这 5 万元。这种大幅度的通货膨胀使你的负债实际金额减少了一半，从而增加了你的财产。若你是债权人，且持有固定利率的抵押贷款或长期债券作为资产，那么你的处境就会完全相反，价格突然上涨会使你变得比以前更穷，因为别人还给你的货币的实际价值比你原先借出时要小。

通货膨胀对再分配的作用主要通过影响人们手中财富的实际价值来实现。一般来说，不可预期的通货膨胀会将财富从债权人手中部分地转移给债务人，也就是说，通货膨胀往往有利于债务人而不利于债权人。如果通货膨胀率出现不可预期的下降，那么所产生的效应则正好相反。但在更多的时候，通货膨胀只是将收入和资产“搅和”在一起，随机地在全体居民中进行重新分配，而不是只冲击单个群体。

（三）通货膨胀对经济效率和总产出的影响

除了收入再分配，通货膨胀还在两个领域影响实际经济：经济效率和总产出。

1. 通货膨胀对经济效率的影响

通货膨胀之所以损害经济效率，是因为它会扭曲价格信号。在一个高通货膨胀的经济中，人们很难区分相对的价格变化与整体的价格变化。如果通货膨胀率高达每月 20% 或 30%，商店就会频繁地变动价格，以至于相对价格变得混乱无序，令人无所适从。企业为了适应高通货膨胀而经常地改变报价是要付出成本的，这种成本被称为菜单成本，例如，餐馆经常地印刷新菜单；超市更频繁地更换标价牌；出租汽车公司重新调制计价表等。

在通货膨胀时期，人们更愿意持有实际资产而减少货币持有量。他们频繁地进出银行，磨光了鞋底，浪费了宝贵的时间。这种来自为减少货币持有量所付出的成本被称为“通货膨胀的鞋底成本”。企业精心设计现金管理计划，实际资源仅仅用来适应不断变化的货币尺度，而不是用来进行生产，这自然会影响社会的经济效率。

通货膨胀的代价远不止于此。在一个价格水平急剧变动的世界里，人们生活很不方便。家庭面临的一个重要决策是把他们的收入作适当的划分，其中多大比例用于现在的消费，多大比例用于为退休而储蓄等，价格水平的大幅度变动使个人的金融计划变得十分复杂而难以正确制定。企业通过预期未来价格水平来确定产品价格和产量不但困难重重，而且决策成本也大大增加。更重要的是难以预测的通货膨胀会干扰这些决策，使得产量和工厂规模等指标偏离利润最大化的目标。这些社会成本虽难以准确衡量，但通货膨胀对经济效率的影响却无疑是非常明显的。

2. 通货膨胀对总产出的影响

除了影响微观经济和再分配，通货膨胀还会对宏观经济活动产生影响。在 20 世纪 70 年代以前，较高的通货膨胀率一直伴随着较高的就业和产出水平。在美国，当投资形势良好、工作机会很多的时候，通货膨胀率就趋于上升。在通货紧缩或通货膨胀率水平趋于降低的时期，则呈高度失业状态。如果进一步对历史资料作详细分析，则会发现一个有趣的事实：产出和通货膨胀之间的正相关关系似乎只是暂时的。长期来看，通货膨胀与产出的增长之间存在着一种倒 U 字形的关系。研究结果表明：低通货膨胀的国家的经济增长最为强劲，而高通货膨胀或通货紧缩国家的经济增长趋势则较为缓慢。

不论通货膨胀对产出和效率的短期影响或长期影响如何，有一点是毫无疑问的，当通货膨胀威胁来临时，政府总会采取有力措施来制止通货膨胀，例如，控制货币供给量的增长或提高利率，进而抑制实际产出的增加以及失业率的提高等。2022 年 3 月至 9 月，美国中央银行为遏制通货膨胀，连续加息 5 次，加息幅度达到 300 个基点。美国联邦储备系统（美联储）持续大力度加息，不仅可能导致美国经济放缓甚至衰退，也可能给世界经济前景带来明显的负面效应。

资料链接

2022 年美国遭遇了 40 年来最严重的通货膨胀。广受关注的通货膨胀指标——消费者价格指数（CPI）同比涨幅在 6 月达到 9.1% 的峰值后，一直保持在 7% 以上的高位，持续“高烧”的通货膨胀令经济承压。

为抑制通货膨胀，美国联邦储备委员会从 2022 年 3 月开始加息，并在 6 月启动缩减资产负债表规模计划。截至 2022 年 12 月 15 日，美联储已累计加息 425 个基点，联邦基金利率目标区间从年初的近零水平升到 4.25% 至 4.5% 之间。激进的货币紧缩政策令通货膨胀拐点初现，但距离美联储设定的长期目标仍相去甚远。与此同时，不少官员担心货币政策失灵，导致经济无法实现“软着陆”。市场对经济衰退的担忧也在加剧。

美国在 2020 年初，政府救济措施和央行释放的天量流动性“双管齐下”，让企业和家庭得以维持正常工作和生活。然而，这也对市场多年来的供需平衡造成了影响。到 2022 年 2 月，这一局面叠加俄乌局势带来的影响，加剧了市场供需失衡，导致大宗商品价格被大幅推高。

处于历史高位的食品价格，成为美国民众最为关切的问题。据美国农场局联合会的调查，2022 年 11 月，一打 A 级鸡蛋的平均售价较 2021 年同期上涨了逾一倍，1 磅冷冻豌豆上涨了 23%，1 加仑全脂牛奶上涨了 16%。除食品外，交通、住宿、取暖资源等必需品价格也较一年前飙升。美国能源信息署的数据显示，截至 2022 年夏季输送到发电厂的天然气平均价格为每百万英热单位 8.81 美元，而 2021 年这一价格仅为 3.93 美元。

根据盖洛普公司最新发布的调查结果，55% 的美国人认为物价上涨导致他们的家庭面临经济困难，这一比例在一年前为 45%。即使是“最不可能受到高物价负面影响”的高收入群体，也有 42% 的人感受到高物价带来的负担，大幅高于一年前的 28%。

对于低收入人群来说，通货膨胀带来的打击更大。金融和经济情报提供商穆迪分析的测算显示，当年 9 月，美国家庭平均需要多支付 445 美元才能购买到与一年前相同的商品和服务。薪资较少的家庭遭受的财务压力可见一斑。

美联储 2022 年 3 月启动了时隔三年多的首次加息。在此次货币政策例会后发表的声明中，美联储表示，希望通过适当收紧货币政策立场，将通货膨胀率拉回至 2% 的目标。此前，美国劳工部公布的 2 月 CPI 同比涨幅已高达 7.9%。

然而，此次加息后 CPI 继续上涨，3 月 CPI 同比涨幅达到 8.5%。5 月 4 日，美联储宣布加息 50 个基点，当时已是自 2000 年以来最大幅度的加息。此后各项数据显示，通货膨胀率上行压力仍未放缓。紧接着，美联储连续四次加息 75 个基点，其间，CPI 在 6 月达到 9.1% 的峰值。

2022 年通货膨胀的蔓延和持久超过了许多官员和经济学家的预期。在这种经济环境下，劳动力市场状况、通货膨胀、货币政策紧密地联系在一起。处在高利率、高通货膨胀率和高增长“不可能三角”中的美联储，既要抗通货膨胀、又要稳增长、还要防衰退。面对经济预期进入衰退之困，美联储的加息之路充满艰难抉择。

对此，鲍威尔在货币政策例会后多次强调，美联储的第一要务是恢复物价稳定，坚决致力于降低通货膨胀率。在 6 月的发布会上，他曾表示，即使迅速加息会增加经济衰退的风险，美联储也要这样做以避免经济出现更大的危险，那就是通货膨胀率上升的局面变得根深蒂固。11 月，面对有关激进加息的问题，他再次表示，相较于过度加息并引发经济衰退而言，更糟糕的一种情况是，通货膨胀重新抬头。

市场对激进加息则表现出担忧。美国股市三大指数 2022 年不断创出阶段新低，道指、纳指、标普 500 指数一度尽数跌入熊市。美国财经媒体 CNBC 援引摩根大通首席执行官杰米·戴蒙的观点说，美联储连续多次加息后，联邦基金利率最终将达到 5% 的水平，但该利率“可能仍不足以”抑制通货膨胀，同时还可能令经济陷入衰退。

资料来源：本书编写组。

五、失业与通货膨胀的关系——菲利普斯曲线

失业与通货膨胀是短期宏观经济中的两个不可分割的难题，具有相关性。当政府希望达到低通货膨胀率和低失业目标时，会发现二者之间往往存在冲突。例如，为了降低通货膨

胀率，政府实行紧缩性财政政策和货币政策，抑制社会总需求，结果企业因为政府的紧缩银根出现贷款困难，或者利率的上调增加了投资成本，使得企业生产萎缩，对劳动力的需求减少，失业率增加；同样，政府为了降低失业率，实施扩张性需求管理的话，随着社会总需求的扩大，物价水平就会上升。降低失业率、降低通货膨胀率，二者不可兼得令我们陷入了两难选择之中，能否有相对折中的办法来协调通货膨胀与失业的关系，下面将引入菲利普斯曲线来进行说明。

（一）菲利普斯曲线

1958 年，在英国伦敦经济学院工作的新西兰经济学家菲利普斯，通过整理英国 1861—1957 年间失业率和货币工资变动率的统计资料，发现货币工资增长率和失业率之间存在一种非线性的负相关关系，提出了一条用以表示失业率和货币工资增长率之间交替关系的曲线。这条曲线表明：当失业率较低时，货币工资增长率较高；反之，当失业率较高时，货币工资增长率较低，甚至是负数。菲利普斯曲线如图 11–1 所示。

1960 年，萨缪尔森和索洛（两位诺贝尔经济学奖获得者）发表文章《反通货膨胀政策的分析》，文中指出菲利普斯曲线所表示的货币工资变动率和失业率之间的关系是存在的，并进一步将其解释为失业与通货膨胀之间的关系。他们用通货膨胀率替换了货币工资增长率。其依据是：在成本推进的通货膨胀中，货币工资是成本的主要构成部分，因此货币工资的增长率可以用来表示通货膨胀率，这种失业率与货币工资增长率之间的关系，就可以改造为价格平均水平上涨率与失业率之间稳定的非线性反向变动关系。由于价格平均上涨率是衡量通货膨胀率的主要指标，这样菲利普斯曲线描述的那种关系便延伸为失业率与通货膨胀率的替代关系，即失业率高时，通货膨胀率就低；失业率低时，通货膨胀率就高。如图 11–2，横轴代表失业率，纵轴代表通货膨胀率，向右下方倾斜的曲线为菲利普斯曲线。

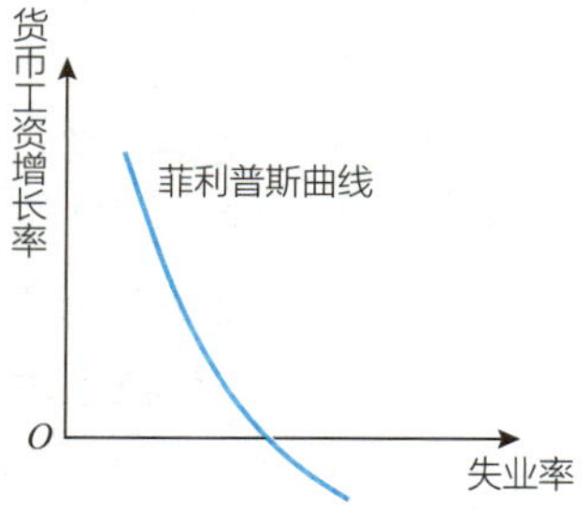

图 11–1　菲利普斯曲线 1

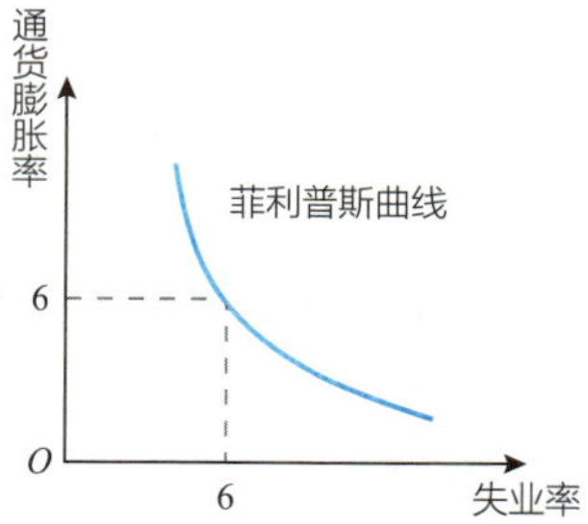

图 11–2　菲利普斯曲线 2

（二）菲利普斯曲线的政策含义

菲利普斯曲线被修正后，迅速成为西方宏观经济政策分析的基石。它表明，政策制定者可以选择不同的失业率和通货膨胀率的组合。例如，只要他们能够容忍高通货膨胀，他们就可以拥有低的失业率，或者他们可以通过高失业率来维持低通货膨胀率。换言之，在失业和通货膨胀之间存在着一种替换关系，即用一定的通货膨胀率的增加来换取一定的失业率的减少，或者，用后者的增加来减少前者。

具体而言，政府就需要确定社会公众对失业和通货膨胀的容忍程度或承受能力的界限，选择比较温和的失业率和通货膨胀率组合作为政府管理的目标，这个组合称为临界点，临界点对应的区间称为安全区。假如公众只能承受6%的通货膨胀率，只能容忍6%的失业率，则这组数据之内的区间为安全区（见图11–2）。当通货膨胀率超过6%时，政府就应采取紧缩性政策对通货膨胀加以抑制，这种抑制要以失业率的上升为代价；同理，如果失业率超过6%，政府则应采取扩张性政策促进经济增长、增加就业，这又会造成通货膨胀率上升。如何选择最优组合，取决于公众和政府，取决于决策者的社会价值判断标准。

（三）长期菲利普斯曲线

菲利普斯曲线所揭示的失业与通货膨胀的替换关系与美国20世纪60年代通货膨胀和失业的数据吻合得很好。但是20世纪70年代以来，简单的菲利普斯曲线与美国的实际情况相距甚远。20世纪60年代末70年代初，连年的扩张政策伴随着越战（越南战争，简称越战）升级，通货膨胀率飙升，可是失业率却反弹创出新高。到了70年代初，通货膨胀率达到6%，同时失业率回到了1962年6%的高水平。由于种种原因，从1973年开始，欧佩克开始操纵石油价格，美国的失业率和通货膨胀率都上升了。到1979年欧佩克第二次操纵价格时，美国的失业率超过了7%，通货膨胀率接近10%，滞胀出现了。滞胀指经济停滞，失业及通货膨胀同时持续高涨的经济现象。这一现象与菲利普斯曲线反映的高通货膨胀率和高失业率不可能并存的经验是相悖的。

按照货币主义学派和理性预期学派的经济学家的观点，在长期中，工人将根据实际发生的情况不断调整自己的预期，工人预期的通货膨胀率与实际的通货膨胀率迟早会一致，这时工人会要求改变名义工资，以使实际工资不变，从而较高的通货膨胀就不会起到减少失业的作用。两派（货币主义学派和理性预期学派）学者认为，在以失业率为横坐标，通货膨胀率为纵坐标的坐标系中，长期中的菲利普斯曲线，即长期菲利普斯曲线是一条垂直线，表明失业率与通货膨胀率之间不存在替换关系，如图11–3所示。而且，在长期中，经济社会能够实现充分就业，经济社会的失业率将处在自然失业率的水平。

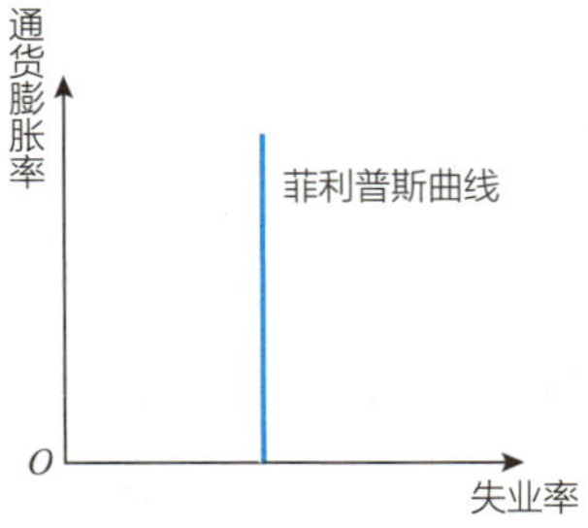

图11–3　长期菲利普斯曲线

长期菲利普斯曲线的政策含义是：长期内通货膨胀率与失业率的替换关系消失。政府长期运用扩张性政策不但不能降低失业率，还会使通货膨胀率不断上升。因此，只能采取促进长期经济增长的供给管理政策。

技能实训

实训名称：分析我国今年的通货膨胀的状况及影响

实训形式：

（1）分组：将全班同学分成若干组，每组选一名组长负责组织本小组完成项目。

（2）在组长的组织下，使用网上调研的方式查找数据和资料。

（3）各组进行统计分析，绘出 CPI 变化趋势图。

（4）与历史上通货膨胀较为明显的年份比较，分析某一年物价趋势是否正常，并总结近年来通货膨胀率变化的原因。

（5）结合生活感受和经济现实，分析通货膨胀的影响。

思考练习

一、单项选择题

1. 有劳动能力且愿意接受现行工资水平或工作条件但仍然找不到工作叫作（　　）。

A. 非自愿失业　　B. 劳动性失业

C. 摩擦性失业　　D. 阶级性失业

2. 具有劳动能力的人出于某些原因自愿放弃工作机会而造成的失业叫作（　　）。

A. 摩擦性失业　　B. 障碍失业

C. 有效失业　　D. 自愿失业

3. 有能力并且有意愿进行工作却没有工作机会而造成的失业叫作（　　）。

A. 非自愿失业　　B. 自愿失业

C. 摩擦性失业　　D. 结构失业

4. 由于经济萧条而形成的失业属于（　　）。

A. 摩擦性失业　　B. 结构性失业

C. 周期性失业　　D. 永久性失业

5. 某人由于彩电行业不景气而失去工作，这种失业属于（　　）。

A. 摩擦性失业　　B. 结构性失业

C. 周期性失业　　D. 永久性失业

6. 自然失业率（　　）。

A. 是经济处于潜在产出水平时的失业率

B. 依赖于价格水平

C. 恒为零

D. 是没有摩擦性失业时的失业率

7. 通货膨胀是在（　　）制度下发生的经济现象。

A. 金本位　　B. 信用货币

C. 虚拟货币　　D. 抵押货币

8. 按照价格上升速度，通货膨胀年物价水平上升速率在 6% ～ 10% 的是（ ）。

A. 温和的通货膨胀　　B. 严厉的通货膨胀

C. 奔腾的通货膨胀　　D. 恶性通货膨胀

9. 通货膨胀的原因有（ ）。

A. 需求拉动　　B. 成本拉动　　C. 结构失衡　　D. 以上都是

10. 奥肯定律说明（ ）。

A. 失业率增加 1%，现实国民收入减少 2%

B. 失业率增加 1%，现实国民收入增加 2%

C. 失业率减少 1%，现实国民收入减少 2%

D. 失业率减少 2%，现实国民收入增加 1%

11. 需求拉动的通货膨胀（ ）。

A. 通常用于描述某种供给因素所引起的价格波动

B. 通常用于描述某种总需求的增长所引起的价格波动

C. 表示经济制度已调整过的预期通货膨胀率

D. 以上都不是

12. 假如经济发生了严重的通货膨胀，受害者将是（ ）。

A. 债权人　　B. 政府　　C. 债务人　　D. 雇主

13. 菲利普斯曲线说明（ ）。

A. 通货膨胀由过度需求引起

B. 通货膨胀导致失业

C. 通货膨胀与失业率之间呈现正相关

D. 通货膨胀与失业率之间呈现负相关

14. 根据菲利普斯曲线，降低失业率的办法是（ ）。

A. 减少货币供应量　　B. 增加货币供应量

C. 增加税收　　D. 减少政府购买

15. 如果导致通货膨胀的原因是货币过多而商品过少，那么，经济中存在的通货膨胀是（ ）。

A. 结构性的　　B. 需求拉动的

C. 成本推动的　　D. 隐蔽的

16. 垄断企业利用市场势力获取高利润所导致的通货膨胀，属于（ ）。

A. 经济结构变动推动型通货膨胀

B. 成本推动型通货膨胀

C. 需求拉动型通货膨胀

D. 供求混合型通货膨胀

17. 通货膨胀的收入分配效应是指（ ）。

A. 收入普遍上升　　B. 收入普遍下降

C. 收入结构变化　　D. 债权人收入上升

18. 充分就业的含义是指（ ）。

A. 人人都有工作，没有失业者

B. 消灭了周期性失业的就业状态

C. 消灭了结构性失业的失业状态

D. 消灭了摩擦性失业的失业状态

19. 根据奥肯定律，政府应当把（　）作为增加就业的主要途径。

A. 稳定物价　　B. 促进经济增长

C. 平衡国际收支　　D. 稳定经济秩序

20. 一个国家或地区在一定时期内全社会各类商品和服务价格变动状态的平均或综合，被称为（　）。

A. 货币供给量　　B. 价格总水平

C. 价格变动率　　D. 价格平均水平

二、判断题

1. 摩擦性失业是一种自然失业。（　）
2. 充分就业意味着失业率为零。（　）
3. 在一个国家里，自然失业率是一个固定不变的数值。（　）
4. 刺激消费支出和投资支出可以消除结构性失业。（　）
5. 某人在失业以后因就业信息不灵而暂时找不到工作，这种失业是自愿失业。（　）
6. 消费价格指数、批发物价指数和国民生产总值折算价格指数的变化方向和变化幅度是一致的。（　）
7. 没有预料到的通货膨胀有利于债务人，不利于债权人。（　）

三、技能训练题

1. 假设某经济体在某一时期内有 1.9 亿成年人，其中 1.2 亿人有工作，0.1 亿人在寻找工作，0.45 亿人没有工作但也没有在找工作。试求：

（1）劳动力人数；

（2）劳动参与率；

（3）失业率。

2. 假设统计部门选用 A、B、C 三种商品计算消费价格指数，所获数据如表所示。试计算 CPI。

品种	数量	基期价格 / 元	本期价格 / 元
A	2	1.00	1.50
B	1	3.00	4.00
C	3	2.00	4.00

项目十二

关注宏观调控政策

目标导航

知识目标

（1）理解宏观经济政策的含义和目标；

（2）掌握主要的财政政策工具及其效果；

（3）掌握主要的货币政策工具及其效果；

（4）掌握财政政策和货币政策的混合使用及其效应。

技能目标

（1）能结合社会经济的实际情况，判断一国实施现行宏观经济政策的缘由；

（2）能够根据现有的经济发展趋势和影响经济发展的因素，判断一国现行宏观经济政策的内容和预期目标；

（3）能够分析判断一国现行宏观经济政策的实施效果。

素养目标

（1）关心社会问题和国家发展，通过宏观经济政策的理论依据，能够承担社会经济发展中的责任；

（2）树立正确的货币观，反对拜金主义；

（3）认识规律、尊重规律；

（4）理解大力发展实体经济是我国建设现代化经济体系的重要任务。

知识导图

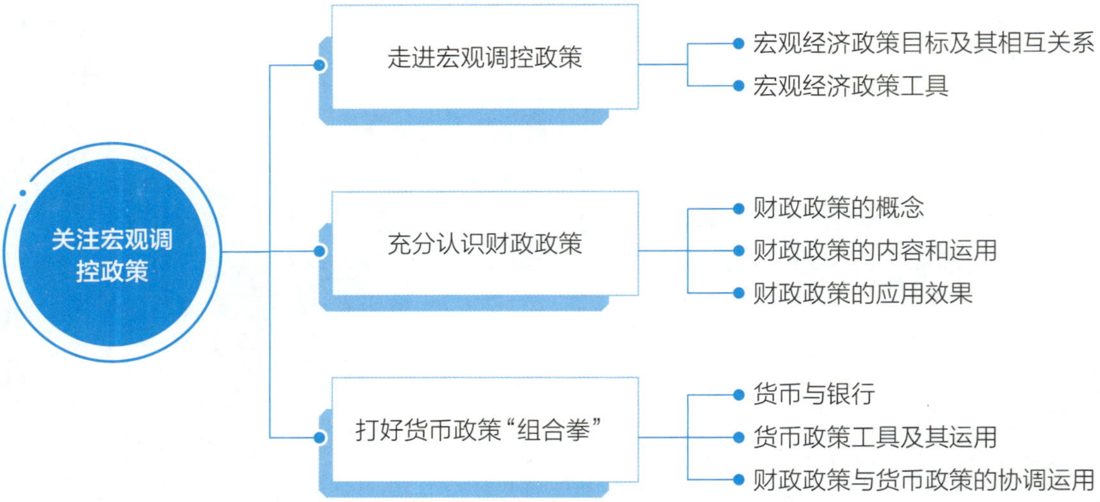

案例导入

2022年中国将继续实施积极财政政策和稳健货币政策

中国新闻社北京2021年12月10日电，中央经济工作会议12月8日至10日在北京举行。这一定调2022年中国经济工作的会议提出，宏观政策要稳健有效。要继续实施积极的财政政策和稳健的货币政策。

会议明确，积极的财政政策要提升效能，更加注重精准、可持续。要保证财政支出强度，加快支出进度。实施新的减税降费政策，强化对中小微企业、个体工商户、制造业、风险化解等的支持力度，适度超前开展基础设施投资。党政机关要坚持过紧日子。严肃财经纪律。坚决遏制新增地方政府隐性债务。

会议提出，稳健的货币政策要灵活适度，保持流动性合理充裕。引导金融机构加大对实体经济特别是小微企业、科技创新、绿色发展的支持。

会议强调，财政政策和货币政策要协调联动，跨周期和逆周期宏观调控政策要有机结合。实施好扩大内需战略，增强发展内生动力。

思考讨论： 什么是财政政策和货币政策？财政政策和货币政策的内容主要有哪些？

资料来源：《中国2022年将继续实施积极财政政策和稳健货币政策》，中国新闻网，2021年12月10日。

任务一　走进宏观调控政策

一、宏观经济政策目标及其相互关系

宏观经济政策是指国家或政府为了提高社会经济福利，有意识、有计划地运用一定的政策工具，调节控制宏观经济的运行。

（一）宏观经济政策目标

任何一项经济政策都是根据一定的经济目标而制定的。经济学家认为，宏观经济政策目标主要包括充分就业、物价稳定、经济增长和国际收支平衡。

宏观经济政策目标

1. 充分就业

充分就业是指包括劳动者在内的一切生产要素都能以自己愿意的报酬参加生产的状态。

需要注意的是，充分就业并不是失业率为零，它并不排除摩擦性失业和自愿失业这两类失业情况的存在。摩擦性失业是在劳动力正常流动过程中所产生的失业，是各行业、各部门和各地区之间的劳动需求经常发生变动，以及劳动者根据本人的偏好与能力发生变换职业的行为等原因引起的。摩擦性失业在任何动态市场中都是必然存在的，但不论属于哪种类型，失业总是会给社会和失业者本人及其家庭带来损失和痛苦，也会使社会损失本来可以得到的产出量。严重的社会失业不可避免地会带来社会动荡和混乱。因此，降低失业率，实现充分就业常常成为宏观经济政策的首要目标。

2. 物价稳定

物价稳定是指一般物价水平或物价总体水平保持稳定。需要注意的是，物价稳定并不是通货膨胀率为零，而是允许保持一个低而稳定的通货膨胀率。因为保持通货膨胀率为零，社会需要付出巨大的代价。所谓低，就是通货膨胀率维持在 1% ～ 4%，所谓稳定，就是指在相当时期内能使通货膨胀率维持在大致相等的水平上。

市场经济发展的实践证明，价格是最难预测和控制的因素。因此不管是什么原因引起价格的严重波动，或者产生通货膨胀，或者形成通货紧缩，都将影响社会经济的运行和稳定增长。因此，为了减缓物价不稳定对经济的冲击，国家往往把物价稳定作为宏观经济政策的另一个重要目标。

3. 经济增长

经济增长是指一定时期内经济社会的人均产出和人均收入的持续增加，通常用一定时期内实际国内生产总值的年均增长率来衡量。

一般认为，经济增长与就业目标是相互一致的。国民经济的产出水平是由这个经济中的就业水平决定的，就业水平的变化将引起产出水平的变化。阿瑟·奥肯根据美国的经验数据发现，如果失业率下降 1 个百分点，总是伴随着 GDP 增长 2 个百分点，这就是著名的奥肯定律。

经济增长会增加社会福利，但并不是增长率越高越好。这是因为经济增长一方面要受到各种资源条件的限制，不可能无限地增长，尤其是对于发达国家而言更是如此。另一方面，经济增长需要付出代价，如造成环境污染，引起各种社会问题等。因此，经济增长就是实现与本国具体情况相符的适度增长率。

4. 国际收支平衡

国际收支是指一国一定时期内从国外收入的全部货币资金和向国外支付的全部货币资金的对比关系。随着国际间经济交往的密切发展，如何平衡国际收支已成为一国宏观经济政策的重要目标之一。国际收支平衡是指既无国际收支盈余，也无国际收支赤字的状态。从长期看，无论是国际收支盈余还是国际收支赤字，对一国经济都有不利的影响。长期国际收支赤字，要用外汇储备或借款来偿还，导致本国货币贬值，影响经济稳定；而长期国际收支盈余，将以减少国内消费和投资为代价，不利于充分就业和经济增长。

（二）宏观经济政策目标之间的关系

从长期来看，宏观经济政策的四个目标之间是相互促进的。经济增长是充分就业、物价稳定和国际收支平衡的物质基础；物价稳定又是经济持续稳定增长的前提；国际收支平衡有利于国内物价的稳定，有利于利用国际资源扩大本国的生产能力、加速本国经济的增长；充分就业本身就意味着资源的充分利用，这必然会促进本国经济的增长。

但是在短期，从迄今为止的各国宏观经济政策实践来看，这几个目标之间并不总是一致的，而是相互之间存在矛盾的，如物价稳定与充分就业之间存在两难选择。为了降低通货膨胀率，必须抑制总需求，从而实施紧缩性的财政和货币政策，由此引起失业率上升；反之，为了实现充分就业，需要刺激总需求，进而实施扩张性的财政和货币政策，由此又会引起物价水平的上升。再如物价稳定和经济增长之间也存在矛盾，因为在经济增长过程中，通货膨胀总是难以避免的。

素养园地

《中华人民共和国中国人民银行法》第三条规定：“货币政策目标是保持货币币值稳定，并以此促进经济增长”。

二、宏观经济政策工具

宏观经济政策工具是指用来达到政策目标的手段。实现一项政策目标，可供选择的政策工具是多种多样的。根据调控对象的不同，宏观经济政策工具可以分为需求管理、供给管理和国际经济政策。

（一）需求管理

需求管理是通过总需求来实现一定政策目标的宏观经济政策工具。需求管理是通过对总需求的调节，实现总需求等于总供给，达到既无失业又无通货膨胀的目标。这也是凯恩斯主义所重视的政策工具。凯恩斯主义产生于 20 世纪 30 年代经济大危机时期，当时经济资源严重闲置，总供给不是限制国民经济增长的主要因素，经济中的关键问题是总需求不足，所以应该采取扩张性的需求管理政策。

当总需求小于总供给时，经济中会由于需求不足而产生失业，这时就要运用扩张性的政策工具来刺激总需求；当总需求大于总供给时，经济中会由于需求过度而引起通货膨胀，这时就要运用紧缩性的政策工具来抑制总需求。

（二）供给管理

供给管理是要通过对总供给的调节来达到一定的政策目标。20 世纪 70 年代，石油价格大幅上涨带来对经济的严重影响，使得经济学家认识到总供给的重要性。供给即生产，在短期内影响供给的主要因素是生产成本，特别是生产成本中的工资成本。在长期内影响供给的主要因素是生产能力，即经济潜力的增长。因此，供给管理包括控制工资与物价的收入政策、指数化政策、改善劳动力市场状况的人力政策以及促进经济增长的增长政策等。

（三）国际经济政策

现实中每个国家的经济都是开放的，各国经济之间存在着日益密切的往来和相互影响。宏观经济政策目标不仅要实现内部均衡，还要实现外部均衡，这就需要采取必要的措施调节国际收支。国际经济政策是通过对国际贸易、国际资本流动、劳务的国际输出和输入等的管理和调节，实现国际收支平衡的目标。在国际经济政策中，主要包括对外贸易政策、汇率政策、对外投资政策和国际关系协调政策等。

任务二　充分认识财政政策

一、财政政策的概念

财政政策是指政府变动税收和支出，以便影响总需求，进而影响就业和国民收入的政策。财政政策是国家干预经济活动的重要手段之一，国家对经济活动的影响也主要通过财政政策发挥作用。

二、财政政策的内容和运用

政府的财政收支及其变动会直接、间接地影响宏观经济的运行，一般政府财政包括政府收入与政府支出两个方面。政府支出是指整个国家中各级政府支出的总和，政府收入是一个国家各级政府收入的总和。

（一）政府收入

政府收入主要来源于税收和公债（见图 12-1），对社会需求起着重要的调节作用。

政府收入政策

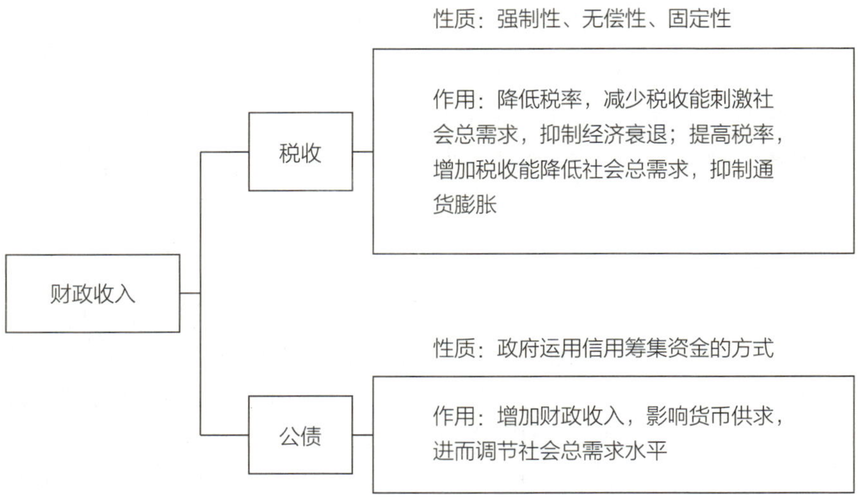

图 12-1　财政收入

1. 税收

税收是财政收入的主要来源，政府要履行自身的职能，必须要有钱来偿付它的支出，如进行投资、基础设施建设、国防和军队建设、医疗卫生防疫、文化教育、救灾赈济、环境保护等。它具有强制性、无偿性和固定性三个基本特征，正是基于这三个特征，税收可以作为国家实施财政政策的有力手段之一。

例如，个人所得税和企业所得税有其固定的起征点和税率。当经济萧条时，由于收入减少，税收也会自动减少，从而抑制消费与投资的减少，有助于减轻萧条的程度；反之，当经济繁荣时，收入增加，导致税收自动增加，从而抑制消费与投资的增加，有助于减轻由于需求过大而引起的通货膨胀。

在政府的财政收入中，所得税在税收中所占比重较大，因此，可以通过改变所得税的税率来影响经济。在经济繁荣时期，总需求大于总供给，产生通货膨胀，政府可以采取增税政策，减少个人和企业的可支配收入，从而抑制总需求，消除通货膨胀；在经济衰退时期，总需求小于总供给，失业率上升，政府可以采取减税政策，给个人和企业多留一些可支配收入，增加有效需求，消除经济衰退。

素养园地

退税减税降费是助企纾困最公平、最直接、最有效的举措。党的十八大以来，党中央、国务院审时度势、科学决策，出台一系列退税减税降费政策，为减轻市场主体负担、应对经济下行压力提供了有力支持。

习近平总书记强调，减税降费政策措施要落地生根，让企业轻装上阵。时任总理李克强也多次对退税减税降费作出具体部署，“退税减税降费”成为近年来我国财税政策的关键词。

部署坚定有力，落实掷地有声。2013 年至 2021 年，税务部门办理新增减税降费累计达 8.8 万亿元。我国宏观税负从 2012 年的 18.7% 降至 2021 年的 15.1%。2022 年实施大规模增值税留抵退税等新的组合式税费支持政策，截至 7 月底，全国累计新增减税降费及退税缓税缓费超 3 万亿元。

资料来源：本书编写组。

2. 公债

公债是政府运用信用筹集资金的形式，当政府税收不足以弥补政府支出时，政府就会发行公债。政府通过发行公债，一方面可以筹集资金，增加财政收入，弥补财政赤字；另一方面，可以影响货币需求，发挥对货币市场和资本市场的扩张或紧缩作用，进而调节社会总需求。因此，公债也成为重要的实施宏观调控的经济政策工具。

（二）财政支出

财政支出有许多具体支出项目构成，主要包括政府购买和转移支付两大类。

财政支出政策

1. 政府购买性支出

购买性支出也称消耗性支出，是政府用于购买为执行财政职能所需要的商品和劳务的支出，包括购买政府进行日常政务活动所需要的商品、劳务的支出和购买政府进行投资所需要的商品、劳务的支出。前者如政府用于国防、外交、行政、司法等方面的支出，后者如政府用于道路、桥梁、港口、码头等方面的支出。

购买性支出是一项实质性的支出，有商品和劳务的实际交易，直接形成社会需求和社会购买力，直接作用于市场，影响社会总供给与总需求，所以购买性支出与国民经济增长之间的关系更为紧密。

当社会总需求不足时，政府可以提高购买性支出，如增加公共基础建设，提高就业水平，抑制经济衰退；反之，当社会总需求过高时，政府可以减少购买性支出，减少政府对产品和劳务的购买，抑制总需求的增长，稳定物价。

2. 转移支付

政府转移支付是指政府在社会福利、保险、贫困救济和补助等方面的支出。在通货膨胀时期，应减少政府转移支付，抑制过度需求，稳定物价水平；在经济衰退时期，应增加转移支付，增加可支配收入，刺激总需求，消除经济衰退。

失业救济金和各种福利支出都有一定的发放标准，失业救济金的发放主要取决于失业的人数。在经济萧条时期，失业人数增多，这样失业救济金的发放就自动地增加了。失业救济金的增加就是转移支付的增加，这样有利于抑制消费的减少。在通货膨胀时期，失业人数减少，这样失业救济金的发放就自动减少了。失业救济金的减少同样是转移支付的减少，这样有利于抑制消费的增加。

再如各种福利支出的发放主要取决于就业与收入状况。在经济萧条时期，就业减少，个人收入减少，符合接受福利支出的人增加了，从而作为转移支付之一的福利支出增加，抑制了个人消费的减少。在通货膨胀时期，就业增加，个人收入增加，符合接受福利支出的人减少了，从而作为转移支付之一的福利支出减少，抑制了个人消费的增加。

资料链接

中央对地方转移支付规模较大的地区集中在中西部地区。

2021 年转移支付规模前五个省份依次是四川、河南、湖南、河北和湖北。其中四川、河南接收转移支付的规模超过 5 000 亿元。

从人均转移支付来看，西藏、青海、宁夏、新疆和内蒙古、甘肃等地广人稀的西北省份接收转移支付较高。西藏人均转移支付达到 6.14 万元，青海达到人均 2.53 万元。其他几个西北省份的人均转移支付规模也在 1.2 万元以上。

中央对各省市转移支付的差异，与我国推动区域经济均衡发展的理念密切相关。

改革开放后，在“先富带后富”的发展战略下，东部沿海地区率先开展改革措施，经济迅速发展，与中、西部地区存在一定差距。

在 2021 年各省市地区生产总值排名中，名列前茅的多为东部沿海地区。其中，2021 年净贡献税收为正的八个省市，地区生产总值已占到国内生产总值的 46.31%，接近一半。

因此，“先富”的省市缴纳较多的净贡献税收，而“后富”的省市则需要中央的“补助”，以实现基本公共服务的均等化，并推动区域间的均衡发展与共同富裕。

资料来源：https://www.gov.cn/xinwen/2022-08/20/content_5706195.htm.

三、财政政策的应用效果

财政制度与财政政策对经济会产生自动调节和主动调节两方面的影响。自动调节是指财政制度本身有着自动地抑制经济波动的作用，即自动稳定器；主动调节是指政府有意识地实行所谓反周期的相机抉择的财政政策。

（一）财政政策的自动稳定器作用

财政政策的自动稳定器作用

自动稳定器又称为内在稳定器，是指经济系统本身存在的一种会减少各种干扰对国民收入冲击的机制，即能够在经济繁荣时期自动抑制通货膨胀，在经济衰退时期自动抑制衰退，无须政府采取任何行动。自动稳定器一般通过以下三种制度发挥作用。

1. 税收自动调节

个人所得税和企业所得税的征收都有一定的起征点并采取累进税制。在经济扩张和繁荣阶段，随着生产扩大就业增加，居民和企业收入增加，在实行累进税制的情况下，纳税人自动进入纳税较高档次，政府税收会相应增加，个人可支配收入虽然增加，但增加的幅度比个人收入增加幅度要小，消费支出增加幅度也要小，因而具有遏制总需求扩张和经济过热的作用。当经济处于衰退和萧条阶段时，生产减弱，就业减少，个人收入和企业利润普遍下降，政府税收相应减少，人们和企业的可支配收入也不会下降很快，从而有效抑制了总需求的减少，缓解了经济衰退。可见，在税率既定（给定）不变的条件下，税收随经济周期自动地同方向变化，起着遏制经济过热或缓解经济紧缩的作用。

2. 政府转移支付

政府转移支付包括失业救济和其他社会福利支出。当经济衰退时，失业人数增加，符合救济条件的人增多，国家的失业救济和其他社会福利支出相应增加，从而间接地减少了社会总体可支配收入的下降，使消费需求的降低得到抑制；当经济繁荣时，失业人数减少，符合政府救济的人口减少，政府的失业救济支出也相应减少，人们的可支配收入的增长得到抑制，消费需求的增长幅度也受到一定程度的控制。

3. 农产品价格维护制度

在经济萧条时期，国民收入下降，农产品价格下降，政府依照农产品价格维护制度，以支持价格收购剩余农产品，从而维护农民收入，维护消费在一定的水平上；在经济繁荣时期，国民收入增加，农产品价格上涨，政府减少农产品收购，并抛售农产品，限制农产品价格过度上涨，从而既抑制农民收入和消费过度增加，又稳定农产品价格，防止通货膨胀。

需要注意的是，自动稳定器调节经济的作用是十分有限的，它只能减轻衰退或通货膨胀的程度，并不能改变衰退或通货膨胀的总趋势，只能对财政政策起到自动配合的作用，并不能代替财政政策。因此，尽管某些财政政策具有自动稳定器的作用，但仍需要政府有意识地运用财政政策来调节经济。

（二）相机抉择的财政政策

相机抉择的财政政策又称为能动的财政政策，是指政府根据经济运行的状况逆经济风向采取的变动财政收入水平的政策。

运用财政政策调节总需求的基本原则是“逆经济风向行事”（见表 12-1）。具体地说，当经济处于繁荣状态时，总支出大于总收入，就业率增加，通货膨胀率过高，此时，政府应采取紧缩性的财政政策，压缩财政支出，增加财政收入，从而抑制总需求，消除通货膨胀。反之，当经济处于萧条状态时，失业率上升，价格水平下降，政府应实施扩张性财政政策，扩大财政支出，减少财政收入，从而刺激总需求，以消除失业和经济衰退。以此方式对经济交替地进行微调，以便实现宏观经济政策目标。

表 12-1 财政政策的具体应用

宏观经济运行状态	政策性质	税率	政府购买	转移支付	政策目标
经济繁荣	紧缩性	提高	减少	减少	抑制总需求
经济衰退	扩张性	降低	增加	增加	刺激总需求

扩张性财政政策主要是通过减税、增加支出进而扩大财政赤字，最终增加和刺激社会总需求的一种财政分配方式。紧缩性财政政策就是减少财政支出，提高税率，增加税收总量，降低消费和投资，从而抑制社会总需求，稳定物价水平。扩张性财政政策适用于经济萧条时期，因为此时经济有效需求不足，失业率上升；而紧缩性的财政政策适用于经济繁荣时期，因为这时需求过多，货币供给过多，通货膨胀率攀升。

任务三 打好货币政策“组合拳”

制定和实施货币政策，是中央银行的基本职责之一。货币政策作为宏观经济间接调控的重要手段，在整个国民经济宏观调控体系中居于十分重要的地位。没有哪个国家的经济可以在货币政策出现问题的情况下仍保持长期正常稳定的发展。货币政策的失误可能会带来长期、严重的通货膨胀，导致整个经济混乱，阻碍经济增长，失业率上升，人民生活水平下降，影响社会秩序安定，引发政治危机等。因此，当代各国都把货币政策列为重要政策问题，并且把货币政策和财政政策作为宏观经济调控的重要政策。

一、货币与银行

（一）货币的概念

货币是指一种能作为交换媒介、价值尺度、延期支付标准或完全流动的财富储藏手段等功能的物品。货币的本质是固定地充当一般等价物的商品，体现商品生产者之间的社会经济关系。

货币的价值取决于它对商品的购买力。货币在国内市场上的购买力称为国内价值；货币在国外市场的购买力称为国外价值。国外价值体现在本国货币与外国货币交换的比率即汇率。

货币政策是指中央银行为实现既定经济目标运用各种工具调节货币供给和利率，进而影响宏观经济的方针和措施的总和。

（二）一国的银行体系

银行是经营管理货币的单位，因此，政府的货币政策是通过银行制度来实现的。银行体系主要由中央银行和商业银行构成。

1. 中央银行

中央银行是国家赋予其制定和执行货币政策、对国民经济进行宏观调控和管理监督的特殊金融机构。中央银行是一个国家的金融管理机构，是现代各国金融体系的核心，具有特殊的地位和功能。我国的中央银行是中国人民银行。中国人民银行在国务院的领导下，制定和实施货币政策，防范和化解金融风险，维护金融稳定。

中央银行特殊的地位和角色，决定了中央银行要以调控宏观经济、稳定货币、保证充分就业、为银行和政府服务为己任。中央银行是宏观金融管理机构而非营利性金融机构，不能以盈利为目的。

中央银行的性质体现在其职能上，中央银行的职能可以概括为三个方面，即发行的银行、银行的银行以及政府的银行。作为发行的银行，中央银行负责货币的发行。作为银行的银行，中央银行是商业银行的最后贷款人。作为国家的银行，中央银行代理国库，向政府提供所需资金，对外代表国家，对内监督、管理全国金融市场活动，并依法执行货币政策。

2. 商业银行

商业银行是以追求最大利润为目标，以多种金融负债和金融资产为经营对象，能够利用负债进行信用创造，全方位经营各类金融业务的综合性的、多功能的金融服务企业。

商业银行在现代经济活动中发挥信用中介、支付中介、信用创造和金融服务四大职能。而这些职能的发挥会受到中央银行的控制和管理，正是这种控制和管理使得中央银行可以调节货币的供给量，进而影响整个宏观经济运行。

二、货币政策工具及其运用

货币政策目标需要中央银行采取有效的措施和手段去实现，这些措施和手段又称为货币政策工具。中央银行通过对政策工具的操作，改变基础货币的供应，控制货币供应量，或者影响利率，进而影响投资和消费；或者影响商业银行的行为，影响其创造存款货币的能力；或者影响社会公众的预期心理，改变他们的经济行为。

中央银行调节货币供给量的目的主要通过调整法定存款准备金率、调整再贴现率和公开市场业务三大手段来实现，这三大货币政策工具也称为货币政策的三大法宝。

1. 调整法定存款准备金率

法定存款准备金率是指以法律形式规定商业银行等金融机构将其吸收存款的一部分上缴中央银行作为准备金的比率。即

$$\text{法定存款准备金率}=\frac{\text{准备金}}{\text{存款金额}}$$

法定存款准备金政策

规定这一比率最初只是为了建立集中的准备金制度，用以增强商业银行的清偿能力。从 20 世纪 30 年代初起，一些国家相继把调整存款准备金率作为中央银行调节信用、调节货币供应量的手段之一。当经济处于需求过度和通货膨胀状态时，中央银行可以提高法定存款准备金率，借以收缩信用和货币量；而当经济处于衰退状态时，中央银行就可以降低法定存款准备金率，使银行及整个金融体系的信用和货币量得以扩张，达到刺激经济增长的目的。

法定存款准备金率是威力巨大的货币政策工具，它的调整会直接影响商业银行持有的超额准备金，这样，商业银行存款货币创造能力就会发生变化，其结果将使货币供应量大大改变。

举例说明，假定现有的法定存款准备金率为 20%，A 客户将 10 万元存入第一家商业银行，这时该银行必须按照 20% 的法定存款准备金率留有 2 万元的准备金，最多可向 B 客户发放贷款 8 万元。

当 B 客户得到 8 万元的贷款后，用于向 C 公司购买原材料，C 公司将收到的货款存入第二家商业银行，该商业银行须按规定缴存 1.6 万元（$8\times20\%$）的法定存款准备金，然后将 6.4 万元的款项贷给 D 客户。

当 D 客户得到 6.4 万元的贷款后，用于向 E 公司偿还货款，E 公司又将收到的款项存入第三家商业银行，以此类推，最初银行体系中只增加存款 10 万元，但最终的存款的增加量可以达到 $10+8+6.4+\cdots=10+10(1-20\%)+10(1-20\%)^2+\cdots=10/(20\%)=50$ 万元。

在不受其他因素影响的前提下，10 万元存款在法定存款准备金率为 20% 时，通过商业银行体系可以使活期存款的总额增加到 50 万元，即整个银行体系内存款增加的数量会按法定存款准备金率 20% 的倒数——5 倍扩大。相反，若第一家银行因客户提取而损失存款，那整个银行系统中的存款将成倍缩小。因此，在存款额改变量既定的条件下，如果法定存款准备金率变动，则银行系统中存款总额的改变量扩大或缩小的倍数就会变动。

中央银行调高法定存款准备金率，就是向金融体系和社会公众发出紧缩信号，金融机构和公众立刻会根据市场变化做出判断或预期，并调整各自的行为，如商业银行可能会调整准备金头寸、调整资产负债结构，企业可能会改变融资计划，家庭可能会改变支出计划等；反之，降低法定存款准备金率则为放松信号。所有这些都会影响货币供应量的变化。所以，法定准备金率调整具有很强的告示效应。

法定存款准备金率作为货币政策工具具有明显的优点，即作用速度快、效果明显，对于信用制度不是很发达的发展中国家而言，这种工具操作简便。但这一工具明显的缺陷在于作用效果过于猛烈。由于乘数效应，法定存款准备金比率的微小变动就会造成货币供应量的较大波动，对经济造成强烈影响；同时也给商业银行带来许多的不确定性，增加了商业银行资金流动性管理的难度。在上述例子中，若将法定存款准备金率下调到 10%，那么存款扩张倍数将从 5 倍增加到 10 倍；反之，若将法定存款准备金率上调到 25%，那么存款扩张倍数将从 5 倍减少至 4 倍。因此，调整法定存款准备金率被视为最严厉的货币政策。

资料链接

为推动经济实现质的有效提升和量的合理增长，打好宏观政策组合拳，提高服务实体经济水平，保持银行体系流动性合理充裕，中国人民银行决定于 2023 年 3 月 27 日降低金融机构存款准备金率 0.25 个百分点（不含已执行 5% 存款准备金率的金融机构）。本次下调后，金融机构加权平均存款准备金率约为 7.6%。

资料来源：https://www.gov.cn/xinwen/2023-03/18/content_5747329.htm.

2. 调整再贴现率

再贴现政策

再贴现是随着中央银行的产生而发展起来的。中央银行通过再贴现业务发挥其最后贷款人功能并维持银行体系储备供给的弹性制度。

再贴现是指商业银行在票据未到期以前将票据卖给中央银行，得到中央银行的贷款。中央银行在对商业银行办理再贴现贷款时计算所收取利息的利率，称为再贴现率。作为中央银行货币政策工具的再贴现率，在实际中的运用原则一般是：当经济出现需求过度、通货膨胀时，中央银行就调高再贴现率；而当经济出现需求乏弱、生产下降时，中央银行就降低再贴现率。

调整再贴现率能调节信用和货币量的改变。中央银行提高了再贴现率，商业银行向中央银行进行再贴现的成本上升，商业银行或者减少向中央银行融资，或者相应地提高向工商企业贷款的利率。商业银行贷款利率上升，直接增加了企业的生产经营成本，降低了投资的边际效益，贷款需求受到抑制，信贷总规模必然缩小。同时再贴现率的调整能够起到很好的告示效应，提高再贴现率是中央银行紧缩经济的信号，金融机构和社会公众的经济行为都会发生相应变化，使信用紧缩，货币供应量减少；反之，降低再贴现率即为放松信号，使信用放松，货币供应量增加。

再贴现率作为中央银行的货币政策工具，其变化直接反映了中央银行的政策取向，告示效应明显。但再贴现率调整政策效果的主动权不全在中央银行，还有商业银行。另外，发挥再贴现率调整的政策工具需要有一个具有相当规模的、完善的票据市场，如果政策工具操作的市场弹性很小，政策工具的操作效果就不理想。

资料链接

2022 年 7 月 1 日起，中央银行决定下调再贴现利率 0.25 个百分点至 2%。此次下调再贴现利率可以更加有效地调整好货币政策结构，让货币操作工具更加合理有效地发挥出货币政策支持当前经济工作的作用，避免货币政策结构性失衡，以确保央行货币政策的基本平稳。此外，由于上半年降准三次已经释放了 17 400 亿元货币总量，如果再降息来增加市场货币供应量，过度地宽松货币，在当前人民币有贬值趋向的情况下，可能会引发人民币大幅贬值，进而引发通货膨胀，这对金融稳定和经济发展都会带来较大的负面冲击，尤其会使货币工具的操作空间越来越窄，不利于增强央行货币政策操作的灵活性、针对性和有效性。央行为避免这种被动货币政策操作局面出现，只能在货币操作工具上采用更为灵活的办法来有效调整货币政策的结构性失衡，使货币政策始终运行在适度宽松与灵活有效的轨道上，不会给中国经济带来大起大落的负面波动。更为有作用的是，央行这么做，可通过结构性调整实现货币政策的精准调控，避免过度宽松政策导致金融乱象及局部风险集聚。

资料来源：https://www.gov.cn/xinwen/2022-04/15/content_5685422.htm.

3. 公开市场业务

公开市场业务是中央银行在金融市场上公开买进或卖出有价证券的活动。20 世纪 20 年代，美国联邦储备体系首先选用公开市场业务工具。此后，公开市场业务逐渐成为各国中央银行最重要的货币政策工具。

公开市场业务

中央银行买卖有价证券并非以盈利为目的，而是借此活动达到调节信用和货币供应的目的。中央银行买卖的有价证券主要是政府短期债券，交易对象的主体主要是商业银行。

公开市场业务作为中央银行货币政策工具，运用原则一般是：当经济中出现需求过大、物价上涨趋势，有必要收缩货币时，中央银行就卖出有价证券；而当经济中出现需求不足、生产下降趋势，有必要扩张货币时，中央银行就买进有价证券，如表 12-2 所示。

表 12-2 货币政策的具体运用

宏观经济运行状态	政策性质	公开市场业务	再贴现率	法定存款准备金率	政策目标
经济萧条	扩张性	买入	下调	下调	增加总需求
经济繁荣	紧缩性	卖出	上调	上调	抑制总需求

中央银行通过买卖有价证券产生的影响表现在：①引起基础货币供应的变化，中央银行将一笔证券卖给某家商业银行时，这家银行或者减少库存现金，或者减少准备金存款，表现为基础货币收缩；反之，则会引起基础货币扩张。②引起利率的变化，当中央银行要买进或卖出政府债券时，会直接导致市场对政府债券的需求增加或减少，这种需求的变化会推动政府债券价格的上升或下降，从而促使其利率水平反方向变动，市场其他利率也相应受到影响。

在中央银行的上述的货币政策工具中，公开市场业务通常被认为是最重要、最常用和效果最理想的工具。其明显的优势是：①中央银行在操作中始终处于主动地位。在证券买卖的操作中，中央银行可以主动决定买卖时机和买卖数量，变动商业银行的准备金，从而调节货币量。②中央银行可以进行反向操作，具有纠错功能。公开市场业务是一种经常性、连续性的操作，调节的方向和力度可以根据变化的经济、金融形势而随时改变，如果出现操作过头可以及时纠正。③操作时对经济的震动很小。公开市场操作以经常性、连续性的交易活动形式出现，减少对市场状况突发性的改变，间接调控优势明显。

但是，公开市场业务这一工具的启用和作用的发挥，必须以发达的金融市场为前提，尤其是国债市场要有相当大的规模。同时，中央银行必须持有相当数量的证券，主要是国债，否则就没有足够的调节力量。

拓展实例

2022 年 8 月 15 日，中国人民银行发布公告称，当天开展了 4 000 亿元一年期中期借贷便利操作和 20 亿元七天期公开市场逆回购操作，中标利率分别为 2.75%、2.00%，均较前次操作下降 10 个基点。

中期借贷便利是指中央银行提供中期基础货币的货币政策工具，于 2014 年 9 月由中国人民银行创设。对象为符合宏观审慎管理要求的商业银行、政策性银行，可通过招标方式开展。发放方式为质押，并需提供国债、央行票据、政策性金融债、高等级信用债等优质债券作为合格质押品。MLF 在提供流动性的同时发挥中期政策利率的作用，引导商业银行降低贷款利率和社会融资成本，支持实体经济增长。

对于此次降息的原因，业内专家分析，主要有两方面。一方面是推动降低实体经济融资成本，进而激发国内需求，巩固经济恢复态势。我国经济当时正处于企稳回升关键窗口，三季度至关重要。发布的 7 月份经济金融数据显示，经济恢复基础有待进一步巩固，需着力稳定宏观经济大盘，保持经济运行在合理区间。另一方面原因是，此前市场利率与政策利率偏离较多，一定程度上反映了市场参与者对降息的诉求，适时适度降低政策利率，有助于收窄两者利差，避免利率体系扭曲。

资料来源：http://finance.people.com.cn/n1/2022/0815/c1004-32502935.html.

三、财政政策与货币政策的协调运用

财政政策和货币政策是政府宏观调控的左右手，都发挥着重要作用。从理论上看，划分财政问题与货币问题是很容易的，但在实际中，两者往往是你中有我，我中有你，不可分割，因此，财政政策和货币政策应当互相协调，以起到宏观经济调控的作用，实现宏观经济政策的既定目标。

政府宏观经济政策具有“逆风向行事”的特点，经济形势“紧”(失业率上升，经济萧条）时，就采取“松”的政策；反之，经济形势“松”（通货膨胀，经济繁荣）时，就采取“紧”的政策。但这也不是绝对的，由于不同的政策对社会总需求的影响不同，因此，政府在决定选择哪种政策时，首先要考虑社会总需求产生问题的主要原因是什么，然后对症下药，以促使经济回升。

在不同的经济环境下，两种政策的搭配使用情况主要有以下四种。

（1）如果经济出现严重通货膨胀时，可实行“双紧”组合，即同时采用紧缩性财政政策和货币政策。紧缩性财政政策通过减少政府支出和增加税收等方式来限制消费与投资，抑制总需求，控制通货膨胀；紧缩性货币政策通过上调法定存款准备金率、再贴现率以及在公开市场操作中卖出有价证券来减少货币供应量。这种政策组合可以有效地抑制经济过度繁荣。

（2）当经济萧条时，可实行“双松”组合。扩张性财政政策通过增加政府支出和减税等方式来刺激消费与投资，使得总需求增加但提高了利率水平；此时再配合扩张性货币政策就可以增加货币供应量，抑制利率的上升，以消除或减少扩张性财政政策带来的利率上升，使总需求增加。

（3）当经济中出现通货膨胀又不太严重时，可采用“紧松”的政策搭配。一方面用紧缩性财政政策压缩总需求，另一方面用扩张性货币政策降低利率，刺激投资，以免财政过度紧缩而引起衰退。

（4）当经济萧条但又不太严重时，可采用“松紧”的组合。这样在刺激总需求的同时，不会引起比较严重的通货膨胀。扩张性的财政政策的目的是刺激总需求，但随着总需求的增加，通货膨胀往往会随之产生，并有可能不断加剧。因此在实行扩张性财政政策的同时实现紧缩性货币政策，目的在于控制一直伴随总需求增长而出现的通货膨胀。但这种组合的结果往往是对增加总需求的作用不确定，反而使利率上升。

总之，财政政策与货币政策是相互影响又是相互渗透的，因此在实施过程中应该相互配合、相互协调，以实现其既定目标。

拓展实例

2022年第二季度中国财政政策执行情况报告

2022年是我国进入全面建设社会主义现代化国家、向第二个百年奋斗目标进军新征程的重要一年。上半年，面对复杂严峻的国际形势和艰巨繁重的国内改革发展稳定任务，在以习近平同志为核心的党中央坚强领导下，各地区各部门认真贯彻落实党中央、国务院决策部署，有力统筹疫情防控和经济社会发展，加大宏观政策调节力度，有效实施稳经济一揽子政策措施，扎实做好“六稳”“六保”工作，疫情反弹得到有效控制，国民经济企稳回升，民生保障有力有效，高质量发展态势持续，社会大局保持稳定。上半年国内生产总值同比增长2.5%，其中二季度国内生产总值同比增长0.4%，主要指标止住下滑态势，实现正增长。

今年以来，各级财政部门坚持以习近平新时代中国特色社会主义思想为指导，弘扬伟大建党精神，坚持稳中求进工作总基调，完整、准确、全面贯彻新发展理念，加快构建新发展格局，认真贯彻落实“积极的财政政策要提升效能，更加注重精准、可持续”要求，加强财政资源统筹，实施新的组合式税费支持政策，兼顾稳增长和防风险需要，适当降低赤字率，合理安排债务规模，保证财政支出强度，优化支出重点和结构，推动财力下沉，持续改善民生，严肃财经纪律，着力稳定宏观经济大盘。

今年以来，各级财政部门坚持以习近平新时代中国特色社会主义思想为指导，弘扬伟大建党精神，坚持稳中求进工作总基调，完整、准确、全面贯彻新发展理念，加快构建新发展格局，认真贯彻落实“积极的财政政策要提升效能，更加注重精准、可持续”要求，加强财政资源统筹，实施新的组合式税费支持政策，兼顾稳增长和防风险需要，适当降低赤字率，合理安排债务规模，保证财政支出强度，优化支出重点和结构，推动财力下沉，持续改善民生，严肃财经纪律，着力稳定宏观经济大盘。

一是加大减负纾困力度，增强市场主体活力。坚持阶段性措施和制度性安排相结合，减税退税缓税并举。大力改进增值税留抵退税制度，对留抵税额实行大规模退税。将科技型中小企业研发费用加计扣除比例提高至100%。对小规模纳税人阶段性免征增值税。阶段性减征部分乘用车购置税。延续实施扶持制造业、小微企业和个体工商户的减税降费政策，并提高减免幅度、扩大适用范围。加强对中小微企业融资等支持，综合运用融资担保、贷款贴息、奖励补助等方式，引导撬动金融资源流向中小微企业。阶段性缓缴社保费加力扩围。推动就业优先政策提质加力，延续实施失业保险稳岗返还政策，落实创业担保贷款贴息及奖补。预计全年退税减税约2.64万亿元，其中留抵退税约1.64万亿元。

二是保持适当支出强度，优化财政支出结构。适当下调赤字率至2.8%左右。通过特定国有金融机构和专营机构依法上缴近年结存的利润、调入预算稳定调节基金等，安排全国一般公共预算支出26.71万亿元、比上年扩大2万亿元以上，可用财力明显增加。优化财政支出结构，优先支持已纳入国家“十四五”规划纲要、重点专项规划等重点项目，适度超前开展基础设施投资，加大对科技攻关、生态环保、基本民生、现代农业等领域及区域重大战略的支持力度。

三是合理安排地方政府专项债券，保障重点项目建设。保持政府总体杠杆率基本稳定，安排新增地方政府专项债券额度3.65万亿元，与上年持平。经报全国人大常委会备案，于2021年12月提前下达1.46万亿元专项债券额度，并于3月底前将用于项目建设的专项债券资金全部下达地方。坚持“资金跟着项目走”，做深做细专项债券项目储备，用好用足专项债券作为重大项目资本金政策，优化专项债券投向领域，将新型基础设施、新能源项目纳入重点支持范围，严格资金使用监管，不撒“胡椒面”，重点支持在建和能够尽快开工的项目，扩大有效投资。1—6月，各地累计发行新增专项债券3.41万亿元，基本完成发行任务。

四是推动财力下沉，支持基层做好“三保”工作。较大幅度增加中央对地方转移支付特别是一般性转移支付规模，向困难地区和欠发达地区倾斜。中央一般公共预算对地方转移支付安排近9.8万亿元、增加约1.5万亿元，增长18%、增幅比往年大幅提高。省级财政也最大限度下沉财力，支持基层落实助企纾困政策和保基本民生、保工资、保运转。完善常态化财政资金直达机制，进一步扩大范围，推动资金快速精准下达和使用。

五是坚持党政机关过紧日子，推动建设节约型机关。中央部门带头过紧日子，重点保障刚性支出、急需支出，从严控制一般性支出，强化“三公”经费预算管理，努力降低行政运行成本，2022 年中央部门支出下降 2.1%。地方各级政府从严从紧，把更多财政资源腾出来，用于改善基本民生和支持市场主体发展，切实做到节用为民。健全财政支出约束机制，盘活财政存量资金和闲置资产，推进行政事业单位资产共享共用，不断完善过紧日子的制度体系，加强落实情况评估。

六是严肃财经纪律，整饬财经秩序。严格执行财经法律法规和管理规定，扎紧制度“笼子”，坚决维护制度严肃性。管好用好财政资金，规范收支行为。完善税收征管制度，依法严厉打击偷税骗税等行为。进一步规范财务审计秩序，遏制财务造假行为。组织开展地方财经秩序专项整治行动，对违规行为严查重处，让财经纪律成为不可触碰的“高压线”。

下一步，财政部门将认真贯彻落实党中央、国务院决策部署，坚持稳字当头、稳中求进，落实疫情要防住、经济要稳住、发展要安全的要求，高效统筹疫情防控和经济社会发展，统筹发展和安全，加大宏观政策调节力度，谋划增量政策工具，靠前安排、加快节奏、适时加力，继续做好“六稳”“六保”工作，持续保障改善民生，保持经济运行在合理区间，以实际行动迎接党的二十大胜利召开。

资料来源：http://www.pbc.gov.cn/zhengcehuobisi/125207/125227/125957/4584071/4628805/index.html.

技能实训

实训名称：掌握货币政策的未来走势及其工具选择

实训形式：

（1）分组：将全班同学分成若干组，每组选一名组长负责组织本小组完成项目。

（2）在组长的组织下，查找资料。

①查找并阅读2017—2022年中央经济工作会议的全文。

②掌握中央经济工作会议的指导精神，讨论货币政策的未来走势及货币政策的工具的选择问题。

（3）根据分析结果形成实训报告。

（4）教师引导点评，组织各小组汇报和讨论。

思考练习

一、单项选择题

1. 宏观经济政策的目标是（　）。

A. 充分就业和物价稳定　　B. 经济增长

C. 国际收支平衡　　D. 以上皆是

2.（　）工具是属于供给管理的。

A. 财政政策　　B. 货币政策

C. 指数化政策　　D. 外汇政策

3. 政府进行日常行政事务活动所需要的商品和劳务支出称为（　）。

A. 公共支出　　B. 政府投资性支出

C. 转移性支出　　D. 政府购买性支出

4. 当经济存在失业时，应该采取的财政政策是（　）。

A. 增加政府支出　　B. 减少政府支出

C. 提高个人税收　　D. 减少政府转移支付

5.（　）的财政政策是指经济社会状况，主动灵活地选择不同类型的反经济周期的财政政策工具，干预经济运行行为，实现财政政策目标。

A. 自动稳定　　B. 扩张性

C. 相机抉择　　D. 紧缩性

6.（　）属于紧缩性财政政策工具。

A. 减少政府支出和减少税收　　B. 减少政府支出和增加税收

C. 增加政府支出和减少税收　　D. 增加政府支出和增加税收

7. 当经济繁荣、失业减少时，政府采取（　）措施，可以缓解需求过旺势头。

A. 扩大财政赤字规模　　B. 增加财政补贴支出

C. 减少社会保障支出　　D. 增加购买性支出

8. 当经济处于过热时期，政府不宜采取的财政政策是（　）。

A. 抑制企业的投资需求　　B. 减少财政补贴支出

C. 降低政府投资支出水平　　D. 鼓励企业和个人扩大投资

9. 当社会总供给大于社会总需求时，为实施宏观调控而选择的财政政策工具包括（　）。

A. 减少财政支出　　B. 增加长期国债

C. 降低税率　　D. 减少财政补贴

10. 制定和运用货币政策调节经济总量的是（　）。

A. 专业银行　B. 商业银行　C. 中央银行　D. 政策性银行

11. 中央银行在公开市场买卖债券的目的是（　）。

A. 调节债券价格　　B. 调节价格总水平

C. 调节国际收支平衡　　D. 调节货币供应量

12. 中央银行提高再贴现率会导致（　）。

A. 货币供给量增加和利率下降　　B. 货币供给量增加和利率上升

C. 货币供给量减少和利率下降　　D. 货币供给量减少和利率上升

13. 中央银行在市场上购买国债，使货币供给量（　）。

A. 减少　B. 增加　C. 不变　D. 不确定

14. 若中央银行采取紧缩性货币政策，应（　）。

A. 提高法定存款准备金率　　B. 买入短期国债

C. 下调再贴现率　　D. 扩张信贷

15. 在（　）情况下，中央银行应该停止紧缩性货币政策。

A. 物价水平急剧上升　　B. 经济出现衰退现象

C. 经济出现过热现象　　D. 利率已下降到很低水平

16. “双紧”搭配类型的政策效果是（　）。

A. 可以有效抑制需求膨胀与通货膨胀，但也可能会带来经济停滞的后果

B. 刺激经济增长，扩大就业，但也会带来通货膨胀的风险

C. 在控制通货膨胀的同时，保持适度经济增长，但难以制止通货膨胀

D. 保持经济适度增长的同时，尽可能避免通货膨胀，但长期使用会积累大量财政赤字

17. 当社会总供给大于总需求时，政府一般会采取（　）。

A. 提高税率，减少税收优惠，抑制企业和个人投资需求和消费需求

B. 缩小支出规模，抑制社会总需求

C. 扩大支出规模，保持一定赤字规模，扩大社会总需求

D. 降低投资支出水平，使经济降温、平稳回落

18. 当经济中存在失业时，所采取的货币政策工具是（　）。

A. 在公开市场上买进有价证券

B. 提高再贴现率

C. 提高准备金率

D. 在公开市场上卖出有价证券

19. 属于内在稳定器的项目是（　）。

A. 购买　　B. 税收　　C. 货币供给　　D. 政府公共工程支出

20.（　）不能增加政府财政收入。

A. 公债　　B. 税收　　C. 罚款　　D. 转移支付

二、判断题

1. 宏观经济政策的重点在于货币政策。（　）
2. 扩张性的财政政策包括增加政府支出和减少税收。（　）
3. 提高再贴现率和准备金率都可以减少货币供给量。（　）
4. 在经济繁荣时期，中央银行要运用紧缩性货币政策，而在经济繁荣时期，则要运用扩张性货币政策。（　）
5. 中央银行卖出有价证券将引起货币供给量上升。（　）
6. 宏观经济政策的各项目标可以同时实现。（　）
7. 在经济繁荣时期，为了扩大总需求，应运用扩张性的财政政策。（　）
8. 政府转移支付规模的变化并不会对经济产生任何影响。（　）
9. 如果经济出现严重通货膨胀时，可以运用“双松”组合政策。（　）
10. 在经济萧条时期，为了扩大总需求，应运用扩张性的财政政策。（　）

三、技能训练题

假设某银行吸收现金存款 10 万元，法定存款准备金率为 100%，试问：

（1）按规定银行要留多少准备金？

（2）通过银行信贷能创造出多少货币？

（3）如果法定存款准备金率下调至 20%，能创造出多少货币？

（4）结合第（1）问和第（2）问的计算结果，对中央银行调整法定存款准备金率的政策效果做出评价。

项目十三

认识开放经济

目标导航

知识目标

（1）了解外汇及开放经济的基本概念；

（2）掌握外汇的标价方法及种类；

（3）掌握国际贸易、外汇等方面的基本理论、基本知识、基本技能。

技能目标

（1）能够初步认识开放经济对中国经济发展的影响；

（2）能够初步认识人民币汇率波动对中国经济发展的影响。

素养目标

（1）树立开放理念，坚定道路自信；

（2）形成专业意识。

知识导图

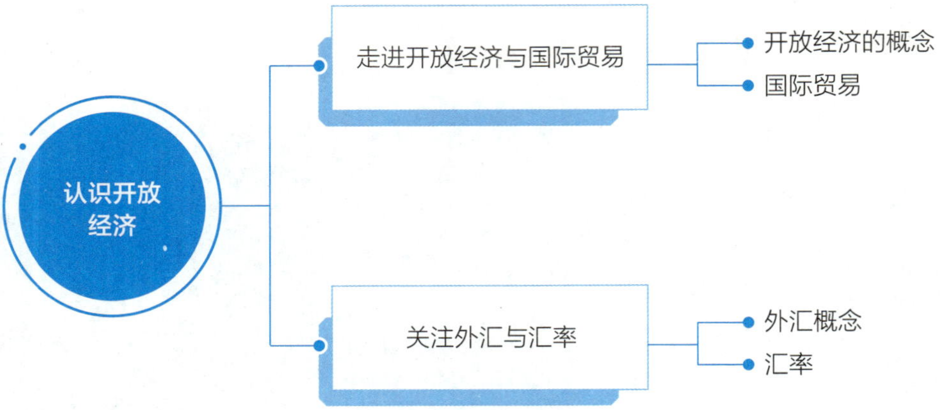

案例导入

明成祖朱棣命三宝太监郑和从太仓的刘家港起锚（今江苏省太仓市浏河镇），率领200多艘海船、两万七千多人，七次远航西太平洋和印度洋，拜访了30多个国家和地区，最远曾到达东非、红海。郑和下西洋是中国古代规模最大、船只最多、海员最多、时间最久的海上航行，时间上也比葡萄牙、西班牙等国的航海家，如麦哲伦、哥伦布、达伽马等人提前近一个世纪，堪称是“大航海时代”的先驱和唯一的东方人，更是比马汉早500年提出海权论，更有说法称郑和最早发现美洲、大洋洲、南极洲。

郑和下西洋的目的虽然众说纷纭，但是西洋诸国对明朝出品的陶瓷、丝绸等都极为喜爱，永乐年间也的确利用郑和下西洋的官船，载运这些货品到海外。在返程中，郑和官船也购买或交换一些中国所缺的香料、染料、宝石、象牙、珍奇异兽等，所以郑和下西洋无疑促进了中外两方贸易的发展。郑和最后几次下西洋时，其贸易规模有所扩大，得益于其始终遵循平等自愿、等价交换的交易原则，这也是当前国际贸易的一些基本原则。

资料来源：《金融基础》，张晓华，机械工业出版社，2022年1月。

任务一　走进开放经济与国际贸易

一、开放经济的概念

经济学意义的开放经济是指一国与国外有着经济往来，如存在国际贸易、国际金融往来，也就是对外有进出口和货币、资本的往来，本国经济与外国经济之间存在着密切的关系。

开放经济的对立面就是封闭经济。封闭经济，在经济学意义上是指一国在经济活动中没有与国外的经济往来。如果没有国际贸易、国际金融或劳动力的交流，仅仅存在国内的经济活动，本国经济与外国经济之间并未存在密切的往来，该国就处于封闭经济状态。

素养园地

我国经济已经成功实现了从封闭、半封闭到全方位开放的伟大历史转折，中国在世界经济中的地位发生了历史性变化，已经是全球经济的重要参与者。我国坚持深化改革开放，为全面建设社会主义现代化国家新征程注入不竭动力。

2020 年年末，我国先后宣布两个影响世界格局的重大消息：签署 RCEP（区域全面经济伙伴关系协定）和完成中欧贸易协定谈判，这成为我国“十三五”时期推动更深层次改革、实行更高水平开放的生动写照。我国开放的大门越开越大，开放水平不断提升。虽然过程中受到很多阻力，但我国扩大开放的步伐仍在加快，这充分体现了我国同世界分享市场机遇、推动全球经济复苏的真诚愿望。

当今世界正经历百年未有的大变局，我国正处于实现中华民族伟大复兴的关键时期，形势环境变化之快、改革发展稳定任务之重、矛盾风险挑战之多，都是对我们党执政理念前所未有的考验。只有坚定不移推进改革，坚定不移扩大开放，强化有利于提高资源配置效率、有利于调动全社会积极性的重大改革开放举措，才能持续增强发展动力和活力。实践再一次证明，改革开放是决定实现“两个一百年”奋斗目标、实现中华民族伟大复兴的关键一招。

资料来源：《宏观经济学课程思政案例集》，2021 年 10 月。

二、国际贸易

（一）国际贸易的概念

国际贸易是指世界各个国家或地区之间的商品交换活动，也是各个国家或地区经济在国际分工基础上相互联系的主要表现形式，在一定程度上反映了经济全球化的发展与趋势。

在当代，世界各国不论国土面积大小、人口多少、经济发展快慢，由于自然资源限制和社会科技发展差异，都需要与他国互通有无，这就需要国际贸易。通过商品和劳务交换，一方面可以进口本国发展经济所需的物资和技术，另一方面可以出口本国的商品和劳务，加快本国经济建设和改善人民生活。

国际贸易，从一国看是该国对外贸易，但从国际市场或世界市场上看，就是国际贸易或世界贸易。国际贸易是各国之间的商品和劳务交换，由世界各国的对外贸易组成。

（二）国际贸易的相关理论

1. 绝对优势理论

绝对优势理论

18 世纪 60 年代，英国开始了产业革命。新兴的资产阶级为了从海外市场获得更多的廉价原料并销售其产品，迫切要求扩大对外贸易，而重商主义的一系列贸易保护政策却严重束缚了对外贸易，阻碍了资本主义大工业的发展。

1776 年，亚当·斯密在其著作《国民财富的性质和原因的研究》（简称《国富论》）中提出了绝对优势理论，斯密通过对国家和家庭进行对比来描述国际贸易的必要性。他认为，既然每个家庭都认为只生产一部分他自己需要的产品，而用那些他能出售的产品来购买其他产品是合算的，同样的道理应该适用于每个国家：

> 如果一件物品的购买费用小于自己生产的成本，那么就不应该自己生产，这是每一个精明的家长都知道的格言。裁缝不想自己制作鞋子，而向鞋匠购买。
>
> 如果每一个私人家庭的行为是理性的，那么整个国家的行为就很难是荒唐的。如果一个国家能以比我们低的成本提供商品，那么我们最好用自己有优势的商品同他们进行交换。

在这里，斯密首次从消费者（裁缝）的角度强调进口（从鞋匠那里购买鞋子）的利益（比自己在家生产便宜），他从分工交换的好处来分析贸易所得：在国际贸易中，不仅出口带来利益，进口也同样给一国带来好处。因此，在斯密的体系中，无论是进口还是出口，都应是市场上的一种自由交换。这种自由交换的结果是双方都会得到好处。国际贸易只是自由市场经济的一部分，不应加以任何限制。

斯密进一步认为，国际贸易的基础是各国之间生产技术的绝对差别。他用一国中不同人的劳动生产率和职业分工来解释国际贸易产生的原因：裁缝之所以自己不去制作靴子，是因为从鞋匠那里购买靴子比自己在家生产要便宜；而裁缝擅长做衣服，在做衣服方面裁缝比鞋匠能干，裁缝应该用衣服来换靴子。一个国家之所以要进口别国的产品，是因为该国生产这种产品的技术处于劣势，自己生产比购买别国产品的成本要高；而一国之所以能够向别国出口产品，是因为该国在这一产品的生产技术上比别国先进，或者说具有绝对优势。因为该国用同样的资源可以比别国生产出更多的产品，从而使单位产品的生产成本低于别国。

因此，斯密认为，国际贸易和国际分工产生的原因及基础是各国间存在的劳动生产率和生产成本的绝对差别。一国如果在某种产品上具有比别国高的劳动生产率，该国在这一产品上就具有绝对优势；相反，劳动生产率低的产品，就不具有绝对优势，即具有绝对劣势。绝对优势也可间接地由生产成本来衡量：如果一国生产某种产品所需的单位劳动比别国生产同样产品所需的单位劳动要少，该国就具有生产这种产品的绝对优势，反之则具有绝对劣势。各国应该集中生产并出口其具有劳动生产率和生产成本绝对优势的产品，进口其不具有绝对优势的产品，其结果比自己什么都生产更有利。在贸易理论上，这一学说称为绝对优势理论。

各国之间劳动生产率的差异以及由此产生的国际分工又是怎样形成的呢？斯密的解释是：这是自然形成的。一个国家最擅长生产什么东西、最具有哪个产业的优势不仅是由历史条件造成的，而且是由一国的地理环境、土壤、气候等自然条件造成的。

资料链接

为了进一步理解绝对优势理论，接下来用一个简单的模型来进行说明。

1. 模型假设

绝对优势理论的基本假设如下。

（1）两个国家和两种可贸易产品。

（2）两种产品的生产都只有一种要素投入：劳动。

（3）两国在不同产品上的生产技术不同，存在着劳动生产率上的绝对差异。

（4）给定生产要素（劳动）供给。要素可以在国内不同部门流动但不能在国家之间流动。

（5）规模报酬不变。

（6）完全竞争市场。各国生产的产品价格都等于产品的平均生产成本，无经济利润。

（7）无运输成本。

（8）两国之间的贸易是平衡的。

2. 生产和贸易模式

根据绝对优势理论，各国应该专门生产并出口其具有“绝对优势”的产品，不生产但进口其不具有“绝对优势”的产品。

那么，怎样确定一国在哪种产品上具有绝对优势呢？绝对优势的衡量有两种办法。

（1）用劳动生产率，即用单位要素投入的产出率来衡量。产品A的劳动生产率可用（Q_A/L），其中 Q_A 是产量，L 是劳动投入。一国如果在某种产品上具有比别国高的劳动生产率，该国在这一产品上就具有绝对优势。

（2）用生产成本，即用生产1单位产品所需的要素投入数量来衡量。单位产品A的生产成本（劳动使用量）可用 $aL_A = L/Q_A$ 表示。如在某种产品的生产中，一国的单位产量所需的要素投入低于另一国，该国在这一产品上就具有绝对优势。

为了更清楚地说明这一模型，我们假设这两个国家是“中国”和“俄罗斯”。两国都生产“大米”和“小麦”，但生产技术不同。劳动是唯一的生产要素，两国有相同的劳动力资源，都是100人。由于生产技术的不同，同样的劳动人数，可能的产出是不同的。如果两国所有的劳动都用来生产大米，假设中国可以生产100吨，俄罗斯只能生产80吨。如果两国的劳动都用来生产小麦，假设中国能生产50吨，而俄罗斯能生产100吨。两国的生产可能性（1）如表13-1所示。

表13-1 中国和俄罗斯的生产可能性（1）

	大米（吨）	小麦（吨）
中国	100	50
俄罗斯	80	100

从劳动生产率的角度说，中国每人每年可以生产1吨大米，而俄罗斯每人每年只生产0.8吨大米，中国具有生产大米的绝对优势。俄罗斯每人每年可以生产1吨小麦，而中国每人每年只能生产0.5吨小麦，俄罗斯具有生产小麦的绝对优势。

如表13–2所示，列出了中俄两国在大米和小麦生产中的劳动生产率。

表13–2　中国和俄罗斯的劳动生产率（Q/L）

	大米（人均产量）	小麦（人均产量）
中国	1	0.5
俄罗斯	0.8	1

从生产成本的角度来说，每吨大米在中国只要1个单位的劳动投入，在俄罗斯则要1.25个单位。相反，每吨小麦在中国需要2个单位的劳动投入，在俄罗斯只要1个。如表13–3所示，我们分别用a_{LR}和a_{LW}来表示中俄两国单位大米和单位小麦生产中的劳动要素投入，即生产成本。

表13–3　中国和俄罗斯的生产成本（aL）

	大米（a_{LR}）	小麦（a_{LW}）
中国	1	2
俄罗斯	1.25	1

显然，a_{LR}（中国）$<a_{LR}$（俄罗斯），而a_{LW}（中国）$>a_{LW}$（俄罗斯）。通过生产成本的比较，我们可以得出与以上比较劳动生产率时同样的结论。

根据绝对优势理论，中国应该专门生产大米（100吨），然后用其中的一部分去跟俄罗斯交换小麦。俄罗斯则应专门生产小麦（100吨），然后用一部分小麦去交换中国的大米。

3. 贸易所得

这种专业化的分工和交换有什么好处呢？让我们用一个假设的例子来说明。如果没有贸易的话，两国都是封闭经济，自给自足，因此，为了满足不同的消费，每个国家都要生产两种产品。为了方便起见，假设每个国家都将自己的劳动资源平均分布在两种产品的生产上。那么，中国的大米产量是50吨，小麦是25吨，俄罗斯则生产40吨大米和50吨小麦。在封闭经济中，各国的生产量也是各国的消费量。

在两国开放自由贸易和专业化分工之后，中国生产100吨大米而俄罗斯生产100吨小麦。假设中国仍然保持自给自足时的大米消费量（50吨），拿出另外的50吨去跟俄罗斯交换小麦，而俄罗斯也是如此，保证原来的小麦消费量（50吨），将余下的50吨小麦去交换大米。这样，中国与俄罗斯用50吨大米换50吨小麦。贸易的结果是，中国现在有50吨大米（自己生产的）和50吨小麦（进口的），比自给自足时多了25吨小麦。而俄罗斯也有50吨小麦和50吨大米，比自给自足时多了10吨大米。两国都比贸易前增加了消费，都达到了在自给自足时不可能达到的消费水平。这就是贸易所得。

4. 理论的局限性

绝对优势理论解释了产生贸易的部分原因，也首次论证了贸易双方都可以从国际分工与交换中获得利益的思想。国际贸易可以是一个“双赢”的局面而不是一个“零和游戏”的局面。可以说，斯密把国际贸易理论纳入了市场经济的理论体系，开创了对国际贸易的经济分析。但是，绝对优势理论的局限性很大，因为在现实社会中，有些国家比较先进发达，有可能在各种产品的生产上都具有绝对优势，而另一些国家可能不具有任何生产技术上的绝对优势，但是贸易仍然在这两种国家之间发生，而斯密的理论无法解释这种绝对先进和绝对落后国家之间的贸易。

为了说明“绝对优势”学说的局限性，我们对前面的例子（表 13-1）做以下改动：假设俄罗斯的劳动力都用来生产大米的话，每年的生产能力不是 80 吨，而是 150 吨；中国的生产能力不变。这样，两国的生产可能性（2）如表 13-4 所示。

表 13-4　中国和俄罗斯的生产可能性（2）

	大米（吨）	小麦（吨）
中国	100	50
俄罗斯	150	100

在这种情况下，俄罗斯小麦和大米的劳动生产率都比中国高，在大米和小麦上都有绝对优势。根据斯密的绝对优势理论，俄罗斯应该出口小麦，也出口大米，而中国没有任何产品可以出口，不但应该进口小麦，还应该进口大米。可是，如果中国不能出口的话就没有能力来支付进口产品，也就无法进口，国际贸易也就没有可能。因此，斯密的绝对优势理论在解释国际贸易的实际现象时有很多局限性。

资料来源：《国际贸易》，海闻，格致出版社，2020 年 8 月。

2. 比较优势理论

英国经济学家大卫·李嘉图也主张自由贸易，他认为每个人在自由追求个人利益的同时会自然而然地有利于整个社会。

比较优势理论

与重商主义不同，李嘉图认为国际贸易给社会带来利益并非因为一国商品价值总额的增加，而是因为一国商品总量的增长。国际贸易之所以对国家极为有利，是因为“它增加了用收入购买的物品的数量和种类，并且由于商品丰富和价格低廉而为节约和资本积累提供刺激”。同斯密一样，李嘉图强调进口带来的利益。不过，李嘉图并非只重复斯密关于自由贸易的好处，而是提出了更加系统的自由贸易理论，他从资源的最有效配置（使用）角度来论证自由贸易与专业分工的必要性。

在斯密的理论中，鞋匠有制鞋的绝对优势，裁缝有做衣服的绝对优势，两者的分工比较明确。但假如两个人都能制鞋和做衣服，而其中一个在两种职业上都比另一个人强，那么应该怎样分工呢？或者说，怎样的分工（资源配置）是最有效的呢？根据李嘉图的理论，这要看两人在两种职业上的劳动生产率相差多少。如果一个人比另一个人在制鞋上强三分之一，而在做衣服上只强五分之一，那么这个较强的人应该制鞋而那个较差的人应该去做衣服。这样的分工对双方都有利，也是资源的最佳配置。

李嘉图用“比较成本”的概念来分析产生国际贸易的基础，建立了比较优势理论。比较优势贸易理论认为，国际贸易的基础并不限于劳动生产率上的绝对差别。只要各国之间存在着劳动生产率上的相对差别，就会出现生产成本和产品价格的相对差别，从而使各国在不同的产品上具有比较优势，使国际分工和国际贸易成为可能。根据李嘉图的比较优势理论，每个国家都应集中生产并出口其具有比较优势的产品，进口其具有比较劣势的产品。

在说明比较优势理论的时候，李嘉图用了一个葡萄牙与英国进行葡萄酒和棉布贸易的例子。这个例子后来成为对比较优势理论最有权威的阐述。在此，我们不妨一起来欣赏一下这一段著名的论述。

英国的情形是生产棉布需要 100 个人劳动一年，而如果酿制葡萄酒则需要 120 个人劳动同样长的时间。因此，英国发现通过出口棉布来进口葡萄酒对自己比较有利。

葡萄牙生产葡萄酒只需要 80 个人劳动一年，而生产棉布却需要 90 个人劳动一年。因此，对葡萄牙来说，出口葡萄酒以交换棉布是有利的。即使葡萄牙进口的商品在本国制造时所需要的劳动少于英国，这种交换仍然会发生。虽然葡萄牙能够以 90 个人的劳动生产棉布，但它宁可从一个需要 100 个人的劳动生产的国家进口棉布。对葡萄牙来说，与其挪用种植葡萄的一部分资本去织造棉布，还不如用资本来生产葡萄酒，因为由此可以从英国换得更多的棉布。

因此，英国将以 100 个人的劳动产品交换 80 个人的劳动产品。

资料链接

了解了李嘉图的比较优势理论之后，接下来进一步展开分析比较优势理论。

1. 基本假设和生产贸易模式

比较优势模型的假设与绝对优势模型基本一样，除了强调两国之间生产技术存在相对差别而不是绝对差别之外。

在比较优势模型中，生产和贸易的模式是由生产技术的相对差别以及由此产生的相对成本差别决定的。各国应该专门生产并出口其拥有比较优势的产品，进口其不具有比较优势的产品。

怎样才能知道一国是否有生产某种商品的比较优势呢？产品的比较优势可以用相对劳动生产率、相对生产成本或者机会成本来确定。

（1）用产品的相对劳动生产率来衡量。相对劳动生产率是不同产品劳动生产率的比率，或两种不同产品的人均产量之比。用公式表示则可写成

$$\text{产品A的相对劳动生产率}=\frac{\text{产品A的劳动生产率（人均产量：}\dfrac{Q_A}{L}\text{）}}{\text{产品B的劳动生产率（人均产量：}\dfrac{Q_B}{L}\text{）}}$$

如果一个国家某种产品的相对劳动生产率高于其他国家同样产品的相对劳动生产率，该国在这一产品上就拥有比较优势。反之，则只有比较劣势。

如表 13-5 所示，表中的数字是根据前面假设的例子（表 13-1）所计算的相对劳动

生产率。中国大米的相对劳动生产率是 1 吨大米 /0.5 吨小麦，即 2（吨大米 / 吨小麦）。俄罗斯大米的相对劳动生产率是 0.8（吨大米 / 吨小麦），2 > 0.8，中国大米的相对劳动生产率高于俄罗斯，中国具有生产大米的比较优势。两国小麦的相对劳动生产率则正好相反：中国为 0.5（吨小麦 / 吨大米），俄罗斯为 1.25（吨小麦 / 吨大米），俄罗斯具有生产小麦的比较优势。

表 13-5　中国和俄罗斯的相对劳动生产率

	大米 / 小麦	小麦 / 大米
中国	2	0.5
俄罗斯	0.8	1.25

（2）用相对成本来衡量。所谓“相对成本”，指的是一个产品的单位要素投入与另一产品单位要素投入的比率。用公式表示：

$$\text{产品A的相对成本（相对于产品B）}=\frac{\text{单位产品A的要素投入量}}{\text{单位产品B的要素投入量}}$$

如果一国生产某种产品的相对成本低于别国生产同样产品的相对成本，该国就具有生产该产品的比较优势。上例中两国每吨大米和小麦的相对生产成本如表 13-6 所示。

表 13-6　中国和俄罗斯的相对生产成本

	大米（a_{LR}/a_{LW}）	小麦（a_{LW}/a_{LR}）
中国	0.5	2
俄罗斯	1.25	0.8

中国大米的相对生产成本比俄罗斯的低，而俄罗斯小麦的相对生产成本比中国的低。因此，结论与用相对劳动生产率来衡量是一致的：中国有生产大米的比较优势，俄罗斯有生产小麦的比较优势。

（3）一种产品是否具有生产上的比较优势还可用该产品的机会成本来衡量。所谓“机会成本”指的是为了多生产某种产品（例如小麦）而必须放弃的其他产品（大米）的数量。用大米来衡量的每单位小麦产量的机会成本为

$$\text{小麦的机会成本}=\frac{\text{减少的大米产量}（\Delta Q_R）}{\text{增加的小麦产量}（\Delta Q_W）}$$

其中，Q_R 是大米产量，Q_W 是小麦产量，“Δ”表示变动。

在前面的计算中我们可以看到，在给定的时间（或土地）里，每个中国农民可以生产 1 吨大米，也可以生产 0.5 吨小麦，但不能同时生产 1 吨大米和 0.5 吨小麦。也就是说，在中国，一个农民要想多生产 1 吨小麦，他就不得不少生产 2 吨大米。每吨小麦的机会成本是 2 吨大米。在俄罗斯，一个农民要想多生产 1 吨小麦，就必须少生产 0.8 吨大米。每吨小麦的机会成本是 0.8 吨大米。同样，我们可以算出大米的机会成本（小麦机会成本的倒数）：中国为 0.5 吨小麦，俄罗斯为 1.25 吨小麦。中国生产大米的机会成

本低，具有比较优势。俄罗斯生产小麦的机会成本低，具有生产小麦的比较优势。

由此可见，三种方法的结论是相同的，都能确定本国产品的比较优势。

李嘉图的比较优势理论认为贸易的基础是生产技术的相对差别以及由此产生的相对成本的不同。一国欲从出口获利，只需在该产品的生产上有比较优势而不一定要有绝对优势。一国可能会在所有的产品上都不具有绝对优势，但一定会在某些产品上拥有比较优势。因此，任何国家都有能够出口的产品，都有条件参与国际分工和国际贸易。

与绝对优势理论相比，比较优势理论更有普遍意义。在前面的例子（表 13-4）中，俄罗斯不但拥有生产小麦的绝对优势，也拥有生产大米的绝对优势。根据绝对优势理论，俄罗斯应该生产两种产品并向中国出口，中国应该什么也不生产只是进口。但是，这种情况实际是不可能发生的，因为贸易本身是双向的。一个国家不可能只有进口没有出口。如果只有在绝对优势的条件下才能出口获利的话，中国什么东西都不能出口，中国和俄罗斯就不会发生贸易。

但是，根据比较优势理论，贸易仍能在两国间发生。中国虽然在两种产品上都不拥有绝对优势，却在大米生产上拥有比较优势。生产 1 吨大米的机会成本，在俄罗斯是 1.25 吨小麦，在中国只是 0.5 吨小麦，也就是说，用 0.5 吨小麦在中国就可以换到 1 吨大米，在俄罗斯则要用 1.25 吨。中国生产大米的相对劳动生产率比俄罗斯高：$2 > 0.8$，中国则有生产大米的比较优势。从而中国可以集中生产大米并出口俄罗斯，同时从俄罗斯进口小麦，两国之间发生了贸易。通过这个例子我们可以看到，比较优势理论不仅在理论上更广泛地论证了贸易的基础，在实践上也部分解释了先进国家与落后国家之间贸易的原因。

2. 理论评价

比较优势理论更全面深刻地揭示了国际贸易产生的根源，对推动世界自由贸易起积极作用，还可以作为解释国际分工和国际贸易发生原因及结构的基础理论。无论一国是否拥有绝对优势的商品，只要存在相互间的比较优势，国际间的自由贸易就可以使得双方获利。这个理论很好地解释了为什么许多国家之间都可以进行贸易，无论是发展中国家之间，还是发达国家与发展中国家之间。同时，该理论以相对生产率代替绝对生产率，克服了亚当·斯密假定的局限，扩大了自由贸易理论的适用范围。

但这一理论在假定时只考虑生产力的投入，并认为劳动力的转移不会影响劳动生产率，以及从静态角度考虑国际分工；其次，没有从根本上揭示国际贸易产生的原因，没有解释比较优势的来源，无法解释国际价格的形成；最后，假定过于苛刻，不符合经济现实，也与现实的国际贸易实际不相符合，容易导致比较优势陷阱，如“荷兰病”“资源诅咒”等，不利于国家经济可持续发展。

资料来源：《国际贸易》，海闻，格致出版社，2020 年 8 月。

要素禀赋理论

3. 要素禀赋理论

瑞典著名经济学家赫克歇尔和他的学生俄林共同提出了要素禀赋理论。俄林批判地继承了大卫·李嘉图的比较成本说，他认为，在生产活动中，除了劳动起作用外，还有资本、土地、技术等生产要素，各国产品成本不同，必须同时考虑到各个生产要素。俄林在1933年出版的《区域贸易和国际贸易》一书中系统地提出了自己的贸易学说，标志着要素禀赋理论的诞生。俄林早期师承瑞典著名经济学家赫克歇尔并深受其理论启发，故要素禀赋理论也被称为赫克歇尔－俄林理论。该模式是现代国际贸易理论的新开端，与李嘉图的比较成本说模式并列为国际贸易理论的两大基本模式。

赫克歇尔－俄林理论的产生始于对斯密和李嘉图贸易理论的质疑。在斯密和李嘉图的模型中，技术不同是各国在生产成本上产生差异的主要原因。可是，到了20世纪初，各国，尤其是欧美之间的交往已很频繁，技术的传播已不是一件非常困难的事。许多产品在不同国家的生产技术已非常接近，甚至相同，但为什么成本差异仍然很大？赫克歇尔认为，除了技术差异以外，一定有其他原因决定各国在不同产品上的比较优势，而其中最重要的是各国生产要素的禀赋不同和产品生产中使用的要素比例不同。

赫克歇尔和俄林克服了斯密和李嘉图贸易模型中的某些局限性，认为生产商品需要不同的生产要素而不仅仅是劳动。资本、土地以及其他生产要素也在生产中起了重要作用并影响到劳动生产率和生产成本。而且，他们注意到不同的商品生产需要不同的生产要素配置。有些产品的生产技术性较高，需要大量的机器设备和资本投入。这种在生产中所需的资本投入比例较高的产品可以称为资本密集型产品。有些产品的生产则主要是手工操作，需要大量的劳动投入。这种在生产中所需的劳动投入比例较高的产品则称为劳动密集型产品。这里的“密集型”是一个相对概念，如果钢铁生产中所需要的资本与劳动的比率高于大米生产中的资本与劳动的比率，那么钢铁就是资本密集型产品，大米就是劳动密集型产品。反之，钢铁是劳动密集型产品，大米是资本密集型产品。

另外，各国生产要素的储备比例也是不同的。有的国家资本相对雄厚，被称为“资本充裕”国家；有的国家人口众多，被称为“劳动充裕”国家。这里的“充裕”也是一个相对概念，用资本与劳动的比率（人均资本）来衡量。如美国的人均资本高于中国，美国就是“资本充裕”国家，中国则是“劳动充裕”国家。但如果中国与柬埔寨或孟加拉国等国相比，中国又该算是“资本充裕”国家。

由于产品的生产需要使用多种要素，产品的相对成本不仅可以由技术差别决定，也可以由产品生产中的要素比例和一国资源储备的稀缺程度决定。一般来说，劳动力相对充裕的国家，劳动力价格会偏低，因此，劳动密集型产品的生产成本会相对低一些。而在资本相对充裕的国家里，资本的价格会相对较低，生产资本密集型产品可能会有利。因此，劳动力相对充裕的国家，一般拥有生产劳动密集型产品的比较优势，而资本相对充裕的国家，则具有生产资本密集型产品的比较优势。根据赫克歇尔－俄林理论，各国应该集中生产并出口那些能够充分利用本国充裕要素的产品，以换取那些需要密集使用其稀缺要素的产品。换句话说，如果中国是“劳动充裕”国家，中国就应该多生产和出口劳动密集型产品，进口资本密集型产品。这种国际贸易的基础是生产要素的禀赋和使用比例上的相对差别。

（三）国际贸易的地位和作用

国际贸易作为连接世界各国、连接社会生产和社会消费的纽带，尤其是在连贯国内生产与国外消费、国外生产与国内消费中处于特殊的中介地位。

国际贸易的作用：对外贸易促使国内外商品流通，将国内外市场紧密地联系起来，从而促进了国内外经济技术交流，对国民经济乃至社会的发展起着十分重要的作用。

首先，通过对外贸易，可以调节国内供需的不平衡，改进扩大再生产所需的实物结构，从而保证社会扩大再生产的顺利进行。

其次，利用对外贸易，可以引进国外的先进技术和管理经验，提高国内企业的技术和管理水平，促进生产力的发展。

再次，参与国际贸易，一方面能补充国内市场商品的不足，满足人民物质和文化方面的需要；另一方面，还能增加国家财政和外汇收入，从而增强国力，以巩固国际上的政治和经济地位。

总之，一个国家要使经济有长足的发展，就必须进入国际市场，参与国际贸易。

素养园地

2013 年秋天，习近平主席提出"一带一路"倡议，这是一件对全球发展影响深远的大事。如今，高质量共建"一带一路"，不仅为各国开拓出一条通向共同繁荣的机遇之路，更为中国的开放发展开辟了新天地，越来越多不沿边不靠海的内陆省份，正在从开放末梢转身开放最前沿。

数据显示，2021 年，中国与"一带一路"沿线国家贸易额达到 1.8 万亿美元，同比增长 32.4%；对沿线国家直接投资 214.6 亿美元，增长 15.3%。

桃李不言，下自成蹊。中国已同 149 个国家、32 个国际组织签署 200 多份共建"一带一路"合作文件；相关合作理念和主张已写入联合国、二十国集团、亚太经合组织、上海合作组织等重要成果文件，转化为国际共识，在世界范围得到热情回应和支持。

"一带一路"是面向世界、具有广泛包容性的国际合作平台，开放是"一带一路"的显著特征。共建"一带一路"倡议源于中国，机会和成果属于世界。10 年来，共建"一带一路"的成果不断显现，给沿线国家发展增添了重要动力。非洲国家埃塞俄比亚的例子就很典型。2016 年，作为共建"一带一路"标志性项目的亚吉铁路正式通车。得益于这条铁路，埃塞俄比亚于 2020 年 8 月实现了首批水果蔬菜冷链出口，当地牛油果在莫焦旱港装车后，通过埃塞—吉布提运输走廊运往欧洲市场。共建"一带一路"为埃塞水果蔬菜拓展了国际市场，提升了当地农民种植水果蔬菜的积极性，增强了埃塞俄比亚农业出口创汇的能力。

共建"一带一路"为沿线国家描绘了一幅政策沟通、设施联通、贸易畅通、资金融通、民心相通的合作蓝图，将不断促进沿线国家经济社会发展，为各国企业带来更多机遇，为各国人民带来更多福祉。

资料来源：本书编写组。

素养园地

近些年来，经济全球化遭遇逆流，零和博弈、单边主义等严重干扰全球化进程，给全球经济治理带来严峻挑战。党的二十大报告旗帜鲜明地宣示，中国致力于推动构建人类命运共同体，坚持经济全球化正确方向，共同营造有利于发展的国际环境。中国聚焦解决全球发展赤字、治理赤字，支撑多边主义经贸体系，推动全球经济治理更加公正、合理，顺应了世界人民的广泛期待。

党的二十大报告指出，“万物并育而不相害，道并行而不相悖。只有各国行天下之大道，和睦相处、合作共赢，繁荣才能持久，安全才有保障”。中国着眼于国际社会面临的发展短板、治理缺失等，提出一系列倡议和主张，推动共建“一带一路”，提出全球安全倡议、全球发展倡议，积极为长期被忽视的发展中国家利益“鼓与呼”，在各个国际场合倡导对话协商、共建共享、合作共赢、交流互鉴、绿色低碳等原则，旨在让经济全球化继续促进产业链、价值链、供应链延伸和拓展，带动生产要素全球流动的同时，让更多国家、更多地区、更多人民畅享全球化红利。

近年来，中方逐步落实全球发展倡议，把南南合作援助基金整合升级为“全球发展和南南合作基金”、加大投入中国－联合国和平与发展基金、成立全球发展促进中心、建立全球发展知识网络等，为动员全球发展资源、加快落实联合国 2030 年可持续发展议程作出贡献。“一带一路”倡议充分体现了中国对世界发展的独特贡献，受到越来越多国家的关注和认可。2013 年至 2021 年，我国对沿线国家直接投资 1 613 亿美元，年均增长 5.4%。中国企业在 24 个沿线国家建设的境外经贸合作园区累计投资超过 430 亿美元，为当地创造逾 34 万个就业岗位。

资料来源：https://m.gmw.cn/baijia/2022-11/02/36132764.html.

任务二 关注外汇与汇率

一、外汇概念

（一）外汇的概念

外汇是指外币和以外币表示的用于国际间债权债务结算的各种支付手段。从形态上看，外汇可从两个方面来理解，即动态含义的外汇和静态含义的外汇。

动态含义的外汇是指一国的货币兑换成另一国的货币，借以清偿国际间债权债务关系的行为或活动。这种行为或活动并不表现为直接运送现金，而是采用委托支付或债权转让的方式结算国际间的债权债务。静态含义的外汇是指外币和以外币表示的用于国际结算的支付手段。作为国际支付手段的外汇必须具备三个条件：可支付性、可获得性和可兑换性。可支付性是指在国际市场上普遍接受的支付手段；可获得性是指在任何情况下都能够索偿的支付手段；可兑换性是指可兑换成任何国家的货币或其他各种外汇资产的支付手段。

国际货币基金组织对外汇的定义为：货币行政当局以银行存款、财政部库券、长短期政府证券等形式所保有的在国际收支逆差时可以使用的债权。

我国于 1996 年 1 月 29 日发布并于 2008 年 8 月 1 日第二次修订了《中华人民共和国外汇管理条例》，该条例第三条明确了“外汇”的定义。我国的外汇是指以外币表示的可以用作国际清偿的支付手段和资产，具体包括以下五项内容。

（1）外币现钞，包括纸币、铸币；

（2）外币支付凭证或者支付工具，包括票据、银行存款凭证、银行卡等；
（3）外币有价证券，包括债券、股票等；
（4）特别提款权；
（5）其他外汇资产。

（二）外汇的作用

外汇作为国际经济往来发展的产物，是债权、债务转移的重要手段。其主要功能有以下四项。

1. 外汇作为国际结算的支付手段，是国际经济交流不可缺少的工具

债权债务关系发生在不同国家之间，由于货币制度不同，一国货币不能在其他国家内流通，除了运送国际共同确认的清偿手段——黄金以外，不同国家间的货币购买力原本是不能转移的。随着银行外汇业务的发展，各国大量利用代表外汇的各种信用工具（如汇票），使不同国家间的货币购买力的转移成为可能。

2. 促进国际贸易和资本流动的发展

外汇是国际经济往来的产物。没有外汇，就不能加速资金的国际周转和运用，国际经济、贸易和金融往来就要受到阻碍。以外汇清偿国际债权债务关系，不仅可以节省运送现钞的费用与避免运送风险，而且可以避免资金积压，加速资金周转，从而促进国际商品交换和资本流动的发展。

3. 便利国际资金供需的调剂

由于世界经济发展的不平衡，各国所需的建设资金余缺程度不同。例如，发展中国家为加快建设步伐，需要有选择地利用国际金融市场上的长短期信贷资金，发达国家的剩余资金也有寻找出路的必要。因此，外汇可以发挥调剂国家之间资金余缺的作用，用于平衡国际收支、稳定汇率、偿还对外债务等。

4. 充当国际储备

国际储备是一国可以用于国际支付的那部分流动资金，是衡量一国经济实力的主要标志之一。外汇作为清偿国际债务的手段，同黄金一样，可以作为国家的储备资产。因此，外汇是构成国际储备的一个重要组成部分。

资料链接

2023 年上半年，全球经济复苏艰难，国际金融市场形势和地缘政治局势依然复杂。在党中央坚强领导下，我国牢牢把握高质量发展这个首要任务，国内经济运行回升向好。我国外汇市场韧性较强，主要表现为人民币汇率预期稳定，跨境资金流动平稳有序，外汇市场供求基本平衡，银行代客涉外收付款和银行结售汇均呈现顺差格局。

截至 2023 年 6 月末，我国外汇储备规模为 31 930 亿美元，较 2022 年末增加 653 亿美元，主要受汇率折算和资产价格变化等因素综合作用影响。

资料来源：http://www.safe.gov.cn/safe/2023/0721/22963.html.

资料链接

各国家或地区的货币及其符号如表 13-7 所示。

表 13-7　各国家或地区的货币及其符号

国家 / 地区	货币	符号	缩写
中国	人民币	¥（元）	CNY
英国	英镑	£（镑）	GBP
日本	日元	J¥	JPY
欧洲地区	欧元	€（欧元）	EUR
美国	美元	$（美元），¢（美分）	USD
挪威	挪威克朗	Kr	NOK
瑞士	瑞士法郎	Fr	CHF
加拿大	加元	C$	CAD
新加坡	新加坡元	S$	SGD
韩国	韩元	₩	KRW

资料来源：https://m.163.com/dy/article/HOKDQA6T0553Y2ER.html.

二、汇率

汇率又称汇价，是指一个国家 / 地区货币折算成另一个国家 / 地区货币的比率或比价，即用一国 / 地区货币所表示的另一国 / 地区货币的价格。作为一种交换比率，它反映了不同国家 / 地区货币之间的价值对比关系。

（一）汇率的标价方法

要确定两个国家货币之间的比价，首先要明确以哪个国家的货币作为标准，通过变动另一国家的货币来反映比价。由于确定的比较标准不同，产生了直接标价法、间接标价法和美元标价法三种标价方式。

汇率的标价方法

1. 直接标价法

直接标价法，又称应付标价法，是以一定单位（1、100、1 000、10 000）的外国货币为标准来计算应付出多少单位的本国货币的方法。即相当于计算购买一定单位外币应付多少本币，所以又叫应付标价法。在国际外汇市场上，包括中国在内的世界上绝大多数国家目前都采用直接标价法。如日元兑美元汇率为 110，即 1 美元兑 110 日元。2022 年 9 月 14 日的人民币市场汇价如表 13-8 所示。

表 13-8　人民币市场汇价（2022 年 9 月 14 日）

单位：元

货币	单位	中间价	货币	单位	中间价
美元	100	691.16	港元	100	88.056
欧元	100	691.57	英镑	100	798.56
日元	100	4.801 1	韩元	100	0.496

资料来源：https://www.chinamoney.com.cn/chinese/bkccpr/.

在直接标价法下，外国货币的数额是固定不变的，本币数额的变化表示外汇汇率的变化。若一定单位的外币折合的本币数额多于前期，则说明外币币值上升或本币币值下跌，表现为外汇汇率上升；反之，如果要用比原来较少的本币即能兑换到同一数额的外币，则说明外币币值下跌或本币币值上升，表现为外汇汇率下跌。即外币的价值与汇率的涨跌成正比。

直接标价法与商品的买卖常识相似，例如，美元的直接标价法就是把美元外汇作为买卖的商品，以 1 美元为 1 单位，且单位是不变的，而作为货币一方的人民币，是变化的。一般商品的买卖也是这样，100 元买进一件衣服，150 元把它卖出去，赚了 50 元，商品没变，而货币却增加了。

2. 间接标价法

间接标价法又称应收标价法，是以一定单位（如 1 个单位）的本国货币为标准，来计算应收若干单位的外汇货币。在国际外汇市场上，欧元、英镑、澳元等均采用间接标价法。如欧元兑美元汇率为 1.069 5，即 1 欧元兑 1.069 5 美元。2022 年 9 月 14 日伦敦外汇行市如表 13-9 所示。

表 13-9　伦敦外汇行市（2022 年 9 月 14 日）

货币	1 英镑折合外币	货币	1 英镑折合外币
美元	1.155 5	港元	9.069 3
欧元	1.155 9	新加坡元	1.623 2
日元	165.577 5	韩元	1 604.04

资料来源：https://www.chinamoney.com.cn/chinese/bkccpr/.

在间接标价法下，本国货币的数额保持不变，外国货币的数额随着本国货币币值的变化而变化。如果一定数额的本币能兑换的外币数额比前期少，则说明外币币值上升或本币币值下降，表现为外汇汇率下跌；反之，如果一定数额的本币能兑换的外币数额比前期多，则说明外币币值下降或本币币值上升，表现为外汇汇率上升。即外币的价值与汇率的升跌成反比。因此，间接标价法与直接标价法相反。

直接标价法和间接标价法所表示的汇率涨跌的含义正好相反，所以在引用某种货币的汇率和说明其汇率高低涨跌时，必须明确采用哪种标价方法，以免混淆。

3. 美元标价法

美元标价法又称纽约标价法，是指在纽约国际金融市场上，除对英镑用直接标价法外，对其他外国货币用间接标价法。即以一定单位的美元为标准来计算应该汇兑多少他国货币的表示方法，如 1 美元值多少加元，1 美元值多少卢布等。美元标价法由美国在 1978 年 9 月 1 日制定并执行，目前是国际金融市场上通行的标价法。

（二）汇率的种类

在实际外汇业务中，可从不同角度来划分汇率。

1. 按照银行买卖外汇的角度分为买入汇率、卖出汇率、中间汇率和现钞汇率

汇率的种类

买入汇率也称买入价，即银行向同业或客户买入外汇时所使用的汇率。采用直接标价法时，外币折合本币数较少的那个汇率是买入价；采用间接标价法时则相反。

卖出汇率也称卖出价，即银行向同业或客户卖出外汇时所使用的汇率。采用直接标价法时，外币折合本币数较多的那个汇率是卖出价；采用间接标价法时则相反。

中间汇率是买入价和卖出价的算术平均数，金融类报刊报道外汇行情信息时常用中间汇率，套算汇率也用有关货币的中间汇率套算而得。

现钞汇率是指银行买卖外汇现钞所使用的汇率，也有买入价与卖出价之分。从理论上讲，现钞买卖价与外币支付凭证、外币信用凭证等外汇形式的买卖价应该相同。但在现实生活中，由于一般国家都规定，不允许外币在本国流通，现钞汇率需要把买入的外币现钞运送到发行国或能流通的地区去，这就使得现钞需要花费一定的运费和保险费，这些费用需要由客户承担。因此，银行在买入外币现钞时所使用的汇率稍低于其他外汇形式的买入汇率，而银行现钞汇率卖出外币现钞时使用的汇率与其他外汇形式的卖出汇率相同。例如，2022 年 9 月 1 日，招商银行外汇牌价显示的就是：美元（100 单位）的现汇买入价 685.46，现钞买入价 663.78，现钞、现汇卖出价均为 690.96。

2. 按照汇率制度划分为固定汇率和浮动汇率

固定汇率是指两国货币的汇率基本固定，汇率的波动被限制在较小的幅度之内。在固定汇率制度下，如果政府因为特殊情况而无法维持原来的汇率水平时，就会对汇率进行调整，如果将本币币值上调，则称为法定升值；如果将本币币值下调，则称为法定贬值。

浮动汇率是指一国货币管理当局不规定本国货币与另一国货币的官方汇率，而是由外汇市场的供求来决定的汇率。外币供过于求时，外币就贬值，外币的汇率就下浮；外币供不应求时，外币就升值，本币就贬值，外币的汇率就上浮。

自 2005 年 7 月 21 日起，我国开始实行以市场供求为基础、参考一篮子货币进行调节、有管理的浮动汇率制度。

3. 按照制定汇率的方法划分基准汇率和套算汇率

基准汇率是指本国货币与关键货币的汇率。关键货币是本国国际收支中使用较多、在外汇储备中所占比重较大且国际上普遍可以接受的货币。由于美元是国际收支中使用较多的货

币，且被广为接受，所以绝大多数国家都把美元作为制定汇率的关键货币，因此常把对美元的汇率作为基准汇率。

套算汇率是指两种货币通过第三种货币作为中介而推算出来的汇率。各国在制定出基准汇率后，对其他国家货币的汇率就可通过基准汇率套算出来。

4. 按照银行外汇汇付方式划分电汇汇率、信汇汇率和票汇汇率

电汇汇率是指经营外汇业务的本国银行，在卖出外汇收到本币的当天，即以电报或电传委托其国外分支机构或代理行付款给收款人时所使用的一种汇率。在汇率波动日益频繁的今天，人们大多愿意使用电汇方式。当前各国公布的外汇牌价，除另有注明外，一般都是电汇汇率。

信汇汇率是指银行以信函方式通知付款地银行付款所使用的汇率。信汇是用银行开具付款委托书，用信函方式通过邮局寄到付款地银行转付收款人的一种汇款方式。由于邮程所需时日要比电汇的交割时间长，银行在此期间占用了客户的本币资金，因此比电汇汇率要低。

票汇汇率是指银行以票汇方式卖出外汇时的汇率。因汇票从银行售出到其国外分支机构或代理行付款有段时间，银行可以利用在途资金的时间较长，因而较电汇汇率要低。

5. 按照外汇买卖的交割期限划分为即期汇率和远期汇率

即期汇率也称现汇率，是指某货币在现货市场上进行交易的价格。即交易双方达成外汇买卖协议后，在两个工作日以内办理交割的汇率。即期汇率是由当场交货时货币的供求关系情况决定的。在外汇市场上挂牌的汇率，除特别标明远期汇率以外，一般指即期汇率。

远期汇率是指外汇买卖双方预约在将来某个日期进行交割，而事先由买卖双方签订合同，达成协议的汇率。远期交割的期限可以是 1 个月、3 个月、6 个月、1 年，比较常见的是 3 个月。采用远期汇率进行远期外汇买卖的主要目的是避免或减轻外汇汇率波动所带来的风险。

远期汇率与即期汇率相比是有差额的（见表 13−10），这种差额叫远期差价。差额用升水、贴水或平价来表示：升水表示远期汇率比即期汇率高，贴水表示远期汇率比即期汇率低，平价表示两者相等。

表 13−10　即期汇率与远期汇率（2022 年 9 月 14 日）

货币	即期汇率	3 个月远期汇率	6 个月远期汇率
USD/CNY	6.911 6	6.940 8	6.908 9
EUR/CNY	6.915 7	6.976 4	6.993 1
100JPY/CNY	4.801 1	4.852 5	4.892 4
HKD/CNY	0.880 56	0.885 69	0.882 37

资料来源：https://www.chinamoney.com.cn/chinese/sddshl/?ivk_sa = 1024609v.

6. 按照对汇率的管理宽严划分为官方汇率和市场汇率

官方汇率是指国家货币管理当局所规定的汇率。在实施比较严格的外汇管制的国家，禁止自由外汇市场的存在，规定一切交易都按其公布的汇率进行。许多发展中国家属于这种类型，其目的在于奖励出口、限制进口，控制资本的流入或流出，以改善国际收支状况。

市场汇率是指在自由外汇市场上买卖外汇的实际汇率，且随外汇市场的外汇供求进行上下波动。政府要想对其汇率进行调节，就必须对外汇市场进行干预。

（三）影响汇率变动的因素

任何影响国内外商品市场和金融市场供求状况的因素的变动都会反映在汇率的变动上，主要影响因素包括以下几个方面。

影响汇率变动的因素

1. 进出口

进出口的差额是主要的影响因素。出口是把本国的商品或服务卖给外国，是收入外汇（创汇）的过程；进口则是用外汇购买国外的商品或服务，是付出外汇的过程。如果一个国家的商品和服务的出口额大于进口额，出现贸易顺差，意味着这个国家挣的外汇就多，花的外汇就少，也就是外汇供给多、需求少，这时，外汇汇率自然要下跌，该国货币也就相应升值。比如我国面临持续的巨额贸易顺差时，人民币因此也面临着升值的压力。相反，如果一个国家商品和服务的出口额比进口额少，出现了贸易逆差，相应挣的外汇少，花的外汇多，即外汇供给少、需求多，这时，外币汇率自然会上升，该国货币面临着贬值的压力。

2. 资本的流出流入

资本的流出流入差额也是一个重要因素。这与进出口差额类似。当一个国家的资本流入多于资本流出时，这个国家就会出现资本项目顺差，也就是外汇供给多、需求少，外币汇率自然会下跌。相反，如果一个国家的资本流出多于资本流入，这个国家就会出现资本项目逆差，外币汇率就有上升的趋势。

3. 利率差异

随着世界经济的一体化，各国之间的资本流动越来越自由。如果一个国家的利率比其他国家的利率高，就会刺激国外资金流入增加，兑换成该国的货币以获取更高的利息，导致该国货币需求增加，这样就会推动这个国家的货币升值。反之，如果这个国家的利率比其他国家的利率低，其货币就有贬值的压力。

4. 通货膨胀水平

通货膨胀水平高会削弱本国商品在国际市场上的竞争力，引起出口的减少，同时，提高外国商品在本国市场上的竞争力，造成进口增加。此外，通货膨胀率的差异还会影响人们对汇率的预期。如果一国通货膨胀率高，人们就会预期该国货币的汇率趋于疲软，由此进行货币替换，即把手中持有的该国货币转化为其他货币，造成该国货币在外汇市场上下跌。总之，如果一国通货膨胀率高于他国，则该国货币在外汇市场上就会趋于贬值；反之，则会趋于升值。

资料链接

1997 年，东南亚各国相继爆发了严重的金融危机，泰国货币泰铢承受不住贬值的压力，其币值一夜间“一泻千里”，此后，东南亚各国的货币包括日元竞相贬值，一时间，东南亚的金融经济形势风雨飘摇。各国对人民币的前景也十分悲观，而中国政府郑重宣布：人民币不贬值。中国的承诺增强了东南亚和世界各国的信心，中国为战胜此次金融危机做出了贡献。

资料来源：本书编写组。

（四）汇率变动对经济的影响

汇率的变化反映了经济的变化，同时汇率的变化又对经济的各个层面产生重要影响。

1. 汇率变化对贸易收支的影响

汇率变化对贸易收支的影响表现为微观和宏观两个方面。微观上，汇率变动会改变进出口企业成本、利润的核算；宏观上，汇率变化因对商品进出口产生影响而使贸易收支差额以及国际收支差额发生变化。

汇率变化对贸易产生的影响表现为一国货币对外贬值后，有利于本国商品的出口，国内商品供应相对减少，货币供给增加，促进物价上涨；与此同时，进口原材料的本币成本上升，从而带动国内与进口原材料有关的商品价格上涨。若一国货币对外升值，其结果一般相反。

2. 汇率变化对资本流动的影响

汇率变化对资本流动的影响一方面表现为货币升 / 贬值后带来的资本流出或流入，另一方面也表现为汇率预期变化对资本流动的影响。当一国外汇市场上出现本国货币贬值的预期时，会造成大量抛售本币、抢购外汇的现象，国内资本加速外流（或外逃），这与本币贬值后国外资本流入增加的结果正相反；当一国外汇市场上出现本国货币升值预期时，则会形成大量抛售外汇、抢购本币的现象，使国外资本流入增加，这与本币升值后国内资本流出增加的结果正相反。

汇率变化对于资本流动的影响程度，最主要的因素是一国政府的资本管制。资本管制严的国家，汇率变动对资本流动影响小，资本管制松的国家，汇率变动对资本流动影响大。

3. 汇率变化对外汇储备和国际债务的影响

一方面，汇率变动通过影响国际贸易及国际资本流动，引起一国国际储备规模增减波动；另一方面，汇率波动所引起的风险，使得一国管理其国际储备的难度上升，因为汇率升降会增加或减少一国外汇储备的实际价值以及对外的实际债务负担。

在以美元为主要储备货币时期，外汇储备的稳定性和价值高低完全在于美元汇率的变化。20 世纪 70 年代初期，美元在国际市场上的一再贬值曾给许多国家尤其是发展中国家的外汇储备造成了不同程度的损失。在多元化外汇储备时期，由于储备货币的多元化，汇率变化对外汇储备的影响也多样化了。

4. 汇率变化对国内物价的影响

从进口角度看，一国货币汇率下降，会导致进口商品的本币价格上升，并使国内同类商品的价格上升，引发成本推进型的通货膨胀。

从出口角度看，一国货币汇率下降，会引起出口量扩大，在国内生产能力已经得到较充分利用的情况下，这会加剧国内的供需矛盾，对国内制成品以及相关产品的价格上涨产生很大压力。

从货币发行量来看，货币贬值可增加一国的外汇收入，外汇储备会有一定程度的增加，而外汇储备增加的另一面是一国中央银行会增加发行相同价值的本币，因而汇率贬值会扩大一国的货币发行量，也会带来通货膨胀的压力。

汇率波动对经济的影响是多层次、多角度的。由于不同国家、不同时期的经济条件的差异，汇率变动对经济的影响是有差别的，而且在很多时候，由于诸多因素的综合作用，汇率对经济的影响可能无法确定。

素养园地

"一带一路"助力人民币国际化

中国是"一带一路"倡议国，人民币国际化将直接加强沿线国家之间的资金融通，对实现其他"四通"、深化区域经济合作起到关键作用。理论研究和实证研究的结果表明，提高区域内最频繁使用的本币比例，能够有效防范区域内金融风险、降低交易成本，提升区域经济的整体竞争力，加快区域内贸易一体化和经济一体化进程。中国有最大规模的外汇储备和较高的居民储蓄率，随着中国资本账户逐步开放，人民币离岸市场快速发展，可以为沿线各国企业和机构提供充足的人民币流动性，缓解贸易融资困难，促进区域各国之间的贸易发展。人民币作为贸易计价货币越来越得到国际经贸活动的认可，有利于降低各国对华贸易成本，便利贸易结算，同时规避双边贸易使用第三方货币的风险。

"一带一路"建设的货币战略要从四个方面寻求重点突破：一是利用沿线国家对华大宗商品贸易的重要地位，以及中国在金融机构和期货市场方面的优越条件，积极推动沿线大宗商品实现人民币计价结算，建议优先考虑铝矿石、铁矿石和煤的进口。"一带一路"沿线国家，44 亿人口，21 万亿美元的 GDP 规模，分别占到了全球人口的 63% 和经济总量的 29%。这些国家和中国的双边贸易额也超过了 1 万亿美元，占到了中国外贸总额的四分之一。特别是食品、能源、农业原材料和金属等大宗商品占有重要地位。如果"一带一路"沿线国家对华出口的大宗原材料和能源有一半使用人民币计价结算，那么全球贸易中人民币计价结算的份额会提升约一倍。

二是利用中国在基础设施建设方面的经验和资金动员上的能力，大力促成人民币成为沿线基础设施融资的关键货币，特别是在政府援助、政策性贷款、混合贷款和基础设施债券发行中应当更多使用人民币。中国拥有较高的基础设施建设水平，以及较高的储蓄率，有条件成为"一带一路"基础设施融资体系的组织者和重要的资金供应方。

三是利用产业园区在贸易创新、产业集聚等方面的特有优势，在园区规划和建设中积极引导人民币的使用。中国已经是全球第三大对外投资国，如果中国在“一带一路”沿线经济走廊建设当中，建设具有特色的产业园区，将在“一带一路”国家的投资占比中从目前的13%提高到30%，未来10年的总投资将会超过1.6万亿美元。

四是利用沿线各国发展跨境电子商务的地理优势和文化优势，大力支持电子商务的人民币计价和跨境支付。2018年我国跨境电商行业交易规模达9.1万亿元，用户规模达1.01亿人。

资料来源：http://www.xinhuanet.com/politics/2015-07/28/c_128065785.htm.

技能实训

实训名称：模拟外汇兑换

实训形式：

（1）分组：将全部同学按两人一组进行划分，然后进行角色分工，一人扮演客户，一人扮演银行柜员。

（2）客户持有人民币前往银行兑换外汇。

（3）银行柜员根据实时外汇汇率给客户兑换外汇。

（4）结合实训效果进行自我评价。

思考练习

一、单项选择题

1. 如果 T 国可用 1 个工时生产 3 单位的 X 产品或 3 单位的 Y 产品，H 国可用 1 个工时生产 1 单位的 X 产品或 1 单位的 Y 产品，假定劳动是唯一的投入，那么（　）。

A. T 国在两种商品的生产上均具有绝对优势

B. H 国在两种商品的生产上均具有绝对优势

C. T 国在两种商品的生产上均具有比较优势

D. H 国在两种商品的生产上均具有比较优势

2. 只要两国之间存在生产成本上的差异，即使其中一方处于完全的劣势地位，国际贸易仍会发生，而且会使双方获得收益，该观点的理论依据是（　）。

A. 绝对优势理论

B. 比较优势理论

C. 赫克歇尔—俄林理论

D. 规模经济理论

3. 国际贸易的基础是生产资源配置或要素储备比例上的差别，这种国际贸易理论是（　）。

A. 绝对优势理论

B. 比较优势理论

C. 赫克歇尔—俄林理论

D. 规模经济理论

4. 绝对优势理论是（　）在 18 世纪提出的。

A. 克鲁格曼

B. 大卫·李嘉图

C. 赫克歇尔—俄林理论

D. 亚当·斯密

5. 各国的资源条件不同是国际贸易产生的基础，这是（　）的主要观点。

A. 绝对优势理论

B. 比较优势理论

C. 赫克歇尔—俄林理论

D. 规模经济理论

6. 以一定单位的外国货币为标准，折合为若干数额的本国货币的标价方法是（　）。

A. 直接标价法

B. 间接标价法

C. 美元标价法

D. 英国标价法

7. 若不考虑其他因素，人民币升值对我国进出口的影响是（　）。

A. 出口增加，进口减少

B. 出口减少，进口增加

C. 出口增加，进口增加

D. 出口减少，进口减少

8. 在直接标价法下，汇率的变动以（　）。

A. 本国货币数额的变动来表示

B. 外国货币数额的变动来表示

C. 本国货币数额减少，外国货币数额增加来表示

D. 本国货币数额增加，外国货币数额减少来表示

9. 以下关于外汇的表述不正确的是（　）。

A. 外汇是一种金融资产

B. 用作外汇的货币必须是国际储备货币

C. 外汇必须以外币表示

D. 用作外汇的货币必须具有充分的可兑性

10. 直接标价法是以（　）为标准货币。

A. 复合货币

B. 硬通货

C. 外国货币

D. 本国货币

11. 在间接标价法下，如果一定单位的外国货币折成的本国货币数额减少，则说明（　）。

A. 外币币值下降，本币币值上升，汇率下降

B. 本币币值上升，外币币值下降，汇率上升

C. 外币币值上升，本币币值下降，汇率下降

D. 本币币值下降，外币币值上升，汇率上升

12. 一般而言，相对通货膨胀率持续较高的国家，其货币在外汇市场上将会趋于（　）。

A. 贬值

B. 升降无常

C. 升值

D. 不升不降

13. 通常情况下，一国国际收支发生逆差时，该国货币就会（　）。

A. 升值

B. 贬值

C. 不确定

D. 不变

14. 浮动汇率制度下，汇率是由（　）决定。

A. 市场供求

B. 波动不能超过规定幅度

C. 货币含金量

D. 中央银行

15. 新闻、广播、报纸、公布的汇率是（　）。

A. 买入汇率

B. 卖出汇率

C. 中间汇率

D. 现钞汇率

16. 外币现钞的买入汇率（　）外汇的买入汇率。

A. 高于

B. 低于

C. 等于

D. 无法确定

17. 被称为基础汇率的是（　）。

A. 电汇汇率

B. 信汇汇率

C. 票汇汇率

D. 基本汇率

18. 采用间接标价法的国家是（　）。

A. 美国

B. 德国

C. 法国

D. 英国

二、判断题

1. 斯密认为，国际分工和贸易的原因和基础是各国间劳动生产率或生产成本的相对差别。（　）

2. 国际贸易理论是各国制定对外贸易政策的依据，其产生和发展离不开一定的经济基础。（　）

3. 俄林认为，两国国内不同的分工体系决定了各自的相对优势商品，形成了两国贸易的基础。（ ）

4. 赫克歇尔－俄林理论对贸易模式的解释是，每一国家都进口密集地使用其相对富裕的生产要素所生产出的商品，出口密集地使用其相对稀缺的生产要素所生产出的商品。（ ）

5. 李嘉图认为，每个国家都集中生产并出口其具有比较劣势的产品，进口其具有比较优势的产品。（ ）

6. 外汇仅指外国货币，不包括以外币计值的其他信用工具和金融资产。（ ）

7. 汇率是本国货币与外国货币之间的价值对比，因而汇率的变动不会影响国内的物价水平。（ ）

8. 在直接标价法下，汇率数值越大，意味着本币价值越高。（ ）

9. 在间接标价法下，外国货币的数额固定不变，本国货币的数额则随着外国货币或本国货币币值的变化而改变。（ ）

10. 银行买入外币现钞的汇率要高于买入外币现汇的汇率。（ ）

11. 如果本币升值，则以本币表示的外国进口商品的价格将上升。（ ）

12. 若美国通货膨胀高于英国，美元相对于英镑贬值。（ ）

13. 若英国的实际利率高于美国，美元相对于英镑升值。（ ）

三、技能训练题

1. 在国际贸易理论模型中，假设 A 国有 120 名劳动力，B 国有 50 名劳动力，如果生产棉花的话，A 国的人均产量是 2 吨，B 国也是 2 吨；要是生产大米的话，A 国的人均产量是 10 吨，B 国则是 16 吨。试分析两国中哪一国拥有生产大米的绝对优势？哪一国拥有生产大米的比较优势？

2. 下表是 A 国和 B 国生产手机和玉米的工作日数，请根据表格回答下面的问题。

（1）计算分工前各国商品的价格比；

（2）说明哪一国在生产手机上具有比较优势，哪一国在生产玉米上具有比较优势，在分工的自由贸易中两国进出口的商品是什么？

国家	手机（工作日）	玉米（工作日）
A 国	104	4
B 国	60	3

参考文献

[1] 陈晓玲，曾志远，刘书祥，等. 宏观经济学课程思政案例集 [M]. 成都：西南财经大学出版社，2021.

[2] 陈学忠，黄慧化. 经济学基础 [M]. 2 版. 北京：电子工业出版社，2020.

[3] 冯瑞. 经济学基础 [M]. 2 版. 北京：高等教育出版社，2022.

[4] 傅甜甜，姚文宽. 经济学基础 [M]. 北京：电子工业出版社，2022.

[5] 高鸿业. 西方经济学 [M]. 3 版. 北京：中国人民大学出版社，2004.

[6] 胡田田. 经济学基础与应用 [M]. 3 版. 上海：复旦大学出版社，2020.

[7] 黄方正. 经济学基础 [M]. 成都：电子科技大学出版社，2009.

[8] 海闻，P · 林德特，王新奎. 国际贸易 [M]. 上海：上海人民出版社，2020.

[9] 李志强. 经济学基础 [M]. 2 版. 北京：北京出版社，2020.

[10] 梁小民. 微观经济学纵横谈 [M]. 北京：生活 · 读书 · 新知三联书店，2000.

[11] 唐树伶. 经济学基础 [M]. 3 版. 北京：高等教育出版社，2018.

[12] 童光荣，王雪梅. 经济学基础 [M]. 重庆：重庆大学出版社，2011.

[13] 王永红，王淙. 经济学基础 [M]. 北京：对外经济贸易大学出版社，2014.

[14] 夏新燕，温晓琼. 经济学基础 [M]. 2 版. 北京：教育科学出版社，2018.

[15] 尹伯成. 西方经济学简明教程 [M]. 4 版. 上海：上海人民出版社，2003.

[16] 袁正. 微观经济学课程思政案例集 [M]. 成都：西南财经大学出版社，2021.

[17] 周振鹏，潘小英. 微观经济学 [M]. 郑州：河南科学技术出版社，2015.